Django를 활용한
쉽고 빠른
웹 개발
개정판
파이썬
웹 프로그래밍

파이썬 웹 프로그래밍, 실전편(개정판)

Django(장고)를 활용한 쉽고 빠른 웹 개발

초판 1쇄 발행 2016년 7월 15일
개정판 1쇄 발행 2019년 11월 1일
개정판 4쇄 발행 2023년 9월 26일

지은이 김석훈 / **펴낸이** 김태헌
펴낸곳 한빛미디어(주) / **주소** 서울시 서대문구 연희로2길 62 한빛미디어(주) IT출판1부
전화 02-325-5544 / **팩스** 02-336-7124
등록 1999년 6월 24일 제 25100-2017-000058호 / **ISBN** 979-11-6224-226-1 93000

총괄 배윤미 / **책임편집** 이미향 / **기획** 송성근 / **편집** 김희성 / **진행** 박새미
디자인 이아란 / **전산편집** 김미경
영업 김형진, 장경환, 조유미 / **마케팅** 박상용, 한종진, 이행은, 김선아, 고광일, 성화정, 김한솔 / **제작** 박성우, 김정우

이 책에 대한 의견이나 오탈자 및 잘못된 내용에 대한 수정 정보는 한빛미디어(주)의 홈페이지나 아래 이메일로 알려주십시오. 잘못된 책은 구입하신 서점에서 교환해 드립니다. 책값은 뒤표지에 표시되어 있습니다.

한빛미디어 홈페이지 www.hanbit.co.kr / 이메일 ask@hanbit.co.kr

자료실 www.hanbit.co.kr/src/10226

Published by HANBIT Media, Inc. Printed in Korea

실전편

장고 Django를 활용한 쉽고 빠른 웹 개발

개정판

파이썬 웹 프로그래밍

김석훈 지음

한빛미디어
Hanbit Media, Inc.

지은이의 말

필자가 처음 파이썬을 접했을 때의 인상은 '문법이 깔끔하다'였습니다. 지금 생각해보면 '파이썬에서 모든 것은 객체다Everything is an object'라는 원칙이 그 당시의 필자에게는 단순하고 일관된, 그리고 매력적인 언어로 각인된 듯합니다. 실제로도 국내에서 파이썬의 인기는 점점 높아지고 있습니다. 국내에서 주관하는 파이콘PyCon 컨퍼런스가 매년 성황리에 열리고 있는 것만 봐도 짐작할 수 있습니다. 파이썬은 과학, 공학, 교육, 웹 프로그래밍뿐 아니라, 요즘 부각되고 있는 기술인 빅데이터, 인공지능, 사물인터넷, 보안 등의 영역에도 광범위하게 활용되고 있는 프로그래밍 언어입니다.

파이썬의 성장에 힘입어 장고Django 역시 매우 빠르게 사용자층이 넓어지고 있습니다. 파이썬이 언어를 배우는 것이라면, 장고는 바로 결과물을 만들 수 있는 웹 프레임워크입니다. 파이썬을 학습한 독자라면 파이썬을 활용해서 무언가를 만들어보고 싶을 것이기 때문에 장고도 함께 인기가 높아지는 듯합니다.

사실 장고는 국내뿐만 아니라 해외에서 먼저 성장하였고 이미 가장 많이 사용하고 있는 파이썬 웹 프레임워크로 자리매김하고 있습니다. 그래서 장고를 사용한 사이트 레퍼런스도 많고, 우리가 필요한 기능을 인터넷에서 항상 찾을 수 있을 정도로 오픈 소스 라이브러리가 풍부합니다. 잘 알려진 Instagram, Pinterest 서비스가 장고로 개발되었고, 최근의 구글 트렌드를 봐도 장고의 인기는 다른 프레임워크에 비해 월등히 높은 것을 알 수 있습니다. 또한 장고는 진입장벽이 낮은 프레임워크라고 할 수 있습니다. 웹 프로그래밍의 초심자라고 하더라도 간단한 파이썬 문법만 알면, 어렵지 않게 장고를 배울 수 있습니다.

이런 파이썬의 발전과 장고를 배우고 싶다는 독자들의 바람에 힘입어 필자의 첫 번째 책(기본편)이 호응을 얻었고, 초심자가 장고를 배우는 데 도움을 줄 수 있어서 기뻤습니다. 하지만 예제가 간단하고 장고 홈페이지의 튜토리얼 예제와 별반 다르지 않다는 점에서 독자들의 질타도 받았습니다. 그래서 이번 실전편에서는 좀 더 실전에 가까운 예제를 선택해 하나의 프로젝트 내에서 간단한 앱부터 복잡한 기능까지 차근차근 확장해 가는 방식으로, 개발 과정을 쉽고 자세하게 설명했습니다.

이 책은 여러분들이 장고 중급 개발자로 성장하는 것을 목표로 합니다. 이미 장고 홈페이지의 튜토리얼 예제를 공부한 독자뿐 아니라, 장고를 처음 접하는 독자도 따라할 수 있도록 처음은 쉬운 예제로 시작했습니다.

여러분은 이 책에서 제시하는 실전 예제를 통해 다음과 같은 사항을 습득할 수 있습니다.

- Model, View, Template에 따른 반복적인 실습을 통해 장고에서의 웹 애플리케이션 개발 방식과 그 원리에 대해 이해할 수 있다.
- 장고의 실전 예제(Bookmark 앱, Blog 앱, Photo 앱, 인증 기능 등)를 통해 장고의 초/중급 기술을 습득할 수 있다.
- 모든 예제를 간결하고 확장성이 높은 클래스형 뷰(CBV)로 실습하므로, CBV의 장점을 습득하고 활용할 수 있다.
- 사진 업로드, 이미지 처리를 위한 커스텀 필드, 모델 간 관계 매니저, 1:N 모델 관계에서 사용되는 인라인 폼셋 등의 중/고급 기술을 습득하고 활용할 수 있다.
- 파이썬에서 가장 인기가 높은 파이참PyCharm 개발 툴을 부록에 수록했다. 이 툴을 익히면 리눅스 사용자는 물론 윈도우 사용자도 무리 없이 내용을 따라할 수 있다.
- 부록에 아마존AWS 및 헤로쿠Heroku 클라우드 서비스를 활용하는 법을 수록했다. 이것을 추가로 학습하면 내가 만든 웹 프로그램을 클라우드 서비스로 오픈할 수 있다.

필자가 파이썬에서 처음 받은 그 느낌처럼, 장고의 원리에 대해 되도록이면 쉽고 일관된 용어로 제가 알고 있는 노하우를 전달하고자 노력했습니다. 여러분이 이 책을 통해 파이썬 웹 프로그래밍의 핵심 원리를 이해하고 장고 웹 프레임워크를 더 쉽게, 좀 더 자주 활용할 수 있기를 기대합니다.

끝으로 2016년 초판에 이어 이번 개정판까지 지속적으로 동기 부여를 해주시고, 여러 번의 원고 수정을 거쳐 정성 들여 편집해주신 송성근 부장님께 감사하다는 말을 전합니다. 원고 편집, 조판에 수고해주신 여러분께도 감사 드립니다.

또한 사랑하는 가족에게도 제 마음을 전하고 싶습니다.

우리 가족의 건강 지킴이 혜정, 자신의 길을 정하고 세상을 배우고 있는 학림. "곁에 있는 것만으로도 내게는 기쁨이란다." 그리고 새로운 길을 함께 가기로 약속한 영림과 진욱은 "행복도 함께 찾아보기를…" 또한 멀리서 변함없이 응원해주시는 부모님, 부족한 사위임에도 항상 격려해주시는 장인어른, 장모님께도 감사 드립니다. 항상 건강하고 여유로운 모습을 간직하시기 바랍니다.

2019. 10. 김석훈

필자의 실습 환경

이 책의 본문은 장고 예제를 실습하기 위해 직접 파이썬 코드를 입력하고, 그 결과를 확인하도록 구성되어 있습니다. 운영체제가 달라져도 예제 소스가 변경되지는 않습니다. 다만, 독자 여러분이 실습하는 과정에서 원하는 대로 진행되지 않을 경우, 필자의 실습 환경을 알고 있으면 도움이 될 것입니다. 이 책을 집필하면서 사용한 필자의 실습 환경은 다음과 같습니다.

❶ 본문의 개발 환경 구성은 모두 리눅스에서 실행한 모습입니다.

Django 2.2	Python 3.7	CentOS 7.6	VirtualBox 6.0	Windows 10

- VirtualBox라는 가상 머신 위에 CentOS를 탑재하여 리눅스 실습을 진행했습니다.
- Ubuntu 등의 다른 리눅스에서도 동일하게 실습하면 됩니다.
- 2021년 4월 현재, 장고 3.x 버전에서도 에러 없이 책의 예제를 실습할 수 있습니다.

❷ 윈도우/리눅스/맥OS 사용자들이 동일하게 실습을 진행할 수 있도록, 메뉴보다는 커맨드 입력 방식으로 설명했습니다.

- PyCharm, Visual Studio Code, Eclipse, Atom, Sublime Text 등의 개발 툴을 사용하면 훨씬 편리합니다. 필자는 파이썬 사용자들이 가장 선호하고, 무료 버전으로도 실습이 가능한 PyCharm을 권장합니다. 자세한 내용은 부록 A를 참고 바랍니다.

❸ 본문의 예제는 파이썬 3.x 기준으로 작성했습니다. 2.x 사용자들은 예제 실습 시 다음 사항에 유의하기 바랍니다.

- print 문법이 변경되었습니다. 파이썬 2.x에서는 함수가 아니므로 ()를 사용하지 않습니다.
- models.py 파일에서 __str__() 메소드 대신, 파이썬 2.x에서는 __unicode__() 메소드를 사용합니다.
- 참고로 최근에는 2.x보다 기능과 성능이 개선된 3.x 버전을 사용하는 추세입니다.

예제 실습 시 참고사항

❶ 소스 입력 시 한글을 사용한다면, 소스 파일의 첫 줄에 다음과 같은 문장을 입력해야 합니다. 이 문장은 해당 파일의 소스 코드가 UTF-8 방식으로 인코딩되었다고 알려주는 역할을 합니다.

```
#-*- coding: utf-8 -*-
```

❷ 이 책의 예제에는 책의 지면상 한 줄로 표시하기 어려워 다음 줄로 넘어간 경우가 있습니다. 확실하지 않은 경우에는 제공된 소스를 확인하면 됩니다.

❸ 이 책의 실습 예제에 대한 전체 모습을 알 수 있도록, 프로젝트의 첫 페이지 화면을 보여줍니다. 부트스트랩 버전 4를 사용했습니다.

이 책의 예제 소스

한빛미디어 웹사이트의 [자료실]을 이용하거나 아래 주소에서 예제 소스를 내려 받을 수 있습니다.

www.hanbit.co.kr/src/10226

디렉터리명	소스 내용
ch2 ~ ch12	본문 2장~12장의 실습 예제들 (본문에서는 ch99로 통일해서 표시했음)
ch16	본문 13장~16장의 실습 예제들
chBn	부록B의 실습 예제들

PART 01 | 실전 프로그래밍 – 기본편

CHAPTER 01 장고 개발의 기본 사항 및 가상 환경 사용하기

CHAPTER 02 실전 프로그램 개발 – Bookmark 앱

CHAPTER 03 실전 프로그램 개발 – Blog 앱

CHAPTER 04 프로젝트 첫 페이지 만들기

CHAPTER 05 기존 앱 개선하기 – Bookmark 앱, Blog 앱

PART 02 | 실전 프로그래밍 – 확장편

CHAPTER 06 Blog 앱 확장 – Tag 달기

CHAPTER 07 Blog 앱 확장 – 댓글 달기

CHAPTER 08 Blog 앱 확장 – 검색 기능

CHAPTER 09 실전 프로그램 개발 – Photo 앱

CHAPTER 14 장고 핵심 기능 - View

CHAPTER 15 장고 핵심 기능 - Template

APPENDIX B 클라우드 서비스 활용(AWS, Heroku)

PART 01

실전 프로그래밍 – 기본편

장고(Django)를 통해 웹 프로그래밍을 시작하겠습니다. 장고는 쉽고 빠르다는데, 정말 그러한지 직접 체험할 순간입니다. 만일 여러분이 장고 홈페이지의 튜토리얼을 실습해보았거나, 필자의 저서『파이썬 웹 프로그래밍: Django(장고)로 배우는 쉽고 빠른 웹 개발』에 설명된 예제를 공부했다면, 이번 파트는 매우 순조롭게 진행할 수 있을 것입니다.

이번 파트에서는 장고 튜토리얼 예제보다 실전에 가까우면서도 가장 간단한 프로젝트인 북마크 애플리케이션과 웹 프로그래밍을 공부하는 사람은 반드시 거쳐야 한다는 블로그 애플리케이션을 작성할 것입니다.

만일 여러분이 장고 예제를 처음 작성한다면, 북마크 애플리케이션 실습을 통해 장고의 용어와 모델-URLconf-뷰-템플릿으로 이어지는 장고의 처리 흐름을 익히면 됩니다.

CHAPTER **01**

장고 개발의 기본 사항 및 가상 환경 사용하기

장고Django 웹 프로그래밍의 특징은 쉽고 빠르다는 것입니다. 이런 특징은 장고의 개발 방식이 MVTModel-View-Template에 따른 일정한 룰에 의해 진행되고, 웹 프로그래밍에서 공통적으로 필요한 기능들을 미리 만들어 둔 후에 단축 함수, 제네릭 뷰 등으로 제공하기 때문입니다. 그 외에도 서드 파티에 의한 외부 라이브러리가 풍부하고, 해외에서는 가장 많이 사용되는 파이썬 웹 프레임워크라서 레퍼런스가 많다는 점도 장점입니다.

1.1 장고 개발의 기본 사항

1절에서는 장고에 입문하는 개발자가 장고 프레임워크를 사용해 웹 프로그래밍을 할 때, 반드시 알아야 하는 기본 사항들과 그에 대한 원리들을 요약해 설명합니다. 이 내용들은 필자의 저서『파이썬 웹 프로그래밍: Django(장고)로 배우는 쉽고 빠른 웹 개발, 개정판』(2018, 한빛미디어)의 내용을 정리한 것으로, 자세한 설명이나 입문자에게 필요한 사항들을 추가적으로 알고 싶은 독자분은 한 번 읽어보기를 권합니다.

NOTE_ 장고 코드를 먼저 보고 싶다면

1장은 장고의 전체적인 특징을 설명하고 있어, 장고를 처음 공부하는 독자들에게 지루한 설명이 될 수 있습니다. 만일 장고 코드를 빨리 보고 싶은 독자라면, 2장부터 공부하면서 필요할 때 1장을 참고하는 방식으로 공부해도 무방합니다.

1.1.1 MVT 개발 방식

장고의 MVT 방식은 자바 웹 프로그래밍의 MVC 방식과 거의 동일한 개념으로, 웹 프로그래밍 영역을 3가지 개념으로 나눠서 개발하는 방식입니다. 즉 테이블을 정의하는 **모델**Model, 애플리케이션의 제어 흐름 및 처리 로직을 정의하는 **뷰**View, 사용자가 보게 될 화면의 모습을 정의하는 **템플릿**Template으로 구분해서 개발을 진행합니다. 이렇게 3가지로 나눠서 개발을 진행하면 모델, 뷰, 템플릿 모듈 간에 독립성을 유지할 수 있고, 소프트웨어 개발의 중요한 원칙인 느슨한 결합Loose Coupling 설계의 원칙에도 부합합니다. 또한 화면 디자이너, 응용 개발자, DB 설계자 간 협업도 쉬워집니다.

장고에서 프로젝트를 생성하기 위해 startproject 및 startapp 명령을 실행하면, 자동으로 프로젝트 뼈대에 해당하는 디렉터리와 파일들을 만들어 줍니다. 모델은 models.py 파일에, 뷰는 views.py 파일에, 템플릿은 templates 디렉터리 하위의 *.html 파일에 작성하도록 처음부터 뼈대를 만들어 줍니다. 애플리케이션을 MVT 방식으로 개발할 수 있도록 골격이 만들어지고 파일 이름도 장고에서 지어주는데, 이 또한 장고의 특징입니다. 모든 애플리케이션 개발에 반드시 필요한 파일들을 장고가 알아서 생성해주고, 개발자가 해당 내용을 채워 넣기만 하면 됩니다. 즉, 개발자가 어떤 파일들을 만들어야 할지 고민할 필요가 없습니다.

1.1.2 MVT 코딩 순서

모델, 뷰, 템플릿 셋 중에서 무엇을 먼저 코딩해야 하는지에 대해 정해진 순서는 없습니다. MVT 방식에 따르면 화면 설계는 뷰와 템플릿 코딩으로 연결되고, 테이블 설계는 모델 코딩에 반영됩니다. 그렇기 때문에 독립적으로 개발할 수 있는 모델을 먼저 코딩하고, 뷰와 템플릿은 서로 영향을 미치므로 모델 이후에 같이 코딩하는 것이 일반적입니다.

뷰와 템플릿의 코딩 순서도 굳이 정할 필요는 없지만, 필자는 UI 화면을 생각하면서 로직을 풀어나가는 것이 쉽기 때문에 보통은 템플릿을 먼저 코딩합니다. 다만 클래스형 뷰CBV, Class-Based View처럼 뷰의 코딩이 매우 간단한 경우에는 뷰를 먼저 코딩하고 그 다음 템플릿을 코딩합니다.

이 책의 예제에서는 대부분 클래스형 뷰를 사용하므로 모델, 뷰, 템플릿 순서를 기준으로 진행하며, 그 외에도 프로젝트 설정 파일 및 URLconf 파일까지 포함해 다음 순서로 코딩 및 설명을 진행하겠습니다.

- **프로젝트 뼈대 만들기 :** 프로젝트 및 앱 개발에 필요한 디렉터리와 파일 생성
- **모델 코딩하기 :** 테이블 관련 사항을 개발(models.py, admin.py 파일)
- **URLconf 코딩하기 :** URL 및 뷰 매핑 관계를 정의(urls.py 파일)
- **뷰 코딩하기 :** 애플리케이션 로직 개발(views.py 파일)
- **템플릿 코딩하기 :** 화면 UI 개발(templates/ 디렉터리 하위의 *.html 파일들)

여러분도 자신만의 코딩 순서를 정하는 것이 로직을 풀어나가는 데 일관성을 유지할 수 있고, 웹 개발 노하우도 빨리 습득할 수 있는 지름길이 될 것입니다. 물론 이런 코딩 순서는 어디까지나 필자의 기준이고 독자 여러분이 편한 순서대로 코딩하면 됩니다.

1.1.3 settings.py 주요 사항

settings.py는 프로젝트 설정 파일입니다. 처음 프로젝트를 생성하면 장고가 기본 사항들을 자동으로 등록해주므로, 추가적으로 필요한 사항은 개발을 진행하면서 개발자가 원하는 내용을 등록하면 됩니다.

다음 항목들은 프로젝트 개발 시 필수 사항이므로, 장고가 자동으로 등록한 사항을 확인해서 필요하다면 수정해줘야 합니다.

- **데이터베이스 설정 :** 디폴트로 SQLite3 데이터베이스 엔진을 사용하는 것으로 지정합니다.
- **애플리케이션 등록 :** 여러분이 개발하는 앱, 즉 프로젝트에 포함되는 애플리케이션들은 모두 설정 파일에 등록해야 합니다.
- **템플릿 항목 설정 :** TEMPLATES 항목으로 지정합니다.
- **정적 파일 항목 설정 :** STATIC_URL 등 관련 항목을 지정합니다.
- **타임존 지정 :** 최초에는 세계표준시(UTC)로 설정되어 있는데, 한국 시간으로 변경해야 합니다.

장고는 디폴트로 SQLite3 데이터베이스 엔진을 사용하는 것으로 지정해줍니다. 만일 MySQL이나 Oracle 등 다른 데이터베이스로 변경하고 싶다면 settings.py 파일에서 수정해주면 됩니다. settings.py 설정 파일은 그 외에도 베이스(루트) 디렉터리를 포함한 각종 디렉터리의 위치, 로그 형식, 디버그 모드, 보안 관련 사항 등 프로젝트의 전반적인 사항들을 설정해주는 곳으로, 그 내용에 익숙해질수록 장고의 모습을 이해하는 데 도움이 됩니다. 그렇기 때문에 프로젝트를 진행하면서 settings.py 파일에 정의된 항목이 어떤 역할을 하는지 자주 확인해보는 것을 권장합니다.

> **NOTE_ 글로벌 설정 파일**
> 장고에서 미리 정의해 둔 설정 항목 전체를 보고 싶다면 장고 설치 폴더(1.2.2절)에 있는 아래 파일을 참고하세요.
> (장고 설치 폴더)/django/conf/global_settings.py

1.1.4 models.py 주요 사항

models.py는 테이블을 정의하는 파일입니다. 장고의 특징 중 하나로, 데이터베이스 처리는 ORM Object Relational Mapping 기법을 사용합니다. 즉, 테이블을 클래스로 매핑해서 테이블에 대한 CRUD(Create, Read, Update, Delete) 기능을 클래스 객체에 대해 수행하면, 장고가 내부적으로 SQL 처리를 하여 데이터베이스에 반영해주는 방식입니다.

장고에서는 ORM 기법에 따라 테이블을 하나의 클래스로 정의하고, 테이블의 컬럼은 클래스의 변수로 매핑합니다. 테이블 클래스는 django.db.models.Model 클래스를 상속받아 정의하고, 각 클래스 변수의 타입도 장고에서 미리 정의해 놓은 필드 클래스를 사용합니다.

테이블의 신규 생성, 테이블의 정의 변경 등 models.py 파일에서 데이터베이스 변경 사항이 발생하면, 이를 데이터베이스에 실제로 반영해주는 작업을 해야 합니다. 이를 위해 장고는 1.7 버전부터 마이그레이션 개념을 도입했습니다. 마이그레이션migrations이란 테이블 및 필드의 생성, 삭제, 변경 등과 같이 데이터베이스에 대한 변경 사항을 알려주는 정보입니다. 물리적으로는 애플리케이션 디렉터리별로 migrations/ 디렉터리 하위에 마이그레이션 파일들이 존재합니다. 장고는 이런 마이그레이션 정보를 추출하고, 이를 이용해 변경 사항을 실제 데이터베이스에 반영하는 makemigrations 및 migrate 명령을 제공합니다.

1.1.5 URLconf 주요 사항

URLconf 용어는 URL과 뷰(함수 또는 클래스의 메소드)를 매핑해주는 urls.py 파일을 말합니다. URLconf를 정의할 때는 하나의 파일에 정의할 수도 있고, 2개의 파일에 정의할 수도 있습니다.

두 가지 방법 중 어떤 방식이 효율적일까요? 필자는 두 번째 방법을 추천합니다. 즉, 프로젝트 전체 URL을 정의하는 **프로젝트 URL**과 앱마다 정의하는 **앱 URL**, 2계층으로 나눠서 코딩하는 방식입니다. 이 방식은 URLconf 모듈을 계층적으로 구성하므로 변경도 쉽고 확장도 용이해지기 때문입니다. 이미 개발해 놓은 앱을 다른 프로젝트에서 사용하는 경우에도 urls.py 파일을 수정 없이 재

활용할 수 있는 장점이 생깁니다.

URL 패턴별로 이름을 지정할 수 있고, 패턴 그룹에 대해 이름공간namespace을 지정할 수도 있습니다. 이는 reverse() 함수나 {% url %} 템플릿 태그를 사용해, 소스에 URL을 하드 코딩하지 않아도 필요한 URL을 추출할 수 있는 기능입니다.

1.1.6 views.py 주요 사항

views.py는 뷰 로직을 코딩하는 가장 중요한 파일입니다. 간단한 로직이면 몇 줄만 코딩하면 되지만, 프로젝트 개발 범위가 커짐에 따라 로직도 점점 복잡해지고 views.py 파일의 코딩량도 많아집니다. 즉, 가독성과 유지보수 편리성, 재활용 등을 고려해야 한다는 점이 중요합니다.

장고에서는 뷰 로직을 함수로 코딩할지 클래스로 코딩할지에 따라, **함수형 뷰**Function-based view와 **클래스형 뷰**Class-based view로 구분합니다. 개발자가 편한 방식으로 코딩하면 되므로 보통은 하나의 프로젝트에 둘 다 사용하는 경우가 많습니다. 다만 필자는 클래스형 뷰를 사용하는 것이 장고가 제공하는 제네릭 뷰를 사용할 수 있고 재활용 및 확장성 측면에서 유리하다고 판단되어, 클래스형 뷰를 좀 더 자세히 공부하기를 권장합니다.

장고는 다른 프레임워크에 비해 뷰 작성에 편리한 기능을 많이 제공하고 있습니다. 대표적인 것이 단축 함수 및 클래스형 제네릭 뷰인데, 쉽고 빠르게 웹 프로그래밍을 할 수 있도록 도와주는 대표적인 기능들입니다.

1.1.7 templates 주요 사항

웹 화면(페이지)별로 템플릿 파일(*.html)이 하나씩 필요하므로, 웹 프로그램 개발 시 여러 개의 템플릿 파일을 작성하게 되고, 이런 템플릿 파일들을 한곳에 모아두기 위한 템플릿 디렉터리가 필요합니다.

템플릿 디렉터리는 프로젝트 템플릿 디렉터리와 앱 템플릿 디렉터리로 구분해서 사용합니다. **프로젝트 템플릿 디렉터리**는 TEMPLATES 설정의 DIRS 항목에 지정된 디렉터리입니다. **앱 템플릿 디렉터리**는 각 애플리케이션 디렉터리마다 존재하는 templates/ 디렉터리를 말합니다. 프로젝트 템플릿 디렉터리에는 base.html 등 전체 프로젝트의 룩앤필Look and feel에 관련된 파일들을 모아두고, 각 앱에서 사용하는 템플릿 파일들은 앱 템플릿 디렉터리에 위치시킵니다.

예를 들어, mysite 프로젝트에서 bookmark 앱을 개발한다면, 일반적인 경우 템플릿 디렉터리는 다음과 같습니다.

- **프로젝트 베이스(루트) 디렉터리 :** /home/shkim/pyDjango/ch99/
- **프로젝트 디렉터리 :** /home/shkim/pyDjango/ch99/mysite/
- **프로젝트 템플릿 디렉터리 :** /home/shkim/pyDjango/ch99/templates/
- **앱 템플릿 디렉터리 :** /home/shkim/pyDjango/ch99/bookmark/templates/

장고에서 템플릿 파일들을 찾는 순서도 알아 둬야 합니다. 별도로 변경하지 않는다면, 프로젝트 템플릿 디렉터리를 먼저 검색하고 그 다음 앱 템플릿 디렉터리를 검색합니다. 앱 템플릿 디렉터리도 각 앱마다 하나씩 여러 개가 존재하는데, INSTALED_APPS 설정 항목에 등록된 순서대로 검색합니다.

1.1.8 Admin 사이트

Admin 사이트는 테이블의 내용을 열람하고 수정하는 기능을 제공합니다. 테이블에 들어 있는 내용들을 콘텐츠라고 하는데, Admin 사이트는 이 콘텐츠를 편집하는 기능을 제공하는 것입니다.

이 Admin 사이트에서 User와 Group 테이블을 포함해, 앞으로 우리가 만드는 테이블에 대한 데이터의 입력, 수정, 삭제 등의 작업을 할 수 있습니다. Admin 화면에서 기본적으로 User와 Group 테이블이 보이는 것은 이미 settings.py 파일에 django.contrib.auth 애플리케이션이 등록되어 있기 때문입니다.

Admin 기능은 자주 사용되는 편리한 기능으로, 필요할 때 언제든지 SQL 없이도 테이블의 모습 및 내용을 확인하고 테이블에 레코드를 입력하고 수정할 수 있습니다. Admin 사이트에 원하는 테이블을 등록하기 위해서는 admin.py 파일에 작업하면 됩니다.

1.1.9 개발용 웹 서버 – runserver

개발 과정에서는 작성된 코드를 실행하고 테스트하는 과정이 필요합니다. 장고에서는 개발 과정에 현재의 웹 프로그램을 실행해볼 수 있도록 runserver라는 테스트용 웹 서버를 제공합니다. 테스트용이라고는 하지만 장고의 모든 기능을 실행할 수 있어서 이 책의 예제를 실행하는 데는 runserver로도 충분합니다. runserver가 기동된 상태에서 소스 수정을 하면, 자동으로 반영되어

재기동되는 편리함도 제공합니다.

하지만 여러분이 만든 프로젝트를 실제 고객에게 오픈하는 상용화를 고려한다면, runserver 대신 Apache 또는 Nginx 등의 상용 웹 서버를 사용해야 합니다. 개발용으로 제공되는 runserver는 상용 웹 서버에 비해 처리 능력도 떨어지고 보안에도 취약하기 때문입니다.

1.2 가상 환경 사용하기 - venv 모듈

파이썬에서는 프로젝트별로 독립된 가상 환경을 만들어주는 virtualenv 툴을 제공합니다. 또한 파이썬 3.x를 설치하였다면 venv 모듈로도 가상 환경을 만들 수 있습니다. 독립된 가상 환경이 필요한 이유는 인터넷에서 다운로드한 파이썬 라이브러리들이 충돌을 일으키는 것을 방지하기 위함입니다. 외부의 라이브러리들은 서로 의존성을 갖고 있는 경우가 많아 버전이 맞지 않는 경우는 오동작을 일으키기도 합니다.

그래서 파이썬의 실제 프로젝트를 개발하는 경우에 가상 환경을 구성하는 것은 필수라고 할 수 있습니다. 그만큼 파이썬 프로그램 개발 시 인터넷에 있는 외부 라이브러리를 활용하는 작업이 절대적이고, 라이브러리 간 충돌도 흔하게 발생하기 때문입니다. 또한 리눅스 시스템에서 제공하는 기본 파이썬은 2.x 버전인데, 별도의 가상 환경을 만들면 파이썬 버전을 선택하여 실습할 수 있는 이점도 있습니다.

2장부터 진행하게 될 우리의 장고 프로젝트 개발에도 외부의 파이썬 라이브러리가 필요합니다. 이런 라이브러리를 시스템의 파이썬 라이브러리 디렉터리에 설치하는 것이 아니라, 별도의 개발 환경에 설치함으로써 다른 파이썬 프로그램에는 영향을 주지 않도록 할 것입니다.

그래서 이번 장에서는 venv 모듈을 사용해 독립된 가상 환경을 구축하고, 여기에 장고 프로그램을 비롯해 이 책의 프로젝트에 필요한 라이브러리들을 미리 설치하겠습니다.

NOTE_ virtualenv 툴 vs venv 모듈

파이썬을 설치하면 virtualenv 툴도 같이 설치되고, 또한 파이썬 3 패키지에는 모듈 중 하나로 venv 모듈도 존재합니다. 둘다 가상 환경을 만들 수 있어서 어느 것을 사용해도 무방하지만 약간의 차이점이 있습니다.

virtualenv 툴은 가상 환경의 인터프리터를 시스템의 디폴트 파이썬으로 잡아주기 때문에, CentOS인 경우는 Python 2.7로 설정됩니다. 물론 --python 옵션을 주면 Python 3.X 버전도 선택할 수 있습니다. 반면 venv 모듈을 사용하면 이런 옵션을 신경쓰지 않아도 됩니다. 명령줄에 사용된 파이썬을 그대로 인터프리터로 설정하기 때문입니다. 이런 이유로 필자는 가상 환경을 만들 때 venv 모듈을 선호하지만, 기능이 거의 유사하므로 여러분이 원하는 것을 사용하면 됩니다. 참고로 이번 장에서는 라이브러리와 패키지란 용어를 혼용하고 있는데, 동일한 의미로 간주해도 무방합니다.

1.2.1 가상 환경 vDjBook 만들기

가상 환경을 만들기 전에, 먼저 파이썬 버전과 venv 모듈의 동작을 확인합니다. 명령 결과를 보면 필자의 CentOS 시스템에는 Python 2.7.5와 Python 3.7.3이 같이 설치된 것을 알 수 있고, 또한 Python 3.7.3 패키지에만 venv 모듈이 존재한다는 점을 알 수 있습니다.

```
# 파이썬 버전 확인
$ python --version
$ python2 --version
$ python3 --version

# -m 옵션으로 파이썬 모듈을 직접 실행할 수 있음
$ python -m venv
$ python2 -m venv
$ python3 -m venv
```

```
[shkim@localhost ~]$
[shkim@localhost ~]$ python --version
Python 2.7.5
[shkim@localhost ~]$ python2 --version
Python 2.7.5
[shkim@localhost ~]$ python3 --version
Python 3.7.3
[shkim@localhost ~]$
[shkim@localhost ~]$ python -m venv
/usr/bin/python: No module named venv
[shkim@localhost ~]$ python2 -m venv
/usr/bin/python2: No module named venv
[shkim@localhost ~]$ python3 -m venv
usage: venv [-h] [--system-site-packages] [--symlinks | --copies] [--clear]
            [--upgrade] [--without-pip] [--prompt PROMPT]
            ENV_DIR [ENV_DIR ...]
venv: error: the following arguments are required: ENV_DIR
[shkim@localhost ~]$
```

그림 1-1 파이썬 버전 및 venv 모듈 확인 결과

다음은 Python 3.7.3 및 venv 모듈을 사용해서, vDjBook 이라는 가상 환경을 만드는 과정입니다.

```
# 가상 환경을 모아둘 디렉터리 VENV를 만들고 그 디렉터리로 이동합니다
$ cd /home/shkim/
$ mkdir VENV
$ cd VENV/

# 파이썬 3.7.3을 사용하는 가상 환경 vDjBook을 만듭니다
$ python3 -m venv vDjBook

# vDjBook 가상 환경 안으로 진입합니다
$ source /home/shkim/VENV/vDjBook/bin/activate

# 가상 환경 내에 있다는 것을 알려주기 위해 프롬프트에 (vDjBook)이 표시됩니다
# 가상 환경에서 사용하는 파이썬 실행파일의 위치를 확인합니다
(vDjBook)$ which python3

# 가상 환경에서 사용하는 파이썬 버전을 확인합니다
# 가상 환경에 진입한 이후에는 python3와 python은 동일합니다
# python 버전3을 강조하기 위해 python3으로 표기합니다
(vDjBook)$ python3 --version

# 가상 환경에서 빠져나오는 명령입니다
# 이 명령이 실행되면 프롬프트가 바뀌면서 가상 환경 밖에 있음을 알려줍니다
(vDjBook)$ deactivate
```

```
[shkim@localhost ~]$
[shkim@localhost ~]$ cd /home/shkim/
[shkim@localhost ~]$ mkdir VENV
[shkim@localhost ~]$ cd VENV/
[shkim@localhost VENV]$
[shkim@localhost VENV]$ python3 -m venv vDjBook
[shkim@localhost VENV]$
[shkim@localhost VENV]$ ls -l vDjBook/
합 계 8
drwxrwxr-x. 2 shkim shkim 4096  6월  30 11:45 bin
drwxrwxr-x. 2 shkim shkim    6  6월  30 11:45 include
drwxrwxr-x. 3 shkim shkim   22  6월  30 11:45 lib
lrwxrwxrwx. 1 shkim shkim    3  6월  30 11:45 lib64 -> lib
-rw-rw-r--. 1 shkim shkim   75  6월  30 11:45 pyvenv.cfg
[shkim@localhost VENV]$
[shkim@localhost VENV]$ source /home/shkim/VENV/vDjBook/bin/activate
(vDjBook) [shkim@localhost VENV]$
(vDjBook) [shkim@localhost VENV]$ which python3
~/VENV/vDjBook/bin/python3
(vDjBook) [shkim@localhost VENV]$ python3 --version
Python 3.7.3
(vDjBook) [shkim@localhost VENV]$
(vDjBook) [shkim@localhost VENV]$ deactivate
[shkim@localhost VENV]$
```

그림 1-2 가상 환경 vDjBook 만들기

참고로 다음에 나오는 2개의 명령은, 다른 시스템 또는 다른 디렉터리에 동일한 가상 환경을 구성하고자 할 때 사용하는 명령들입니다. 즉 첫 번째 명령으로 현재의 가상 환경에 설치된 패키지 목록을 구하고, 두 번째 명령으로 조금 전의 가상 환경과 동일한 패키지를 새로운 가상 환경에 설치합니다.

```
# myvenv 가상 환경에 설치된 패키지 목록을 구합니다.
(myvenv)$ pip3 freeze > pkg_list.txt

# myvenv 가상 환경의 패키지와 동일하게 othervenv 가상 환경에 설치합니다.
(othervenv)$ pip3 install -r pkg_list.txt
```

관례적으로 pkg_list.txt 파일명 대신에 requirements.txt라는 파일명을 많이 사용합니다.

1.2.2 가상 환경에 장고 패키지 설치하기

가상 환경을 만들었으니 이후의 작업은 모두 가상 환경 내에서 실행합니다. 지금부터 개발에 필요한 패키지 및 라이브러리들을 가상 환경에 설치하겠습니다. 장고 프로그램도 파이썬의 기본 패키지가 아니므로 설치해줘야 합니다.

패키지를 설치하거나 설치된 패키지 리스트를 확인할 때는 pip 명령을 사용합니다. 라이브러리들이 위치한 디렉터리도 표시하였으니, 참고로 알아두기 바랍니다.

```
# vDjBook 가상 환경으로 진입합니다
$ source /home/shkim/VENV/vDjBook/bin/activate

# 장고 최신 버전을 설치합니다
(vDjBook)$ pip3 install Django

# vDjBook 가상 환경에 설치된 패키지 리스트를 확인합니다
(vDjBook)$ pip3 list

# 파이썬 기본 라이브러리들이 위치함
(vDjBook)$ ls -al /usr/local/lib/python3.7/

# 파이썬 외부 라이브러리들이 위치함
(vDjBook)$ ls -al /home/shkim/VENV/vDjBook/lib/python3.7/site-packages/
```

```
[shkim@localhost ~]$
[shkim@localhost ~]$ source /home/shkim/VENV/vDjBook/bin/activate
(vDjBook) [shkim@localhost ~]$
(vDjBook) [shkim@localhost ~]$ pip3 install Django
Collecting Django
  Using cached https://files.pythonhosted.org/packages/eb/4b/743d5008fc7432
Collecting pytz (from Django)
  Using cached https://files.pythonhosted.org/packages/3d/73/fe30c2daaaa071
Collecting sqlparse (from Django)
  Using cached https://files.pythonhosted.org/packages/ef/53/900f7d2a54557c
Installing collected packages: pytz, sqlparse, Django
Successfully installed Django-2.2.2 pytz-2019.1 sqlparse-0.3.0
You are using pip version 19.0.3, however version 19.1.1 is available.
You should consider upgrading via the 'pip install --upgrade pip' command.
(vDjBook) [shkim@localhost ~]$
(vDjBook) [shkim@localhost ~]$ pip3 list
Package    Version
---------- -------
Django     2.2.2
pip        19.0.3
pytz       2019.1
setuptools 40.8.0
sqlparse   0.3.0
You are using pip version 19.0.3, however version 19.1.1 is available.
You should consider upgrading via the 'pip install --upgrade pip' command.
(vDjBook) [shkim@localhost ~]$
```

그림 1-3 가상 환경에 장고 설치하기

1.2.3 가상 환경에 그 외 패키지 설치하기

장고 패키지 이외에도, 우리 프로젝트에 필요한 패키지들을 미리 설치하겠습니다. 물론 프로젝트를 진행해 나가면서 필요할 때 설치해도 됩니다. 참고로 5장까지는 장고 패키지만 필요하고, 6장부터 외부 라이브러리를 추가로 사용할 예정입니다.

```
# vDjBook 가상 환경으로 진입합니다
$ source /home/shkim/VENV/vDjBook/bin/activate

# 6장 태그 달기 기능에 필요한 패키지입니다.
(vDjBook)$ pip3 install django-taggit
(vDjBook)$ pip3 install django-taggit-templatetags2

# 폼을 장식하는 패키지로, 8장 및 10장 등에서 사용합니다.
(vDjBook)$ pip3 install django-widget-tweaks

# 9장에서 이미지 처리에 필요한 패키지입니다.
(vDjBook)$ pip3 install Pillow
```

```
(vDjBook) [shkim@localhost ~]$
(vDjBook) [shkim@localhost ~]$ pip3 install django-taggit
Collecting django-taggit
  Using cached https://files.pythonhosted.org/packages/45/4f/1a935f71ffadef
Requirement already satisfied: Django>=1.11 in ./VENV/vDjBook/lib/python3.7,
Requirement already satisfied: pytz in ./VENV/vDjBook/lib/python3.7/site-pa
Requirement already satisfied: sqlparse in ./VENV/vDjBook/lib/python3.7/sit
Installing collected packages: django-taggit
Successfully installed django-taggit-1.1.0
You are using pip version 19.0.3, however version 19.1.1 is available.
You should consider upgrading via the 'pip install --upgrade pip' command.
(vDjBook) [shkim@localhost ~]$
(vDjBook) [shkim@localhost ~]$ pip3 install django-taggit-templatetags2
Collecting django-taggit-templatetags2
  Using cached https://files.pythonhosted.org/packages/97/d9/8e620d79fa9c0c
-any.whl
Collecting django-classy-tags>=0.5.1 (from django-taggit-templatetags2)
  Using cached https://files.pythonhosted.org/packages/8b/21/a209e260f863bf
Requirement already satisfied: django>=1.5 in ./VENV/vDjBook/lib/python3.7/
Requirement already satisfied: django-taggit>=0.12 in ./VENV/vDjBook/lib/py
Requirement already satisfied: sqlparse in ./VENV/vDjBook/lib/python3.7/sit
Requirement already satisfied: pytz in ./VENV/vDjBook/lib/python3.7/site-pa
Installing collected packages: django-classy-tags, django-taggit-templateta
  Running setup.py install for django-classy-tags ... done
Successfully installed django-classy-tags-0.9.0 django-taggit-templatetags2
You are using pip version 19.0.3, however version 19.1.1 is available.
```

그림 1-4 태그 기능에 필요한 패키지 설치하기

```
(vDjBook) [shkim@localhost ~]$
(vDjBook) [shkim@localhost ~]$ pip3 install django-widget-tweaks
Collecting django-widget-tweaks
  Downloading https://files.pythonhosted.org/packages/1c/11/a8d3a4
Installing collected packages: django-widget-tweaks
Successfully installed django-widget-tweaks-1.4.5
You are using pip version 19.0.3, however version 19.1.1 is availal
You should consider upgrading via the 'pip install --upgrade pip' 
(vDjBook) [shkim@localhost ~]$
```

그림 1-5 폼 처리에 필요한 패키지 설치하기

```
(vDjBook) [shkim@localhost ~]$
(vDjBook) [shkim@localhost ~]$ pip3 install Pillow
Collecting Pillow
  Using cached https://files.pythonhosted.org/packages
Installing collected packages: Pillow
Successfully installed Pillow-6.0.0
You are using pip version 19.0.3, however version 19.1
You should consider upgrading via the 'pip install --u
(vDjBook) [shkim@localhost ~]$
```

그림 1-6 이미지 처리에 필요한 패키지 설치하기

> **NOTE_ 장고 관련 패키지 검색**
>
> 장고에서 사용할 수 있는 패키지들은 인터넷에 무수히 많습니다. 이 중에서 검증되고 많이 사용하는 패키지들을 선별할 수 있도록 도와주는 패키지 검색 사이트가 있으니 활용하기 바랍니다.
>
> https://pypi.python.org/: 파이썬용 패키지 검색 사이트입니다.
>
> https://www.djangopackages.com/: 장고용 패키지 검색 사이트입니다.

1.2.4 가상 환경에 pytz 설치하기

장고 프로그램을 설치하면 타임존을 관리하는 pytz 패키지가 같이 설치됩니다. 장고는 기본적으로 다국어를 지원하므로 각 나라마다의 로컬 시간을 계산할 수 있어야 하고 일광절약(낮 시간을 잘 이용해 일의 능률을 올리고자 하는 생활 운동) 시간을 고려해야 합니다. 우리 프로젝트에서도 포스트를 올린 시간, 포스트에 대한 Archive 기능 등 날짜와 시간 정보가 필요합니다.

아래와 같이 pytz 패키지 설치 여부를 확인한 후에, 설치가 안 되었다면 설치합니다.

```
# vDjBook 가상 환경으로 진입합니다
$ source /home/shkim/VENV/vDjBook/bin/activate

# pytz 패키지가 설치되었는지 확인함
(vDjBook)$ pip3 list

# 설치가 안 되었다면 아래 명령으로 pytz 패키지 설치함
(vDjBook)$ pip3 install pytz
```

[그림 1-7]을 보면 필자의 환경에는 pytz 패키지가 이미 설치되어 있습니다.

보통은 장고 패키지를 설치할 때 pytz 패키지도 같이 설치됩니다.

```
(vDjBook) [shkim@localhost ~]$
(vDjBook) [shkim@localhost ~]$ pip3 list
Package                       Version
----------------------------- -------
Django                        2.2.2
django-classy-tags            0.9.0
django-taggit                 1.1.0
django-taggit-templatetags2 1.6.1
django-widget-tweaks          1.4.5
Pillow                        6.0.0
pip                           19.0.3
pytz                          2019.1
setuptools                    40.8.0
sqlparse                      0.3.0
You are using pip version 19.0.3, however
You should consider upgrading via the 'pi
(vDjBook) [shkim@localhost ~]$
```

그림 1-7 pytz 패키지 설치 여부 확인

1.2.5 패키지 설치 툴 업그레이드

지금까지 우리 프로젝트에 필요한 패키지들을 가상 환경에 설치했습니다. 그런데 가끔 setuptools와 같은 설치 툴의 버전이 낮아 에러가 발생하는 경우가 있습니다. 또는 업그레이드하라는 경고 메시지를 없애기 위해 아래 명령을 실행합니다.

```
# vDjBook 가상 환경으로 진입합니다
$ source /home/shkim/VENV/vDjBook/bin/activate

# 설치 툴들을 업그레이드함
(vDjBook)$ pip3 install -U pip setuptools wheel
```

```
(vDjBook) [shkim@localhost ~]$
(vDjBook) [shkim@localhost ~]$ pip3 install --upgrade pip setuptools wheel
Collecting pip
  Downloading https://files.pythonhosted.org/packages/5c/e0/be401c003291b56e
    100% |████████████████████████████████| 1.4MB 4.8MB/s
Collecting setuptools
  Downloading https://files.pythonhosted.org/packages/ec/51/f45cea425fd5cb0b
    100% |████████████████████████████████| 583kB 7.6MB/s
Collecting wheel
  Downloading https://files.pythonhosted.org/packages/bb/10/44230dd6bf3563b8
Installing collected packages: pip, setuptools, wheel
  Found existing installation: pip 19.0.3
    Uninstalling pip-19.0.3:
      Successfully uninstalled pip-19.0.3
  Found existing installation: setuptools 40.8.0
    Uninstalling setuptools-40.8.0:
      Successfully uninstalled setuptools-40.8.0
Successfully installed pip-19.1.1 setuptools-41.0.1 wheel-0.33.4
(vDjBook) [shkim@localhost ~]$
```

그림 1-8 패키지 설치 툴 업그레이드

1.2.6 InsecurePlatformWarnig 해결하기

가상 환경에 필요한 패키지들을 설치하는 과정에 여러 가지 에러 또는 경고 메시지가 발생할 수 있습니다. 필자의 경우 2016년에 장고 패키지를 설치하는 과정에서 다음과 같은 Insecure PlatformWarning 경고가 발생했습니다. 이는 보안 프로토콜인 HTTPS 처리에 사용되는 OpenSSL 패키지에 관련 패키지를 추가로 설치해야 한다는 경고 메시지입니다.

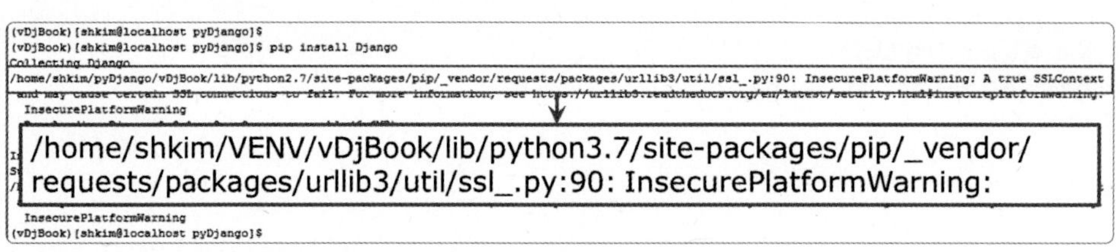

그림 1-9 패키지 설치시 InsecurePlatformWarning 경고 발생

만일 여러분도 위와 같은 경고 메시지가 발생한다면 다음 명령으로 해결하기 바랍니다.

```
(vDjBook)$ pip3 install pyopenssl ndg-httpsclient pyasn1
```

1.2.7 가상 환경에 설치된 패키지 확인하기

현재의 가상 환경에 설치된 패키지들을 확인할 수 있습니다. 다음 명령으로 필자의 vDjBook 가상 환경에 설치된 패키지 리스트를 보여주고 있으니, 여러분들의 실습 환경에 참고하기 바랍니다. 패키지 목록 파일 requirements.txt는 제공되는 예제 소스에 같이 들어 있습니다.

```
# vDjBook 가상 환경으로 진입합니다
$ source /home/shkim/VENV/vDjBook/bin/activate

# vDjBook 가상 환경에 설치된 패키지 리스트를 확인함
(vDjBook)$ pip3 list

# 가상 환경 복사에 사용하는 freeze 명령으로도 확인 가능함
(vDjBook)$ pip3 freeze

# 패키지 목록 파일 requirements.txt를 생성함
(vDjBook)$ cd /home/shkim/pyDjango/
(vDjBook)$ pip3 freeze > requirements.txt

# 가상 환경의 외부 라이브러리 디렉터리를 확인함
(vDjBook)$ ls -l /home/shkim/VENV/vDjBook/lib/python3.7/site-packages/
```

```
(vDjBook) [shkim@localhost ~]$
(vDjBook) [shkim@localhost ~]$ cd /home/shkim/pyDjango/
(vDjBook) [shkim@localhost pyDjango]$
(vDjBook) [shkim@localhost pyDjango]$ pip3 list
Package                      Version
---------------------------- -------
Django                       2.2.2
django-classy-tags           0.9.0
django-taggit                1.1.0
django-taggit-templatetags2 1.6.1
django-widget-tweaks         1.4.5
Pillow                       6.0.0
pip                          19.1.1
pytz                         2019.1
setuptools                   41.0.1
sqlparse                     0.3.0
wheel                        0.33.4
(vDjBook) [shkim@localhost pyDjango]$ pip3 freeze
Django==2.2.2
django-classy-tags==0.9.0
django-taggit==1.1.0
django-taggit-templatetags2==1.6.1
django-widget-tweaks==1.4.5
Pillow==6.0.0
pytz==2019.1
sqlparse==0.3.0
(vDjBook) [shkim@localhost pyDjango]$ pip3 freeze > requirements.txt
(vDjBook) [shkim@localhost pyDjango]$
```

그림 1-10 설치된 패키지 확인하기

```
(vDjBook) [shkim@localhost pyDjango]$
(vDjBook) [shkim@localhost pyDjango]$ ls -l /home/shkim/VENV/vDjBook/lib/python3.7/site-packages/
합계 80
drwxrwxr-x.  2 shkim shkim 4096  6월  30 12:01 Django-2.2.2.dist-info
drwxrwxr-x.  4 shkim shkim 4096  6월  30 12:14 PIL
drwxrwxr-x.  2 shkim shkim 4096  6월  30 12:14 Pillow-6.0.0.dist-info
drwxrwxr-x.  2 shkim shkim   40  6월  30 13:49 __pycache__
drwxrwxr-x.  4 shkim shkim 4096  6월  30 12:07 classytags
drwxrwxr-x. 19 shkim shkim 4096  6월  30 12:01 django
drwxrwxr-x.  2 shkim shkim 4096  6월  30 12:07 django_classy_tags-0.9.0-py3.7.egg-info
drwxrwxr-x.  2 shkim shkim 4096  6월  30 12:07 django_taggit-1.1.0.dist-info
drwxrwxr-x.  2 shkim shkim 4096  6월  30 12:07 django_taggit_templatetags2-1.6.1.dist-info
drwxrwxr-x.  2 shkim shkim   96  6월  30 12:13 django_widget_tweaks-1.4.5.dist-info
-rw-rw-r--.  1 shkim shkim  126  6월  30 13:49 easy_install.py
drwxrwxr-x.  5 shkim shkim   90  6월  30 13:49 pip
drwxrwxr-x.  2 shkim shkim 4096  6월  30 13:49 pip-19.1.1.dist-info
drwxrwxr-x.  5 shkim shkim   89  6월  30 13:49 pkg_resources
drwxrwxr-x.  4 shkim shkim 4096  6월  30 12:01 pytz
drwxrwxr-x.  2 shkim shkim 4096  6월  30 12:01 pytz-2019.1.dist-info
drwxrwxr-x.  6 shkim shkim 4096  6월  30 13:49 setuptools
drwxrwxr-x.  2 shkim shkim 4096  6월  30 13:49 setuptools-41.0.1.dist-info
drwxrwxr-x.  5 shkim shkim 4096  6월  30 12:01 sqlparse
drwxrwxr-x.  2 shkim shkim 4096  6월  30 12:01 sqlparse-0.3.0.dist-info
drwxrwxr-x.  5 shkim shkim 4096  6월  30 12:07 taggit
drwxrwxr-x.  6 shkim shkim 4096  6월  30 12:07 taggit_templatetags2
drwxrwxr-x.  4 shkim shkim 4096  6월  30 13:49 wheel
drwxrwxr-x.  2 shkim shkim 4096  6월  30 13:49 wheel-0.33.4.dist-info
drwxrwxr-x.  4 shkim shkim   92  6월  30 12:13 widget_tweaks
(vDjBook) [shkim@localhost pyDjango]$
```

그림 1-11 가상 환경의 외부 라이브러리 폴더 확인하기

CHAPTER 02

실전 프로그램 개발 – Bookmark 앱

첫 실전 프로그램으로 북마크 앱을 만들어보겠습니다. '북마크Bookmark'는 우리말로 '즐겨찾기' 또는 '책갈피'라고 합니다. 인터넷을 이용할 때 보통 한 번 가본 사이트나 지정된 몇 개의 사이트들 위주로 방문하는 습성이 있다는 것은 잘 알려진 사실입니다. 북마크 앱은 이렇게 자주 방문하는 사이트를 등록해 두었다가 나중에 그 사이트에 재방문할 때 쉽게 찾아갈 수 있게 해주는 앱입니다.

북마크 앱은 로직이 간단하므로 웹 프로그래밍을 시작하기에 좋은 예제입니다. 북마크에 등록된 URL을 따라 다른 사이트로 이동하는 링크 기능을 구현해볼 수 있고, 북마크의 생성, 수정, 삭제 등의 기능을 어렵지 않게 작성해볼 수 있기 때문입니다.

2장에서는 북마크라는 간단한 예제를 통해 장고의 MVT 패턴 즉 모델, 뷰, 템플릿에 따라 개발 로직을 풀어가는 과정에 대해 주로 설명합니다. 북마크의 생성, 수정, 삭제 기능은 로그인 인증 절차를 익힌 후 11장에서 다룹니다.

2.1 애플리케이션 설계하기

본격적으로 코딩에 들어가기에 앞서 북마크 앱을 어떤 모습으로 만들지 설계해야겠지요?

사용자의 눈에 보이는 화면 UI, 그 화면에 접속하기 위한 URL, 서버에서 필요한 테이블 및 처리 로직 등을 설계해야 합니다. 모두 중요하지만 특히 UI 설계는 웹 프로그래밍에서 비중이 큰 편입니다. UI 설계를 어떻게 하느냐에 따라, 애플리케이션의 코딩이 많이 달라지기 때문입니다. 북마크는 메뉴로 만들 수도 있고, 이미지에 북마크 URL을 링크할 수도 있습니다. 여기서는 첫 예제이므로 간단하게 텍스트 위주의 북마크 앱을 개발해보겠습니다.

2.1.1 화면 UI 설계

화면 UI 설계는 주로 템플릿 코딩에 반영되고 templates/ 디렉터리 하위의 *.html 파일에 코딩합니다. 화면에 표시되어야 할 주요 항목들을 [그림 2-1]에 표시했습니다. 실제 프로젝트에서는 이보다 훨씬 더 복잡하고 화면 정의서라는 문서로 별도 작성하는 경우가 많습니다.

다음 그림에서 본문 제목은 텍스트로 표시할 예정이고, Bookmark.title 및 Bookmark.url 부분은 Bookmark 테이블의 컬럼명을 표시한 것입니다. 그림 위에 템플릿 파일 이름도 표시했습니다.

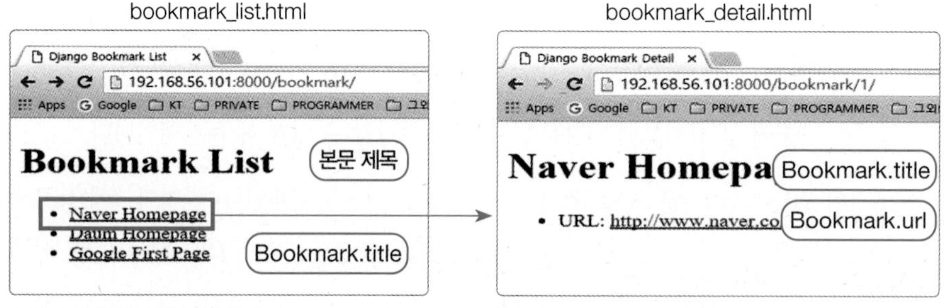

그림 2-1 북마크 앱 – UI 설계

2.1.2 테이블 설계

테이블 설계 내용은 모델 코딩에 반영되고 models.py 파일에 코딩합니다. 간단한 앱이므로 Bookmark 테이블 하나만 필요하기 때문에 다음과 같이 테이블을 설계했습니다.

표 2-1 북마크 앱 – 테이블 설계(Bookmark 모델 클래스)

필드명	타입	제약 조건	설명
id	Integer	PK, Auto Increment	기본 키(Primary Key)
title	CharField(100)	Blank	북마크 제목
url	URLField	Unique	북마크 URL

2.1.3 로직 설계

로직 설계는 처리 흐름을 설계하는 것으로, 웹 프로그래밍에서는 URL을 받아서 최종 HTML 템플릿 파일을 만드는 과정이 하나의 로직이 됩니다. 그 과정에서 리다이렉션redirection이 일어날 수도 있고, 템플릿 파일에서 URL 요청이 발생할 수도 있습니다. 이런 과정들을 모두 고려해서 문서로 표현하는 것이 로직 설계 과정이며, 설계의 핵심이라고 할 수 있습니다.

이 책에서는 로직 설계를 간략화해 URL–뷰–템플릿 간의 처리 흐름만 표시했고, 이는 바로 다음 단계인 URL 설계에 반영됩니다.

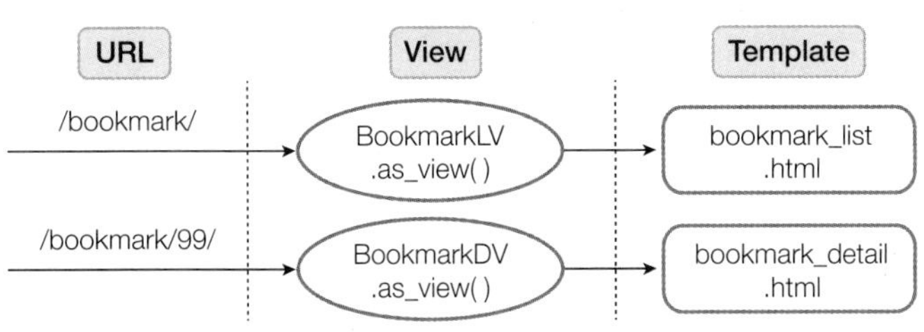

그림 2-2 북마크 앱 – 처리 흐름 설계

2.1.4 URL 설계

URL 설계 내용은 URLconf 코딩에 반영되고, urls.py 파일에 코딩합니다. 이 단계에서 중요한 점은 URL 패턴, 뷰 이름, 템플릿 파일 이름 및 뷰에서 어떤 제네릭 뷰를 사용할 것인지 등을 결정하는 것입니다. 그리고 그들 간의 매핑을 [표 2–2]처럼 정리하면 이해하기 쉽습니다.

표 2-2 북마크 앱 – URL 설계

URL 패턴	뷰 이름	템플릿 파일 이름
/bookmark/	BookmarkLV(ListView)	bookmark_list.html
/bookmark/99/ *	BookmarkDV(DetailView)	bookmark_detail.html
/admin/	(장고 제공 기능)	북마크 URL

* URL 패턴에서 99는 예시로, 테이블 레코드의 기본 키가 채워지는 자리입니다.

2.1.5 작업/코딩 순서

1장에서 소개했듯이, 장고는 MVT 패턴에 따라 개발하도록 되어 있습니다. 테이블 정의가 중요하고, 모델Model 코딩은 뷰View 또는 템플릿Template과 독립적으로 이뤄지므로 가장 먼저 코딩합니다.

그리고 URL, 뷰, 템플릿 매핑은 URLconf 코딩 시 결정되고, 클래스형 뷰를 사용하므로 템플릿보다 뷰를 먼저 코딩하는 것이 편리합니다. 그래서 코딩 순서는 모델, URLconf, 뷰, 템플릿 순서로 진행할 예정입니다. 코딩 외에도 장고 셸 명령이 필요하므로, 이들을 포함해 작업 순서를 아래와 같이 정합니다.

표 2-3 북마크 앱 – 작업/코딩 순서

작업 순서	관련 명령/파일	필요한 작업 내용
뼈대 만들기	startproject	mysite 프로젝트 생성
	settings.py	프로젝트 설정 항목 변경
	migrate	User/Group 테이블 생성
	createsuperuser	프로젝트 관리자인 슈퍼유저를 만듦
	startapp	북마크 앱 생성
	settings.py	북마크 앱 등록
모델 코딩하기	models.py	모델(테이블) 정의
	admin.py	Admin 사이트에 모델 등록
	makemigrations	모델의 변경사항 추출
	migrate	변경사항을 데이터베이스에 반영
URLconf 코딩하기	urls.py	URL 정의
뷰 코딩하기	views.py	뷰 로직 작성
템플릿 코딩하기	templates 디렉터리	템플릿 파일 작성
그 외 코딩하기	–	(없음)

2.2 개발 코딩하기 – 뼈대

코딩의 시작은 프로젝트 뼈대를 만드는 것에서부터 시작합니다. 즉 프로젝트에 필요한 디렉터리 및 파일을 구성하고, 설정 파일을 세팅합니다. 그 외에도 기본 테이블을 생성하고, 관리자 계정인 슈퍼유저를 생성하는 것이 필요합니다. 프로젝트가 만들어지면 그 하위에 애플리케이션 디렉터리 및 파일을 구성합니다. 장고는 이런 작업을 위한 장고 셸 커맨드를 제공합니다.

2.2.1 프로젝트 생성

가장 먼저 다음 명령으로 mysite 프로젝트를 만듭니다. mysite는 원하는 프로젝트 명칭을 입력하면 됩니다. 가상 환경에서 작업하는 것도 잊지 마세요.


```
$ source /home/shkim/VENV/vDjBook/bin/activate
(vDjBook)$ cd /home/shkim/pyDjango/
(vDjBook)$ django-admin startproject mysite
```

그러면 다음 그림과 같이 장고가 필요한 디렉터리 및 파일을 생성해줍니다. 자세히 보면 명령 실행 시 입력한 mysite 디렉터리가 최상위와 그 하위, 두 곳에 생긴 것을 알 수 있습니다.

```
[shkim@localhost pyDjango]$ cd /home/shkim/pyDjango/
[shkim@localhost pyDjango]$ django-admin.py startproject mysite
[shkim@localhost pyDjango]$
[shkim@localhost pyDjango]$ ls -al
합 계  4
drwxrwxr-x.  3 shkim shkim   19 12월  27 20:25 .
drwxr-xr-x. 23 shkim shkim 4096 12월  27 18:29 ..
drwxrwxr-x.  3 shkim shkim   35 12월  27 20:25 mysite
[shkim@localhost pyDjango]$
[shkim@localhost pyDjango]$ ls -al mysite/
합 계  4
drwxrwxr-x. 3 shkim shkim  35 12월  27 20:25 .
drwxrwxr-x. 3 shkim shkim  19 12월  27 20:25 ..
-rwxr-xr-x. 1 shkim shkim 249 12월  27 20:25 manage.py
drwxrwxr-x. 2 shkim shkim  70 12월  27 20:25 mysite
[shkim@localhost pyDjango]$
[shkim@localhost pyDjango]$ ls -al mysite/mysite/
합 계  12
drwxrwxr-x. 2 shkim shkim   70 12월  27 20:25 .
drwxrwxr-x. 3 shkim shkim   35 12월  27 20:25 ..
-rw-r--r--. 1 shkim shkim    0 12월  27 20:25 __init__.py
-rw-r--r--. 1 shkim shkim 3164 12월  27 20:25 settings.py
-rw-r--r--. 1 shkim shkim  818 12월  27 20:25 urls.py
-rw-r--r--. 1 shkim shkim  389 12월  27 20:25 wsgi.py
[shkim@localhost pyDjango]$
```

그림 2-3 startproject 명령 실행 후 디렉터리 모습

하위 mysite 디렉터리는 프로젝트 디렉터리이고, 상위 mysite 디렉터리는 프로젝트 관련 디렉터리/파일을 모으는 역할만 하는 디렉터리입니다. 상위 mysite 디렉터리는 특별한 의미를 가지고 있지 않기 때문에 이름을 변경해도 무방합니다. 하위의 프로젝트 디렉터리 이름과 동일해서 혼동할 수 있으므로 ch99라고 변경하겠습니다.

```
(vDjBook)$ cd /home/shkim/pyDjango/
(vDjBook)$ mv mysite ch99
```

> **NOTE_ 프로젝트 디렉터리 명칭**
>
> 앞에서 만든 ch99와 mysite 디렉터리는 모두 프로젝트와 관련된 디렉터리지만 성격이 다른 디렉터리이므로, 필자는 구분해서 명칭을 사용하고 있습니다.
>
> - ch99 : 프로젝트 루트 디렉터리 또는 프로젝트 베이스 디렉터리
> - mysite : 프로젝트 디렉터리

만일 프로젝트 루트 디렉터리가 이미 존재한다면, 아래 명령으로 mysite 프로젝트를 만들 수 있습니다. PyCharm에서 File 〉 New Project 메뉴로 ch99 라는 루트 디렉터리를 이미 생성한 경우가 이에 해당합니다.

```
(vDjBook)$ cd /home/shkim/pyDjango/ch99/
(vDjBook)$ django-admin startproject mysite
```

2.2.2 프로젝트 설정 파일 변경

프로젝트 설정 파일인 settings.py 파일에 필요한 사항을 지정합니다. Database, INSTALLED_APPS, TIME_ZONE 항목 등 7가지를 지정하거나 확인할 예정입니다. 이 7개의 항목 모두가 지금 당장 사용되는 것은 아니지만, 프로젝트를 진행하면서 사용할 항목이기 때문에 미리 확인해두는 것입니다.

또한 이 7개의 항목들은 대부분의 프로젝트에서 필요한 항목들이므로, 프로젝트를 시작할 때는 이 항목들에 대해 수정이나 추가가 필요한지 확인하는 습관을 갖기 바랍니다. 물론 필요한 항목이 더 있으면 원하는 항목을 이 파일에 지정해주면 됩니다.

다음 명령으로 프로젝트 설정 파일인 settings.py 파일을 엽니다.

```
(vDjBook)$ cd /home/shkim/pyDjango/ch99/mysite/
(vDjBook)$ vi settings.py
```

첫 번째로 ALLOWED_HOSTS 항목을 적절하게 지정해야 합니다. 장고는 DEBUG=True면 개발 모드로, False면 운영 모드로 인식합니다. 운영 모드인 경우는 ALLOWD_HOSTS에 반드시 서버의 IP나 도메인을 지정해야 하고, 개발 모드인 경우에는 값을 지정하지 않아도 ['localhost', '127.0.0.1']로 간주합니다.

02

지금은 개발 모드이고, 장고의 runserver를 기동할 서버의 IP가 127.0.0.1뿐만 아니라 192.168.56.101일 수도 있다면 아래와 같이 지정합니다

```
ALLOWED_HOSTS = [ '192.168.56.101', 'localhost', '127.0.0.1' ]
```

두 번째로 프로젝트에 포함되는 애플리케이션들은 모두 설정 파일에 등록되어야 합니다. 따라서 startapp 명령으로 애플리케이션을 생성했다면, 설정 파일에 등록하는 것을 잊지 마세요. 다만 현재는 bookmark 앱을 생성하기 전이므로 등록해야 한다는 점만 기억하고, **2.2.6 애플리케이션 등록**에서 앱을 생성한 이후에 등록하겠습니다.

세 번째로 템플릿 관련 사항도 확인합니다. 템플릿 항목을 설정하는 방법은 1.8 버전부터 변경되었습니다. 자세한 설명은 **15.1 템플릿 설정 항목**을 참고하기 바랍니다. 보통 DIRS 항목을 제외한 나머지 항목들은 변경하지 않고 사용합니다. DIRS 항목은 프로젝트 템플릿 파일이 위치할 디렉터리를 지정합니다. 템플릿 파일을 찾을 때, 프로젝트 템플릿 디렉터리는 애플리케이션 템플릿 디렉터리보다 먼저 검색합니다.

참고로 이 책에서는 4장의 예제부터 DIRS 항목을 사용합니다.

```
TEMPLATES = [
    {
        'BACKEND': 'django.template.backends.django.DjangoTemplates',
        'DIRS': [os.path.join(BASE_DIR, 'templates')],     # 수정
        'APP_DIRS': True,
        'OPTIONS': {
            'context_processors': [
                'django.template.context_processors.debug',
                'django.template.context_processors.request',
                'django.contrib.auth.context_processors.auth',
                'django.contrib.messages.context_processors.messages',
            ],
        },
```

```
    },
]
```

네 번째로 프로젝트에 사용할 데이터베이스 엔진입니다. 장고는 디폴트로 SQLite3 데이터베이스 엔진을 사용하도록 설정되어 있습니다. 물론 다른 데이터베이스 엔진으로 변경할 수도 있습니다. 만일 MySQL이나 Oracle, PostgreSQL 등 다른 데이터베이스로 변경하고 싶다면 settings.py 파일에서 수정해주면 됩니다. 우리 예제에서는 SQLite3 데이터베이스를 사용할 것이므로, 설정된 사항을 변경하지 않고 확인만 합니다.

파일 중간에 다음과 같은 데이터베이스 설정 항목을 확인할 수 있습니다.

```
# Database
# https://docs.djangoproject.com/en/2.0/ref/settings/#databases
DATABASES = {
    'default': {
        'ENGINE': 'django.db.backends.sqlite3',
        'NAME': os.path.join(BASE_DIR, 'db.sqlite3'),
    }
}
```

다섯 번째는 타임존 지정입니다. 처음에는 세계표준시(UTC)로 되어 있는데, 한국 시간으로 변경합니다.

```
# TIME_ZONE = 'UTC'
TIME_ZONE = 'Asia/Seoul'
```

여섯 번째는 정적 파일에 관한 설정입니다. STATIC_URL 항목은 최초 settings.py 파일이 만들어질 때 장고가 지정해준 그대로이고, STATICFILES_DIRS 항목은 프로젝트 정적 파일이 위치할 디렉터리를 의미하는데, 개발자가 직접 지정합니다. 이 책에서는 4장의 예제부터 STATICFILES_DIRS 항목을 사용합니다.

템플릿 파일을 찾는 순서와 비슷하게, 정적 파일을 찾을 때도 각 애플리케이션의 static/ 디렉터리보다 STATICFILES_DIRS 항목으로 지정한 디렉터리를 먼저 검색합니다.

정적 파일 처리에 대한 자세한 설명은 **15.7 staticfiles 애플리케이션 기능**을 참고 바랍니다.

```
STATIC_URL = '/static/'

STATICFILES_DIRS = [os.path.join(BASE_DIR, 'static')]     # 추가
```


일곱 번째는 미디어 관련 사항을 지정하는 것입니다. 이 항목들은 파일 업로드 기능을 개발할 때 필요한 설정입니다. 이 책에서는 9장의 예제부터 이 항목들을 사용합니다.

```
MEDIA_URL = '/media/'
MEDIA_ROOT = os.path.join(BASE_DIR, 'media')
```

지금까지 설정 파일에 등록한 7개 항목 이외에도 특정 앱에서 필요한 항목이나 여러분이 임의로 원하는 항목을 추가, 삭제해도 됩니다. 한 예로 한국 시간대만 사용하는 프로젝트인 경우 아래와 같이 지정하면, DB에 저장되는 시간도 UTC가 아니라 한국 시간으로 저장되어 편리합니다.

```
# USE_TZ = True
USE_TZ = False
```

또 다른 예로 장고의 사용 언어를 아래처럼 한글로 지정하면, Admin 사이트 화면의 메뉴 및 설명 등이 한글로 표시됩니다. 이 설정은 날짜/시간 등의 표현이 달라지므로 주의해야 합니다. 예를 들어, **3.2.5절의 post_archive_year.html**에 사용된 date:'b'의 의미가 en-us인 경우는 'jan'이 되지만, ko-kr인 경우는 '1월'로 변경된다는 점을 유의하기 바랍니다.

```
#LANGUAGE_CODE = 'en-us'
LANGUAGE_CODE = 'ko-kr'
```

사실 settings.py 설정 파일은 프로젝트의 전반적인 사항들을 설정해주는 곳으로, 루트 디렉터리를 포함한 각종 디렉터리의 위치, 로그의 형식, 프로젝트에 포함된 애플리케이션 등이 지정되어 있어서 그 내용에 익숙해질수록 장고의 모습을 이해하는 데 도움이 됩니다. 그러니 당장은 이해가 되지 않더라도 어떤 항목이 정의되어 있는지 자주 확인해보기를 권합니다.

2.2.3 기본 테이블 생성

다음은 기본 테이블 생성을 위하여 아래 명령을 실행합니다. migrate 명령은 데이터베이스에 변경사항이 있을 때 이를 반영해주는 명령입니다

```
(vDjBook)$ cd /home/shkim/pyDjango/ch99/
(vDjBook)$ python3 manage.py migrate
```

그런데 아직 데이터베이스 테이블을 만들지도 않았는데, 왜 이 명령이 필요할까요? 장고는 모든 웹 프로젝트 개발 시 반드시 사용자와 그룹 테이블 등이 필요하다는 가정 하에 설계되었습니다. 그래서 우리가 테이블을 만들지 않았더라도, 사용자 및 그룹 테이블 등을 만들어주기 위해 프로젝트 개발 시작 시점에 이 명령을 실행하는 것입니다. 명령을 실행하면 migrate 명령에 대한 로그가 보이고, 실행 결과로 SQLite3 데이터베이스 파일인 db.sqlite3 파일이 생성된 것을 확인할 수 있습니다.

```
[shkim@localhost ch2]$ cd /home/shkim/pyDjango/ch2/
[shkim@localhost ch2]$ python manage.py migrate
Operations to perform:
  Apply all migrations: admin, contenttypes, auth, sessions
Running migrations:
  Rendering model states... DONE
  Applying contenttypes.0001_initial... OK
  Applying auth.0001_initial... OK
  Applying admin.0001_initial... OK
  Applying admin.0002_logentry_remove_auto_add... OK
  Applying contenttypes.0002_remove_content_type_name... OK
  Applying auth.0002_alter_permission_name_max_length... OK
  Applying auth.0003_alter_user_email_max_length... OK
  Applying auth.0004_alter_user_username_opts... OK
  Applying auth.0005_alter_user_last_login_null... OK
  Applying auth.0006_require_contenttypes_0002... OK
  Applying auth.0007_alter_validators_add_error_messages... OK
  Applying sessions.0001_initial... OK
[shkim@localhost ch2]$
[shkim@localhost ch2]$ ls -al
합 계 44
drwxrwxr-x. 3 shkim shkim    52 12월  27 20:37 .
drwxrwxr-x. 3 shkim shkim    16 12월  27 20:31 ..
-rw-r--r--. 1 shkim shkim 36864 12월  27 20:37 db.sqlite3
-rwxr-xr-x. 1 shkim shkim   249 12월  27 20:25 manage.py
drwxrwxr-x. 2 shkim shkim  4096 12월  27 20:37 mysite
[shkim@localhost ch2]$
```

그림 2-4 migrate 명령 실행 후 디렉터리 모습

2.2.4 슈퍼유저 생성

Admin 사이트에 로그인하기 위한 관리자(슈퍼유저)를 만들어보겠습니다. 다음 명령을 입력합니다.

```
(vDjBook)$ cd /home/shkim/pyDjango/ch99/
(vDjBook)$ python3 manage.py createsuperuser
```

다음 그림과 같이 화면의 지시에 따라 Username/Email/Password/Password(again)을 입력해서 관리자를 생성합니다. 필자는 shkim/shkimadmin을 사용했습니다.

```
[shkim@localhost ch2]$
[shkim@localhost ch2]$ cd /home/shkim/pyDjango/ch2/
[shkim@localhost ch2]$ python manage.py createsuperuser
Username (leave blank to use 'shkim'): shkim
Email address: shkim@naver.com
Password:
Password (again):
Superuser created successfully.
[shkim@localhost ch2]$
```

그림 2-5 createsuperuser 명령의 실행 모습

2.2.5 애플리케이션 생성

다음으로 북마크 앱을 만드는 명령을 실행합니다. bookmark는 원하는 애플리케이션 명칭을 입력하면 됩니다.

```
(vDjBook)$ cd /home/shkim/pyDjango/ch99/
(vDjBook)$ python3 manage.py startapp bookmark
```

그러면 장고가 북마크 앱 디렉터리와 그 하위에 필요한 파일들을 생성해줍니다. 생성된 파일들의 이름을 눈여겨 봅니다.

```
[shkim@localhost ch2]$
[shkim@localhost ch2]$ cd /home/shkim/pyDjango/ch2/
[shkim@localhost ch2]$ python manage.py startapp bookmark
[shkim@localhost ch2]$
[shkim@localhost ch2]$ ls -al
합 계 48
drwxrwxr-x. 4 shkim shkim    67 12월  27 20:45 .
drwxrwxr-x. 3 shkim shkim    16 12월  27 20:31 ..
drwxrwxr-x. 3 shkim shkim  4096 12월  27 20:45 bookmark
-rw-r--r--. 1 shkim shkim 36864 12월  27 20:42 db.sqlite3
-rwxr-xr-x. 1 shkim shkim   249 12월  27 20:25 manage.py
drwxrwxr-x. 2 shkim shkim  4096 12월  27 20:37 mysite
[shkim@localhost ch2]$
[shkim@localhost ch2]$ ls -al bookmark/
합 계 24
drwxrwxr-x. 3 shkim shkim 4096 12월  27 20:45 .
drwxrwxr-x. 4 shkim shkim   67 12월  27 20:45 ..
-rw-r--r--. 1 shkim shkim    0 12월  27 20:45 __init__.py
-rw-r--r--. 1 shkim shkim   63 12월  27 20:45 admin.py
-rw-r--r--. 1 shkim shkim   91 12월  27 20:45 apps.py
drwxrwxr-x. 2 shkim shkim   24 12월  27 20:45 migrations
-rw-r--r--. 1 shkim shkim   98 12월  27 20:45 models.py
-rw-r--r--. 1 shkim shkim   60 12월  27 20:45 tests.py
-rw-r--r--. 1 shkim shkim   63 12월  27 20:45 views.py
[shkim@localhost ch2]$
```

그림 2-6 startapp 명령 실행 후 디렉터리 모습

이제부터 각 파일마다 이름에 맞는 내용들을 채워주면 됩니다. 파일들의 역할은 이미 알고 있을 것이라 생각하여 설명은 생략합니다. 다만 apps.py 파일은 애플리케이션의 설정 클래스를 정의하는 파일로서, 장고 1.9 버전부터 사용하기 시작했습니다. 또한 장고가 자동으로 만들어준 파일 이외에도, 필요하다면 개발자가 임의의 파일을 생성해도 됩니다.

> **NOTE_ 애플리케이션 명칭**
> 보통은 영문법에 따라 애플리케이션 이름을 복수 단어로 지정하는 경우도 많지만, 필자는 영문법의 단수/복수 구별이 불편하다고 생각되어 주로 단수 단어를 쓰는 편입니다. 그래서 애플리케이션 이름을 bookmark로 사용했지만, bookmarks라고 해도 무방합니다.

2.2.6 애플리케이션 등록

앞의 **2.2.2 프로젝트 설정 파일 변경**에서 설명했듯이, 프로젝트에 포함되는 애플리케이션들은 모두 설정 파일에 등록되어야 합니다. 따라서 우리가 개발하고 있는 북마크 앱도 settings.py 파일에 등록해야 합니다. 애플리케이션을 등록할 때는 간단하게 애플리케이션의 모듈명인 'bookmark'만 등록해도 되지만, 애플리케이션의 설정 클래스로 등록하는 것이 더 정확한 방법입니다.

bookmark 앱의 설정 클래스는 startapp bookmark 명령 시에 자동 생성된 apps.py 파일에 BookmarkConfig라고 정의되어 있습니다. 그래서 장고가 설정 클래스를 찾을 수 있도록 모듈 경로까지 포함하여 'bookmark.apps.BookmarkConfig'라고 등록합니다.


```
INSTALLED_APPS = [
'django.contrib.admin',
'django.contrib.auth',
'django.contrib.contenttypes',
'django.contrib.sessions',
'django.contrib.messages',
'django.contrib.staticfiles',
'bookmark.apps.BookmarkConfig',     # 추가
]
```

NOTE_ 애플리케이션 설정 클래스

애플리케이션의 설정 클래스는 해당 애플리케이션에 대한 메타 정보를 저장하기 위한 클래스로, **django.apps.AppConfig** 클래스를 상속받아 작성합니다. 앱 설정 클래스에는 앱 이름(name), 레이블(label), 별칭(verbose_name), 경로(path) 등을 설정할 수 있으며, 이 중 이름(name)은 필수 속성입니다.
설정 클래스 개념은 장고 1.7 버전부터 사용했으며, 1.7 및 1.8 버전에서는 장고가 내부에서 설정 클래스를 만들어 사용했으나, 1.9 버전부터는 개발자가 직접 작성하도록 변경되었습니다. 설정 클래스를 작성하는 위치는 애플리케이션 디렉터리 하위의 apps.py 파일입니다.
만일 애플리케이션을 INSTALLED_APPS 항목에 등록 시 설정 클래스 대신에 애플리케이션 디렉터리만 지정하면, __init__.py 파일에서 **default_app_config** 항목으로 지정된 클래스를 설정 클래스로 사용합니다. default_app_config 항목도 정의되지 않으면 장고의 기본 AppConfig 클래스를 설정 클래스로 사용합니다.

2.3 개발 코딩하기 – 모델

모델 작업은 데이터베이스에 테이블을 생성하도록 해주는 작업입니다.

2.3.1 테이블 정의

앞에서 설계한 것처럼, 북마크 앱은 Bookmark 테이블 하나만 필요합니다. 테이블은 models.py 파일에 정의합니다. 앞에서 테이블을 설계한 내용에 따라 다음과 같이 입력하면 됩니다.

예제 2-1 bookmark/models.py

```
(vDjBook)$ cd /home/shkim/pyDjango/ch99/bookmark/
(vDjBook)$ vi models.py

from django.db import models

class Bookmark(models.Model):
    title = models.CharField('TITLE', max_length=100, blank=True)
    url = models.URLField('URL', unique=True)

    def __str__(self):
        return self.title
```

장고에서는 테이블을 하나의 클래스로 정의하고, 테이블의 컬럼은 클래스의 변수로 매핑합니다. 테이블 클래스는 django.db.models.Model 클래스를 상속받아 정의하고, 각 클래스 변수의 타입도 장고에서 미리 정의해 둔 필드 클래스를 사용합니다.

위의 Bookmark 모델 클래스 정의에서는 다음 사항을 유의하기 바랍니다.

- title 컬럼은 공백(blank) 값을 가질 수 있습니다.
- URLField() 필드 클래스의 첫 번째 파라미터인 'URL' 문구는 url 컬럼에 대한 별칭(verbose_name)입니다. 뒤에서 설명할 Admin 사이트에서 이 문구를 보게 될 것입니다.
- __str()__ 함수는 객체를 문자열로 표현할 때 사용하는 함수입니다. 장고에서 모델 클래스의 객체는 테이블에 들어 있는 레코드 하나를 의미합니다. 나중에 보게 될 Admin 사이트나 장고 셸 등에서 테이블의 레코드명을 보여줘야 하는데, 이때 __str__() 함수를 정의하지 않으면 레코드명이 제대로 표현되지 않습니다.

2.3.2 Admin 사이트에 테이블 반영

앞서 models.py 파일에서 정의한 테이블도 Admin 사이트에 보이도록 등록하겠습니다. 간단히 다음처럼 admin.py 파일에 등록해주면 됩니다.

예제 2-2 bookmark/admin.py

```
(vDjBook)$ cd /home/shkim/pyDjango/ch99/bookmark/
(vDjBook)$ vi admin.py
```

```
from django.contrib import admin
from bookmark.models import Bookmark

@admin.register(Bookmark)
class BookmarkAdmin(admin.ModelAdmin):
    list_display = ('id', 'title', 'url')
```

BookmarkAdmin 클래스는 Bookmark 클래스가 Admin 사이트에서 어떤 모습으로 보여줄지를 정의하는 클래스입니다. Bookmark 내용을 보여줄 때, id와 title, url을 화면에 출력하라고 지정했습니다. 그리고 @admin.register() 데코레이터를 사용하여 어드민 사이트에 등록합니다.

참고로 데코레이터 대신에 register() 함수를 사용하여 아래와 같이 작성할 수도 있습니다.

```
class BookmarkAdmin(admin.ModelAdmin):
    list_display = ('id', 'title', 'url')

admin.site.register(Bookmark, BookmarkAdmin)
```

이와 같이 테이블을 새로 만들 때는 models.py와 admin.py 두 개의 파일을 함께 수정해야 한다는 것을 기억해두기 바랍니다.

2.3.3 데이터베이스 변경 사항 반영

테이블의 신규 생성, 테이블의 정의 변경 등 데이터베이스에 변경이 필요한 사항이 있으면, 이를 데이터베이스에 실제로 반영해주는 작업을 해야 합니다. 아직까지는 클래스로 테이블 정의까지만 한 상태입니다. 다음 명령으로 변경 사항을 데이터베이스에 반영합니다.

```
(vDjBook)$ cd /home/shkim/pyDjango/ch99/
(vDjBook)$ python3 manage.py makemigrations bookmark     # bookmark는 생략 가능
(vDjBook)$ python3 manage.py migrate
```

1.1.4 models.py 주요 사항에서 설명한 것처럼, 마이그레이션 정보는 애플리케이션 디렉터리별로 존재합니다. 즉, 우리 예제에서는 makemigrations 명령에 의해 bookmark/migrations 디렉

터리 하위에 마이그레이션 파일들이 생기고, 이 마이그레이션 파일들을 이용해 migrate 명령으로 데이터베이스에 테이블을 만들어줍니다.

앞의 명령을 실행하면 다음과 같은 메시지가 나타나고 에러 메시지가 없으면 정상적으로 실행된 것입니다.

```
[shkim@localhost ch2]$
[shkim@localhost ch2]$ cd /home/shkim/pyDjango/ch2/
[shkim@localhost ch2]$ python manage.py makemigrations
Migrations for 'bookmark':
  0001_initial.py:
    - Create model Bookmark
[shkim@localhost ch2]$
[shkim@localhost ch2]$ ls -al bookmark/migrations/
합 계  12
drwxrwxr-x. 2 shkim shkim   65  1월   1 09:21 .
drwxrwxr-x. 3 shkim shkim 4096  1월   1 09:21 ..
-rw-rw-r--. 1 shkim shkim  649  1월   1 09:21 0001_initial.py
-rw-r--r--. 1 shkim shkim    0 12월  27 20:45 __init__.py
-rw-r--r--. 1 shkim shkim  143  1월   1 09:21 __init__.pyc
[shkim@localhost ch2]$
[shkim@localhost ch2]$ python manage.py migrate
Operations to perform:
  Apply all migrations: admin, bookmark, contenttypes, auth, sessions
Running migrations:
  Rendering model states... DONE
  Applying bookmark.0001_initial... OK
[shkim@localhost ch2]$
```

그림 2-7 makemigrations/migrate 명령 실행 시 로그

> **NOTE_ 참고용 마이그레이션 명령**
>
> 필수로 실행해야 하는 명령은 아니지만, 마이그레이션과 관련해서 자주 쓰는 명령 2개를 더 알아두기 바랍니다.
>
> (vDjBook)$ python3 manage.py showmigrations : 모든 마이그레이션을 보여주고, 각 마이그레이션별 적용 여부를 알 수 있습니다.
>
> (vDjBook)$ python3 manage.py sqlmigrate bookmark 0001 : bookmark 앱의 0001번 마이그레이션을 적용할 때 사용될 SQL 문장을 보여줍니다.

2.3.4 테이블 모습 확인하기

지금까지 데이터베이스 관련 사항을 작업했습니다. 즉, models.py 파일에 테이블을 정의하고 이를 데이터베이스에 반영하는 명령을 실행했습니다. 또한 테이블을 Admin 사이트에도 등록했습니다. Admin 사이트에 접속하면 데이터베이스에 테이블이 잘 등록되었는지, 그리고 우리가 정의한 테이블이 어떤 모습인지 UI 화면에서 쉽게 확인할 수 있습니다.

Admin 사이트에 접속해보겠습니다. 만일 테스트용 웹 서버인 runserver가 실행되지 않았다면, 다음 명령으로 실행합니다.

```
(vDjBook)$ cd /home/shkim/pyDjango/ch99/
(vDjBook)$ python3 manage.py runserver 0.0.0.0:8000    # 리눅스에서는 0:8000도 가능
```


다음 그림은 runserver를 백그라운드로 실행시키고, 리눅스 jobs 명령으로 runserver가 동작 중이라는 것을 확인하는 과정을 보여줍니다. 리눅스 명령 뒤에 &를 붙이면 백그라운드에서 명령이 실행되며, **jobs** 명령으로 실행 중인 프로세스 목록을 볼 수 있습니다.

만일 runserver를 중지할 때는 Ctrl-C를 입력하거나, 백그라운드로 runserver를 실행시킨 경우는 $ kill %1 명령을 입력합니다.

```
[shkim@localhost ch2]$
[shkim@localhost ch2]$ cd /home/shkim/pyDjango/ch2/
[shkim@localhost ch2]$ python manage.py runserver 0.0.0.0:8000 &
[1] 12220
[shkim@localhost ch2]$ Performing system checks...

System check identified no issues (0 silenced).
January 01, 2016 - 09:44:56
Django version 1.9, using settings 'mysite.settings'
Starting development server at http://0.0.0.0:8000/
Quit the server with CONTROL-C.
^M
[shkim@localhost ch2]$
[shkim@localhost ch2]$ jobs
[1]+  Running                 python manage.py runserver 0.0.0.0:8000 &
[shkim@localhost ch2]$
```

그림 2-8 테스트용 웹 서버(runserver) 실행 시 로그

runserver가 실행된 후, 브라우저 주소 창에 다음과 같이 입력합니다. runserver를 실행한 컴퓨터의 IP 주소를 사용합니다.

```
http://192.168.56.101:8000/admin/
# 만일 윈도우 OS에서 runserver를 실행했다면, 아래 주소를 입력합니다.
http://127.0.0.1:8000/admin/ 또는 http://localhost:8000/admin/
```

다음 화면처럼 Admin 사이트의 로그인 페이지가 나타나면 정상입니다.

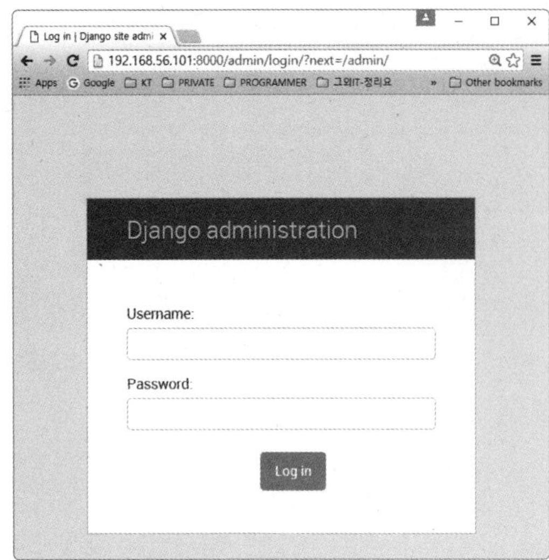

그림 2-9 Admin 사이트의 로그인 페이지

로그인 화면이 나타나면 **2.2.4 슈퍼유저 생성**에서 만든 관리자의 Username/Password로 Admin 사이트에 로그인하면 됩니다. 성공하면 다음 화면이 나타납니다.

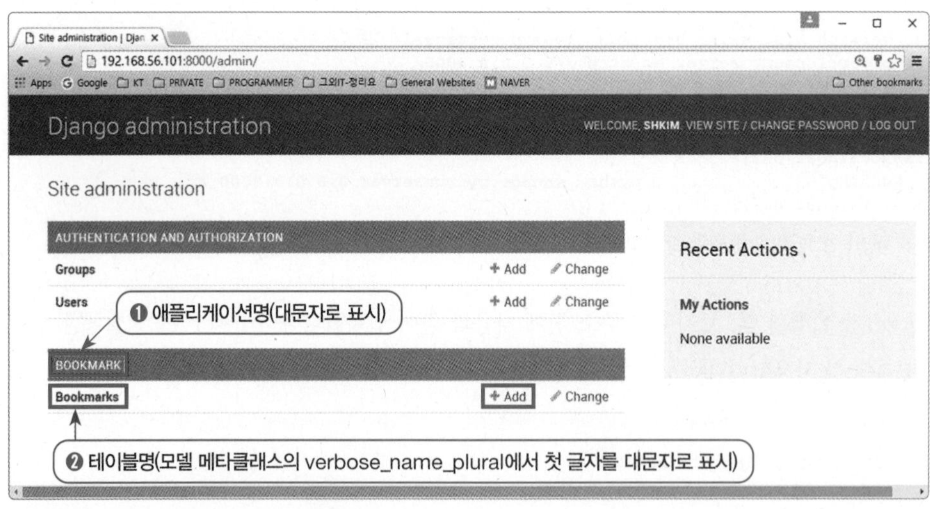

그림 2-10 Admin 사이트 로그인 후 첫 화면

장고에서 기본적으로 만들어주는 User, Group 테이블 이외에 우리가 추가한 Bookmark 테이블을 볼 수 있습니다. [Add] 버튼을 클릭하면, models.py 파일에 정의한 테이블이 어떤 모습인지 UI 화면으로 볼 수 있습니다.

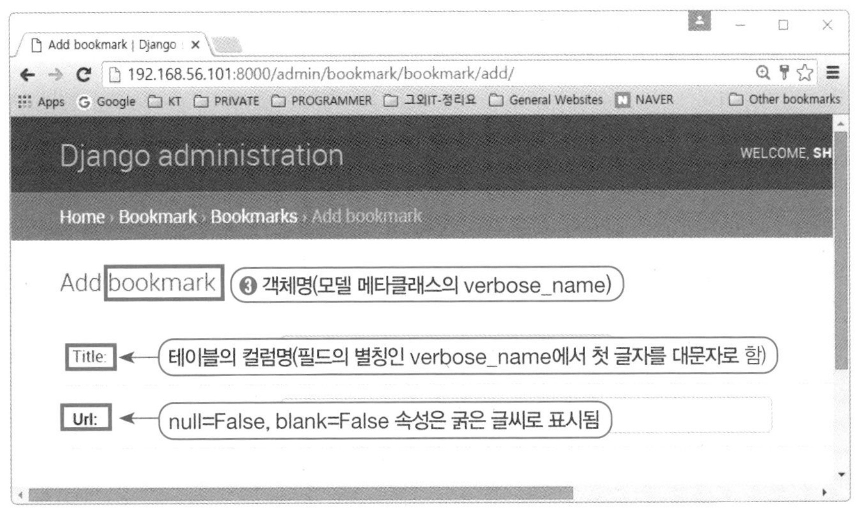

그림 2-11 Admin 사이트에서 Bookmark 데이터 추가 화면

우리가 만든 모델이 정상적으로 등록되었고, models.py 파일에 정의한 테이블이 필드별 위젯에 따라 어떤 모습으로 보이는지 확인했습니다. Admin 사이트에 대한 추가적인 설명은 **1.1.8 Admin 사이트**를 참고하기 바랍니다.

이번 절에서 다룬 내용은 필수 단계는 아니지만 테이블을 정의한 후에 테이블의 모습을 UI 화면으로 확인할 수 있다는 점에서 소개했고, 필자는 자주 사용하는 편입니다.

NOTE_ Admin 사이트의 이름 표기 방식

Admin 사이트에서 보여주는 이름들은 영문 방식으로 표기되어 있어서 혼동할 수 있습니다. 예를 들어 애플리케이션 이름은 'bookmark'인데 Bookmark로 보여주고, 테이블 이름은 'Bookmark'인데 Bookmarks라고 표기됩니다. 이는 장고가 자동으로 만들어준 것인데 다음과 같은 룰에 따른 것입니다.

❶ **애플리케이션명 :** startapp appname 명령 시 사용한 appname을 대문자로 표시합니다.

❷ **테이블명 :** 아래 ❸번의 객체명에 복수형 접미사(s)를 추가하고 첫 글자를 대문자로 표시합니다. 예를 들어, 모델 클래스명이 MyCooky라면 테이블명은 My cookys가 됩니다. 이는 verbose_name_plural 메타 옵션으로 변경할 수 있습니다.

❸ **객체명 :** models.py 파일에 정의한 모델 클래스 이름을 소문자와 공백으로 바꾼 것입니다. 예를 들어, 모델 클래스명이 MyCooky라면 my cooky가 됩니다. 이는 verbose_name 메타 옵션으로 지정할 수 있습니다.

모델 메타 항목 verbose_name에 대한 자세한 내용은 **13.1.3 Meta 내부 클래스 속성**을 참고하기 바랍니다.

2.4 개발 코딩하기 – URLconf

URLconf는 mysite/urls.py와 bookmark/urls.py 2개의 파일에 코딩할 수도 있지만, 이 예제는 간단하므로 하나의 파일로 코딩하겠습니다. 하지만 가능하면 2개의 파일에 코딩하는 것을 추천합니다. 그 이유는 **1.1.5 URLconf 주요 사항**에서 설명한 바 있습니다. 그래서 3장부터는 모두 URLconf를 두 곳에 코딩할 예정이고 지금 코딩하는 내용도 수정할 예정입니다.

북마크 앱의 URL은 간단합니다. Admin 사이트까지 포함해서 3개의 URL과 뷰가 필요한데, 그 내용을 urls.py 파일에 코딩하면 됩니다.

예제 2-3 mysite/urls.py

```
(vDjBook)$ cd /home/shkim/pyDjango/ch99/mysite/
(vDjBook)$ vi urls.py

from django.contrib import admin ------------------------------------------ ❶
from django.urls import path

from bookmark.views import BookmarkLV, BookmarkDV ------------------------- ❷

urlpatterns = [ ----------------------------------------------------------- ❸
    path('admin/', admin.site.urls), ------------------------------------- ❹

    # class-based views
    path('bookmark/', BookmarkLV.as_view(), name='index'), --------------- ❺
    path('bookmark/<int:pk>/', BookmarkDV.as_view(), name='detail'), ----- ❻
]
```

위 소스를 라인별로 설명하겠습니다.

❶ 필요한 모듈과 함수를 임포트합니다.

❷ URLconf에서 뷰를 호출하므로, 뷰 모듈의 관련 클래스를 임포트합니다. 다만 아직 뷰 클래스를 정의하지 않은 상태이므로, 이 시점에서는 뷰 클래스의 이름만 정의하고 **2.5 개발 코딩하기 – 뷰**에서 해당 클래스를 정의할 예정입니다.

또한 다음과 같이 간단히 코딩할 수도 있습니다.

```
from bookmark.views import *
```

이 방식은 일일이 뷰를 나열하지 않아도 되므로 편리하지만, 불필요한 뷰를 임포트하게 되고 이름 충돌이 발생할 수도 있어 권장하지 않는 방식입니다.

❸ path() 함수는 route, view 2개의 필수 인자와 kwargs, name 2개의 선택 인자를 받습니다. 여기서 정해준 name 인자값은 템플릿 파일에서 많이 사용됩니다.

❹ 장고의 Admin 사이트에 대한 URLconf는 이미 정의되어 있는데, 이를 활용하고 있습니다. Admin 사이트를 사용하기 위해서는 항상 이렇게 정의한다고 알아두세요

❺ URL /bookmark/ 요청을 처리할 뷰 클래스를 BookmarkLV로 지정합니다. URL 패턴의 이름은 'index'로 명명합니다.

❻ URL /bookmark/99/ 요청을 처리할 뷰 클래스를 BookmarkDV로 지정합니다. URL 패턴의 이름은 'detail'이라고 명명합니다. BookmarkDV 뷰 클래스에 pk=99라는 인자가 전달됩니다.

한 가지 더 알아두어야 할 사항이 있습니다. 클래스형 뷰가 간단한 경우는 views.py 파일에 코딩할 필요 없이, URLconf에서 뷰 및 뷰 처리에 필요한 파라미터를 모두 지정할 수 있습니다. 이렇게 하면 views.py 파일을 작성하지 않아도 되는 장점이 있어서, 간단한 뷰의 경우 이 방법을 많이 사용하는 편입니다.

하지만 필자는 파일별로 역할이 다른 장고의 MVT 원칙을 충실하게 따르자는 주의라서, 간단한 뷰라도 views.py 파일에 코딩하는 것을 권장합니다. 뷰 로직은 URLconf가 아니라 views.py 파일에 작성하는 것이 향후 확장성이나 모듈의 임포트 관계를 단순하게 유지하는 장점이 있기 때문이기도 합니다.

참고로 다음과 같이 views.py 파일을 작성하지 않고 urls.py 파일 하나만으로 작성할 수도 있습니다.

예제 2-4 mysite/urls.py – 뷰 정의 방식

```
(vDjBook)$ cd /home/shkim/pyDjango/ch99/mysite/
(vDjBook)$ vi urls.py

from django.contrib import admin
from django.urls import path
from django.views.generic import ListView, DetailView
from bookmark.models import Bookmark

urlpatterns = [
    path('admin/', admin.site.urls),
```

```
    # urls with view definition
    path('bookmark/', Listview.as_view(model=Bookmark), name='index'),
    path('bookmark/<int:pk>/', DetailView.as_view(model=Bookmark), name='detail'),
]
```

2.5 개발 코딩하기 – 뷰

앞에서 URLconf를 코딩하면서 뷰를 클래스형 뷰로 정의하기 위해 각 URL에 따른 해당 클래스 및 as_view() 메소드를 지정했습니다. 이제 URLconf에서 지정한 클래스형 뷰를 코딩하겠습니다.

클래스형 뷰를 코딩할 때 가장 먼저 고려해야 할 사항은, 어떤 제네릭 뷰를 사용할 것인가입니다. 개발하고자 하는 애플리케이션의 로직을 분석해보고 가장 적합한 제네릭 뷰를 선택할 수 있어야 합니다. 예제의 북마크 앱은 간단한 로직이므로 어려운 편은 아닙니다. 다음과 같이 ListView와 DetailView 제네릭 뷰를 선택해 사용하겠습니다.

- Bookmark 테이블에서 여러 개의 레코드를 가져오는 로직이 필요하므로, ListView 선택
- Bookmark 테이블에서 한 개의 레코드를 가져오는 로직이 필요하므로, DetailView 선택

bookmark/views.py 파일에 다음 내용을 입력합니다.

예제 2-5 bookmark/views.py

```
(vDjBook)$ cd /home/shkim/pyDjango/ch99/bookmark/
(vDjBook)$ vi views.py

from django.views.generic import ListView, DetailView ---------------------❶
from bookmark.models import Bookmark ----------------------------------------❷

class BookmarkLV(ListView): -------------------------------------------------❸
    model = Bookmark

class BookmarkDV(DetailView): -----------------------------------------------❹
    model = Bookmark
```

위 소스를 라인별로 설명하겠습니다.

❶ 클래스형 제네릭 뷰를 사용하기 위해 ListView, DetailView 클래스를 임포트합니다.

❷ 테이블 조회를 위해 모델 클래스를 임포트합니다.

❸ BookmarkLV는 Bookmark 테이블의 레코드 리스트를 보여주기 위한 뷰로서, ListView 제네릭 뷰를 상속받습니다. ListView를 상속받는 경우는 객체가 들어 있는 리스트를 구성해서 이를 컨텍스트 변수로 템플릿 시스템에 넘겨주면 됩니다. 만일 이런 리스트를 테이블에 들어 있는 모든 레코드를 가져와 구성하는 경우에는 테이블명, 즉 모델 클래스명만 지정해주면 됩니다.

그리고 명시적으로 지정하지 않아도 장고에서 디폴트로 알아서 지정해주는 속성이 2가지 있습니다. 첫 번째는 컨텍스트 변수로 **object_list**를 사용하는 것이고, 두 번째는 템플릿 파일명을 **모델명 소문자_list.html** 형식의 이름으로 지정하는 것입니다. Bookmark 테이블로부터 모든 레코드를 가져와 object_list라는 컨텍스트 변수를 구성합니다. 템플릿 파일명은 디폴트로 bookmark/bookmark_list.html 파일이 됩니다.

❹ BookmarkDV는 Bookmark 테이블의 특정 레코드에 대한 상세 정보를 보여주기 위한 뷰로서, DetailView 제네릭 뷰를 상속받습니다. DetailView를 상속받는 경우는 특정 객체 하나를 컨텍스트 변수에 담아서 템플릿 시스템에 넘겨주면 됩니다. 만일 테이블에서 Primary Key로 조회해서 특정 객체를 가져오는 경우에는 테이블명, 즉 모델 클래스명만 지정해주면 됩니다. 조회 시 사용할 Primary Key 값은 URLconf에서 추출해 뷰로 넘어온 인자를(예, pk=99) 사용합니다.

그리고 명시적으로 지정하지 않아도 장고에서 디폴트로 알아서 지정해주는 속성이 2가지 있습니다. 첫 번째는 컨텍스트 변수로 **object**를 사용하는 것이고, 두 번째는 템플릿 파일명을 **모델명 소문자_detail.html** 형식의 이름으로 지정하는 것입니다. Bookmark 테이블로부터 특정 레코드를 가져와 object라는 컨텍스트 변수를 구성합니다. 템플릿 파일명은 디폴트로 bookmark/bookmark_detail.html 파일이 됩니다. 테이블 조회 조건에 사용되는 Primary Key 값은 URLconf에서 넘겨받는데, 이에 대한 처리는 DetailView 제네릭 뷰에서 알아서 처리해줍니다.

2.6 개발 코딩하기 – 템플릿

템플릿 파일의 위치는 **1.1.7 templates 주요 사항**에서 설명했듯이 두 곳인데, 2장에서는 애플리케이션에 소속된 템플릿만 필요하므로, 앱 템플릿 디렉터리 하위에 템플릿 파일을 코딩하면 됩니다.

2.6.1 bookmark_list.html 템플릿 작성하기

이번 절의 목표는 북마크 리스트를 화면에 보여주는 템플릿 파일을 코딩하는 것입니다. 최종 결과 UI 화면은 앞에서 설계한 것처럼 다음과 같습니다.

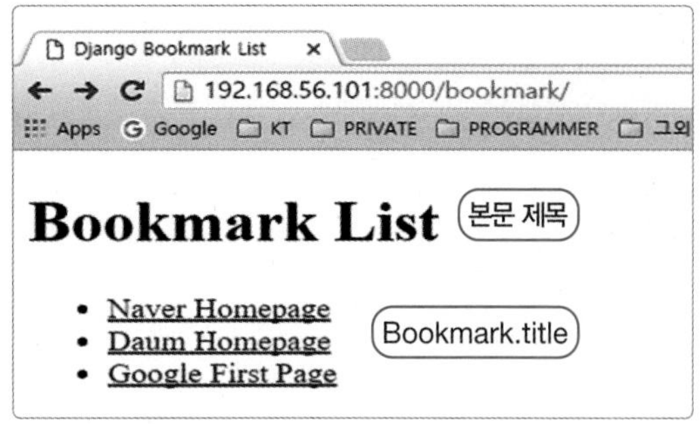

그림 2-12 bookmark/bookmark_list.html

위 화면의 내용을 구현하기 위해 템플릿 파일 bookmark_list.html에 다음과 같이 입력합니다. 템플릿 파일의 위치는 bookmark/templates/bookmark 디렉터리 하위에 두어야 하기 때문에 아래처럼 새로운 디렉터리를 만든 후에 입력합니다.

예제 2-6 bookmark/templates/bookmark/bookmark_list.html

```
(vDjBook)$ cd /home/shkim/pyDjango/ch99/bookmark/
(vDjBook)$ mkdir templates
(vDjBook)$ mkdir templates/bookmark
(vDjBook)$ cd templates/bookmark/
(vDjBook)$ vi bookmark_list.html

<!DOCTYPE html>
<html>
<head>
<title>Django Bookmark List</title>
</head>

<body>

<div id="content">

    <h1>Bookmark List</h1>

    <ul>
        {% for bookmark in object_list %} ---------------------------------- ❶
            <li><a href="{% url 'detail' bookmark.id %}">{{ bookmark }}</a></li> ------ ❷
        {% endfor %}
    </ul>
```

```
</div>

</body>
</html>
```


위 소스를 라인별로 설명하겠습니다.

❶ object_list 객체는 BookmarkLV 클래스형 뷰에서 넘겨주는 컨텍스트 변수입니다.

❷ object_list 객체의 내용을 순회하면서 title을 화면에 순서 없는 리스트로 보여줍니다(〈ul〉, 〈li〉 태그 역할). 또한 각 텍스트에 URL 링크를 연결합니다(〈a href〉 속성 역할). URL 링크는 /bookmark/1/과 같은 형식입니다.

여기서 한 가지 유의할 점은 {{ bookmark }} 템플릿 변수입니다. {{ bookmark }} 템플릿 변수는 Bookmark 테이블의 특정 레코드 하나를 의미합니다. 즉 특정 Bookmark 객체를 의미하며, 해당 객체를 프린트하면, 해당 객체의 __str__() 메소드를 호출해서 그 결과를 출력합니다. 우리는 models.py 파일에서 __str__() 메소드를 정의할 때, 다음처럼 그 객체의 title을 반환하도록 정의했습니다.

```
def __str__(self):
    return self.title
```

그래서 {{ bookmark }} 템플릿 변수를 프린트하면 해당 객체의 title이 출력되는 것입니다.

만일 __str__() 메소드를 다음처럼 수정하면 어떻게 달라지는지 확인해보기 바랍니다. __str__() 메소드의 의미를 금방 알아차릴 수 있을 것입니다.

```
def __str__(self):
    return "%s %s" %(self.title, self.url)
```

그리고 다음 코드는 화면에 Bookmark 객체를 표시하고 해당 텍스트를 클릭하는 경우, 〈a href〉 태그 기능에 의해 'detail' URL 패턴(/bookmark/1/ 형식)으로 웹 요청을 보낸다는 의미입니다. URL 패턴을 만들어주는 {% url %} 태그 기능은 자주 사용되므로 이번 기회에 정확히 알고 넘어가기 바랍니다.

```
<a href="{% url 'detail' bookmark.id %}">{{ bookmark }}</a>
```

> **NOTE_ {% url %} 태그 기능**
> {% url %} 템플릿 태그는 URL 패턴에서 URL 스트링을 추출하는 역할을 합니다. 자세한 사항은 필자의 첫 번째 책 『파이썬 웹 프로그래밍: Django(장고)로 배우는 쉽고 빠른 웹 개발』(181페이지)을 참고하기 바랍니다.

2.6.2 bookmark_detail.html 템플릿 작성하기

이번 절에서는 북마크 리스트에서 특정 북마크를 클릭하면, 해당 북마크에 대한 상세 정보를 보여주는 템플릿 파일을 코딩하겠습니다. 최종 결과 UI 화면은 앞에서 설계한 것처럼 다음과 같습니다.

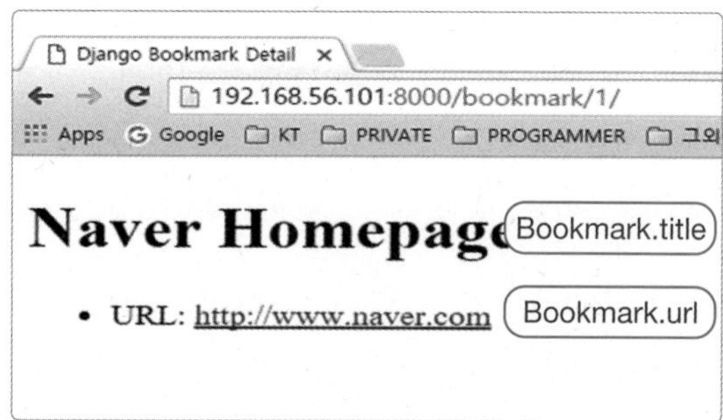

그림 2-13 bookmark/bookmark_detail.html

템플릿 파일의 위치는 [예제 2-6]과 동일합니다. 아래처럼 입력합니다.

예제 2-7 bookmark/templates/bookmark/bookmark_detail.html

```
(vDjBook)$ cd /home/shkim/pyDjango/ch99/bookmark/templates/bookmark/
(vDjBook)$ vi bookmark_detail.html

<!DOCTYPE html>
<html>
<head>
<title>Django Bookmark Detail</title>
</head>
```

```
<body>

<div id="content">

    <h1>{{ object.title }}</h1> ---------------------------------------- ❶

    <ul>
        <li>URL: <a href="{{ object.url }}">{{ object.url }}</a></li> ---------- ❷
    </ul>

</div>

</body>
</html>
```

위 소스를 라인별로 설명하겠습니다.

❶ 제목은 object.title로 지정하고, <h1> 폰트 크기로 출력했습니다. object 객체는 BookmarkDV 클래스형 뷰에서 컨텍스트 변수로 넘겨주는 Bookmark 클래스의 특정 객체입니다.

❷ {{ object.url }} 템플릿 변수의 내용을 순서 없는 리스트로 보여줍니다(<ul>, <li> 태그 역할). 또한 해당 텍스트에 URL 링크를 연결합니다(<a href> 속성 역할). URL 링크는 {{ object.url }} 템플릿 변수값이므로 http://www.naver.com과 유사합니다.

2.7 지금까지의 작업 확인하기

2.7.1 Admin에서 데이터 입력하기

지금까지 클래스형 제네릭 뷰를 사용한 북마크 앱 코딩을 마쳤습니다. 지금까지의 작업이 정상적으로 완료되었는지 확인해보기 위해 우선 실습에 필요한 데이터를 입력하겠습니다.

앞의 **2.3.4 테이블 모습 확인하기**와 동일하게, runserver를 실행하고 브라우저로 Admin 사이트에 접속합니다. 다음처럼 Admin 사이트의 첫 화면이 나오면, [Bookmarks] 항목의 [Add] 버튼을 클릭해 테이블에 데이터를 입력합니다.

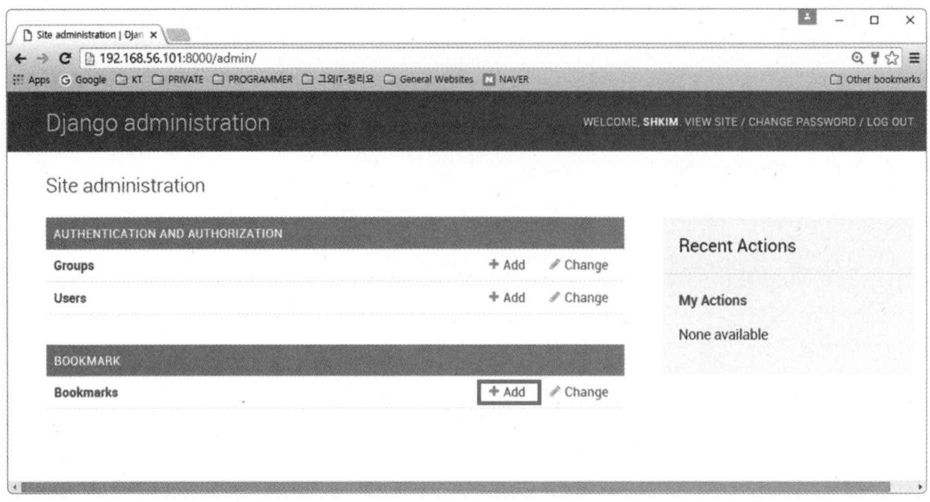

그림 2-14 북마크 앱 – 데이터 입력 화면

앞서 **2.6 개발 코딩하기 – 템플릿**에서 본 UI 화면들은 설명을 위해 필자가 미리 샘플 데이터를 입력하고 화면 캡처를 한 그림들입니다. 여러분이 실습할 때는 이번 절에서 데이터를 입력한 후에야 브라우저 화면에서 데이터를 볼 수 있습니다.

[표 2-4]처럼 Bookmark 테이블에 3개의 레코드를 입력합니다.

표 2-4 Bookmark 테이블에 입력할 데이터

Title	Url
Naver Homepage	https://www.naver.com
Daum Homepage	https://www.daum.net
Google First Page	https://www.google.co.kr

2.7.2 브라우저로 확인하기

데이터를 모두 입력했으면, 북마크 앱으로 접속해보겠습니다.

```
http://192.168.56.101:8000/bookmark/
```

북마크 앱의 첫 화면인 북마크 리스트 화면이 나타납니다. 정상적으로 동작하고 있는 것을 확인할 수 있습니다.

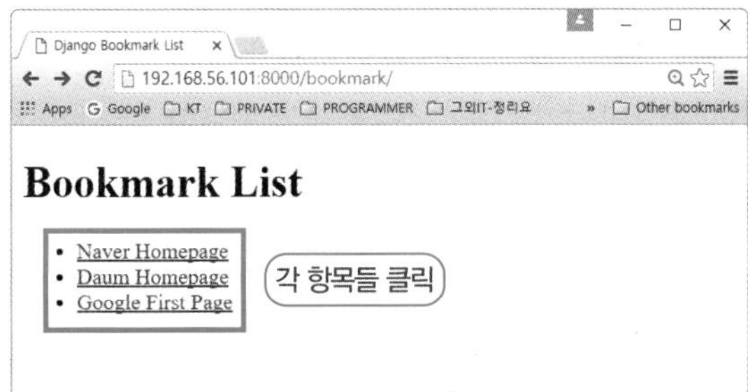

그림 2-15 북마크 앱 – 북마크 리스트 화면

위의 북마크 리스트 화면에서 각 항목을 클릭하여 상세 정보 화면도 확인해봅니다. 다음처럼 출력되면 정상입니다.

그림 2-16 북마크 앱 – 북마크 상세 화면

CHAPTER 03

실전 프로그램 개발 – Blog 앱

03

2장에 이어서 이번에는 블로그 앱을 만들어보겠습니다. 블로그blog는 웹web 로그log의 줄임말로 '웹 상에 기록하는 일지'라고 할 수 있습니다. 초기의 블로그는 간이 홈페이지나 개인의 공개된 일기장 정도로 생각되었지만, 기능이 점차 확장되면서 자신의 의견을 표현하고 서로의 정보를 공유하는 사회적 매체social media로 간주되고 있습니다.

이처럼 블로그 사이트가 늘어나고 블로그의 기능도 다양해지면서, 블로그 앱은 웹 프로그래밍을 배우는 사람들이 필수적으로 공부해야 하는 애플리케이션이 되었습니다.

이 책에서도 여러 장에 걸쳐 블로그의 기본 기능이라고 할 수 있는 글(포스트라고 함) 등록 및 열람, 태그 달기, 댓글 및 검색 기능, 콘텐츠 생성 및 편집 기능 등을 다룰 예정입니다. 3장에서는 포스트를 등록하고 읽을 수 있는 기능을 먼저 개발합니다.

3.1 애플리케이션 설계하기

블로그의 글, 즉 포스트에 대한 리스트를 보여주고, 특정 포스트를 클릭하면 해당 글을 읽을 수 있는 기능을 개발합니다.

3.1.1 화면 UI 설계

이번 절에서는 [그림 3-1]과 같은 화면을 구현할 예정입니다. 각 화면의 템플릿 파일명과 화면 요소들이 무엇을 의미하는지 그리고 테이블의 어느 컬럼에 해당하는지 등을 표시했습니다. 'Post.title'과 같이 영문으로 표시된 항목들이 테이블 컬럼, 즉 사용하는 모델 필드를 보여줍니다.

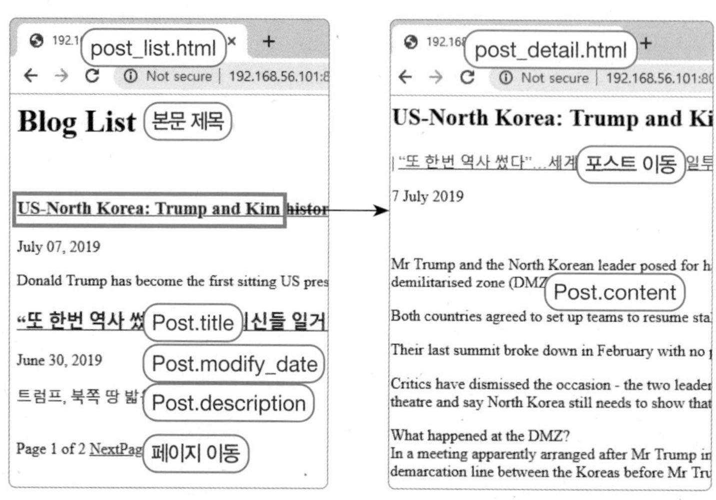

그림 3-1 블로그 애플리케이션 – UI 설계

3.1.2 테이블 설계

테이블 설계 내용은 장고의 모델 클래스로 반영되고, models.py 파일에 코딩합니다. 글에 대한 정보를 담고 있는 Post 테이블을 다음과 같이 설계했습니다.

표 3-1 블로그 애플리케이션 – 테이블 설계(Post 모델 클래스)

필드명	타입	제약 조건	설명
id	Integer	PK, Auto Increment	기본 키
title	CharField(50)		포스트 제목
slug	SlugField(50)	Unique	포스트 제목 별칭
description	CharField(100)	Blank	포스트 내용 한 줄 설명
content	TextField		포스트 내용 기록
create_dt	DateTimeField	auto_now_add	포스트를 생성한 날짜
modify_dt	DateTimeField	auto_now	포스트를 수정한 날짜

3.1.3 로직 설계

실제 프로젝트에서 로직 설계는 애플리케이션의 처리 흐름을 설계하는 중요한 단계입니다. 이 과정을 통해 개발 대상 기능을 도출하고, 각 기능을 모델-뷰-템플릿 간에 어떻게 배치할지가 결정됩니다. 또한 개발 기능이 누락되지 않도록 도출하고, 도출된 기능들은 다음 단계인 URL 설계에 누락되지 않게 반영되어야 합니다. 규모가 큰 프로젝트라면 로직 설계를 반드시 수행할 것을 권장합니다.

2장에서는 로직 설계를 간략화해 URL-뷰-템플릿 간의 처리 흐름 정도만 예시로 보여준 바 있습니다. 사실 이 정도의 로직 설계는 다음 단계인 URL 설계만으로도 충분하므로, 3장부터 로직 설계는 생략할 예정입니다. 다만 프로젝트가 복잡해질수록 로직 설계가 중요하다는 점을 유의하기 바랍니다.

03

3.1.4 URL 설계

간단한 프로젝트라고 하더라도 생략할 수 없는 단계가 URL 설계입니다. 테이블 설계와는 독립적으로 진행할 수 있으며, 기능 개발은 URL을 정의하는 것에서부터 시작되기 때문입니다. 거창한 설계는 아니더라도, 바로 개발 코딩으로 들어가지 말고 어떤 URL이 필요하고 필요한 URL들을 어떻게 구성할지 등은 미리 설계하는 것이 바람직합니다.

우리의 블로그 앱에서는 아래와 같은 URL이 필요한 것으로 설계했습니다.

표 3-2 블로그 앱 - URL 설계

URL 패턴	뷰 이름	템플릿 파일명
/blog/	PostLV(ListView)	post_all.html
/blog/post/	PostLV(ListView)	post_all.html
/blog/post/django-example/[1]	PostDV(DetailView)	post_detail.html
/blog/archive/	PostAV(ArchiveIndexView)	post_archive.html
/blog/archive/2019/	PostYAV(YearArchiveView)	post_archive_year.html
/blog/archive/2019/nov/	PostMAV(MonthArchiveView)	post_archive_month.html
/blog/archive/2019/nov/10/[2]	PostDAV(DayArchiveView)	post_archive_day.html
/blog/archive/today/	PostTAV(TodayArchiveView)	post_archive_day.html
/admin/	(장고 제공 기능)	

1 django-example과 같은 단어를 slug라고 하며, 기본 키 대용으로 자주 사용합니다.

2 URL 패턴에서 /2019/nov/10/은 예시로 /연/월/일/이 채워지는 자리입니다.

9개의 URL을 정의했고, 그에 해당하는 클래스형 뷰와 템플릿 파일을 계획했습니다. 첫 2개의 URL은 동일한 요청으로 간주해 동일한 뷰와 템플릿을 사용할 예정입니다. 물론 원한다면 다른 요청으로 설계하거나 코딩할 수도 있습니다.

3.1.5 작업/코딩 순서

작업 순서는 다음과 같습니다. 시스템에 pytz 패키지가 설치되지 않은 경우는 1.2.4절의 설명을 참고하세요.

표 3-3 블로그 앱 – 작업/코딩 순서

작업 순서	관련 명령/파일	필요한 작업 내용
뼈대 만들기	startproject	(2장에서 이미 완료했으므로 생략)
	settings.py	
	migrate	
	createsuperuser	
	startapp	블로그 앱 생성
	settings.py	블로그 앱 등록
모델 코딩하기	models.py	모델(테이블) 정의
	admin.py	Admin 사이트에 모델 등록
	makemigrations	모델의 변경사항 추출
	migrate	변경사항을 데이터베이스에 반영
URLconf 코딩하기	urls.py	URL 정의
뷰 코딩하기	views.py	뷰 로직 작성
템플릿 코딩하기	templates 디렉터리	템플릿 파일 작성
그 외 코딩하기	–	(없음)

3.2 개발 코딩하기

프로젝트 관련 사항은 2장에서 이미 만들었으므로, 블로그 앱을 만드는 단계부터 시작하면 됩니다.

3.2.1 뼈대 만들기

앞 장에서 설명한 것처럼 뼈대를 만드는 것부터 시작합니다. 프로젝트 등 이미 2장에서 만든 내용은 생략하고, 애플리케이션 만들기부터 시작하면 됩니다. 다음 명령으로 블로그 앱을 만듭니다.

```
$ source /home/shkim/VENV/vDjBook/bin/activate
(vDjBook)$ cd /home/shkim/pyDjango/ch99/
(vDjBook)$ python3 manage.py startapp blog
```


블로그 앱에 대한 설정 클래스를 settings.py 파일에 등록합니다. **2.2.6 애플리케이션 등록**에서 설명한 것처럼, blog/apps.py 파일에 정의된 'blog.apps.BlogConfig'를 등록합니다.

예제 3-1 mysite/settings.py 파일에 블로그 앱 등록

```
(vDjBook)$ cd /home/shkim/pyDjango/ch99/mysite
(vDjBook)$ vi settings.py

# 상단 동일
INSTALLED_APPS = (
    'django.contrib.admin',
    'django.contrib.auth',
    'django.contrib.contenttypes',
    'django.contrib.sessions',
    'django.contrib.messages',
    'django.contrib.staticfiles',
    'bookmark.apps.BookmarkConfig',
    'blog.apps.BlogConfig',          # 추가
)
# 하단 동일
```

3.2.2 모델 코딩하기

앞에서 설계한 것처럼, 블로그 앱은 Post 테이블 하나만 필요합니다. 테이블은 models.py 파일에 정의하면 되는데, 앞에서 설계한 테이블의 정의뿐만 아니라, 필요한 메소드도 같이 정의합니다. 테이블을 클래스로 정의하는 ORM 기법 덕분에 원한다면 모델 클래스와 관련된 메소드도 같이 정의할 수 있습니다.

예제 3-2 blog/models.py

```
(vDjBook)$ cd /home/shkim/pyDjango/ch99/blog/
(vDjBook)$ vi models.py

from django.db import models
from django.urls import reverse ------------------------------------------------------ ❶

class Post(models.Model):
    title = models.CharField(verbose_name='TITLE', max_length=50) ------------------- ❷
    slug = models.SlugField('SLUG', unique=True, allow_unicode=True, help_text='one 
word for title alias.') --------------------------------------------------------------- ❸
    description = models.CharField('DESCRIPTION', max_length=100, blank=True, help_
text='simple description text.') ------------------------------------------------------ ❹
    content = models.TextField('CONTENT') ----------------------------------------------- ❺
    create_dt = models.DateTimeField('CREATE DATE', auto_now_add=True) ---------------- ❻
    modify_dt = models.DateTimeField('MODIFY DATE', auto_now=True) -------------------- ❼

    class Meta: --------------------------------------------------------------------------- ❽
        verbose_name = 'post' -------------------------------------------------------------- ❾
        verbose_name_plural = 'posts' ------------------------------------------------------ ❿
        db_table = 'blog_posts' ------------------------------------------------------------ ⓫
        ordering = ('-modify_dt',) ---------------------------------------------------------- ⓬

    def __str__(self): ---------------------------------------------------------------------- ⓭
        return self.title

    def get_absolute_url(self): --------------------------------------------------------------- ⓮
        return reverse('blog:post_detail', args=(self.slug,))

    def get_previous(self): ------------------------------------------------------------------ ⓯
        return self.get_previous_by_modify_dt()

    def get_next(self): ---------------------------------------------------------------------- ⓰
        return self.get_next_by_modify_dt()
```

이 소스를 라인별로 설명하겠습니다.

❶ reverse() 함수를 사용하기 위해 임포트합니다. reverse() 함수는 URL 패턴을 만들어주는 장고의 내장 함수입니다. 자세한 사항은 필자의 첫 번째 책『파이썬 웹 프로그래밍: Django(장고)로 배우는 쉽고 빠른 웹 개발』(139페이지)을 참고하기 바랍니다.

❷ title 컬럼은 CharField이므로 한 줄로 입력됩니다. 컬럼에 대한 별칭은 'TITLE'이고 최대 길이는 50글자로 설

정했습니다. 별칭은 폼 화면에서 레이블로 사용되는 문구로, Admin 사이트에서 확인할 수 있습니다.

❸ slug 컬럼은 제목의 별칭이라고 할 수 있습니다. SlugField에 unique 옵션을 추가해 특정 포스트를 검색할 때 기본 키 대신 사용됩니다. allow_unicode 옵션을 추가하면 한글 처리가 가능합니다. help_text는 해당 컬럼을 설명해주는 문구로 폼 화면에 나타납니다. Admin 사이트에서 확인할 수 있습니다.

NOTE_ 슬러그란?

슬러그(Slug)는 페이지나 포스트를 설명하는 핵심 단어의 집합입니다. 원래 신문이나 잡지 등에서 제목을 쓸 때, 중요한 의미를 포함하는 단어만 이용해 제목을 작성하는 방법을 말합니다. 웹 개발 분야에서는 콘텐츠의 고유 주소로 사용되어, 콘텐츠의 주소가 어떤 내용인지 쉽게 이해할 수 있도록 합니다.

보통 슬러그는 페이지나 포스트의 제목에서 조사, 전치사, 쉼표, 마침표 등을 빼고 띄어쓰기는 하이픈(-)으로 대체해서 만들며 URL에 사용됩니다. 슬러그를 URL에 사용함으로써 검색 엔진에서 더 빨리 페이지를 찾아주고 검색 엔진의 정확도를 높여줍니다.

NOTE_ SlugField 필드 타입

슬러그는 보통 제목의 단어들을 하이픈으로 연결해 생성하며, URL에서 pk 대신 사용되는 경우가 많습니다. pk를 사용하면 숫자로만 되어 있어 그 내용을 유추하기 어렵지만, 슬러그를 사용하면 보통의 단어들이라서 이해하기 쉽기 때문입니다.

SlugField 필드의 디폴트 길이는 50이며, 해당 필드에는 인덱스가 디폴트로 생성됩니다.

❹ description 컬럼은 빈칸(blank)도 가능합니다.

❺ content 컬럼은 TextField를 사용했으므로, 여러 줄 입력이 가능합니다.

❻ create_dt 컬럼은 날짜와 시간을 입력하는 DateTimeField이며, auto_now_add 속성은 객체가 생성될 때의 시각을 자동으로 기록하게 합니다.

❼ modify_dt 컬럼은 날짜와 시간을 입력하는 DateTimeField이며, auto_now 속성은 객체가 데이터베이스에 저장될 때의 시각을 자동으로 기록하게 합니다. 즉, 객체가 변경될 때의 시각이 기록되는 것입니다.

❽ 필드 속성 외에 필요한 파라미터가 있으면, Meta 내부 클래스로 정의합니다.

❾ 테이블의 별칭은 단수와 복수로 가질 수 있는데, 단수 별칭을 'post'로 합니다.

❿ 테이블의 복수 별칭을 'posts'로 합니다.

⓫ 데이터베이스에 저장되는 테이블의 이름을 'blog_posts'로 지정합니다. 이 항목을 생략하면 디폴트는 '앱명_모델클래스명'을 테이블명으로 지정합니다. 즉, db_table 항목을 지정하지 않았다면 테이블명은 blog_post가 되었을 것입니다.

⓬ 모델 객체의 리스트 출력 시 modify_dt 컬럼을 기준으로 내림차순으로 정렬합니다.

⓭ 객체의 문자열 표현 메소드인 __str__()은 2장에서 설명한 바 있습니다. 객체의 문자열을 객체.title 속성으로 표시되도록 합니다.

⑭ get_absolute_url() 메소드는 이 메소드가 정의된 객체를 지칭하는 URL을 반환합니다. 메소드 내에서는 장고의 내장 함수인 reverse()를 호출합니다.

⑮ get_previous() 메소드는 메소드 내에서 장고의 내장 함수인 get_previous_by_modify_dt()를 호출합니다. ⑫번 설명처럼 최신 포스트를 먼저 보여주고 있으므로, get_previous_by_modify_dt() 함수는 modify_dt 컬럼을 기준으로 최신 포스트를 반환합니다.

⑯ get_next() 메소드는 -modify_dt 컬럼을 기준으로 다음 포스트를 반환합니다. 메소드 내에서는 장고의 내장 함수인 get_next_by_modify_date()를 호출합니다. ⑮번 설명과 동일하게, get_next_by_modify_dt() 함수는 modify_dt 컬럼을 기준으로 예전 포스트를 반환합니다.

NOTE_ 모델 클래스의 메소드 사용

이 책의 예제에서는 모델 클래스에 정의한 get_absolute_url(), get_previous(), get_next() 메소드들을 템플릿 파일에서 사용하고 있습니다. **3.2.5 템플릿 코딩하기**의 post_detail.html에서 어떻게 이 메소드들을 사용하는지 확인하기 바랍니다.

앞에서 정의한 테이블도 Admin 사이트에 보이도록 admin.py 파일에 다음처럼 등록합니다. 또한 Admin 사이트의 모습을 정의하는 PostAdmin 클래스도 정의합니다.

예제 3-3 blog/admin.py

```
(vDjBook)$ cd /home/shkim/pyDjango/ch99/blog
(vDjBook)$ vi admin.py

from django.contrib import admin
from blog.models import Post

@admin.register(Post) ------------------------------------------------ ❶
class PostAdmin(admin.ModelAdmin): ---------------------------------- ❷
    list_display  = ('id', 'title', 'modify_dt') -------------------- ❸
    list_filter   = ('modify_dt',) ---------------------------------- ❹
    search_fields = ('title', 'content') ---------------------------- ❺
    prepopulated_fields = {'slug': ('title',)} ---------------------- ❻
```

위 소스를 라인별로 설명하겠습니다.

❶ admin.site.register() 함수를 사용해도 되지만, 데코레이터를 사용하면 좀 더 간단합니다.

❷ PostAdmin 클래스는 Post 클래스가 Admin 사이트에서 어떤 모습으로 보여줄지를 정의하는 클래스입니다.

❸ Post 객체를 보여줄 때, id와 title, modify_dt를 화면에 출력하라고 지정합니다.

❹ modify_dt 컬럼을 사용하는 필터 사이드바를 보여주도록 지정합니다.

❺ 검색박스를 표시하고, 입력된 단어는 title과 content 컬럼에서 검색하도록 합니다.

❻ slug 필드는 title 필드를 사용해 미리 채워지도록 합니다.

테이블의 신규 생성, 테이블의 정의 변경 등 데이터베이스에 변경이 필요한 사항이 있으면, 이를 데이터베이스에 실제로 반영해주는 작업을 해야 합니다. Post 테이블을 신규로 정의했으므로, 다음 명령으로 신규 테이블을 데이터베이스에 반영합니다.


```
(vDjBook)$ cd /home/shkim/pyDjango/ch99/
(vDjBook)$ python3 manage.py makemigrations blog    # blog는 생략 가능
(vDjBook)$ python3 manage.py migrate
```

지금까지 데이터베이스 관련 사항을 작업했습니다. 즉 models.py 파일에 테이블을 정의하고 이를 데이터베이스에 반영하는 명령을 실행했습니다. 또한 테이블을 Admin 사이트에 등록했습니다. Admin 사이트에서 데이터베이스에 테이블이 제대로 등록되었는지 쉽게 확인할 수 있습니다.

runserver를 실행하고 브라우저 주소 창에 다음과 같이 입력해서 Admin 사이트에 접속합니다.

```
http://192.168.56.101:8000/admin/
```

다음 그림처럼 테이블 모습을 UI로 확인할 수 있습니다.

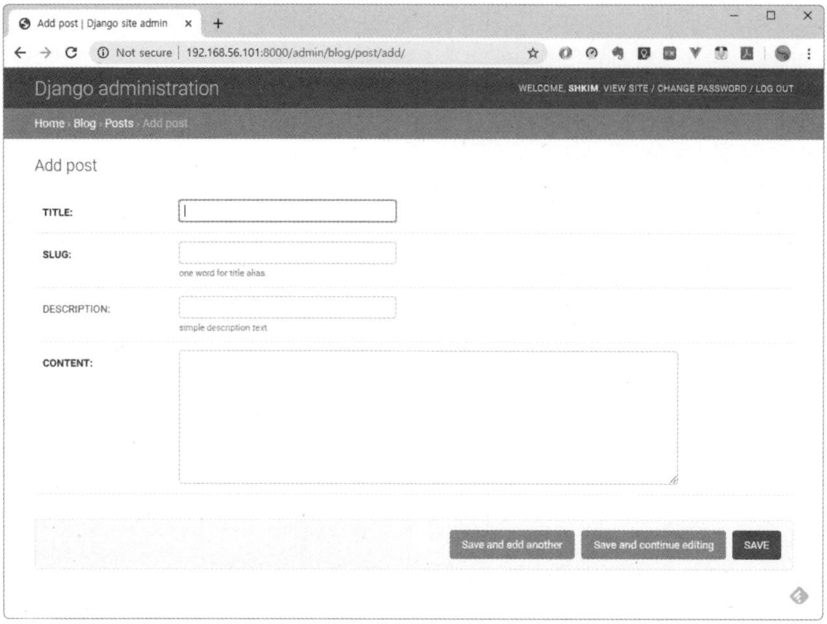

그림 3-2 Admin 사이트의 Post 테이블 모습

3.2.3 URLconf 코딩하기

2장에서는 URLconf를 mysite/urls.py 한곳에만 코딩했지만, 앞으로는 ROOT_URLCONF와 APP_URLCONF, 2개의 파일에 코딩할 것입니다. 이번 블로그 앱도 mysite/urls.py와 blog/urls.py 2개의 파일에 코딩하고, 2장에서 작성했던 북마크 앱의 URL도 mysite/urls.py와 bookmark/urls.py 2개의 파일로 수정하겠습니다.

NOTE_ ROOT_URLCONF vs APP_URLCONF

ROOT_URLCONF와 APP_URLCONF 용어는 장고의 공식 용어가 아니며 필자가 설명을 위해 편의상 사용하는 용어입니다. URLconf를 2계층으로 코딩하는 것이 확장성 측면에서 유리하다는 것은 이미 설명했습니다. 이 경우 상위 계층 URL을 ROOT_URLCONF, 하위 계층 URL을 APP_URLCONF라고 부르겠습니다.

- ROOT_URLCONF: URL 패턴에서 보통 첫 단어는 애플리케이션을 식별하는 단어가 옵니다. 첫 단어를 인식하고 해당 애플리케이션의 urls.py 파일을 포함시키기(include) 위한 URLconf입니다. 프로젝트 디렉터리에 있는 urls.py 파일을 의미합니다.
- APP_URLCONF: URL 패턴에서 애플리케이션을 식별하는 첫 단어를 제외한 그 이후 단어들을 인식해서 해당 뷰를 매핑하기 위한 URLCONF입니다. 각 애플리케이션 디렉터리에 있는 urls.py 파일을 의미합니다.

먼저 ROOT_URLCONF인 mysite/urls.py 파일을 다음과 같이 코딩합니다.

예제 3-4 mysite/urls.py

```
(vDjBook)$ cd /home/shkim/pyDjango/ch99/mysite/
(vDjBook)$ vi urls.py

from django.contrib import admin
from django.urls import path, include                 # include 추가
#from bookmark.views import BookmarkLV, BookmarkDV  # 삭제 ❶

urlpatterns = [
    path('admin/', admin.site.urls),
    path('bookmark/', include('bookmark.urls')),       # 추가 ❷
    path('blog/', include('blog.urls')),               # 추가 ❸

    # 기존 3개 라인 삭제
    # class-based views
    #path('bookmark/', BookmarkLV.as_view(), name='index'),                ❹
    #path('bookmark/<int:pk>/', BookmarkDV.as_view(), name='detail'),
]
```

위 소스를 라인별로 설명하겠습니다.

❶ 기존 줄 중 APP_URLCONF로 옮길 줄은 삭제(주석 처리)합니다.

❷ Include() 함수를 사용하여, 북마크 앱의 APP_URLCONF로 처리를 위임합니다.

❸ Include() 함수를 사용하여, 블로그 앱의 APP_URLCONF로 처리를 위임합니다.

❹ 기존 줄 중 APP_URLCONF로 옮길 줄은 삭제(주석 처리)합니다.

다음은 북마크 앱의 APP_URLCONF인 bookmark/urls.py 파일을 다음과 같이 코딩합니다.

예제 3-5 bookmark/urls.py

```
(vDjBook)$ cd /home/shkim/pyDjango/ch99/bookmark/
(vDjBook)$ vi urls.py

from django.urls import path
from bookmark.views import BookmarkLV, BookmarkDV ❶
```

```
app_name = 'bookmark'  ❷
urlpatterns = [  ❸
    path('', BookmarkLV.as_view(), name='index'),  ❹
    path('<int:pk>/', BookmarkDV.as_view(), name='detail'),  ❺
]
```

위 소스는 **예제 3-4 mysite/urls.py**의 ROOT_URLCONF에서 삭제하고 북마크 앱의 APP_URLCONF로 옮긴 줄들을 코딩한 것입니다.

❶ URLconf에서 뷰를 호출하므로, 뷰 모듈의 관련 클래스를 임포트합니다.

❷ 애플리케이션 이름공간(namespace)을 'bookmark'로 지정합니다. 애플리케이션 네임스페이스는 URL 패턴의 이름을 정하는 데 사용해서, URL 패턴 이름이 충돌되지 않도록 합니다.

❸ path() 함수의 URL 스트링 부분만 달라졌습니다. URL의 /bookmark/ 부분은 ROOT_URLCONF에서 이미 정의했으므로, /bookmark/ 이외의 부분만 정의하면 됩니다.

❹ URL /bookmark/ 요청을 처리할 뷰 클래스를 지정합니다. URL 패턴의 이름은 네임스페이스를 포함해 'bookmark:index'가 됩니다.

❺ URL /bookmark/숫자/ 요청을 처리할 뷰 클래스를 지정합니다. 숫자 자리에는 레코드의 기본 키가 들어갑니다. URL 패턴의 이름은 네임스페이스를 포함해 'bookmark:detail'이 됩니다. BookmarkDV 뷰 클래스 호출 시, URL 스트링에서 추출된 파라미터가 인자로(예, pk=99) 전달됩니다. URL 패턴의 이름이 변경되었으므로 (bookmark:detail), 관련된 템플릿 파일도 변경해줘야 합니다. **5.2.5 템플릿 코딩하기 bookmark_list.html 수정**을 참고하세요.

마지막으로 블로그 앱의 APP_URLCONF인 blog/urls.py 파일을 다음과 같이 코딩합니다. 날짜와 관련된 제네릭 뷰를 정의하고 있어 내용이 많습니다.

예제 3-6 blog/urls.py

```
(vDjBook)$ cd /home/shkim/pyDjango/ch99/blog/
(vDjBook)$ vi urls.py

from django.urls import path, re_path  ❶
from blog import views  ❷

app_name = 'blog'
urlpatterns = [

    # Example: /blog/  ❸
```

```
    path('', views.PostLV.as_view(), name='index'), ---------------------------- ❹

    # Example: /blog/post/ (same as /blog/)
    path('post/', views.PostLV.as_view(), name='post_list'), ------------------- ❺

    # Example: /blog/post/django-example/
    re_path(r'^post/(?P<slug>[-\w]+)/$', views.PostDV.as_view(), name='post_detail'), --❻

    # Example: /blog/archive/
    path('archive/', views.PostAV.as_view(), name='post_archive'), ------------- ❼

    # Example: /blog/archive/2019/
    path('archive/<int:year>/', views.PostYAV.as_view(), name='post_year_archive'), --❽

    # Example: /blog/archive/2019/nov/
      path('archive/<int:year>/<str:month>/', views.PostMAV.as_view(), name='post_month_
archive'), ------------------------------------------------------------------ ❾

    # Example: /blog/archive/2019/nov/10/
    path('archive/<int:year>/<str:month>/<int:day>/', views.PostDAV.as_view(), name='post_
day_archive'), -------------------------------------------------------------- ❿

    # Example: /blog/archive/today/
    path('archive/today/', views.PostTAV.as_view(), name='post_today_archive'), ----- ⓫
]
```

위 소스를 라인별로 설명하겠습니다.

❶ URL 패턴을 정의할 때, path()와 re_path() 함수를 같이 사용하는 것도 가능합니다. 한글 슬러그를 위해 re_path()를 사용하고 있습니다. (아래 ❻번, ❿번 참고)

❷ 뷰 모듈의 모든 클래스를 각각 임포트해도 되지만, 뷰 클래스가 많을 때는 이렇게 뷰 모듈 자체를 임포트하면 편리합니다.

❸ 필수는 아니지만 이렇게 예시 URL을 기록해주면 이해하기가 쉬워집니다.

❹ URL /blog/ 요청을 처리할 뷰 클래스를 PostLV로 지정합니다. URL 패턴의 이름은 네임스페이스를 포함해 'blog:index'가 됩니다.

❺ URL /blog/post/ 요청을 처리할 뷰 클래스를 PostLV로 지정합니다. URL 패턴의 이름은 네임스페이스를 포함해 'blog:post_list'가 됩니다. PostLV 뷰 클래스는 /blog/와 /blog/post/ 2가지 요청을 모두 처리한다는 점을 유의하기 바랍니다.

❻ URL /blog/post/슬러그/ 요청을 처리할 뷰 클래스를 PostDV로 지정합니다. URL 패턴의 이름은 네임스페이

스를 포함해 'blog:post_detail'이 됩니다. 아래와 같이 하면 한글이 포함된 슬러그는 처리를 못합니다. <slug> 컨버터(SlugConverter)는 '[-a-zA-Z0-9_]+'만 인식하기 때문입니다.

```
path('post/<slug:slug>/', views.PostDV.as_view(), name='post_detail'),
```

❼ URL /blog/archive/ 요청을 처리할 뷰 클래스를 PostAV로 지정합니다. URL 패턴의 이름은 네임스페이스를 포함해 'blog:post_archive'가 됩니다.

❽ URL /blog/archive/숫자/ 요청을 처리할 뷰 클래스를 PostYAV로 지정합니다. URL 패턴의 이름은 네임스페이스를 포함해 'blog:post_year_archive'가 됩니다.

❾ URL /blog/archive/숫자/문자/ 요청을 처리할 뷰 클래스를 PostMAV로 지정합니다. URL 패턴의 이름은 네임스페이스를 포함해 'blog:post_month_archive'가 됩니다.

❿ URL /blog/archive/숫자/문자/숫자/ 요청을 처리할 뷰 클래스를 PostDAV로 지정합니다. URL 패턴의 이름은 네임스페이스를 포함해 'blog:post_day_archive'가 됩니다. 만일 /연/월/일/ 부분을 좀 더 제한하여 /blog/archive/4자리 숫자/3자리 소문자/한두 자리 숫자/로 지정하고 싶다면, 아래와 같이 re_path() 함수를 사용하여 정규식으로 표현할 수 있습니다.

```
re_path(r'^archive/(?<year>\d{4})/(?P<month>[a-z]{3})/(?P<day>\d{1,2})/$', views.PostDAV.
as_view(), name='post_day_archive'),
```

⓫ URL /blog/archive/today/ 요청을 처리할 뷰 클래스를 PostTAV로 지정합니다. URL 패턴의 이름은 네임스페이스를 포함해 'blog:post_today_archive'가 됩니다.

3.2.4 뷰 코딩하기

이제 URLconf에서 지정한 클래스형 제네릭 뷰를 코딩합니다. 이번 블로그 앱의 특징은 기본적인 ListView, DetailView 외에도 날짜를 기준으로 연도별, 월별, 일별 포스트를 찾아주는 날짜 제네릭 뷰를 사용하고 있다는 점입니다. 대부분의 블로그 앱에서 아카이브Archive 메뉴로 제공하는 기능입니다. 이에 대해 살펴보겠습니다.

참고로 2장에서 작성한 bookmark/views.py 파일은 변경 사항이 없습니다. blog/views.py 파일에 다음과 같은 내용을 입력합니다.

예제 3-7 blog/views.py

```
(vDjBook)$ cd /home/shkim/pyDjango/ch99/blog
```

```
(vDjBook)$ vi views.py

from django.views.generic import ListView, DetailView
from django.views.generic.dates import ArchiveIndexView, YearArchiveView,
Month ArchiveView                                                          ❶
from django.views.generic.dates import DayArchiveView, TodayArchiveView

from blog.models import Post ❷

# Create your views here.

#--- ListView
class PostLV(ListView) : ❸
    model = Post ❹
    template_name = 'blog/post_all.html' ❺
    context_object_name = 'posts' ❻
    paginate_by = 2 ❼

#--- DetailView
class PostDV(DetailView) : ❽
    model = Post ❾

#--- ArchiveView
class PostAV(ArchiveIndexView) : ❿
    model = Post ⓫
    date_field = 'modify_dt' ⓬

class PostYAV(YearArchiveView) : ⓭
    model = Post ⓮
    date_field = 'modify_dt' ⓯
    make_object_list = True ⓰
    #month_format = '%b'    # 디폴트 값임
class PostMAV(MonthArchiveView) : ⓱
    model = Post ⓲
    date_field = 'modify_dt' ⓳

class PostDAV(DayArchiveView) : ⓴
    model = Post ㉑
    date_field = 'modify_dt' ㉒

class PostTAV(TodayArchiveView) : ㉓
    model = Post ㉔
    date_field = 'modify_dt' ㉕
```

위 소스를 라인별로 설명하겠습니다.

❶ 뷰 작성에 필요한 클래스형 제네릭 뷰를 임포트합니다.

❷ 테이블 조회를 위해 Post 모델 클래스를 임포트합니다.

❸ ListView 제네릭 뷰를 상속받아 PostLV 클래스형 뷰를 정의합니다. ListView 제네릭 뷰는 테이블로부터 객체 리스트를 가져와 그 리스트를 출력합니다.

❹ PostLV 클래스의 대상 테이블은 Post 테이블입니다.

❺ 템플릿 파일은 'blog/post_all.html'로 지정합니다. 만일 지정하지 않으면, 디폴트 템플릿 파일명은 'blog/post_list.html'이 됩니다.

❻ 템플릿 파일로 넘겨주는 객체 리스트에 대한 컨텍스트 변수명을 'posts'로 지정합니다. 이렇게 별도로 지정하더라도 디폴트 컨텍스트 변수명인 'object_list' 역시 사용할 수 있습니다.

❼ 한 페이지에 보여주는 객체 리스트의 숫자는 2입니다. 클래스형 뷰에서는 이렇게 paginate_by 속성을 정의하는 것만으로도 장고가 제공하는 페이징 기능을 사용할 수 있습니다. 페이징 기능이 활성화되면 객체 리스트 하단에 페이지를 이동할 수 있는 버튼을 만들 수 있습니다.

❽ DetailView 제네릭 뷰를 상속받아 PostDV 클래스형 뷰를 정의합니다. DetailView 제네릭 뷰는 테이블로부터 특정 객체를 가져와 그 객체의 상세 정보를 출력합니다. 테이블에서 특정 객체를 조회하기 위한 키는 기본 키 대신 slug 속성을 사용하고 있습니다. 이 slug 파라미터는 URLconf에서 추출해 뷰로 넘겨줍니다.

❾ PostDV 클래스의 대상 테이블은 Post 테이블입니다. 다른 속성들은 지정하지 않았으므로, 디폴트값을 사용합니다.

다음부터는 날짜 제네릭 뷰에 대한 설명입니다. 이 뷰들은 사용하는 방법이 비슷해서 설명이 중복되는 면이 있지만, 그 차이를 이해할 수 있도록 모든 라인을 설명했습니다.

❿ ArchiveIndexView 제네릭 뷰를 상속받아 PostAV 클래스형 뷰를 정의합니다. ArchiveIndexView 제네릭 뷰는 테이블로부터 객체 리스트를 가져와, 날짜 필드를 기준으로 최신 객체를 먼저 출력합니다.

⓫ PostAV 클래스의 대상 테이블은 Post 테이블입니다.

⓬ 기준이 되는 날짜 필드는 'modify_dt' 컬럼을 사용합니다. 즉, 변경 날짜가 최근인 포스트를 먼저 출력합니다.

⓭ YearArchiveView 제네릭 뷰를 상속받아 PostYAV 클래스형 뷰를 정의합니다. YearArchiveView 제네릭 뷰는 테이블로부터 날짜 필드의 연도를 기준으로 객체 리스트를 가져와 그 객체들이 속한 월을 리스트로 출력합니다. 날짜 필드의 연도 파라미터는 URLconf에서 추출해 뷰로 넘겨줍니다.

⓮ PostYAV 클래스의 대상 테이블은 Post 테이블입니다.

⓯ 기준이 되는 날짜 필드는 'modify_dt' 컬럼을 사용합니다. 즉 변경 날짜가 YYYY 연도인 포스트를 검색해, 그 포스트들의 변경 월을 출력합니다.

⓰ make_object_list 속성이 True면 해당 연도에 해당하는 객체의 리스트를 만들어서 템플릿에 넘겨줍니다. 즉 템플릿 파일에서 object_list 컨텍스트 변수를 사용할 수 있습니다. 디폴트는 False입니다.

⑰ MonthArchiveView 제네릭 뷰를 상속받아 PostMAV 클래스형 뷰를 정의합니다. MonthArchiveView 제네릭 뷰는 테이블로부터 날짜 필드의 연월을 기준으로 객체 리스트를 가져와 그 리스트를 출력합니다. 날짜 필드의 연도 및 월 파라미터는 URLconf에서 추출해 뷰로 넘겨줍니다.

⑱ PostMAV 클래스의 대상 테이블은 Post 테이블입니다.

⑲ 기준이 되는 날짜 필드는 'modify_dt' 컬럼을 사용합니다. 즉 변경 날짜의 연월을 기준으로 포스트를 검색해 그 포스트들의 리스트를 출력합니다.

⑳ DayArchiveView 제네릭 뷰를 상속받아 PostDAV 클래스형 뷰를 정의합니다. DayArchiveView 제네릭 뷰는 테이블로부터 날짜 필드의 연월일을 기준으로 객체 리스트를 가져와 그 리스트를 출력합니다. 날짜 필드의 연도, 월, 일 파라미터는 URLconf에서 추출해 뷰로 넘겨줍니다.

㉑ PostDAV 클래스의 대상 테이블은 Post 테이블입니다.

㉒ 기준이 되는 날짜 필드는 'modify_dt' 컬럼을 사용합니다. 즉 변경 날짜의 연월일을 기준으로 포스트를 검색해 그 포스트들의 리스트를 출력합니다.

㉓ TodayArchiveView 제네릭 뷰를 상속받아 PostTAV 클래스형 뷰를 정의합니다. TodayArchiveView 제네릭 뷰는 테이블로부터 날짜 필드가 오늘인 객체 리스트를 가져와 그 리스트를 출력합니다. TodayArchiveView는 오늘 날짜를 기준 연월일로 지정한다는 점 이외에는 DayArchiveView와 동일합니다.

㉔ PostTAV 클래스의 대상 테이블은 Post 테이블입니다.

㉕ 기준이 되는 날짜 필드는 'modify_dt' 컬럼을 사용합니다. 즉 변경 날짜가 오늘인 포스트를 검색해, 그 포스트들의 리스트를 출력합니다.

여기서도 제네릭 뷰의 강력함을 볼 수 있습니다. 페이징 기능이나 날짜 기반 제네릭 뷰를 직접 코딩한다면 쉽지 않을 것입니다. 이러한 복잡한 로직을 장고에서 모두 처리하고, 개발자는 단 몇 줄로 코딩을 완료했습니다. 코딩 과정에서의 버그 가능성도 크게 줄였습니다. 이것이 바로 장고의 큰 장점입니다.

3.2.5 템플릿 코딩하기

이번 절의 목표는 블로그 앱의 포스트 리스트 및 포스트 상세 내용을 화면에 보여주는 템플릿 파일을 코딩하는 것입니다. post_all.html, post_detail.html, post_archive.html, post_archive_year.html, post_archive_month.html, post_archive_day.html의 코딩 과정을 살펴보겠습니다.

post_all.html

먼저 포스트 리스트를 보여주는 post_all.html 템플릿 파일을 코딩하겠습니다. 이 파일의 최종 결과 UI 화면은 [그림 3-1]의 왼쪽 화면과 같습니다.

이 화면의 내용을 구현하기 위해 템플릿 파일 post_all.html에 다음과 같이 입력합니다. 템플릿 파일의 위치는 blog/templates/blog/ 디렉터리 하위에 둡니다. 그래서 다음처럼 새로운 디렉터리를 만들고 입력합니다.

예제 3-8 blog/templates/blog/post_all.html

```
(vDjBook)$ cd /home/shkim/pyDjango/ch99/blog
(vDjBook)$ mkdir templates
(vDjBook)$ mkdir templates/blog
(vDjBook)$ cd templates/blog
(vDjBook)$ vi post_all.html

<h1>Blog List</h1> ---------------------------------------- ❷ ┐
<br>                                                           │
                                                               │
{% for post in posts %} ---------------------------------- ❸   │
    <h3><a href='{{ post.get_absolute_url }}'>{{ post.title }}</a></h3> ---- ❹
    {{ post.modify_dt|date:"N d, Y" }} ---------------------- ❺
    <p>{{ post.description }}</p> --------------------------- ❻
{% endfor %}                                                   │
                                                               │
<br> ----------------------------------------------------- ❼   ❶
                                                               │
<div>                                                          │
    <span> ----------------------------------------------- ❽   │
        {% if page_obj.has_previous %} ------------------- ❾   │
            <a href="?page={{ page_obj.previous_page_number }}">PreviousPage</a> ❿
        {% endif %}                                            │
                                                               │
        Page {{ page_obj.number }} of {{ page_obj.paginator.num_pages }} ---- ⓫
                                                               │
        {% if page_obj.has_next %}                             │
            <a href="?page={{ page_obj.next_page_number }}">NextPage</a> ---- ⓬
        {% endif %}                                            │
    </span>                                                    │
</div> --------------------------------------------------------┘
```

위 소스를 라인별로 설명하겠습니다.

❶ 별도로 HTML 태그 지정이 없으면, 장고는 〈body〉 영역으로 간주합니다.

❷ 제목을 〈h1〉 폰트 크기로 출력합니다.

❸ posts 객체는 PostLV 클래스 뷰에서 넘겨주는 컨텍스트 변수로서, Post 객체 리스트가 담겨 있습니다. posts 객체의 내용을 순회하면서 Post 객체의 title, modify_dt, description 속성을 출력합니다. posts 대신에 object_list 컨텍스트 변수를 사용해도 됩니다.

❹ 객체의 title을 〈h3〉 폰트 크기로 출력합니다. 또한 title 텍스트에 URL 링크를 연결합니다(〈a href〉 속성 역할). URL 링크는 객체의 get_absolute_url() 메소드를 호출해 구하는데, /blog/post/slug단어/와 같은 형식이 될 것입니다. 이 메소드는 models.py 파일에서 정의했다는 점 기억하시죠?

❺ 다음 줄에 객체의 modify_dt 속성값을 "N d, Y" 포맷으로 출력합니다(예: July 05, 2019).

❻ 다음 줄에 객체의 description 속성값을 출력합니다.

❼ 공백 줄을 만듭니다.

❽ 〈span〉 태그 내의 요소들은 같은 줄에 배치됩니다. 페이징 기능을 위한 줄입니다.

❾ page_obj는 장고의 Page 객체가 들어 있는 컨텍스트 변수입니다. 현재 페이지를 기준으로 이전 페이지가 있는지 확인합니다.

❿ page_obj.previous_page_number는 이전 페이지의 번호입니다. PreviousPage라는 텍스트를 출력하고, 이 텍스트에 URL 링크를 연결합니다(〈a href〉 속성 역할). URL 링크는 ?page=3(이전 페이지 번호)과 같은 형식이 될 것입니다.

⓫ page_obj.number는 현재 페이지 번호, page_obj.paginator.num_pages는 총 페이지 개수를 의미합니다.

⓬ page_obj.next_page_number는 다음 페이지의 번호입니다. NextPage라는 텍스트를 출력하고, 이 텍스트에 URL 링크를 연결합니다(〈a href〉 속성 역할). URL 링크는 ?page=5(다음 페이지 번호)와 같은 형식이 될 것입니다.

NOTE_ 템플릿에서 URL 추출 함수

템플릿 파일에서 URL을 추출하는 문법은 2가지가 있습니다. **get_absolute_url()** 메소드를 호출하는 방법과 **{% url %}** 템플릿 태그를 사용하는 방법입니다. 두 가지 모두 URL 패턴명을 이용한다는 점은 동일합니다. {% url %} 태그는 직접 태그의 인자로 URL 패턴명을 사용하는 반면, get_absolute_url() 메소드에서는 간접적으로 URL 패턴명을 사용합니다.

get_absolute_url() 메소드는 모델 클래스의 메소드로 정의되어 있어야 사용 가능합니다. 이 메소드를 정의할 때 reverse() 함수를 사용하고, reverse() 함수의 인자로 URL 패턴명을 사용하고 있습니다. 이 사항은 models.py 파일에서 확인할 수 있습니다.

참고로 아래 두 문장은 동일한 문장이므로, 어느 문장을 사용해도 무방합니다.

```
<a href='{{ post.get_absolute_url }}'>{{ post.title }}</a>
<a href="{% url 'blog:post_detail' post.slug %}">{{ post.title }}</a>
```

post_detail.html

다음은 포스트 내용을 보여주는 post_detail.html 템플릿 파일을 코딩하겠습니다. 이 파일의 최종 결과 UI 화면은 [그림 3-1]의 오른쪽 화면과 같습니다.

이 화면의 내용을 구현하기 위해 템플릿 파일 post_detail.html에 다음과 같이 입력합니다. 템플릿 파일의 위치는 post_all.html과 동일합니다.

예제 3-9 blog/templates/blog/post_detail.html

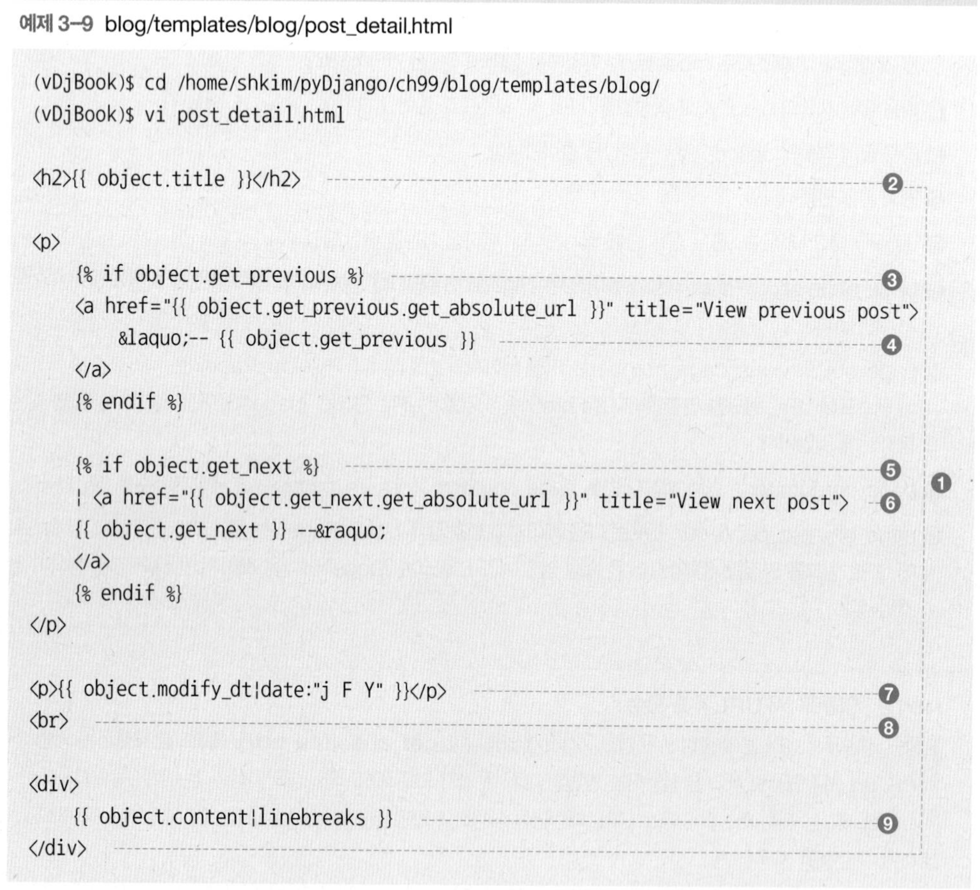

```
(vDjBook)$ cd /home/shkim/pyDjango/ch99/blog/templates/blog/
(vDjBook)$ vi post_detail.html

<h2>{{ object.title }}</h2>  ---- ❷

<p>
    {% if object.get_previous %}  ---- ❸
    <a href="{{ object.get_previous.get_absolute_url }}" title="View previous post">
        &laquo;-- {{ object.get_previous }}  ---- ❹
    </a>
    {% endif %}

    {% if object.get_next %}  ---- ❺
    | <a href="{{ object.get_next.get_absolute_url }}" title="View next post">  ---- ❻
    {{ object.get_next }} --&raquo;
    </a>
    {% endif %}
</p>

<p>{{ object.modify_dt|date:"j F Y" }}</p>  ---- ❼
<br>  ---- ❽

<div>
    {{ object.content|linebreaks }}  ---- ❾
</div>
```
(❶: 전체)

위 소스를 라인별로 설명하겠습니다.

❶ 별도로 HTML 태그 지정이 없으면, 장고는 <body> 영역으로 간주합니다.

❷ 제목은 object.title이 <h2> 폰트 크기로 출력합니다. object 객체는 PostDV 클래스형 뷰에서 컨텍스트 변수로 넘겨주는 Post 클래스의 특정 객체입니다.

❸ get_previous 함수는 modify_dt 컬럼 기준으로 이전 객체를 반환합니다. 즉, 변경 날짜가 현재 객체보다 더 최신 객체가 있는지 확인합니다.

❹ get_previous 함수는 이전 객체(포스트)를, get_previous.get_absolute_url 함수는 이전 객체를 지칭하는 URL 패턴을 반환합니다. 따라서 이 문장은 이전 객체의 문자열 텍스트를 출력하고 그 텍스트에 URL 링크를 연결합니다(〈a href〉 속성 역할). URL 링크는 /blog/post/slug단어/와 같은 형식이 될 것입니다. «는 HTML 특수문자(«)를 의미합니다.

❺ get_next 함수는 modify_dat 컬럼 기준으로 다음 객체를 반환합니다. 즉, 변경 날짜가 현재 객체보다 더 오래된 객체가 있는지 확인합니다.

❻ get_next 함수는 다음 객체(포스트)를, get_next.get_absolute_url 함수는 다음 객체를 지칭하는 URL 패턴을 반환합니다. 따라서 이 문장은 다음 객체의 문자열 텍스트를 출력하고 그 텍스트에 URL 링크를 연결합니다(〈a href〉 속성 역할). URL 링크는 /blog/post/slug단어/와 같은 형식이 될 것입니다. »는 HTML 특수문자(»)를 의미합니다.

❼ 객체의 modify_dt 속성값을 "j F Y" 포맷으로 출력합니다(예: 12 July 2015).

❽ 공백 줄을 만듭니다.

❾ 포스트 객체의 내용(content 속성값)을 출력합니다. linebreaks 템플릿 필터는 ₩n(newline)을 인식하게 합니다.

> **NOTE_ 장고의 날짜/시간 포맷 문자**
>
> 장고의 템플릿 필터 date와 time을 사용하면, 다양한 형식으로 날짜와 시간을 출력할 수 있습니다. 위에서 사용된 j, F, Y 문자 외에도 다양한 포맷 문자가 있으니, 장고 문서의 date 템플릿 필터를 설명하는 페이지를 참고하기 바랍니다.
>
> https://docs.djangoproject.com/en/2.2/ref/templates/builtins/#date

지금부터는 날짜 제네릭 뷰와 관련된 템플릿 파일들입니다. 템플릿 파일명은 뷰에서 template_name 속성으로 지정할 수도 있는데, 우리 예제에서는 지정하지 않고 디폴트 템플릿 파일명을 사용하고 있습니다. 디폴트 템플릿 파일명은 모델클래스소문자_archive.html, 모델클래스소문자_archive_year.html 형식입니다.

post_archive.html

이번 템플릿 파일은 /blog/archive/ URL 요청에 대해 포스트 리스트를 날짜별로 구분해서 보여주는 화면입니다. 이 파일의 최종 결과 UI 화면은 다음과 같습니다.

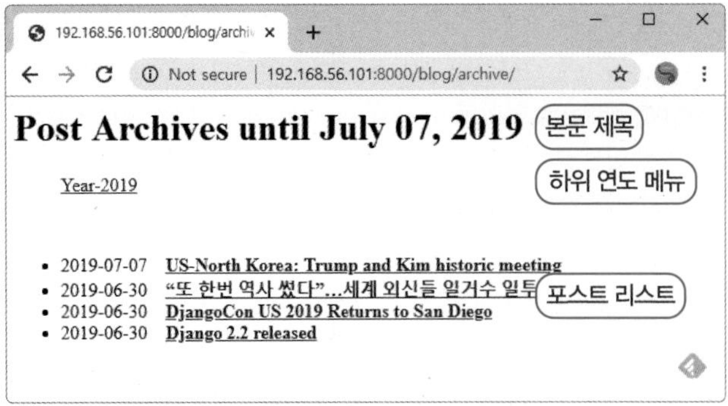

그림 3-3 blog/post_archive.html

위 화면의 내용을 구현하기 위해 템플릿 파일 post_archive.html에 다음과 같이 입력합니다. 템플릿 파일의 위치는 post_all.html과 동일합니다.

예제 3-10 blog/templates/blog/post_archive.html

```
(vDjBook)$ cd /home/shkim/pyDjango/ch99/blog/templates/blog
(vDjBook)$ vi post_archive.html

<h1>Post Archives until {% now "N d, Y" %}</h1> ❶
<ul>
    {% for date in date_list %} ❷
    <li style="display: inline;"> ❸
        <a href="{% url 'blog:post_year_archive' date|date:'Y' %}">Year{{
date|date:"Y" }} </a></li> ❹
    {% endfor %}
</ul>
<br/>

<div>
    <ul>
        {% for post in object_list %} ❺
        <li>{{ post.modify_dt|date:"Y-m-d" }}   
        <a href="{{ post.get_absolute_url }}"><strong>{{ post.title }}</strong></a></li> ❻
        {% endfor %} ❼
    </ul>
</div>
```

위 소스를 라인별로 설명하겠습니다.

❶ 페이지 제목을 <h1> 폰트 크기로 출력합니다. {% now %} 템플릿 태그는 현재의 날짜와 시간을 원하는 포맷으로 출력합니다. 포맷 문자열을 인자로 받습니다. “N d, Y” 포맷 문자열은 July 18, 2015 형식입니다.

❷ date_list 컨텍스트 변수는 DateQuerySet 객체 리스트를 담고 있습니다. DateQuerySet 객체 리스트는 QuerySet 객체 리스트에서 날짜 정보만을 추출해 담고 있는 객체 리스트입니다. DateQuerySet에 들어 있는 객체는 datetime.date 타입의 객체입니다.

❸ 다음 줄은 연도 메뉴를 한 줄에 보여주기 위해 <li style=“display: inline;”>처럼 <li> 스타일을 inline으로 지정했습니다.

❹ 연도 메뉴는 Year-YYYY 형식의 텍스트로, YYYY 연도에 작성된, 정확하게는 생성되거나 수정된(modify_dt 컬럼이 기준임) 포스트를 보여주는 URL이 링크되어 있습니다. {% url %} 템플릿 태그는 여러 번 나온 항목이므로 설명은 생략합니다.

❺ 디폴트 컨텍스트 변수로 object_list와 latest 둘 다 가능하고, 여기에는 뷰에서 넘겨준 객체 리스트가 담겨 있습니다.

❻ 순서 없는 리스트로 포스트 수정일과 제목을 출력하고, 그 사이에는 빈칸 3개가 있습니다. “Y-m-d” 포맷 문자열은 2019-05-05 형식이고, 는 빈칸을 출력하는 HTML 특수문자입니다. 포스트 제목에는 get_absolute_url() 메소드를 사용해 해당 포스트를 지정하는 URL을 링크했습니다.

❼ <strong> HTML 태그는 <b> 태그와 동일하게 텍스트를 볼드체로 표시합니다. 다만 태그의 의미를 강조하기 위해 strong이란 이름을 지었습니다.

post_archive_year.html

다음은 [그림 3-3]에서 [Year-2019] 링크를 클릭했을 때 나타나는 화면입니다.

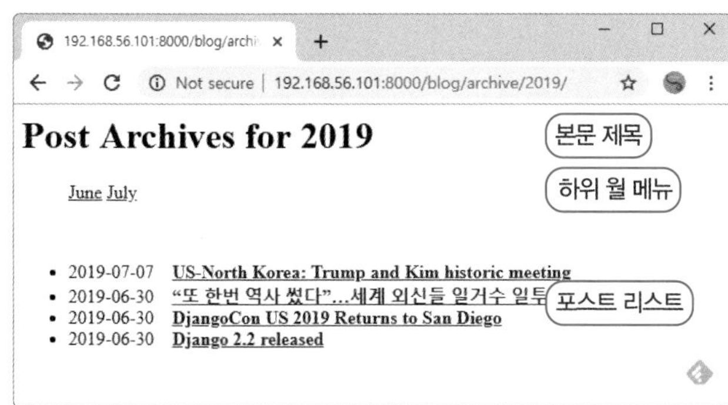

그림 3-4 blog/post_archive_year.html

위 화면의 내용을 구현하기 위해 템플릿 파일 post_archive_year.html에 다음과 같이 입력합니다.

예제 3-11 blog/templates/blog/post_archive_year.html

```
(vDjBook)$ cd /home/shkim/pyDjango/ch99/blog/templates/blog
(vDjBook)$ vi post_archive_year.html

<h1>Post Archives for {{ year|date:"Y" }}</h1> ------------------------------ ❶

<ul>
    {% for date in date_list %} ----------------------------------------------- ❷
    <li style="display: inline;"> -------------------------------------------- ❸
        <a href="{% url 'blog:post_month_archive' year|date:'Y' date|date:'b' %}">
{{ date|date:"F" }}</a></li> -------------------------------------------------- ❹
    {% endfor %}
</ul>
<br>

<div>
    <ul>
        {% for post in object_list %}
        <li>{{ post.modify_dt|date:"Y-m-d" }}   
        <a href="{{ post.get_absolute_url }}"><strong>{{ post.title }}</strong></a></li>   ❺
        {% endfor %}
    </ul>
</div>
```

위 소스를 라인별로 설명하겠습니다.

❶ 페이지 제목을 <h1> 폰트 크기로 출력합니다. year 컨텍스트 변수는 해당 연도에 대한 datetime.date 타입의 객체입니다. "Y" 포맷 문자열은 2019 형식입니다.

❷ date_list 컨텍스트 변수는 DateQuerySet 객체 리스트를 담고 있습니다. DateQuerySet 객체 리스트는 QuerySet 객체 리스트에서 날짜 정보만을 추출해 담고 있는 객체 리스트입니다. DateQuerySet에 들어 있는 객체는 datetime.date 타입의 객체입니다.

❸ 다음 줄은 월 메뉴를 한 줄에 보여주기 위해 <li style="display: inline;">처럼 <li> 스타일을 inline으로 지정했습니다.

❹ 월 메뉴는 "F", 즉 July 형식의 텍스트로, 해당 연월에 생성 또는 수정된(modify_dt) 포스트를 보여주는 URL이 링크되어 있습니다. 필터 date의 'b' 포맷 구분자는 예제 3-7에 있는 PostMAV 클래스의 month_format 속성과 맞춰야 합니다.

❺ 포스트 리스트를 출력하는 부분은 [예제 3-10]과 동일하므로, 설명은 생략합니다. 다만 [예제 3-10]에서 언급한 latest 컨텍스트 변수는 ArchiveIndexView에서만 정의된 변수이므로, 여기서는 사용할 수 없다는 점을 유의하기 바랍니다.

post_archive_month.html

다음은 [그림 3-4]에서 [June] 링크를 클릭했을 때 나타나는 화면입니다.

그림 3-5 blog/post_archive_month.html

[그림 3-5] 화면의 내용을 구현하기 위해 템플릿 파일 post_archive_month.html에 다음과 같이 입력합니다.

예제 3-12 blog/templates/blog/post_archive_month.html

```
(vDjBook)$ cd /home/shkim/pyDjango/ch99/blog/templates/blog
(vDjBook)$ vi post_archive_month.html

<h1>Post Archives for {{ month|date:"N, Y" }}</h1> ----------------------- ❶

<div>
    <ul>
        {% for post in object_list %}
        <li>{{ post.modify_dt|date:"Y-m-d" }}   
        <a href="{{ post.get_absolute_url }}"><strong>{{ post.title }}</strong></a></li>
        {% endfor %}
    </ul>
</div>
```

위 소스는 페이지 제목만 다르고 나머지는 post_archive_year.html 파일과 동일합니다.

❶ 페이지 제목을 <h1> 폰트 크기로 출력합니다. month 컨텍스트 변수는 해당 월에 대한 datetime.date 타입의 객체입니다. "N, Y" 포맷 문자열은 May, 2015 형식입니다.

post_archive_day.html

이번 템플릿 파일은 /blog/2015/may/05/와 같이 연/월/일이 주어진 URL 요청에 대해 해당 날짜에 생성 또는 수정된 포스트 리스트를 보여주는 화면입니다.

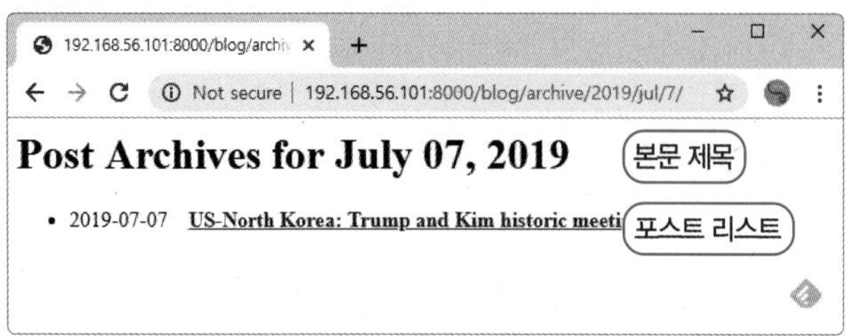

그림 3-6 blog/post_archive_day.html

[그림 3-6] 화면의 내용을 구현하기 위해 템플릿 파일 post_archive_day.html에 다음과 같이 입력합니다.

예제 3-13 blog/templates/blog/post_archive_day.html

```
(vDjBook)$ cd /home/shkim/pyDjango/ch99/blog/templates/blog
(vDjBook)$ vi post_archive_day.html

<h1>Post Archives for {{ day|date:"N d, Y" }}</h1> ---------------- ❶

<div>
    <ul>
        {% for post in object_list %}
        <li>{{ post.modify_dt|date:"Y-m-d" }}   
        <a href="{{ post.get_absolute_url }}"><strong>{{ post.title }}</strong></a></li>
        {% endfor %}
    </ul>
</div>
```

위 소스는 페이지 제목만 다르고 나머지는 post_archive_year.html 파일과 동일합니다.

❶ 페이지 제목을 <h1> 폰트 크기로 출력합니다. day 컨텍스트 변수는 해당 날짜에 대한 datetime.date 타입의 객체입니다. "N d, Y" 포맷 문자열은 May 05, 2015 형식입니다.

참고로 TodayArchiveView와 DayArchiveView 제네릭 뷰는 디폴트 템플릿 파일명이 동일하므로, 별도로 TodayArchiveView에 대한 템플릿 파일은 작성하지 않아도 됩니다. 하지만 이 2개의 템플릿 파일을 구분하고 싶으면, 어느 하나의 제네릭 뷰에서 template_name 속성을 다른 이름으로 지정해주면 됩니다.

03

3.3 지금까지의 작업 확인하기

3.3.1 Admin에서 데이터 입력하기

지금까지의 작업이 정상인지 확인하기 위해 실습에 필요한 데이터를 입력해보겠습니다. runserver를 실행하고 브라우저로 Admin 사이트에 접속합니다. 다음처럼 Admin 사이트의 첫 화면이 나타나면 [Posts] 항목의 [Add] 버튼을 클릭해 테이블에 데이터를 입력합니다.

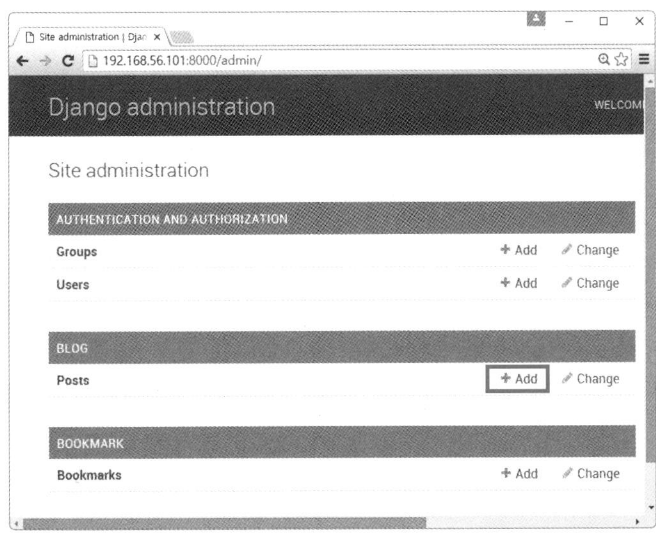

그림 3-7 블로그 앱 – Admin 첫 화면

앞서 **3.2.5 템플릿 코딩하기**에서 본 UI 화면들은 설명을 위해 필자가 미리 샘플 데이터를 입력하고 화면을 캡처한 그림들입니다. 실습할 때 독자분들은 이번 절에서 데이터를 입력한 후에야 브라우저 화면에서 데이터를 볼 수 있을 것입니다.

다음 그림의 데이터 입력 화면에서 유의할 점은 [slug] 필드는 [title] 필드로부터 자동으로 채워진

다는 것입니다. 이런 특징은 admin.py 파일에 prepopulated_fields 속성으로 정의됩니다. 필드에 대한 도움말 문구(help_text)도 회색으로 표시된 것을 알 수 있습니다. 또한 models.py 파일에서 모델 클래스의 필드를 정의할 때, 첫 번째 인자인 필드의 별칭이 어떤 모습으로 표현되는지도 확인하기 바랍니다. 만일 별칭을 'contents'라고 했다면 첫글자를 대문자로 적용해서 Admin 화면에는 Contents라고 표시될 것입니다.

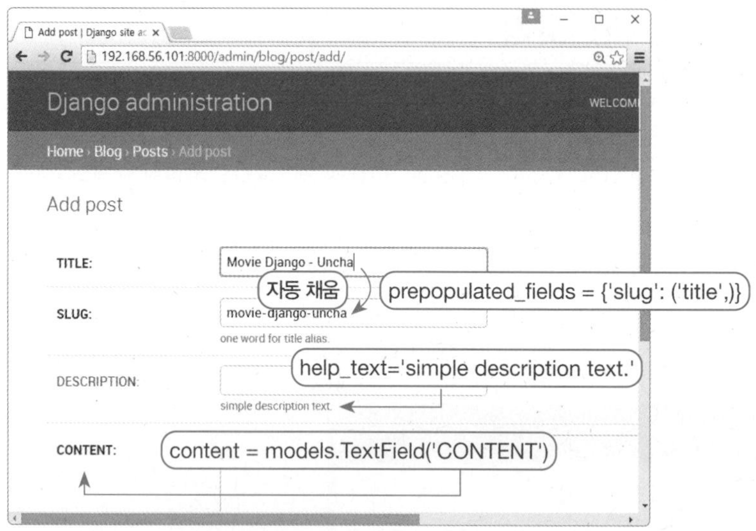

그림 3-8 블로그 앱 – 데이터 입력 화면

또한 create_dt 및 modify_dt 필드는 auto_now_add 및 auto_now 속성이므로, 장고에서 자동으로 채워주고 Add 화면에는 나타나지 않습니다.

3.2.4 뷰 코딩하기에서 한 페이지에 보여주는 포스트 개수를 paginate_by 속성으로 2개로 지정했으므로, 페이징 기능을 확인할 수 있도록 포스트를 3개 이상 입력하는 것을 권장합니다. 다음 그림은 필자가 입력한 포스트의 예시이니, 참고해서 여러분이 원하는 내용을 입력하기 바랍니다.

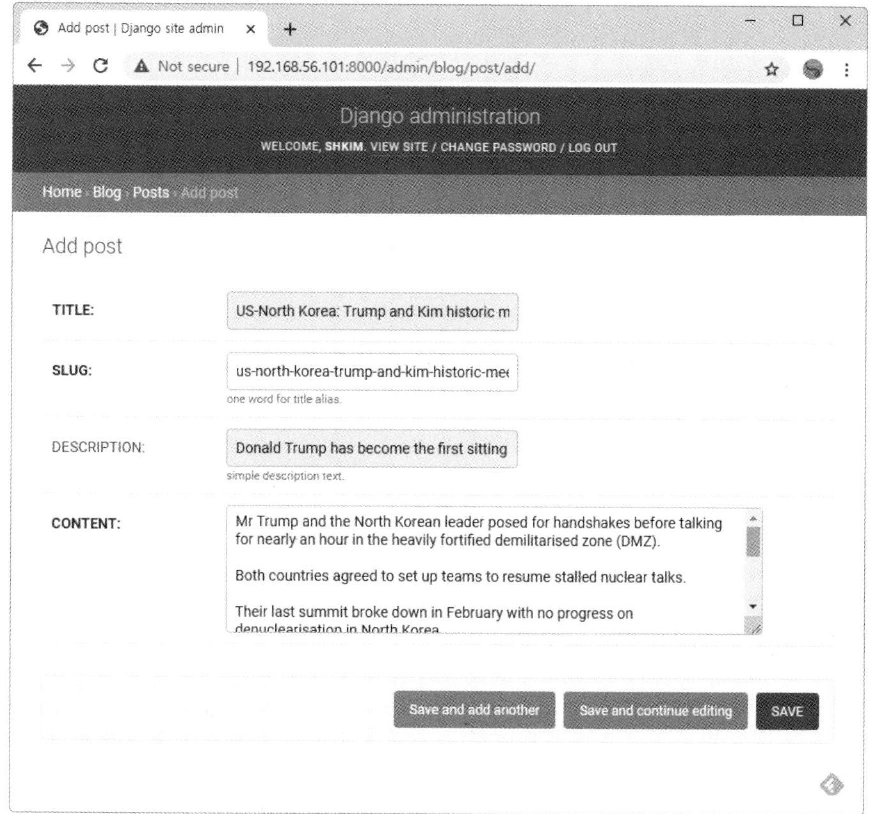

그림 3-9 블로그 앱 – 포스트 입력 예시

3.3.2 브라우저로 확인하기

데이터를 모두 입력했으면, 블로그 앱으로 접속해봅니다.

```
http://192.168.56.101:8000/blog/
```

블로그 앱의 첫 화면이 나타나면 정상입니다. 계속해서 각 링크를 클릭해보고 페이지 이동 기능 및 포스트 이동 기능도 확인해봅니다. 최종적으로는 **3.1.4 URL 설계**에서 정의한 URL 요청 처리가 모두 정상이어야 합니다. 정상적으로 처리되었을 때의 화면들은 다음과 같으므로 확인해보기 바랍니다.

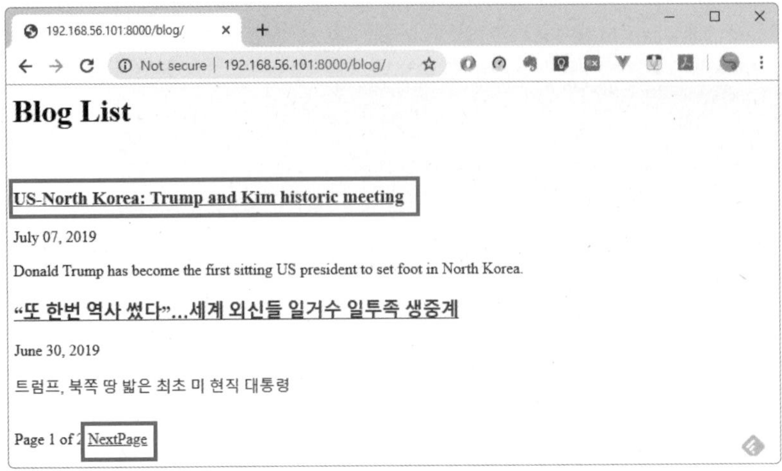

그림 3-10 블로그 앱 – 포스트 리스트 화면

그림 3-11 블로그 앱 – 포스트 상세 화면

그림 3-12 블로그 앱 – 아카이브 화면

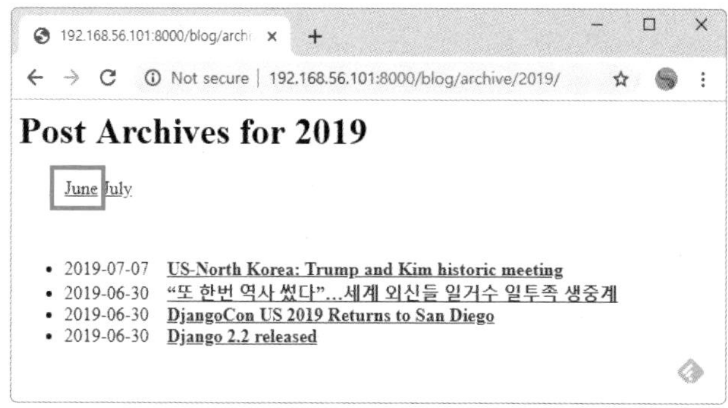

그림 3-13 블로그 앱 – 2019년도 아카이브 화면

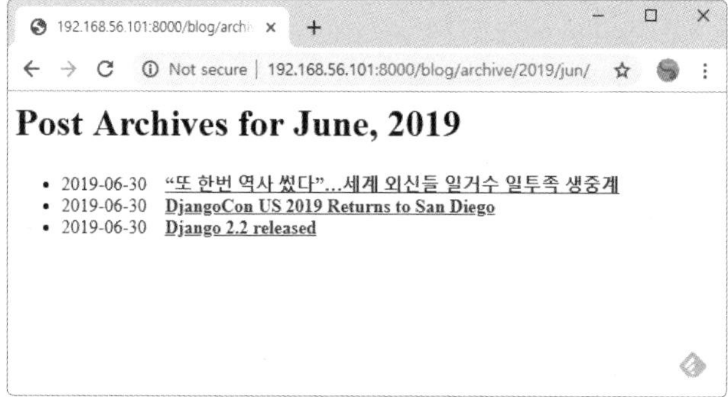

그림 3-14 블로그 앱 – 2019년 6월 아카이브 화면

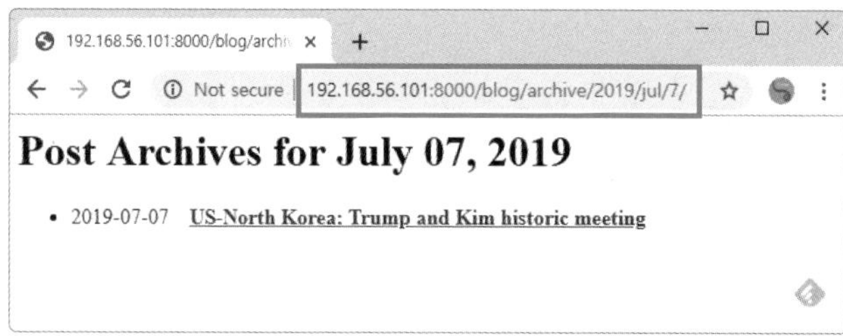

그림 3-15 블로그 앱 – 2019년 7월 7일 아카이브 화면

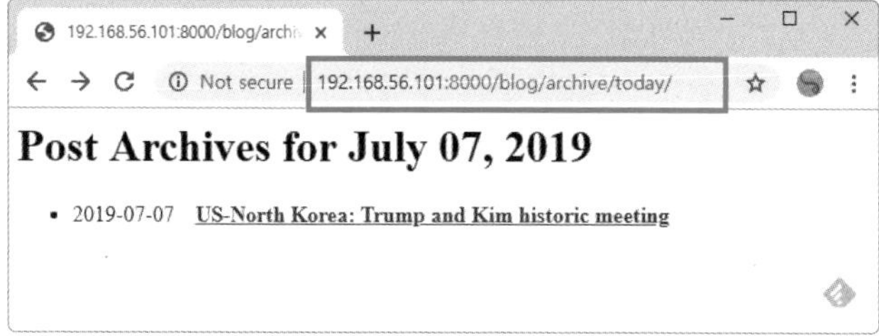

그림 3-16 블로그 앱 – 오늘(Today) 아카이브 화면

CHAPTER 04

프로젝트 첫 페이지 만들기

2장과 3장의 예제를 실습하면서 장고의 MVT 패턴에 대해 익숙해졌을 것입니다. 모델, 뷰, 템플릿에 해당하는 각 파일들의 역할 및 URL에서 시작해 뷰를 거쳐 템플릿으로 전개되는 로직의 흐름은 모든 애플리케이션의 공통된 사항입니다.

이제 좀 더 틀을 잡아서 본격적으로 실전에 사용할 수 있는 사이트를 만들어보겠습니다. 사용자가 우리 사이트에 접속했을 때 처음으로 보여주는 페이지를 홈페이지라고 하는데, 이런 프로젝트의 첫 페이지를 만드는 것부터 시작하겠습니다. 첫 페이지는 사이트 전체의 이미지를 대표하므로, 개성 있는 UI와 일관성 있는 룩앤필이 강조됩니다. 따라서 기능보다는 디자인 측면이 중요하므로 HTML, 스타일시트, 자바스크립트 등의 지식이 필요한 분야입니다.

4장의 첫 페이지 개발을 완료한 이후에는 2장, 3장에서 개발한 북마크 및 블로그 앱도 첫 페이지의 디자인 및 메뉴에 맞춰 개선이 필요합니다. 개선 작업은 5장에서 진행하겠습니다.

NOTE_ 홈페이지 vs 첫 페이지

홈페이지라는 용어는 보통 사용자가 웹 사이트에 접속했을 때 처음으로 나타나는 문서를 말합니다. 하지만 요즘에는 홈페이지란 용어가 일반화되어서 브라우저로 보는 페이지는 모두 홈페이지라고 통칭하는 경우도 많습니다. 이 책에서는 처음으로 나타나는 페이지 하나만 개발한다는 점을 강조해서 첫 페이지라는 용어를 사용했는데, 여러분은 굳이 구분할 필요가 없습니다.

4.1 첫 페이지 설계하기

첫 페이지를 개발하는 것이므로 화면 UI를 설계하는 템플릿 파일 설계가 주된 작업이고, URL 설계는 아주 간단합니다. 물론 테이블 설계는 필요하지 않습니다. 화면 UI 개발은 부트스트랩 4.3.1 버전으로 개발할 예정이므로, 부트스트랩에서 제공하는 컴포넌트에 맞춰 UI 설계를 진행합니다.

NOTE_ 부트스트랩 라이브러리

부트스트랩Bootstrap은 UI 화면 디자인에 필요한 CSS와 자바스크립트를 미리 만들어서 제공해주는 라이브러리입니다. 부트스트랩은 2011년에 트위터에서 처음 만들어졌으며 현재는 웹 디자인의 필수 라이브러리로 자리매김하고 있습니다.

부트스트랩은 웹 페이지에 사용되는 거의 모든 요소에 대해 라이브러리로 미리 정의해 놓았기 때문에, 아주 쉽고 빠르게 웹 사이트를 만들 수 있는 장점을 가지고 있습니다. 그래서 전문 디자이너가 아니라도 부트스트랩에서 제공하는 요소들을 가져다 쓰거나, 필요하면 직접 수정해서 고급스러운 웹 페이지를 만들 수 있습니다.

부트스트랩에 대해 좀 더 공부하고 싶은 분은 부트스트랩 홈페이지(http://getbootstrap.com/) 및 관련 서적을 참고하기 바랍니다.

4.1.1 화면 UI 설계

이번 장에서는 다음과 같은 첫 페이지 화면을 만들 것입니다. 이 페이지는 GNBGlobal Navigation Bar라고 하는 메인 메뉴와 본문, 바닥글로 이루어져 있습니다. 장고의 템플릿 상속 기능을 사용할 예정이고, 이에 따라 페이지는 하나지만 base.html과 home.html 두 개의 파일을 개발한다는 점도 유의하기 바랍니다.

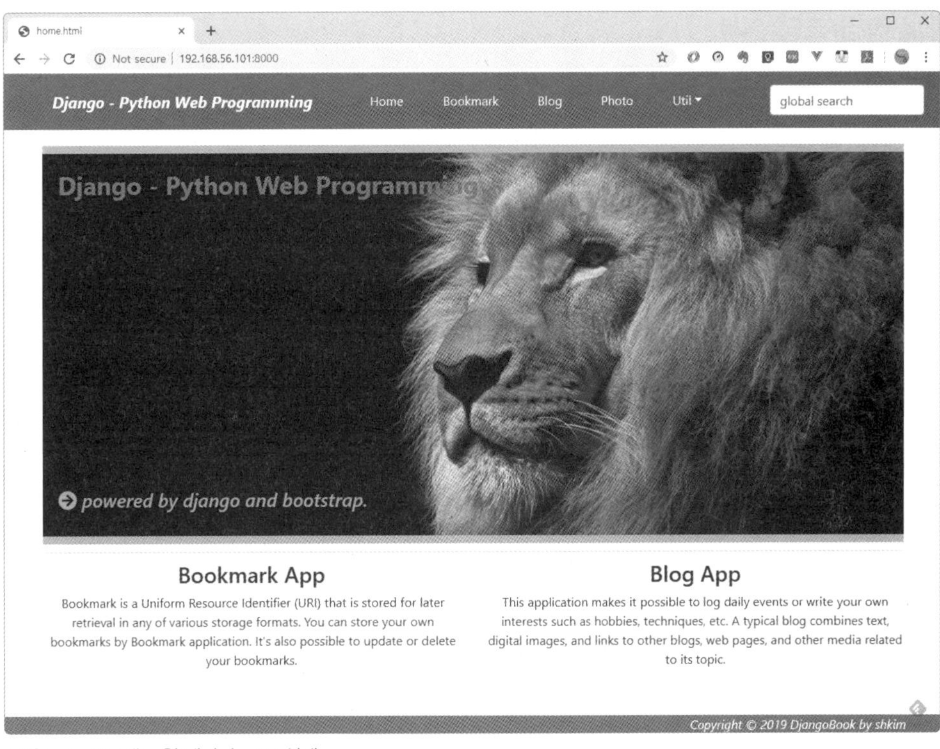

그림 4-1 프로젝트 첫 페이지 – UI 설계

4.1.2 테이블 설계

테이블은 변경 사항은 없습니다.

4.1.3 URL 설계

프로젝트의 첫 페이지는 루트(/) URL에 대한 처리 로직을 개발하는 것입니다. 그래서 기존 URL에 루트 URL만 추가하면 됩니다.

표 4-1 프로젝트 첫 페이지 – URL 설계

URL 패턴	뷰 이름	뷰가 처리하는 내용
/	HomeView(TemplateView)	home.html 템플릿을 보여줍니다.
/bookmark/		2장과 동일함
/blog/		3장과 동일함
/admin/		2장과 동일함

04

4.1.4 작업/코딩 순서

작업 순서는 다음과 같습니다.

표 4-2 프로젝트 첫 페이지 – 작업/코딩 순서

작업 순서	관련 명령/파일	필요한 작업 내용
뼈대 만들기	startproject settings.py migrate createsuperuser	(2장에서 이미 완료했으므로 생략)
	startapp settings.py	(앱 생성은 없으므로 생략)
모델 코딩하기	models.py admin.py	(테이블 생성은 없으므로 생략)
	makemigrations migrate	(테이블 변경 사항은 없으므로 생략)
URLconf 코딩하기	urls.py	루트(/) URL 정의
뷰 코딩하기	views.py	HomeView 작성
템플릿 코딩하기	templates 디렉터리	home.html 작성, 상속 기능 적용 (base.html)
그 외 코딩하기	static 디렉터리	첫 페이지에 사용되는 이미지 추가

4.2 개발 코딩하기

작업/코딩 순서에서 설명한 것처럼, 테이블은 변경 사항이 없으므로 모델 코딩은 불필요합니다. 바로 URLconf 코딩부터 시작하겠습니다.

4.2.1 뼈대 만들기

앱을 신규로 만드는 것이 아니므로 뼈대 작업은 없습니다.

4.2.2 모델 코딩하기

테이블 설계 단계에서 이미 파악한 내용이며 테이블에 대한 변경 사항은 없습니다.

4.2.3 URLconf 코딩하기

역시 **4.1.3 URL 설계**의 내용을 참고해서 URLconf를 정의하면 됩니다. 애플리케이션에 대한 URL이 아니라 프로젝트에 대한 URL이므로 mysite/urls.py 파일에 임포트 문장 및 루트(/) URL 두 줄만 추가하면 됩니다. 뷰 클래스는 HomeView, URL 패턴명은 'home'이라고 정의했습니다.

04

예제 4-1 프로젝트 첫 페이지 – mysite/urls.py 코딩

```
(vDjBook)$ cd /home/shkim/pyDjango/ch99/mysite/
(vDjBook)$ vi urls.py

from django.contrib import admin
from django.urls import path, include
from mysite.views import HomeView    # 추가

urlpatterns = [
    path('admin/', admin.site.urls),
    # shkim
    path('', HomeView.as_view(), name='home'),    # 추가
    path('bookmark/', include('bookmark.urls')),
    path('blog/', include('blog.urls')),
]
```

4.2.4 뷰 코딩하기

이제 URLconf에서 지정한 HomeView를 코딩합니다. HomeView는 특별한 처리 로직 없이 단순히 템플릿만 보여주는 로직이므로, TemplateView 제네릭 뷰를 상속받아 코딩합니다.

파일의 위치는 어디가 좋을까요? 애플리케이션이 아니라 프로젝트와 관련된 뷰이므로, mysite/views.py 파일에 코딩하는 것이 적절합니다. 다음과 같은 내용으로 views.py 파일을 새로 만듭니다.

예제 4-2 프로젝트 첫 페이지 – mysite/views.py 코딩

```
$ cd /home/shkim/pyDjango//ch99/mysite/
$ vi views.py

from django.views.generic import TemplateView

#--- TemplateView
class HomeView(TemplateView): ------------------------------------ ❶
    template_name = 'home.html' ---------------------------------- ❷
```

위 소스를 라인별로 설명하면 다음과 같습니다.

❶ TemplateView 제네릭 뷰를 상속받아 사용하고 있습니다. TemplateView를 사용하는 경우에는 필수적으로 template_name 클래스 변수를 오버라이딩으로 지정해줘야 합니다.

❷ mysite 프로젝트의 첫 화면을 보여주기 위한 템플릿 파일을 home.html로 지정했습니다. 템플릿 파일이 위치하는 디렉터리는 settings.py 파일의 TEMPLATE_DIRS 항목으로 지정되어 있습니다.

4.2.5 템플릿 코딩하기 - 부트스트랩 메인 메뉴 : home.html

앞 절의 URLconf, 뷰 코딩은 간단했지만, 템플릿 코딩은 좀 복잡한 편입니다. 왜냐하면 프로젝트 화면의 전체 윤곽을 잡아야 하고, 애플리케이션별로 바로가기 링크 및 메뉴 등을 만들어야 하며, 템플릿 상속 기능도 구현해야 하기 때문입니다. 또한 실전에 사용할 수 있을 정도로 화면 룩앤필을 보여주기 위해서는 부트스트랩에 대한 공부도 필요합니다.

첫 페이지의 템플릿을 코딩할 파일의 이름은 home.html입니다. 이는 앞의 views.py 파일에 있는 HomeView에서 지정한 파일명입니다. 파일의 위치는 개별 애플리케이션 템플릿이 아니라 프로젝트 템플릿이므로, 프로젝트 템플릿 디렉터리에 생성합니다. 프로젝트 템플릿 디렉터리는 settings.py 파일에 다음과 같이 정의한 바 있습니다.

```
TEMPLATE_DIRS = [os.path.join(BASE_DIR, 'templates')]      # /home/shkim/pyDjango/ch99/
templates
```

이번에 코딩하는 home.html에는 모든 페이지에서 공통으로 사용하는 제목과 메뉴도 포함되는데, 이들은 4.2.6절에서 장고의 상속 기능을 활용하여 base.html로 옮길 예정입니다. 이번 절에

서 만들 UI 화면은 [그림 4-6]과 같으니 미리 확인하기 바랍니다.

코딩에 들어가기 전에 메인 메뉴를 어떻게 만들지, 부트스트랩 사이트에서 유사한 샘플 코드를 찾아보겠습니다. 부트스트랩 사이트로 접속해서, Documentation 〉 Components 〉 Navbar 메뉴를 클릭합니다.

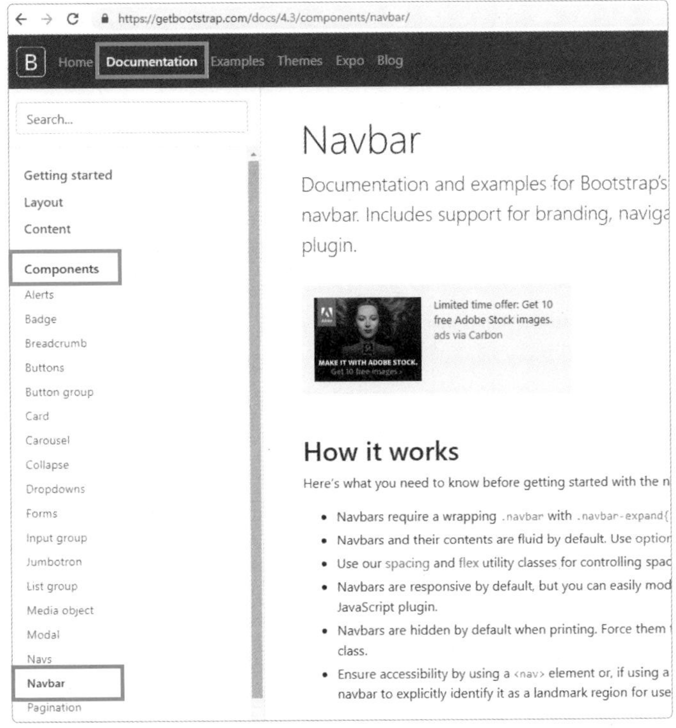

그림 4-2 부트스트랩 Navbar 컴포넌트 소개 페이지

여러 가지 메인 메뉴에 대한 설명과 샘플 코드를 제공하고 있는데, 부트스트랩에서는 메인 메뉴를 Navbar(Navigation Bar)라고 부르고 있습니다. 이 중에서 필자는 다음과 같은 첫번째 샘플을 선택하였습니다. 이 샘플 코드를 복사해 와서 우리 프로젝트에 맞게 변경합니다.

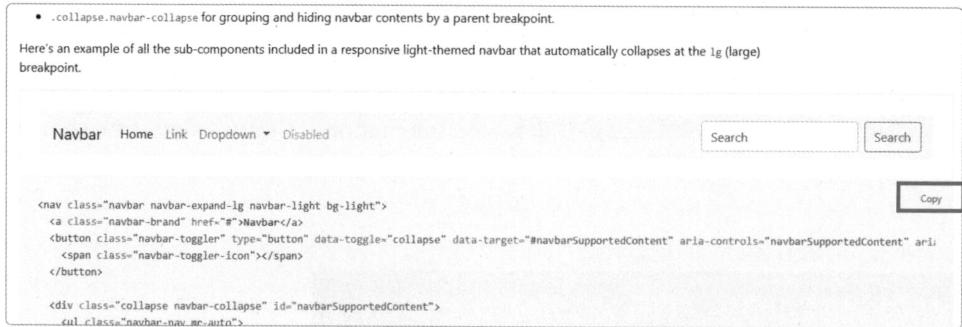
• .collapse.navbar-collapse for grouping and hiding navbar contents by a parent breakpoint.
Here's an example of all the sub-components included in a responsive light-themed navbar that automatically collapses at the lg (large) breakpoint.
Navbar Home Link Dropdown Disabled
Search
Search
Copy
<nav class="navbar navbar-expand-lg navbar-light bg-light">
<a class="navbar-brand" href="#">Navbar</a>
<button class="navbar-toggler" type="button" data-toggle="collapse" data-target="#navbarSupportedContent" aria-controls="navbarSupportedContent"
<span class="navbar-toggler-icon"></span>
</button>
<div class="collapse navbar-collapse" id="navbarSupportedContent">

그림 4-3 Navbar 샘플 코드 선택

아래와 같이 메인 메뉴의 배경색을 지정하는 설명도 있는데, 필자는 파란색을 선택했습니다.

Color schemes

Theming the navbar has never been easier thanks to the combination of theming classes ar
.navbar-light for use with light background colors, or .navbar-dark for dark background c

Navbar Home Features Pricing About

Navbar Home Features Pricing About

Navbar Home Features Pricing About

```
<nav class="navbar navbar-dark bg-dark">
  <!-- Navbar content -->
</nav>

<nav class="navbar navbar-dark bg-primary">
  <!-- Navbar content -->
</nav>

<nav class="navbar navbar-light" style="background-color: #e3f2fd;">
  <!-- Navbar content -->
</nav>
```

그림 4-4 파란색 배경색 선택

그리고 위와 같은 부트스트랩의 화면 요소를 사용하려면 부트스트랩 라이브러리를 우리 프로젝트에 설치하거나, CDN Contents Delivery Network 링크를 소스에 추가해야 합니다. 여기서는 CDN 링크를 추가하는 방법을 사용합니다. CDN 링크는 Documentation 〉 Getting started 〉 Introduction 메뉴를 클릭하면 찾을 수 있습니다.

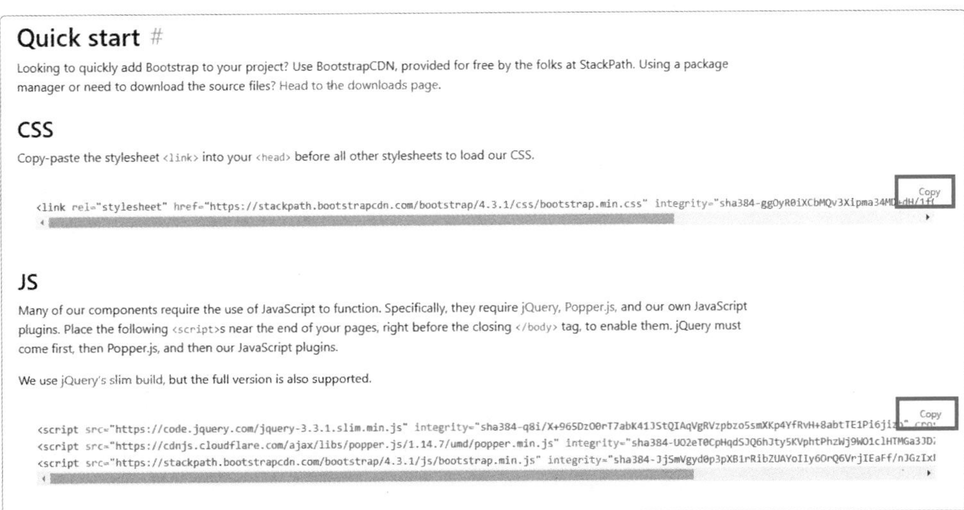

그림 4-5 부트스트랩의 CDN 링크

위 세 가지 샘플 코드로부터 시작해서, [그림 4-2] 화면의 모습이 완성될 때까지 샘플 코드를 변경해 갑니다. 이 과정에서 책에 설명이 없더라도 여러분은 다양하게 샘플 코드를 변경해 보면서 부트스트랩 코드에 익숙해지기 바랍니다.

아래 예제는 위 샘플 코드가 화면에 나오는 것을 확인하기 위해서, 코드의 위치를 잡아주는 정도로 최소한으로 변경한 예제입니다. 새로운 디렉터리를 만들고 home.html 템플릿 파일에 다음과 같이 입력합니다.

예제 4-3 부트스트랩 메인 메뉴 – templates/home.html 코딩

```
$ cd /home/shkim/pyDjango/ch99/
$ mkdir templates
$ cd templates
$ vi home.html

<!DOCTYPE html>
<html lang="ko">  ---------------------------------------- ❶
<head>
    <meta charset="utf-8">
    <meta http-equiv="X-UA-Compatible" content="IE=edge">
    <meta name="viewport" content="width=device-width, initial-scale=1">

    <title>Django Web Programming</title>  --------------------- ❷
```

```
    <link rel="stylesheet" href="https://stackpath.bootstrapcdn.com/bootstrap/4.3.1/
css/bootstrap.min.css"> ❸
</head>

<body style="padding-top:90px;"> ❹

<nav class="navbar navbar-expand-lg navbar-dark bg-primary fixed-top">
    <a class="navbar-brand" href="#">Navbar</a>
    <button class="navbar-toggler" type="button" data-toggle="collapse" data-
  target="#navbarSupportedContent"> ❻
        <span class="navbar-toggler-icon"></span>
    </button>

    <div class="collapse navbar-collapse" id="navbarSupportedContent">
        <ul class="navbar-nav mr-auto">
            <li class="nav-item active">
                <a class="nav-link" href="#">Home <span class="sr-only">(current)</
span></a>
            </li>
            <li class="nav-item">
                <a class="nav-link" href="#">Link</a>
            </li>
            <li class="nav-item dropdown">
                <a class="nav-link dropdown-toggle" href="#" id="navbarDropdown"
role="button" data-toggle="dropdown"> ❺
                    Dropdown
                </a>
                <div class="dropdown-menu">
                    <a class="dropdown-item" href="#">Action</a>
                    <a class="dropdown-item" href="#">Another action</a>
                    <div class="dropdown-divider"></div>
                    <a class="dropdown-item" href="#">Something else here</a>
                </div>
            </li>
            <li class="nav-item">
                <a class="nav-link disabled" href="#" tabindex="-1">Disabled</a>
            </li>
        </ul>
        <form class="form-inline my-2 my-lg-0">
            <input class="form-control mr-sm-2" type="search" placeholder="Search">
            <button class="btn btn-outline-success my-2 my-sm-0" type="submit">
Search</button>
        </form>
```

```
    </div>
</nav>

<div class="container bg-warning">          ❼
    <h4>This is CONTENT area.</h4>
</div>

<footer class="fixed-bottom bg-info">       ❽
    <h4>This is FOOTER area.</h4>
</footer>

<script src="https://code.jquery.com/jquery-3.3.1.slim.min.js"></script>
<script src="https://cdnjs.cloudflare.com/ajax/libs/popper.js/1.14.7/umd/popper.min.
js"></script>                                ❾
<script src="https://stackpath.bootstrapcdn.com/bootstrap/4.3.1/js/bootstrap.min.js">
</script>

</body>
</html>
```

04

부트스트랩 사이트의 샘플 코드와 달라진 점을 위주로, 라인별로 설명하겠습니다.

❶ HTML5 스펙을 준수하는, 일반적인 head 태그 내용입니다.

❷ 페이지 제목을 지정합니다. 브라우저의 최상단 탭에 표시되는 내용입니다.

❸ 부트스트랩의 CDN 링크 중 CSS 링크를 복사해와서, 보안과 관련된 integrity/crossorigin 속성은 설명 편의상 삭제했습니다. 운영 모드에서는 기입 여부를 적절히 판단하면 됩니다.

❹ <body>는 크게 3개 영역 즉 메인 메뉴 영역, CONTENT 영역, FOOTER 영역으로 나누었습니다. 그리고 5번의 메인 메뉴에 fixed-top 클래스를 사용한 경우에는 <body>에 padding-top 스타일 속성을 충분히 줘야 메뉴 영역과 CONTENT 영역이 겹치지 않습니다.

❺ 메인 메뉴 영역입니다. 메뉴를 만드는 navbar 클래스를 사용했고, 배경색을 bg-primary로 지정했습니다. 클래스 fixed-top을 사용하면, 상하 스크롤이 되어도 메뉴 영역이 브라우저 상단에 고정됩니다.

❻ 부트스트랩의 샘플 코드에서 aria-* 관련 속성은 설명 편의상 삭제했습니다. 장애인 접근성 향상을 위한 속성들인데, 운영 모드에서는 적절히 판단하면 됩니다.

❼ CONTENT 영역입니다. 부트스트랩의 container 클래스를 사용하면 내용이 화면 중앙에 위치하고, 사용하지 않으면 화면을 좌우로 모두 채웁니다. 화면 영역을 보여주기 위해 임시로 배경색을 bg-warning으로 지정했습니다.

❽ FOOTER 영역입니다. 부트스트랩의 fixed-bottom 클래스를 사용하면 화면 맨 아래에 위치합니다. 화면의 세로 길이가 한 페이지 분량보다 작을 때 FOOTER로 많이 사용하는 클래스입니다. FOOTER 영역의 배경색을 bg-info로 지정했습니다.

❾ 부트스트랩의 CDN 링크 중 JS(Javascript) 링크를 복사해와서, 보안과 관련된 integrity/crossorigin 속성은 설명 편의상 삭제했습니다. 운영 모드에서는 적절히 판단하면 됩니다.

자, 메인 메뉴 테스트용으로 간단한 home.html을 작성했으니, runserver를 실행하고 첫 페이지에 접속해봅시다. 다음 그림과 같이 나타나면 지금까지 작성한 부트스트랩 코드가 정상적으로 작동하는 것입니다.

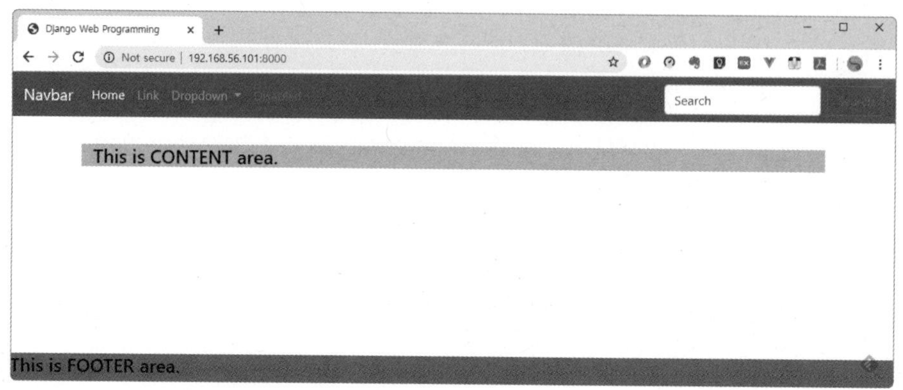

그림 4-6 테스트용 부트스트랩 메인 메뉴

4.2.6 템플릿 코딩하기 - 상속 기능 : base.html

이번에는 위의 home.html 코드에 장고의 상속 기능을 적용해서, base.html과 home.html 두 개의 파일로 나눌 예정입니다. 상속 기능을 사용하는 이유는 모든 페이지에 공통인 메인 메뉴를 base.html 파일에 코딩하고, 각 페이지에서는 base.html 코드를 재활용하기 위함입니다.

장고의 템플릿 상속은 보통 3단계로 구성합니다. 우리의 예제는 템플릿이 매우 복잡한 편은 아니므로 2단계로 구성할 예정입니다. 최상위의 템플릿은 사이트 전체의 룩앤필을 정의하는 것으로 보통은 파일명을 base.html로 하지만, 원하는 이름으로 정하면 됩니다.

다음 예제와 같이 base.html 파일에 입력합니다. base.html에는 모든 페이지에서 공통으로 사용하는 제목과 메뉴, 그리고 상속 기능에 맞춰 페이지 구성 요소들을 배치하는 {% block %} 태그 기능이 들어 있습니다. 4.2.6절까지 코딩한 후의 UI 화면은 4.2.5절의 [그림 4-7]과 동일합니다.

예제 4-4 상속 기능 적용 – base.html 코딩

```
$ cd /home/shkim/pyDjango/ch99/templates/
$ vi base.html

<!DOCTYPE html>
<html lang="ko">
<head>
    <meta charset="utf-8">
    <meta http-equiv="X-UA-Compatible" content="IE=edge">
    <meta name="viewport" content="width=device-width, initial-scale=1">   ❶

    <title>{% block title %}Django Web Programming{% endblock %}</title>   ❷

     <link rel="stylesheet" href="https://stackpath.bootstrapcdn.com/bootstrap/4.3.1/
css/bootstrap.min.css">

    {% block extra-style %}{% endblock %}   ❸
</head>

<body style="padding-top:90px;">

<nav class="navbar navbar-expand-lg navbar-dark bg-primary fixed-top">
# 예제 4-3의 중간 내용과 동일
</nav>   ❹

<div class="container bg-warning">
    {% block content %}{% endblock %}
</div>   ❺

{% block footer %}{% endblock %}   ❻

<script src="https://code.jquery.com/jquery-3.3.1.slim.min.js"></script>
<script src="https://cdnjs.cloudflare.com/ajax/libs/popper.js/1.14.7/umd/popper.min.
js"></script>
<script src="https://stackpath.bootstrapcdn.com/bootstrap/4.3.1/js/bootstrap.min.js"></
script>

{% block extra-script %}{% endblock %}

</body>
</html>
```

[예제 4-3]과 비교해서 달라진 점을 위주로, 라인별로 설명하겠습니다.

장고의 상속 기능에 따르면, base.html에 코딩하는 내용은 모든 페이지에 공통으로 들어가는 코드입니다. 그리고 하위 html 파일에서 변경하거나 추가할 가능성이 있는 부분에는 {% block %} 태그를 추가합니다. 그래서 {% block %} 태그가 있는 부분을 유의해서 봅니다.

❶ 이 부분은 {% block %} 태그가 없으므로, 상속을 받는 하위 html 파일, 이번 절에서는 home.html에도 동일하게 들어갑니다.

❷ <title> 태그 부분은 각 페이지마다 달라지는 부분이므로 {% block %} 태그를 사용했습니다. 하위 html 파일에서 오버라이딩하지 않으면, 즉 {% block title %} 태그를 사용하지 않으면 Django Web Programming이라는 문구가 디폴트로 사용됩니다. 아래와 같이 코딩하는 것과의 차이점을 이해하기 바랍니다.

```
<title>{% block title %}{% endblock %}</title>
```

❸ 하위 html 파일에서 이 부분에 <style> 태그를 추가할 가능성이 있으므로, {% block %} 태그를 기입했습니다. 블록 태그 이름은 extra-style로 지정했는데, 변경해도 됩니다.

❹ 변경 사항 없습니다. {% block %} 태그가 없으므로 하위 html 파일에 동일하게 나타납니다.

❺ 본문 내용은 각 페이지마다 달라질 수 있으므로, {% block %} 태그를 사용했습니다. 블록 태그 이름은 content입니다. 하위 html 파일에서 채우는 {% block content %} 내용에는 container 클래스가 적용되도록 했습니다. 즉 아래와 같이 코딩하는 것과의 차이점을 이해하기 바랍니다.

```
{% block content %}{% endblock %}
```

❻ 하위 html 파일에서 이 부분에 FOOTER 내용을 추가할 가능성이 있으므로, {% block %} 태그를 기입했습니다. 블록 태그 이름은 footer입니다. 5번과 유사한 설명인데, 하위 html 파일에서는 FOOTER 내용이 없을 수도 있으므로, 아래와 같이 코딩하지 않았습니다.

```
<footer class="fixed-bottom bg-info">
{% block footer %}{% endblock %}
</footer>
```

이번 base.html 템플릿 파일에는 하위 템플릿 파일에서 재정의할 수 있도록 다음 4가지 블록을 정의하고 있습니다.

- **{% block title %}**: 하위 페이지마다 페이지 제목을 다르게 정의할 수 있습니다.

- **{% block extra-style %}**: base.html 파일에서 사용하는 base.css 파일 이외에, 하위 페이지에서 필요한 CSS 파일을 정의할 수 있습니다.
- **{% block content %}**: 하위 페이지마다 실제 본문 내용을 정의할 수 있습니다.
- **{% block footer %}**: 하위 페이지마다 FOOTER 내용을 다르게 정의할 수 있습니다. 우리 예제에서는 home.html 파일에서만 footer 블록을 사용하고, 나머지 페이지에서는 사용하지 않습니다.

4.2.7 템플릿 코딩하기 - 상속 기능 : home.html

상위 base.html 파일이 준비되었으므로, [예제 4-3]에서 작성한 home.html을, base.html 파일을 상속받는 방식으로 변경하겠습니다. 템플릿 상속 기능을 사용함으로써 home.html 코드가 간단해지고 base.html 코드를 재사용하고 있다는 점이 중요합니다.

아래와 같이 home.html 파일의 내용을 변경합니다. 상위 base.html 파일에서 정의한 블록 태그들을 하위 home.html 파일에서 오버라이딩하면 됩니다.

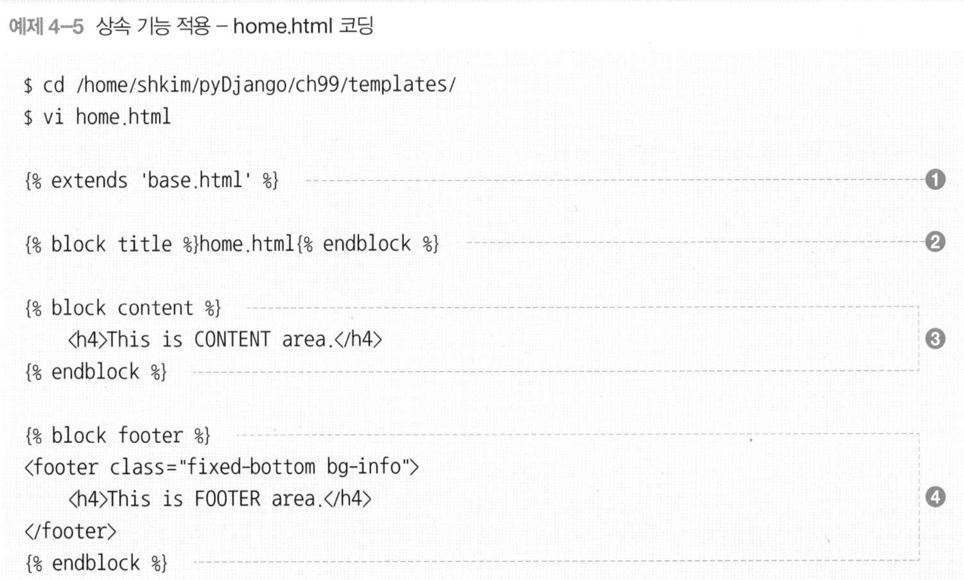

예제 4-5 상속 기능 적용 – home.html 코딩

```
$ cd /home/shkim/pyDjango/ch99/templates/
$ vi home.html

{% extends 'base.html' %} ❶

{% block title %}home.html{% endblock %} ❷

{% block content %}
    <h4>This is CONTENT area.</h4> ❸
{% endblock %}

{% block footer %}
<footer class="fixed-bottom bg-info">
    <h4>This is FOOTER area.</h4> ❹
</footer>
{% endblock %}
```

이 소스를 라인별로 설명하겠습니다.

❶ base.html 템플릿 파일을 상속받습니다. {% extends %} 태그 문장은 항상 첫 줄에 작성해야 합니다.

❷ title 블록을 재정의합니다. 즉, 페이지 title을 home.html이라고 정의합니다.

❸ content 블록을 재정의합니다. 블록의 내용은 [예제 4-3]과 동일합니다.

❹ footer 블록을 재정의합니다. 블록의 내용은 [예제 4-3]과 동일합니다.

상위 base.html 파일에서 정의한 extra-style 블록과 extra-script 블록처럼, 하위 home.html 파일에서 필요하지 않으면 사용하지 않아도 됩니다.

지금까지 [예제 4-3]에서 작성한 home.html 파일을, 템플릿 상속 기능을 활용하여 base.html과 home.html 두 개의 파일로 나누어 작성했습니다. runserver를 실행하고 첫 페이지에 접속해 봅니다. [그림 4-7]과 동일하게 나타나면 상속 기능이 정상적으로 작동하는 것입니다.

4.2.8 템플릿 코딩하기 - base.html 완성

앞에서 작성한 base.html 파일은 부트스트랩의 샘플 코드를 사용한 것이므로, 이제 우리 프로젝트에 맞게 수정하겠습니다. 주요 내용은 메인 메뉴의 모습을 변경하는 것입니다. 변경된 최종 코드는 다음과 같습니다.

예제 4-6 base.html 완성

```
$ cd /home/shkim/pyDjango/ch99/templates/
$ vi base.html

<!DOCTYPE html>
<html lang="ko">
<head>
    <meta charset="utf-8">
    <meta http-equiv="X-UA-Compatible" content="IE=edge">
    <meta name="viewport" content="width=device-width, initial-scale=1">

    <title>{% block title %}Django Web Programming{% endblock %}</title>
                                                                        ❶
    <link rel="stylesheet" href="https://stackpath.bootstrapcdn.com/bootstrap/4.3.1/
css/bootstrap.min.css">

    {% block extra-style %}{% endblock %}
</head>

<body style="padding-top:90px;">
```

```
<nav class="navbar navbar-expand-lg navbar-dark bg-primary fixed-top">
    <span class="navbar-brand mx-5 mb-0 font-weight-bold font-italic">Django - Python
Web Programming</span> ❷
    <button class="navbar-toggler" type="button" data-toggle="collapse" data-target="#
navbarSupportedContent">
        <span class="navbar-toggler-icon"></span>
    </button>

    <div class="collapse navbar-collapse" id="navbarSupportedContent">
        <ul class="navbar-nav mr-auto">
            <li class="nav-item mx-1 btn btn-primary">
                <a class="nav-link text-white" href="{% url 'home' %}">Home</a></li>
            <li class="nav-item mx-1 btn btn-primary">
                <a class="nav-link text-white" href="{% url 'bookmark:index'
%}">Bookmark</a></li>
            <li class="nav-item mx-1 btn btn-primary">                              ❸
                <a class="nav-link text-white" href="{% url 'blog:index' %}">Blog
</a></li>
            <li class="nav-item mx-1 btn btn-primary">
                <a class="nav-link text-white" href="">Photo</a></li>

            <li class="nav-item dropdown mx-1 btn btn-primary">
                <a class="nav-link dropdown-toggle text-white" href="#" data-
toggle="dropdown">Util</a>
                <div class="dropdown-menu">
                    <a class="dropdown-item" href="{% url 'admin:index' %}">Admin</a>
                    <div class="dropdown-divider"></div>                                ❹
                    <a class="dropdown-item" href="{% url 'blog:post_archive'
%}">Archive</a>
                    <a class="dropdown-item" href="">Search</a>
                </div>
            </li>
        </ul>

        <form class="form-inline my-2" action="" method="post"> {% csrf_token %}
            <input class="form-control mr-sm-2" type="search" placeholder="global
search" name="search_word">                                                          ❺
        </form>
    </div>
</nav>


<div class="container">                                                              ❻
```

```
    {% block content %}{% endblock %}
</div> ----------------------------------------------------------------------


{% block footer %}{% endblock %}


<script src="https://code.jquery.com/jquery-3.3.1.slim.min.js"></script>
<script src="https://cdnjs.cloudflare.com/ajax/libs/popper.js/1.14.7/umd/popper.min.
js"></script>
<script src="https://stackpath.bootstrapcdn.com/bootstrap/4.3.1/js/bootstrap.min.js"></
script>
<script src="https://kit.fontawesome.com/c998a172fe.js"></script> ---------------- ❼

{% block extra-script %}{% endblock %}

</body>
</html>
```

위 소스를 [예제 4-4]와 달라진 점을 위주로, 라인별로 설명합니다.

❶ 변경사항 없습니다.

❷ 사이트 제목의 문구를 바꾸었고, 스타일을 bold/italic 체로, 마진(mx, mb)을 넓게 조정했습니다. <a> 태그 대신에 <span> 태그로 변경해서, 제목에는 링크를 달지 않았습니다.

❸ 메뉴 이름을 Home, Bookmark, Blog, Photo로 변경했고, 각 제목에는 {% url %} 태그를 활용해 링크를 달았습니다. 글자색을 흰색(text-white)으로, 메뉴 간 간격 조정(mx-1), 마우스 오버시 버튼(btn) 모양이 되도록 변경했습니다. Photo 앱은 9장에서 개발할 예정입니다.

❹ 드롭다운 메뉴명을 Util이라고 했고, Admin/Archive/Search 서브 메뉴를 만듭니다. 각 서브 메뉴에는 해당 URL 링크를 연결합니다. Search 기능은 8장에서 개발할 예정입니다.

❺ 폼 메뉴에는 서버로 요청을 보낼 수 있도록 action/method/name 속성을 추가했고, {% csrf_token %} 태그도 추가했습니다. Search 버튼은 없어도 되므로 삭제했습니다.

❻ 테스트 용도로 기입했던 bg-warning 클래스는 삭제합니다.

❼ 아이콘을 사용하기 위해 폰트어썸(FontAwesome) CDN 링크를 추가했습니다. 폰트어썸 사이트(https://fontawesome.com/)에 접속해서 Start for Free 〉 이메일 인증 및 가입을 하면, 자신의 Kit Code와 Kit Code에 따른 CDN을 구할 수 있습니다.

이 시점에서 runserver를 실행하고, 브라우저에서 변경된 메인 메뉴를 확인할 수도 있습니다. 여기서는 다음 절에서 home.html을 완성한 후 브라우저로 확인하겠습니다.

4.2.9 템플릿 코딩하기 - home.html 완성

앞 절의 base.html에서 첫 페이지의 윤곽을 잡았다면 이번에는 첫 페이지의 내용, 즉 CONTENT 영역과 FOOTER 영역을 채우는 작업입니다. 아래 내용으로 home.html, 즉 [예제 4-5]의 내용을 대체합니다.

예제 4-7 home.html 완성

```
$ cd /home/shkim/pyDjango/ch99/templates/
$ vi home.html

{% extends 'base.html' %} ❶

{% load static %} ❷

{% block title %}home.html{% endblock %}

{% block extra-style %} ❸
<style type="text/css">
.home-image { ❹
    background-image: url("{% static 'img/lion.jpg' %}");
    background-repeat: no-repeat;
    background-position: center;
    background-size: 100%;
    height: 500px; ❺
    border-top: 10px solid #ccc;
    border-bottom: 10px solid #ccc;
    padding: 20px 0 0 20px;
}
.title { ❻
    color: #c80;
    font-weight: bold;
}
.powered { ❼
    position: relative;
    top: 77%;
    color: #cc0;
    font-style: italic;
}
</style>
{% endblock %}

{% block content %} ❽
```

```
    <div class="home-image">
        <h2 class="title">Django - Python Web Programming</h2>
        <h4 class="powered"><i class="fas fa-arrow-circle-right"></i> powered by django
and bootstrap.</h4> ---------------------------------------------------------------- ⑨
    </div>

    <hr style="margin: 10px 0;"> ---------------------------------------------------- ⑩

    <div class="row text-center"> ---------------------------------------------------
        <div class="col-sm-6">
            <h3>Bookmark App</h3>
            <p>Bookmark is a Uniform Resource Identifier (URI)
                that is stored for later retrieval in any of various storage
formats.
                You can store your own bookmarks by Bookmark application.
                It's also possible to update or delete your bookmarks.</p>
        </div>
        <div class="col-sm-6">                                                          ⑪
            <h3>Blog App</h3>
            <p>This application makes it possible to log daily events or write
your own interests
                such as hobbies, techniques, etc.
                A typical blog combines text, digital images, and links to other
blogs, web pages,
                and other media related to its topic.</p>
        </div>
    </div> --------------------------------------------------------------------------
{% endblock content %}

{% block footer %} ------------------------------------------------------------------
<footer class="fixed-bottom bg-info">
    <div class="text-white font-italic text-right mr-5">Copyright &copy; 2019           ⑫
DjangoBook by shkim</div> ------------------------------------------------------- ⑬
</footer>
{% endblock %} ----------------------------------------------------------------------
```

위 소스에는 디자인 요소가 추가되었고, 좀 더 깊이 이해하려면 CSS에 대한 배경 지식이 필요합니다. 여기서는 각 라인의 흐름을 이해할 정도로만 간단히 설명합니다.

❶ {% extends %} 태그 문장은 항상 첫 줄에 작성해야 합니다.

❷ {% static %} 템플릿 태그를 사용하기 위해서는 {% load static %} 문장으로 템플릿 태그 파일 static을 로딩해야 합니다.

❸ 이 파일에서는 〈style〉 정의가 필요하므로, {% block extra-style %} 블록을 오버라이딩합니다. 이 부분은 별도의 *.css 파일로 분리할 수도 있습니다.

❹ 사자 이미지가 표시될 영역인 home-image 클래스를 정의합니다. 배경 이미지를 img/lion.jpg로 지정했고 이를 {% static %} 템플릿 태그를 사용하여 URL을 링크했습니다. 그림 파일의 위치는 맨 아래에 별도로 설명합니다.

❺ 이 영역의 높이, 위 아래 테두리, 안쪽 여백 등을 지정합니다.

❻ 사자 이미지 내에서 제목 문장이 표시될 title 클래스를 정의합니다. 글자색과 폰트 굵기를 지정합니다.

❼ 사자 이미지 내에서 두 번째 문장이 표시될 powered 클래스를 정의합니다. 문장의 위치와 글자색, 폰트 스타일을 지정합니다.

❽ CONTENT 영역에는 사자 이미지와 애플리케이션 설명 두 부분으로 구성되어 있습니다.

❾ 폰트어썸의 화살표 아이콘을 사용하였고, 아이콘을 사용할 때 〈i〉 태그를 사용한다는 점도 유의바랍니다. 아이콘의 이름과 사용법 등은 인터넷이나 폰트어썸 홈페이지에서 확인할 수 있습니다.

❿ 이미지 영역 밑에 10px 간격을 두고 수평선을 출력합니다.

⓫ 북마크 앱과 블로그 앱에 대한 설명은 각각 6-컬럼 너비를 차지합니다. 부트스트랩은 총 12-컬럼 그리드 구조이므로 반반씩 차지합니다. 상위에 row, 하위에 col-* 클래스로 영역을 구분한다는 점도 유의하기 바랍니다.

⓬ FOOTER 영역, 즉 footer 블록을 재정의(오버라이딩)합니다.

⓭ 글자색, 폰트 스타일, 오른쪽 정렬, 오른쪽 바깥 여백 등을 지정합니다. HTML 특수문자 ©를 사용했습니다.

04

❹번에서 설명한 것처럼, 그림 파일을 지정한 위치에 등록해야 합니다. {% static %} 템플릿 태그 기능에 따르면 lion.jpg 파일은 아래 위치에 있어야 합니다.

```
# settings.py 파일의 STATIC_URL, STATICFILES_DIRS 항목과 관련됨
/home/shkim/pyDjango/ch99/static/img/lion.jpg
```

이는 {% static 'img/lion.jpg' %} 문장에 의해, STATICFILES_DIRS 디렉터리 하위에서 img/lion.jpg 파일을 찾기 때문입니다. 따라서 원하는 그림 파일을 구한 후 아래와 같이 그림 파일을 지정한 디렉터리에 등록하면 됩니다.

```
$ cd /home/shkim/pyDjango/ch99/
$ mkdir static
$ mkdir static/img
(그림 파일이 있는 디렉터리에서 다음 명령 실행)
$ cp lion.jpg /home/shkim/pyDjango/ch99/static/img/
```

4.3 지금까지의 작업 확인하기

프로젝트 첫 페이지의 코딩을 완료했으니 브라우저로 확인해보겠습니다. runserver를 실행한 후 브라우저에서 루트(/) URL로 접속합니다. 첫 페이지 화면이 다음과 같이 나타나면 정상입니다. 이 화면은 [그림 4-1]과 동일합니다.

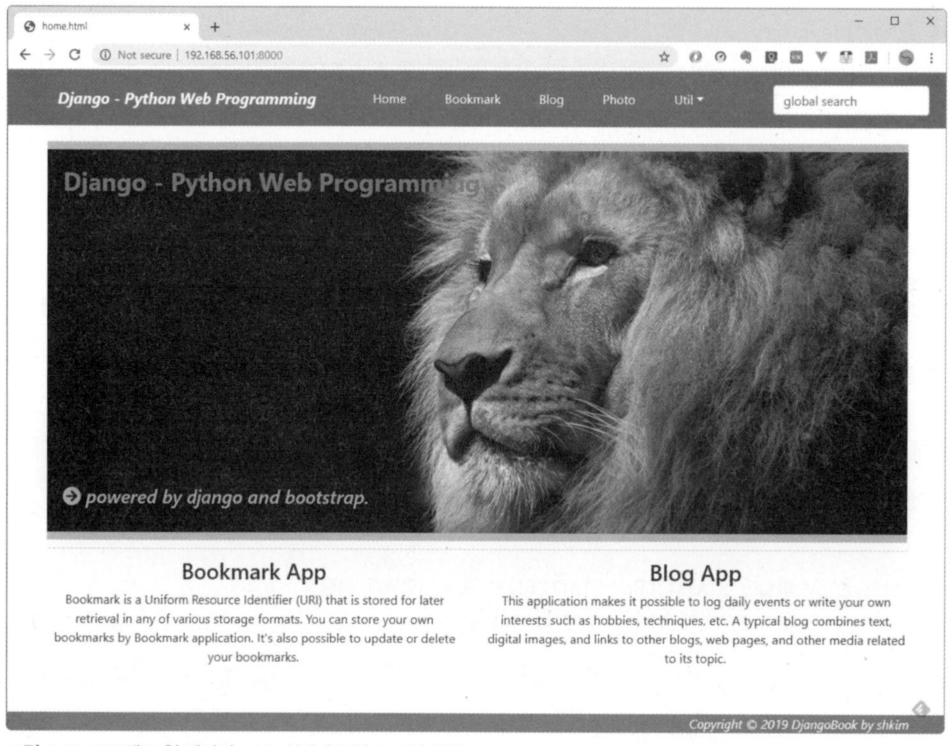

그림 4-7 프로젝트 첫 페이지 – UI 설계 / 그림 4–1과 동일

사실 첫 페이지는 해당 사이트의 백미라고 할 정도로 중요할 뿐만 아니라, 정성을 들여서 작업하는 페이지입니다. 사이트를 전체적으로 이해할 수 있는 콘텐츠와 방문자에게 매력적인 첫 인상을 주는 디자인으로 구성하기 때문입니다.

우리 예제의 첫 페이지는 하나의 예시이고, 여러분의 취향에 맞게 좀 더 잘 꾸밀 수 있으리라 생각합니다. 이를 위해서는 디자인 요소에 중요한 자바스크립트와 CSS에 대한 이해가 필수적이고, 디자인에 대한 감각도 필요합니다. 규모가 큰 프로젝트에서 디자이너를 따로 고용하는 이유이기도 합니다.

NOTE_ 서버 사이드 vs 클라이언트 사이드 프로그래밍

웹 프로그래밍은 서버 사이드와 클라이언트 사이드(요즘은 프론트엔드/백엔드라는 용어를 많이 사용함) 프로그래밍을 구분하고 있습니다. 프로젝트 기능 개발, 로직 처리 성능 향상, 데이터베이스 연동 등을 다루는 서버 기술과 디자인 요소 및 사용 편의성을 다루는 클라이언트 기술이 다르게 발전해왔기 때문입니다.

이번 4장에서 다룬 제목과 메뉴를 포함한 첫 페이지 작업은, 서버보다는 프론트엔드 프로그래밍이 주요 작업이고, HTML, CSS, 자바스크립트 기술을 잘 이해하고 있어야 합니다. 다만 이 책의 주제인 장고 프레임워크는 서버 사이드 프레임워크이므로 CSS, 자바스크립트에 대한 설명은 간단하게 다루었고 주로 부트스트랩 라이브러리를 이용하여 첫 페이지를 꾸몄습니다.

클라이언트 분야에 대한 심화 학습이나, 이번 4장의 예제를 뛰어 넘어 첫 페이지를 조금 더 멋있게 구현하고 싶은 독자는 프론트엔드 프로그래밍을 추가적으로 학습해야 한다는 점을 참고하기 바랍니다.

CHAPTER 05

기존 앱 개선하기 – Bookmark 앱, Blog 앱

05

4장에서 프로젝트의 첫 페이지를 만들면서 사이트 전체의 윤곽을 잡았고 GNB Global Navigation Bar에 해당하는 공통 메뉴도 만들었습니다. 이에 따라 앞에서 만든 북마크와 블로그 앱도 4장에서 만든 디자인을 따르도록 수정하겠습니다.

작업 내용은 간단합니다. 4장에서 전체 윤곽을 잡기 위해 만든 base.html 템플릿 파일을 북마크와 블로그 템플릿에서도 상속받아 사용하면 됩니다. 또한 일부 템플릿 파일에서 URL 패턴의 이름을 변경할 사항도 있습니다. 이런 작업의 경우 모델이나 뷰는 변경 사항이 없으며 템플릿 파일들만 수정하면 됩니다.

참고로, 만일 프로젝트 개발 초기에 4장에서 개발한 첫 페이지가 완성된다면 처음부터 북마크 앱과 블로그 앱을 첫 페이지에 맞춰 개발하면 되므로, 이번 5장의 개선 과정은 필요하지 않을 수도 있습니다. 하지만 일반적인 경우 디자인 요소가 중요시되는 첫 페이지 개발이 늦어지는 경우가 많고, 고객의 요청에 따라 첫 페이지가 변경되는 경우도 자주 발생합니다. 이런 점을 고려해서 첫 페이지 개발 과정을 중간에 두고, 이미 개발된 북마크 앱과 블로그 앱을 개선하는 방식으로 설명했습니다.

5.1 기존 앱 개선 설계하기

이번 장에서는 사이트의 모든 페이지를 첫 페이지의 룩앤필에 맞추기 위해 base.html 템플릿을 상속받아 각 애플리케이션의 페이지들을 개발할 것입니다.

5.1.1 화면 UI 설계

다음 그림과 같이 북마크와 블로그 앱의 각 페이지에도 메뉴가 나타나도록, 각 앱의 *.html 파일을 수정하겠습니다.

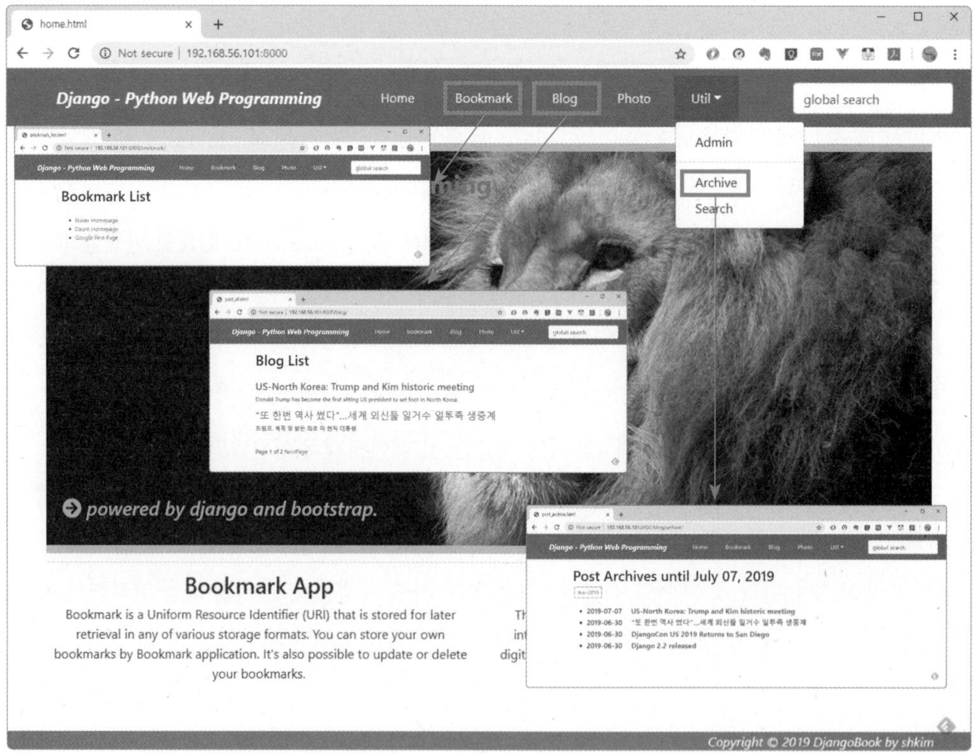

그림 5-1 프로젝트 첫 페이지 개선 – UI 설계

5.1.2 테이블 설계

UI 변경에 따른 템플릿 파일만 영향을 받고, 테이블 변경 사항은 없습니다.

5.1.3 URL 설계

UI 변경에 따른 템플릿 파일만 영향을 받고, URL 변경 사항은 없습니다.

5.1.4 작업/코딩 순서

작업 순서는 다음과 같습니다.

표 5-1 프로젝트 첫 페이지 개선 – 작업/코딩 순서

작업 순서	관련 명령/파일	필요한 작업 내용
뼈대 만들기	startproject settings.py migrate createsuperuser	(2장에서 이미 완료했으므로 생략)
	startapp settings.py	(앱 생성은 없으므로 생략)
모델 코딩하기	models.py admin.py	(테이블 생성은 없으므로 생략)
	makemigrations migrate	(테이블 변경 사항은 없으므로 생략)
URLconf 코딩하기	urls.py	(URL 변경 사항이 없으므로 생략)
뷰 코딩하기	views.py	(뷰 변경 사항이 없으므로 생략)
템플릿 코딩하기	templates 디렉터리	북마크 앱의 템플릿 파일들 수정 블로그 앱의 템플릿 파일들 수정
그 외 코딩하기	–	(없음)

5.2 개발 코딩하기

작업/코딩 순서에서 표시한 것처럼, 이번 장은 템플릿 파일들만 수정하면 되므로 바로 템플릿 코딩 작업으로 들어갑니다.

5.2.1 뼈대 만들기

앱을 신규로 만드는 것이 아니므로 뼈대 작업은 없습니다.

5.2.2 모델 코딩하기

테이블 설계 단계에서 이미 파악한 내용이며 테이블에 대한 변경 사항은 없습니다.

5.2.3 URLconf 코딩하기

URL 설계 단계에서 이미 파악한 내용이며 URL 변경 사항은 없습니다.

5.2.4 뷰 코딩하기

URL 설계 과정에서 뷰 변경이 필요한지 어느 정도 알 수 있게 됩니다. 작업 순서에 정리된 것처럼 뷰에 대한 코딩은 없습니다.

5.2.5 템플릿 코딩하기

먼저 북마크 앱의 템플릿들을 수정한 이후, 블로그 앱의 템플릿들을 수정할 예정입니다.

bookmark_list.html 수정

base.html을 상속받도록 bookmark_list.html 파일을 다음과 같이 수정합니다.

예제 5-1 bookmark/bookmark_list.html 수정

```
$ cd /home/shkim/pyDjango/ch99/bookmark/templates/bookmark/
$ vi bookmark_list.html

{% extends "base.html" %} ------------------------------------------------ ❶

{% block title %}bookmark_list.html{% endblock %} ------------------------ ❷

{% block content %} ------------------------------------------------------ ❸
```

```
    <h1>Bookmark List</h1>
    <br>

    <ul>
        {% for bookmark in object_list %}
            <li><a href="{% url 'bookmark:detail' bookmark.id %}">{{ bookmark }}</a></li>❹
        {% endfor %}
    </ul>
{% endblock %}
```

기존 소스 대비 변경된 라인은 다음과 같습니다.

❶ base.html 템플릿 파일을 상속받습니다. {% extends %} 템플릿 태그는 반드시 첫 줄에 와야 합니다. 상속 기능이 동작하므로 기존의 다음과 같은 줄들은 삭제합니다.

```
<!DOCTYPE html>
<html>
<head>
<title>Django Bookmark List</title>
</head>

<body>
# 중략
</body>
</html>
```

❷ title 블록을 재정의합니다. 이는 기존의 다음 줄을 대체합니다. 필자는 title 태그에 템플릿 파일명을 넣는 편입니다. 디버깅에 도움이 됩니다.

```
<title>Django Bookmark List</title> → <title>bookmark_list.html</title>
```

❸ content 블록을 재정의합니다.

❹ 북마크 제목에 연결된 URL 링크를 표현할 때 사용하는 URL 패턴명을 예전에 사용했던 'detail' 대신 이름공간을 포함한 'bookmark:detail'로 수정했습니다.

bookmark_detail.html 수정

base.html을 상속받도록 bookmark_detail.html 파일을 다음과 같이 수정합니다.

예제 5-2 bookmark/bookmark_detail.html 수정

```
$ cd /home/shkim/pyDjango/ch99/bookmark/templates/bookmark/
$ vi bookmark_detail.html

{% extends "base.html" %} ---------------------------------------- ❶

{% block title %}bookmark_detail.html{% endblock %} --------------- ❷

{% block content %}
    <h1>{{ object.title }}</h1>

    <ul>                                                            ❸
        <li>URL: <a href="{{ object.url }}">{{ object.url }}</a></li>
    </ul>
{% endblock %}
```

위 소스는 bookmark_list.html 소스에서 설명한 내용과 거의 동일합니다.

❶ base.html 템플릿 파일을 상속받습니다. {% extends %} 템플릿 태그는 반드시 첫 줄에 와야 합니다. 상속 기능이 동작하므로 기존에 작성했던 다음 줄들은 삭제합니다.

```
<!DOCTYPE html>
<html>
<head>
<title>Django Bookmark Detail</title>
</head>

<body>

# 중략

</body>
</html>
```

❷ title 블록을 재정의합니다. 이는 기존에 작성했던 다음 줄을 대체합니다.

```
<title>Django Bookmark Detail</title> ➔ <title>bookmark_detail.html</title>
```

❸ content 블록을 재정의합니다.

블로그 앱의 템플릿들도 북마크 템플릿과 동일한 방법으로 수정합니다. 블로그 앱은 아카이브 템플릿들도 있으므로 이들도 수정합니다.

post_all.html 수정

base.html을 상속받도록 post_all.html 파일을 다음과 같이 수정합니다. 상속 관련 코드를 추가하고, 기존의 소스는 {% block content %} 블록 안에 넣으면 됩니다.

예제 5-3 blog/post_all.html 수정

```
$ cd /home/shkim/pyDjango/ch99/blog/templates/blog/
$ vi post_all.html

{% extends "base.html" %}

{% block title %}post_all.html{% endblock %}

{% block content %}
<h1>Blog List</h1>

# 중략

</div>
{% endblock %}
```

05

변경 사항은 bookmark_list.html 소스에서 설명한 내용과 거의 동일합니다. <title> 태그에 템플릿 파일명을 넣었는데, 만일 검색 엔진에 노출돼야 하는 페이지라면 의미 있는 문구를 넣으면 됩니다.

post_detail.html 수정

base.html을 상속받도록 post_detail.html 파일을 다음과 같이 수정합니다. 방법은 위와 유사합니다.

예제 5-4 blog/post_detail.html 수정

```
$ cd /home/shkim/pyDjango/ch99/blog/templates/blog/
$ vi post_detail.html
```

```
{% extends "base.html" %}

{% block title %}post_detail.html{% endblock %}

{% block content %}
<h2>{{ object.title }}</h2>

<p>
    {% if object.get_next %}
    <a href="{{ object.get_next.get_absolute_url }}" title="View previous post">
        <i class="fas fa-arrow-circle-left"></i> {{ object.get_next }}
    </a>
    {% endif %}

    {% if object.get_previous %}
    | <a href="{{ object.get_previous.get_absolute_url }}" title="View next post">
    {{ object.get_previous }} <i class="fas fa-arrow-circle-right"></i>
    </a>
    {% endif %}
</p>

# 중간 내용 생략

</div>
{% endblock %}
```

변경 사항은 post_all.html 소스와 거의 동일하므로 이해하는 데 어려움이 없을 것입니다. 포스트 이동을 위한 링크에, 폰트어썸 화살표를 사용한 점이 다릅니다.

post_archive_*.html 수정

지금부터는 블로그 앱의 아카이브 템플릿들을 수정하겠습니다. 위와 동일하게 base.html 템플릿을 상속받는 부분만 추가하면 됩니다. 모두 동일한 방법이므로 자세한 설명은 생략하고 소스 위주로 보여주겠습니다.

base.html을 상속받도록 post_archive.html 파일을 다음과 같이 수정합니다. 연도를 보여줄 때 부트스트랩 버튼을 사용했고 h5 클래스,   특수문자 등을 새롭게 사용했습니다.

예제 5-5 blog/post_archive.html 수정

```
$ cd /home/shkim/pyDjango/ch99/blog/templates/blog/
$ vi post_archive.html

{% extends "base.html" %}

{% block title %}post_archive.html{% endblock %}

{% block content %}

    <h1>Post Archives until {% now "N d, Y" %}</h1>

    {% for date in date_list %}
    <a href="{% url 'blog:post_year_archive' date|date:'Y' %}"
       class="btn btn-outline-primary btn-sm mx-1">
       Year-{{ date|date:"Y" }}</a>
    {% endfor %}

    <br><br>

    <div>
        <ul>
            {% for post in object_list %}
            <li class="h5">
                {{ post.modify_dt|date:"Y-m-d" }} 
                <a href="{{ post.get_absolute_url }}"><strong>{{ post.title }}</strong></a>
            </li>
            {% endfor %}
        </ul>
    </div>

{% endblock %}
```

base.html을 상속받도록 post_archive_year.html 파일을 다음과 같이 수정합니다.

예제 5-6 blog/post_archive_year.html 수정

```
$ cd /home/shkim/pyDjango/ch99/blog/templates/blog/
$ vi post_archive_year.html

{% extends "base.html" %}
```

```
{% block title %}post_archive_year.html{% endblock %}

{% block content %}

    <h1>Post Archives for {{ year|date:"Y" }}</h1>

    {% for date in date_list %}
    <a href="{% url 'blog:post_month_archive' date|date:'Y' date|date:'b' %}"
       class="btn btn-outline-primary btn-sm mx-1">
        {{ date|date:"F" }}</a>
    {% endfor %}

    <br><br>

    <div>
        <ul>
            {% for post in object_list %}
            <li class="h5">
                {{ post.modify_dt|date:"Y-m-d" }} 
                <a href="{{ post.get_absolute_url }}"><strong>{{ post.title }}</strong></a>
            </li>
            {% endfor %}
        </ul>
    </div>

{% endblock %}
```

base.html을 상속받도록 post_archive_month.html 파일을 다음과 같이 수정합니다.

예제 5-7 blog/post_archive_month.html 수정

```
$ cd /home/shkim/pyDjango/ch99/blog/templates/blog/
$ vi post_archive_month.html

{% extends "base.html" %}

{% block title %}post_archive_month.html{% endblock %}

{% block content %}

    <h1>Post Archives for {{ month|date:"N, Y" }}</h1>
    <br><br>
```

```
    <div>
        <ul>
            {% for post in object_list %}
            <li class="h5">
                {{ post.modify_dt|date:"Y-m-d" }} 
                <a href="{{ post.get_absolute_url }}"><strong>{{ post.title }}</strong></a>
            </li>
            {% endfor %}
        </ul>
    </div>

{% endblock %}
```

05

base.html을 상속받도록 post_archive_day.html 파일을 다음과 같이 수정합니다.

예제 5-8 blog/post_archive_day.html 수정

```
$ cd /home/shkim/pyDjango/ch99/blog/templates/blog/
$ vi post_archive_day.html

{% extends "base.html" %}

{% block title %}post_archive_day.html{% endblock %}

{% block content %}

    <h1>Post Archives for {{ day|date:"N d, Y" }}</h1>
    <br><br>

    <div>
        <ul>
            {% for post in object_list %}
            <li class="h5">
                {{ post.modify_dt|date:"Y-m-d" }} 
                <a href="{{ post.get_absolute_url }}"><strong>{{ post.title }}</strong></a>
            </li>
            {% endfor %}
        </ul>
    </div>

{% endblock %}
```

5.3 지금까지의 작업 확인하기

지금까지 프로젝트에 대한 코딩을 완료했으니 브라우저로 확인해보겠습니다. runserver를 실행한 후 브라우저에서 루트(/) URL로 접속합니다.

```
http://192.168.56.101:8000/
```

다음 그림들처럼 나타나면 정상입니다.

[그림 5-2]의 첫 페이지가 나타나면 [Home], [Bookmark], [Blog], [Archive], [Admin] 버튼을 클릭해서 나오는 각 페이지들을 확인합니다. 각 화면마다 base.html 템플릿이 반영되어 제목과 메뉴 등이 나타나면 정상입니다.

2장과 3장의 화면들과 비교해보면 어떻게 달라졌는지 쉽게 확인할 수 있습니다.

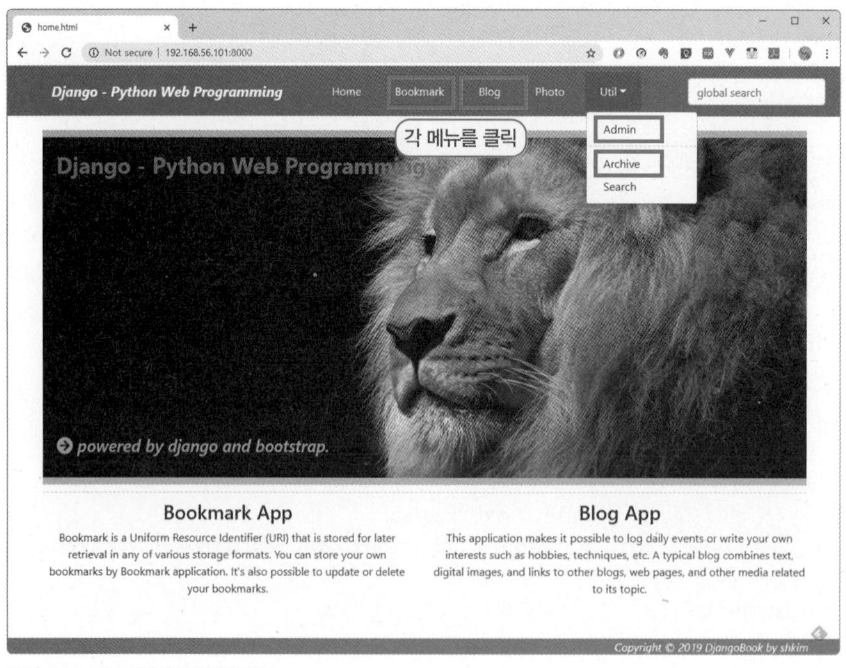

그림 5-2 프로젝트 첫 페이지 화면

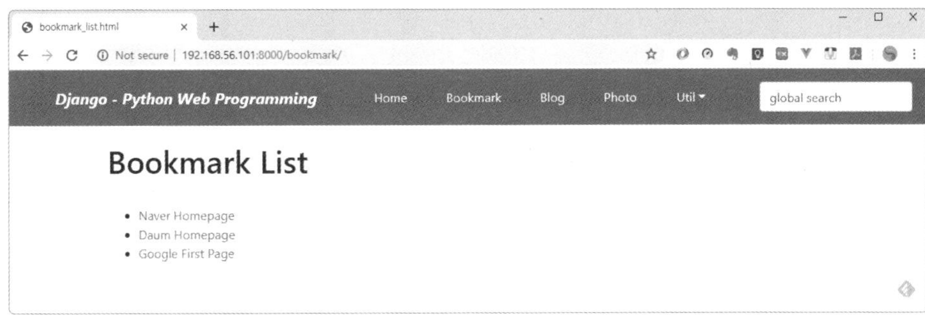

그림 5-3 [Bookmark] 메뉴 클릭 시 화면

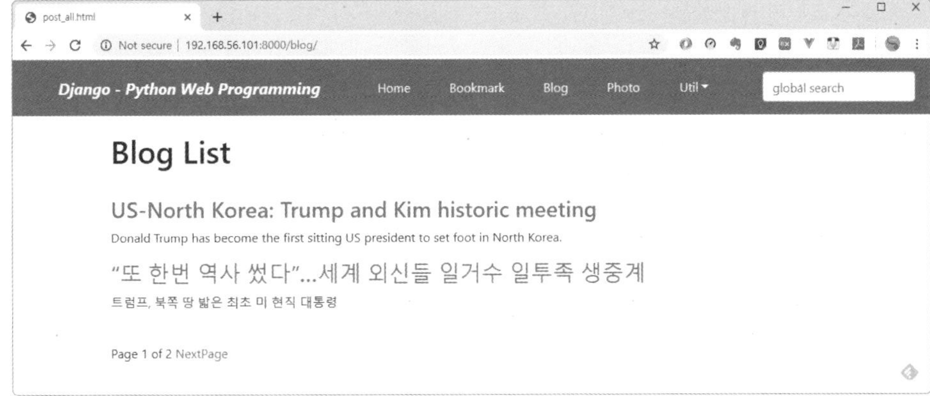

그림 5-4 [Blog] 메뉴 클릭 시 화면

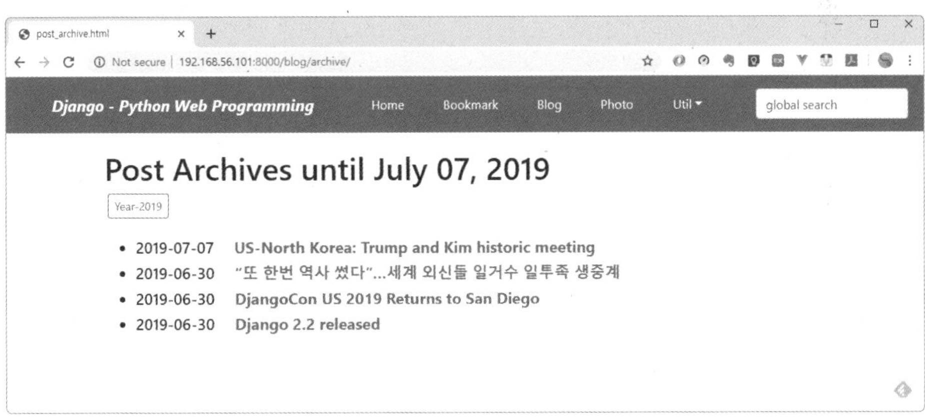

그림 5-5 [Archive] 메뉴 클릭 시 화면

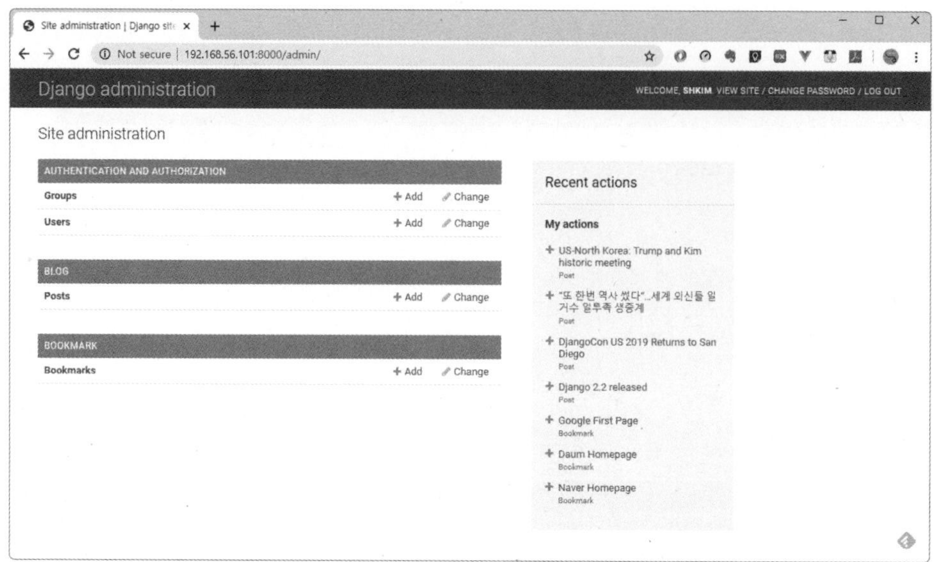

그림 5-6 [Admin] 메뉴 클릭 시 화면

> **NOTE_ Admin 사이트 첫 페이지**
>
> 메뉴 [Admin] 버튼을 클릭했을 때 이동하는 Admin 사이트의 첫 페이지는 우리가 정의한 제목과 메뉴가 나타나지 않습니다. Admin 사이트의 템플릿들은 우리가 작성한 base.html 템플릿을 상속받은 것이 아니라, 장고가 제공하는 Admin 사이트의 base.html을 상속받기 때문입니다.
>
> 장고 Admin 사이트의 base.html 및 base.css 파일의 위치는 다음과 같습니다.
>
> /home/shkim/VENV/vDjBook/lib/python3.7/site-packages/django/contrib/admin/templates/admin/base.html
> /home/shkim/VENV/vDjBook/lib/python3.7/site-packages/django/contrib/admin/static/admin/css/base.css
> (/home/shkim/VENV/vDjBook/는 여러분의 가상환경 디렉터리로 변경하세요.)

북마크와 블로그 상세 페이지 및 아카이브 연도별 페이지 등도 확인해봅니다.

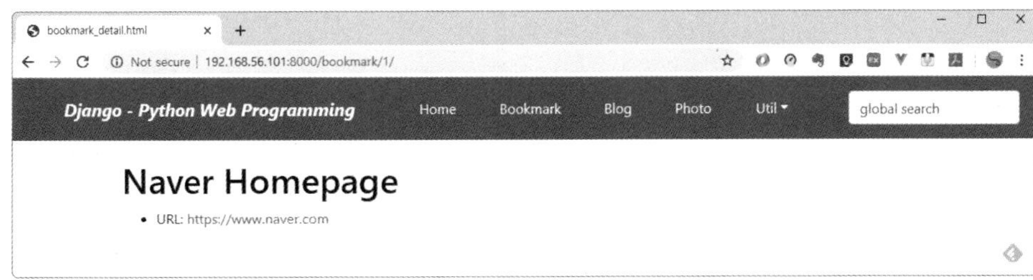

그림 5-7 북마크 상세 페이지 화면

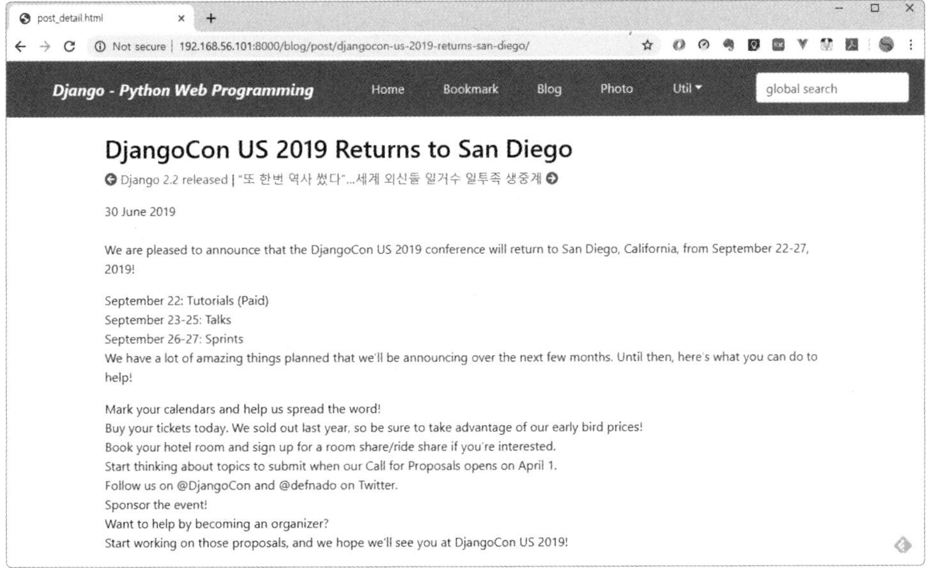

그림 5-8 블로그 상세 페이지 화면

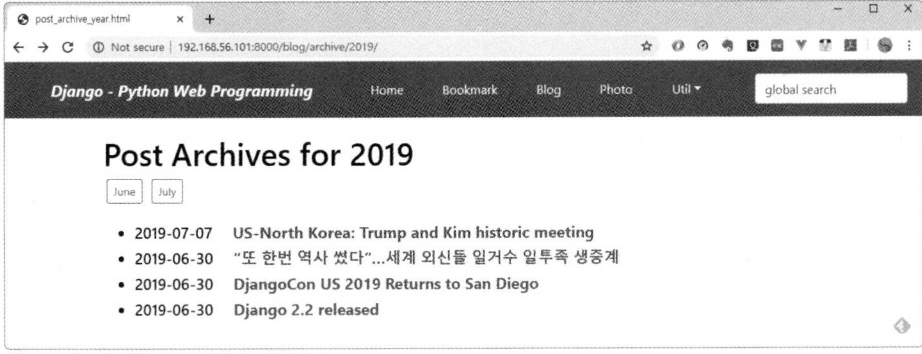

그림 5-9 아카이브 연도별(2019년) 화면

NOTE_ 포스트 생성/수정/삭제 기능

3장에서는 블로그 앱을 만들면서, 포스트 리스트를 보여주고 포스트 상세 내용을 보여주는 기능을 개발했습니다. 이는 포스트 보기 기능이고, 포스트 생성이나 수정, 삭제 기능은 개발하지 않은 상태입니다. 즉 DB 측면에서 보면, 테이블의 CRUD(Create, Read, Update, Delete) 기능 중 Read 기능만 개발한 것입니다.

만일 여러분이 이런 생성, 수정, 삭제 기능을 먼저 공부하고 싶다면 11장을 보기 바랍니다. 장고 측면에서는 이런 편집 기능이 Read 기능보다 어려운 편이라 이 책의 후반부에 배치했습니다. 또한 보통 편집 기능은 인증 기능을 동반하는 편이라서 인증 기능 이후에 배치한 의미도 있으니 참고 바랍니다.

PART 02

실전 프로그래밍 – 확장편

이제 여러분은 중급 개발자로 성장하기 위한 단계에 와 있습니다. 이번 파트에서는 한 단계 업그레이드된 예제를 공부하게 됩니다.

블로그 앱에 태그, 댓글, 검색과 같은 부가 기능을 추가할 예정입니다. 부가적인 기능이라 왜소해 보일 수도 있지만 내부적으로는 장고의 고급 기술이 들어 있는 기능들입니다. 또한 포토 앱을 통해 이미지 파일을 다루고 업로드하는 기능을 배웁니다.

인증 기능은 중급 개발자라면 반드시 습득해야 하는 내용입니다. 그 외에도 테이블 간 관계를 이해하고 이를 폼으로 표현하는 인라인 폼셋 기능을 배울 수 있으며 콘텐츠 생성, 수정 및 삭제 기능을 장고가 제공하는 클래스형 뷰로 아주 간단히 작성할 수도 있습니다.

CHAPTER 06

Blog 앱 확장 – Tag 달기

06

3장에서 블로그 앱을 개발했습니다. 가장 기본적인 기능이라 할 수 있는, 테이블에 있는 포스트의 리스트를 보여주고 특정 포스트의 내용을 열람할 수 있는 기능을 개발했습니다. 이번 6장에서는 각 포스트마다 태그를 달 수 있는 기능을 개발하겠습니다. 태그를 달고 태그별로 포스트의 리스트를 보여주며 태그 클라우드를 만드는 방법도 소개합니다.

블로그 앱에서 태그 기능은 거의 필수라고 여겨지고 있어, 태그 기능을 제공하는 오픈 소스도 다양합니다. 이 중 가장 많이 사용하는 django-taggit 패키지를 선택할 것이며, 여기에 템플릿 태그 기능 및 태그 클라우드 기능이 추가된 django-taggit-templatetags2 패키지도 같이 사용할 예정입니다. 이 둘은 1장에서 이미 가상 환경에 설치한 바 있습니다.

이번 6장을 통해 오픈 소스를 활용하는 방법도 익혀두면 유용하게 활용할 수 있습니다. 상용화를 목표로 장고 프로젝트를 개발할 경우 오픈 소스를 활용하는 작업은 거의 필수이기 때문입니다.

6.1 애플리케이션 설계하기

이미 만들어 둔 블로그 앱에 태그 기능을 추가해보겠습니다. 블로그의 각 포스트마다 태그를 보여주고 해당 태그를 클릭하는 경우, 그 태그를 가진 모든 포스트의 리스트를 보여줍니다. 그리고 태그만 모아서 보여주는 태그 클라우드 기능도 개발합니다.

6.1.1 화면 UI 설계

다음과 같은 화면을 구현할 예정입니다. 기존 포스트 상세 화면은 수정하고, 태그와 관련된 2개의 화면은 신규로 추가할 것입니다.

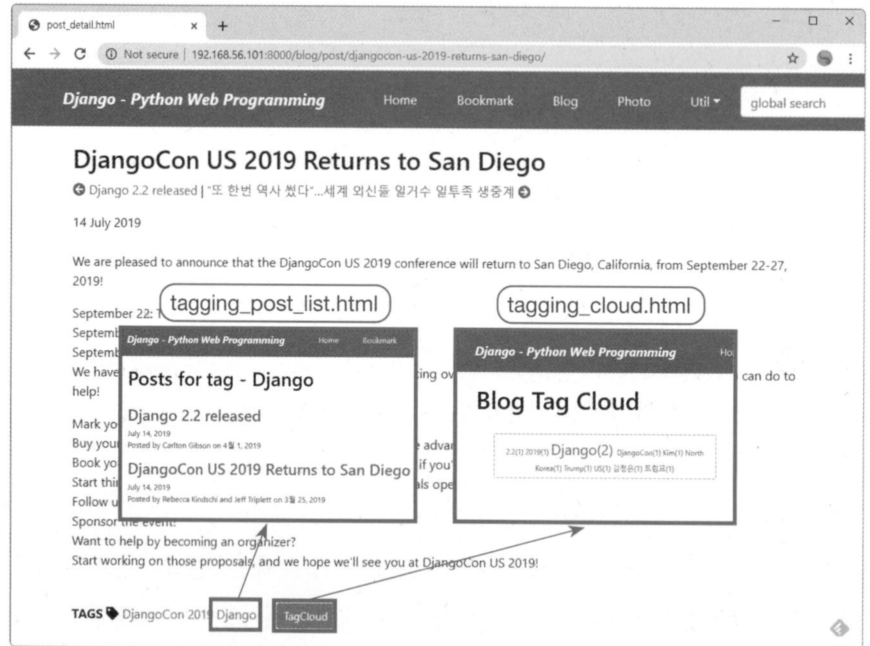

그림 6-1 블로그 태그 기능 – UI 설계

6.1.2 테이블 설계

이미 3장에서 글에 대한 정보를 담고 있는 Post 테이블을 개발했습니다. 태그 기능을 위해 필드 하나를 추가합니다.

표 6-1 블로그 태그 기능 – 테이블 설계(Post 모델 클래스)

필드명	타입	제약 조건	설명
id	Integer	PK, Auto Increment	기본 키
title	CharField(50)		포스트 제목
slug	SlugField(50)	Unique	포스트 제목 별칭
description	CharField(100)	Blank	포스트 내용 한 줄 설명

content	TextField		포스트 내용 기록
create_date	DateTimeField	auto_now_add	포스트를 생성한 날짜
modify_dt	DateTimeField	auto_now	포스트를 수정한 날짜
tags	TaggableManager	Blank, Null	포스트에 등록한 태그

6.1.3 URL 설계

기존 URL에 태그와 관련된 2개의 URL을 추가합니다. 첫 번째는 태그 클라우드를 보기 위한 URL이고, 두 번째는 특정 태그가 달려 있는 포스트들의 리스트를 보여주는 URL입니다.

표 6-2 블로그 태그 기능 – URL 설계

URL 패턴	뷰 이름	템플릿 파일명
/blog/	PostLV(ListView)	post_all.html
/blog/post/	PostLV(ListView)	post_all.html
/blog/post/django-example/	PostDV(DetailView)	post_detail.html
/blog/archive/	PostAV(ArchiveIndexView)	post_archive.html
/blog/archive/2012/	PostYAV(YearArchiveView)	post_archive_year.html
/blog/archive/2012/nov/	PostMAV(MonthArchiveView)	post_archive_month.html
/blog/archive/2012/nov/10/	PostDAV(DayArchiveView)	post_archive_day.html
/blog/archive/today/	PostTAV(TodayArchiveView)	post_archive_day.html
/blog/tag/	TagCloudTV(TemplateView)	taggit_cloud.html
/blog/tag/tagname/	TaggedObjectLV(ListView)	taggit_post_list.html

6.1.4 작업/코딩 순서

작업 순서는 다음과 같습니다.

표 6-3 블로그 태그 기능 – 작업/코딩 순서

작업 순서	관련 명령/파일	필요한 작업 내용
뼈대 만들기	startproject	(2장에서 이미 완료했으므로 생략)
	settings.py	
	migrate	
	createsuperuser	

	startapp	(1장에서 django-taggit 등 두 패키지 설치함)
	settings.py	taggit, taggit_templatetags2 두 앱을 등록
모델 코딩하기	models.py	tags 필드 추가
	admin.py	태그 관련 내용 추가
	makemigrations	모델이 변경되므로 이를 데이터베이스에 반영
	migrate	
URLconf 코딩하기	urls.py	URL 정의 추가
뷰 코딩하기	views.py	뷰 로직 추가
템플릿 코딩하기	templates 디렉터리	템플릿 파일 1개 수정, 2개 추가
그 외 코딩하기	–	(없음)

6.2 개발 코딩하기

오픈 소스로부터 설치한 taggit 앱을 등록하고, taggit 앱에서 제공하는 기능을 사용하기 위해 관련 파일들을 수정합니다.

6.2.1 뼈대 만들기

다음 명령으로 1장에서 만든 vDjBook 가상 환경으로 진입하여, 독립된 가상 환경에서 개발을 진행합니다.

```
$ source /home/shkim/pyDjango/vDjBook/bin/activate
(vDjBook)$
```

프로젝트에 포함되는 애플리케이션들은 모두 설정 파일에 등록되어야 합니다. 따라서 1장에서 설치한 django-taggit, django-taggit-templatetags2 패키지도 settings.py 파일에 애플리케이션으로 등록합니다. 주의할 점은 설정 파일에 등록할지 여부와, 등록하는 경우 어떤 애플리케이션명으로 등록할지를 확인해야 한다는 것입니다. 이런 사항들은 각 패키지의 공식 문서에서 확인할 수 있습니다.

```
# django-taggit, django-taggit-templatetags2 공식 문서 사이트
https://django-taggit.readthedocs.io/en/latest/index.html
https://github.com/fizista/django-taggit-templatetags2
```

django-taggit 공식 문서의 Getting Started를 보면, 애플리케이션명이 taggit이라는 것을 확인할 수 있습니다. 그래서 'taggit'으로 등록해도 무방합니다. 그런데 django-taggit 패키지의 소스 디렉터리를 살펴보면, 앱 설정 파일인 apps.py 파일에 TaggitAppConfig 클래스가 정의되어 있습니다. 설정 클래스를 등록하는 것이 더 정확한 방법이므로 이를 등록합니다.

그 외에도 추가적인 설명들이 있는데, 모델에 추가할 tags 필드는 다음 절에서 반영하고, TAGGIT_CASE_INSENSITIVE 관련 설명은 settings.py 파일에 반영합니다. 태그 이름에 대소문자를 구분하지 않는다는 항목입니다.

06

django-taggit-templatetags2 공식 문서를 보면, 애플리케이션명이 taggit_templatetags2라는 것을 알 수 있습니다. 설정 파일이 따로 없으므로 'taggit_templatetags2'를 등록합니다. TAGGIT_LIMIT 항목은 태그 클라우드에 나타나는 태그의 최대 개수를 지정합니다.

예제 6-1 설정 파일에 tagging 앱 등록

```
(vDjBook)$ cd /home/shkim/pyDjango/ch6/mysite
(vDjBook)$ vi settings.py

# 상단 동일
INSTALLED_APPS = (
    'django.contrib.admin',
    'django.contrib.auth',
    'django.contrib.contenttypes',
    'django.contrib.sessions',
    'django.contrib.messages',
    'django.contrib.staticfiles',
    'bookmark.apps.BookmarkConfig',
    'blog.apps.BlogConfig',
    'taggit.apps.TaggitAppConfig', # 추가
    'taggit_templatetags2',        # 추가
)
# 중간 동일
MEDIA_URL = '/media/'
```

```
MEDIA_ROOT = os.path.join(BASE_DIR, 'media')

TAGGIT_CASE_INSENSITIVE = True     # 추가
TAGGIT_LIMIT = 50          # 추가
```

NOTE_ django-taggit-templatetags 패키지

django-taggit-templatetags2 패키지보다 먼저 나온 django-taggit-templatetags 패키지가 있는데, 이 패키지는 소스 업그레이드가 안 되어 Django 2.x 버전에서 에러가 발생합니다. 그래서 이를 보완한 django-taggit-templatetags2 패키지를 사용합니다.

6.2.2 모델 코딩하기

앞에서 설계한 것처럼, 기존 Post 테이블에 tags 필드만 추가하면 됩니다. django-taggit 공식 문서의 설명을 참고하여 다음과 같이 기존 models.py 파일을 수정합니다.

예제 6-2 blog/models.py – tags 추가

```
(vDjBook)$ cd /home/shkim/pyDjango/ch99/blog/
(vDjBook)$ vi models.py

from django.db import models
from django.urls import reverse
from taggit.managers import TaggableManager          # 추가 ---------------------------------❶

# 중간 내용 동일
    create_dt = models.DateTimeField('CREATE DATE', auto_now_add=True)
    modify_dt = models.DateTimeField('MODIFY DATE', auto_now=True)
    tags = TaggableManager(blank=True)              # 추가 ---------------------------------❷
# 하단 내용 동일
```

기존 소스에 2개의 줄을 추가했습니다.

❶ 새로 설치한 taggit 앱은 내부에서 TaggableManager 매니저를 정의하고 있습니다. 이를 임포트합니다.

❷ tags 컬럼을 TaggableManager로 정의합니다. blank=True이므로 tags 값이 없어도 됩니다. TaggableManager 매니저는 django-taggit 소스를 보면 ManyToManyField 및 models.Manager 역할을 동시에 하고 있습니다. 또한 Tags라는 별칭과 null=True 옵션이 디폴트로 설정되어 있습니다.

NOTE_ TaggableManager 정의

django-taggit 패키지에는 taggit 앱이 들어 있고, taggit 앱 디렉터리 하위의 managers.py 파일에 TaggableManager 클래스가 정의되어 있습니다. 더 자세한 내용을 알고 싶은 분은 아래 파일을 참고 바랍니다.

/home/shkim/VENV/vDjBook/lib/python3.7/site-packages/taggit/managers.py

다음은 포스트별로 태그 이름이 어드민 화면에 나타나도록 admin.py 파일을 변경합니다.

예제 6-3 blog/admin.py - tags 추가

```
(vDjBook)$ cd /home/shkim/pyDjango/ch99/blog/
(vDjBook)$ vi admin.py

from django.contrib import admin
from blog.models import Post

@admin.register(Post)
class PostAdmin(admin.ModelAdmin):
    list_display = ('id', 'title', 'modify_dt', 'tag_list')    # 변경 ------------ ❶
    list_filter = ('modify_dt',)
    search_fields = ('title', 'content')
    prepopulated_fields = {'slug': ('title',)}

    # 두 메소드 추가
    def get_queryset(self, request): ---------------------------------------- ❷
        return super().get_queryset(request).prefetch_related('tags')

    def tag_list(self, obj): ------------------------------------------------ ❸
        return ', '.join(o.name for o in obj.tags.all())
```

태그 관련 코드가 추가되었습니다. 위 코드는 공식 문서를 참고하였고, 아래 설명은 taggit 소스를 참고하여 간단히 정리하였습니다.

❶ tags 필드에 정의된 TaggableManager 클래스는 list_display 항목에 직접 등록할 수 없으므로, 별도로 tag_list 항목을 메소드로 정의해서 등록합니다.

❷ Post 레코드 리스트를 가져오는 get_queryset() 메소드를 오버라이딩합니다. 그 이유는 Post 테이블과 Tag 테이블이 ManyToMany 관계이므로, Tag 테이블의 관련 레코드를 한 번의 쿼리로 미리 가져오기 위함입니다. 이렇게 N:N 관계에서 쿼리 횟수를 줄여 성능을 높이고자 할 때 prefetch_related() 메소드를 사용한다는 점에 유의하기 바랍니다.

❸ tag_list 항목에 보여줄 내용을 정의하고 있습니다. 각 태그에는 name 필드가 있는데, name 필드의 값들을 ', ' 로 연결하여 보여주도록 합니다.

Post 테이블 정의가 변경되었으므로, 다음 명령으로 변경 사항을 데이터베이스에 반영합니다.

```
(vDjBook)$ cd /home/shkim/pyDjango/ch99/
(vDjBook)$ python3 manage.py makemigrations blog
(vDjBook)$ python3 manage.py migrate
```

지금까지 데이터베이스 관련 사항을 작업했습니다. 즉 기존의 Post 테이블에 tags 컬럼을 추가했고, 이를 데이터베이스에 반영하는 명령을 실행했습니다. 유의할 점은 taggit 패키지에는 자체 테이블이 정의되어 있어서 makemigrations/migrate 명령을 실행하면 tags 컬럼만 추가되는 것이 아니라 새로운 2개의 테이블, Tag와 TaggedItem이 데이터베이스에 추가된다는 것입니다.

이 사항은 Admin 사이트에서 UI 화면으로 확인할 수 있습니다. runserver를 실행하고 Admin 사이트에 접속해서 테이블의 리스트와 [Add] 버튼을 클릭해 테이블의 모습을 확인합니다.

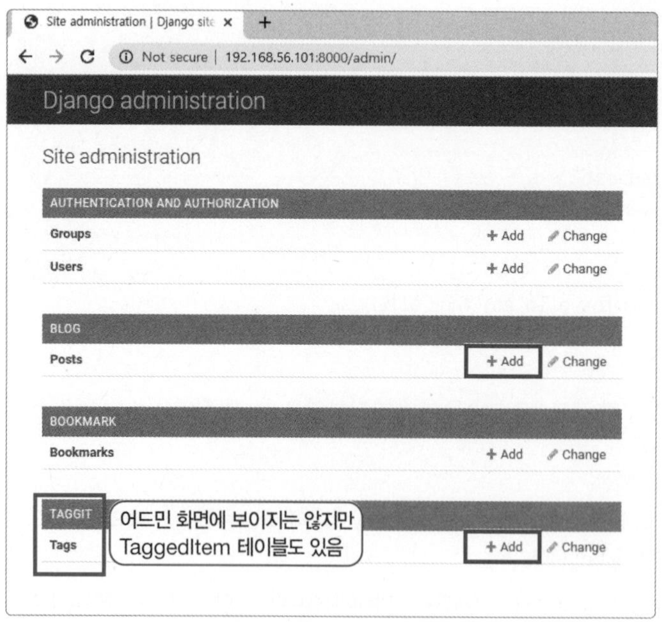

그림 6-2 taggit 앱의 테이블 - Tag, (TaggedItem)

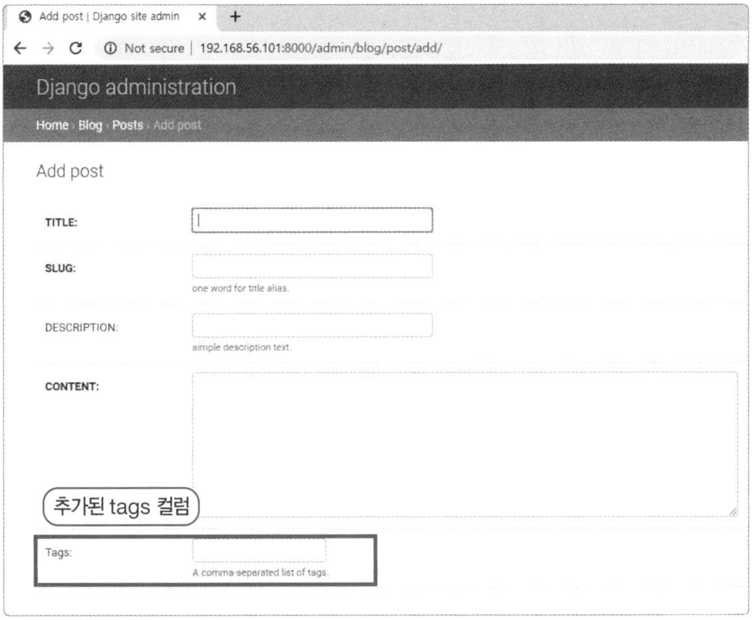

그림 6-3 Post 테이블 – tags 컬럼 추가

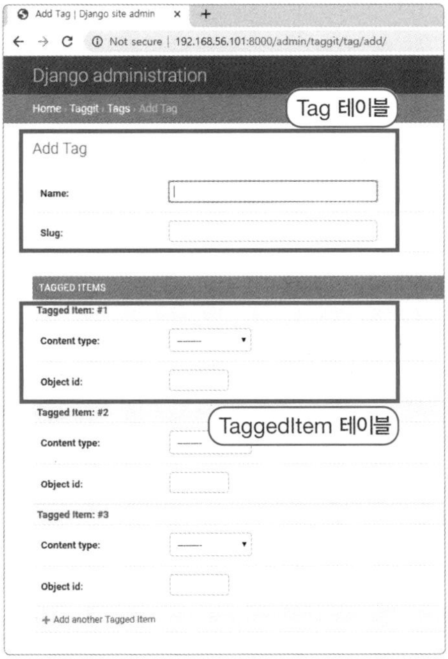

그림 6-4 taggit 앱의 Tag, TaggedItem 테이블

6.2.3 URLconf 코딩하기

기존의 blog/urls.py 파일에 태그와 관련된 2개의 URL을 추가합니다.

예제 6-4 blog/urls.py

```
(vDjBook)$ cd /home/shkim/pyDjango/ch99/blog/
(vDjBook)$ vi urls.py

# Example: /blog/archive/today/
    path('archive/today/', views.PostTAV.as_view(), name='post_today_archive'),
    # 상단 내용 동일

    # Example: /blog/tag/
    path('tag/', views.TagCloudTV.as_view(), name='tag_cloud'), ---------------------- ❶

    # Example: /blog/tag/tagname/
    path('tag/<str:tag>/', views.TaggedObjectLV.as_view(), name='tagged_object_list'), ❷
]
```

추가된 소스는 다음과 같습니다.

❶ URL /blog/tag/ 요청을 처리할 뷰 클래스를 TagCloudTV로 지정합니다. URL 패턴의 이름은 이름공간을 포함해 'blog:tag_cloud'가 됩니다. TagCloudTV 클래스형 뷰는 태그 클라우드를 보여주기 위한 뷰로서, 템플릿 처리만 하면 되므로 TemplateView를 상속받아 정의할 것입니다.

❷ URL /blog/tag/tagname/ 요청을 처리할 뷰 클래스를 TaggedObjectLV로 지정합니다. URL 패턴의 이름은 이름공간을 포함해 'blog:tagged_object_list'가 됩니다. TaggedObjectLV 클래스형 뷰는 포스트 리스트를 가져오는 뷰이므로 ListView를 상속받아 정의할 것입니다.

6.2.4 뷰 코딩하기

기존의 blog/views.py 파일에 2개의 클래스형 뷰를 추가합니다.

예제 6-5 blog/views.py

```
(vDjBook)$ cd /home/shkim/pyDjango/ch6/blog/
(vDjBook)$ vi views.py
```

```
from django.views.generic import ListView, DetailView, TemplateView # 추가 ❶

# 중간 내용 동일

class PostTAV(TodayArchiveView):
    model = Post
    date_field = 'modify_dt'

# 아래 2개의 클래스형 뷰 추가
class TagCloudTV(TemplateView): ❷
    template_name = 'taggit/taggit_cloud.html' ❸

class TaggedObjectLV(ListView): ❹
    template_name = 'taggit/taggit_post_list.html' ❺
    model = Post ❻

    def get_queryset(self):
        return Post.objects.filter(tags__name=self.kwargs.get('tag'))

    def get_context_data(self, **kwargs): ❼
        context = super().get_context_data(**kwargs) ❽
        context['tagname'] = self.kwargs['tag'] ❾
        return context ❿
```

기존 소스 대비 변경된 라인은 다음과 같습니다.

❶ TemplateView 클래스형 제네릭 뷰를 임포트합니다.

❷ TemplateView 제네릭 뷰를 상속받아 TagCloudTV 클래스형 뷰를 정의합니다. TemplateView 제네릭 뷰는 테이블 처리 없이 단순히 템플릿 렌더링 처리만 하는 뷰입니다. 코드가 간단한 이유는 클라우드 처리 기능이 뷰에 있는 게 아니라 taggit_cloud.html 파일에 들어 있기 때문입니다. {% get_tagcloud %} 템플릿 태그가 그 처리를 합니다.

❸ 템플릿 파일은 'tagging/taggit_cloud.html'로 지정합니다. 이 템플릿 파일에 있는 {% get_tagcloud %} 템플릿 태그가 태그 클라우드를 보여주는 기능을 처리합니다.

❹ ListView 제네릭 뷰를 상속받아 TaggedObjectLV 클래스형 뷰를 정의합니다. 예를 들어 Django라는 태그가 달려 있는 포스트들의 리스트를 보여주는 뷰입니다.

❺ 템플릿 파일은 'tagging/taggit_post_list.html'로 지정합니다.

❻ TaggedObjectLV 클래스의 대상 테이블은 Post 테이블입니다.

❼ 템플릿 파일 tagging/taggit_post_list.html에 넘겨줄 컨텍스트 변수를 추가하기 위해 get_context_data() 메소드를 오버라이딩합니다.

❽ super().get_context_data()를 호출하여 상위 클래스의 컨텍스트 변수, 즉 변경 전의 컨텍스트 변수를 구합니다.

❾ 추가할 컨텍스트 변수명은 tagname이고, 그 값은 URL에서 tag 파라미터로 넘어온 값을 사용합니다. 아래와 같은 URL 패턴에서 넘어오는 값을 self.kwargs['tag']로 추출한다는 점에 유의하기 바랍니다.

path('tag/<str:tag>/', views.TaggedObjectLV.as_view(), name='tagged_object_list'),

❿ return 문장에 의해 컨텍스트 변수들이 템플릿 파일로 전달됩니다.

6.2.5 템플릿 코딩하기

URL 설계에 따라 2개의 템플릿 파일이 추가로 필요합니다. 이는 views.py 파일에서 다음과 같이 지정한 바 있습니다.

```
class TagCloudTV(TemplateView) :
    template_name = 'taggit/taggit_cloud.html'
```

```
class TaggedObjectLV(ListView) :
    template_name = 'taggit/taggit_post_list.html'
    model = Post
```

또한 화면 UI 설계에 따르면 기존의 post_detail.html 파일도 수정이 필요합니다. 화면 UI를 보면 post_detail.html에서 태그를 클릭해 taggit_post_list.html 화면을 보여주는 흐름이므로, post_detail.html 파일을 먼저 코딩하겠습니다.

post_detail.html 수정

포스트 글 하단에 태그를 표시하기 위해, post_detail.html 파일을 다음처럼 수정합니다.

예제 6-6 blog/post_detail.html

```
(vDjBook)$ cd /home/shkim/pyDjango/ch6/blog/templates/blog/
(vDjBook)$ vi post_detail.html

    <div class="body">
        {{ object.content|linebreaks }}
```

```
    </div>
# 상단 내용 동일 ------------------------------------------------------------ ❶

    <br> ------------------------------------------------------------------- ❷
    <div>
        <b>TAGS</b> <i class="fas fa-tag"></i> -------------------------------- ❸
        {% load taggit_templatetags2_tags %} ---------------------------------- ❹
        {% get_tags_for_object object as "tags" %} ---------------------------- ❺
        {% for tag in tags %} ------------------------------------------------- ❻
        <a href="{% url 'blog:tagged_object_list' tag.name %}">{{tag.name}}</a> -------- ❼
        {% endfor %}
         
        <a href="{% url 'blog:tag_cloud' %}"> <span class="btn btn-info btn-
sm">TagCloud</span> </a> ------------------------------------------------------ ❽
    </div>

# 하단 내용 동일 ------------------------------------------------------------ ❾
{% endblock %}
```

기존 소스 대비 태그 리스트를 출력하는 라인이 추가되었습니다.

❶ 여기까지는 기존 소스와 동일합니다.

❷ 태그를 표시하기 전에 한 줄 간격을 만듭니다.

❸ 태그를 표시하기 위해 TAGS 볼드체 텍스트와 폰트 어썸 아이콘을 출력합니다.

❹ taggit_templatetags2 패키지에 정의된 커스텀 태그를 사용하기 위해 taggit_templatetags2_tags 모듈을 로딩합니다.

❺ {% get_tags_for_object %} 커스텀 태그를 사용해 object 객체에 달려 있는 태그들의 리스트를 추출합니다. object 객체는 PostDV 클래스형 뷰에서 넘겨주는 컨텍스트 변수로서, 특정 Post 객체가 담겨 있습니다. 추출한 태그 리스트는 tags 템플릿 변수에 할당합니다.

❻ 추출한 태그 리스트의 각 태그를 순회하면서 tag.name을 출력합니다.

❼ tag.name에 연결된 링크는 'blog:tagged_object_list' URL 패턴에 tag.name 인자를 넘겨 지정합니다.

❽ for 루프 이후 동일한 줄에 [TagCloud] 버튼을 출력하고 'blog:tag_cloud' URL 패턴을 <a href> 링크로 연결합니다. 단어 간격에   특수문자를 사용했고, 부트스트랩 클래스로 버튼을 만들었습니다.

❾ 이하는 기존 소스와 동일합니다.

taggit_cloud.html

이번 절의 목표는 태그 클라우드를 보여주는 템플릿 파일을 코딩하는 것입니다. 태그가 블로그에 올린 글이나 이미지, 콘텐츠 등을 찾아갈 수 있는 링크를 나타내는 키워드라고 한다면, 태그 클라우드란 이러한 태그들에게 가중치를 부여해 위치나 글자 크기 등을 강조함으로써 태그들의 리스트를 효과적으로 시각화한 것을 말합니다.

태그 클라우드 템플릿 파일의 최종 결과 UI 화면은 [그림 6-1]을 참고하기 바랍니다.

템플릿 파일은 blog/templates/taggit/ 디렉터리 하위에 둡니다. 그래서 다음처럼 새로운 디렉터리를 만들고, taggit_cloud.html에 다음과 같이 입력합니다.

예제 6-7 blog/templates/taggit/taggit_cloud.html

```
$ cd /home/shkim/pyDjango/ch99/blog/templates/
$ mkdir taggit/
$ cd taggit/
$ vi taggit_cloud.html

{% extends "base.html" %}

{% block title %}taggit_cloud.html{% endblock %} ---------------------------❶

{% block extra-style %} ---------------------------------------------------❷
<style type="text/css"> --------------------------------------------------❸
.tag-cloud { -------------------------------------------------------------❹
    width: 40%;
    margin-left: 30px;
    text-align: center;
    padding: 5px;
    border: 1px solid orange;
    background-color: #ffc;
}
.tag-1 {font-size: 12px;} ------------------------------------------------❺
.tag-2 {font-size: 14px;} ------------------------------------------------❻
.tag-3 {font-size: 16px;} ------------------------------------------------❼
.tag-4 {font-size: 18px;} ------------------------------------------------❽
.tag-5 {font-size: 20px;} ------------------------------------------------❾
.tag-6 {font-size: 24px;} ------------------------------------------------❿
</style>
{% endblock %}
```

```
{% block content %} ------------------------------------------------------------ ⑪
    <h1>Blog Tag Cloud</h1>
    <br>

    <div class="tag-cloud">
        {% load taggit_templatetags2_tags %}
        {% get_tagcloud as tags %} ------------------------------------------ ⑫
        {% for tag in tags %} ----------------------------------------------- ⑬
        <span class="tag-{{tag.weight|floatformat:0}}"> --------------------- ⑭
        <a href="{% url 'blog:tagged_object_list' tag.name %}"> {{tag.name}}({{tag.num_
times}})</a> ---------------------------------------------------------------- ⑮
        </span>
        {% endfor %}
    </div>

{% endblock %}
```


위 소스를 라인별로 설명하겠습니다.

❶ title 블록을 재정의합니다. 페이지의 제목을 taggit_cloud.html로 지정했습니다.

❷ 이 파일에서만 사용할 스타일들을 추가로 정의하기 위해 {% extra-style %} 블록 태그를 사용합니다.

❸ <div class="tag-cloud"> 영역에 대한 너비, 왼쪽 여백, 텍스트는 중앙 정렬, 안쪽 여백, 테두리선, 배경색 등을 지정합니다.

❹ 다음 6개 줄은 <span class="tag-{{tag.weight|floatformat:0}}"> 영역에 대한 폰트 크기를 지정합니다. 즉 {{tag.weight}} 값에 따라 태그의 폰트 크기가 달라집니다.

❺ <span class="tag-1"> 영역에 대해 폰트 크기를 12픽셀로 지정합니다.

❻ <span class="tag-2"> 영역에 대해 폰트 크기를 14픽셀로 지정합니다.

❼ <span class="tag-3"> 영역에 대해 폰트 크기를 16픽셀로 지정합니다.

❽ <span class="tag-4"> 영역에 대해 폰트 크기를 18픽셀로 지정합니다.

❾ <span class="tag-5"> 영역에 대해 폰트 크기를 20픽셀로 지정합니다.

❿ <span class="tag-6"> 영역에 대해 폰트 크기를 24픽셀로 지정합니다.

⓫ 본문 내용입니다.

⓬ {% get_tagcloud %} 커스텀 태그를 사용해 모든 태그를 추출하고, 이들을 tags 템플릿 변수에 할당합니다.

⓭ tags 변수의 각 태그를 순회하면서 tag.name(tag.num_times)를 출력합니다.

⓮ 각 태그별로 폰트 크기를 적용하기 위해 스타일시트 클래스를 .tag-3 형식으로 지정합니다. 스타일시트는 위에서 {% extra-style %} 블록에 정의했습니다.

⑮ Django(6) 형식으로 태그를 출력하고, 링크는 'blog:tagged_object_list' URL 패턴에 tag.name 인자를 넘겨 지정합니다.

태그 객체와 관련해 사용된 속성의 의미는 아래와 같습니다.

- **{{tag.name}}** : 태그의 이름입니다.
- **{{tag.num_times}}** : 태그가 몇 번 사용되었는지를 의미합니다.
- **{{tag.weight}}** : 태그의 중요도를 의미합니다. tag.num_times 값을 미리 정의한 MIN~MAX 이내의 값으로 변환한 수치입니다. 디폴트 값은 TAGGIT_TAGCLOUD_MIN=1.0, TAGGIT_TAGCLOUD_MAX=6.0입니다.
- **{{tag.weight|floatformat:0}}** : tag.weight 값은 실수형인데, floatformat:0 템플릿 필터에 의해 반올림해서 정수형으로 변환됩니다.

NOTE_ taggit/taggit_cloud.html 위치

보통의 경우처럼 startapp taggit 명령으로 taggit 앱을 작성한다면, 템플릿의 표준 위치는 다음과 같을 것입니다.

/home/shkim/pyDjango/ch99/taggit/templates/taggit/taggit_cloud.html

우리의 경우는 taggit 앱을 인터넷 파이썬 저장소에서 다운로드하여 설치했으므로 taggit 앱의 위치는 다음과 같습니다.

/home/shkim/pyDjango/vDjBook/lib/python3.7/site-packages/taggit/

이 taggit 앱에 대한 표준 템플릿 파일의 위치는 다음과 같습니다.

/home/shkim/pyDjango/vDjBook/lib/python3.7/site-packages/taggit/templates/taggit/taggit_cloud.html

이 위치에 taggit_cloud.html 파일을 두어도 동작하지만, 개발자가 직접 작성한 소스와 오픈 소스를 섞어서 두는 것은 바람직하지 않습니다. 따라서 오픈 소스 내용은 건드리지 않고 다른 위치에 두는 것을 고려해야 하는데, 우리가 개발한 앱이 북마크 앱과 블로그 앱 2개이므로 가능한 위치는 다음 3곳입니다.

/home/shkim/pyDjango/ch6/templates/taggit/taggit_cloud.html
/home/shkim/pyDjango/ch6/bookmark/templates/taggit/taggit_cloud.html
/home/shkim/pyDjango/ch99/blog/templates/taggit/taggit_cloud.html

이 3곳 모두 정상적으로 동작하지만, 필자는 taggit 앱이 블로그 앱에 소속된 것으로 보고 3번째 위치를 선택했습니다. 만일 taggit 앱의 템플릿을 블로그 앱의 하위에 두는 것을 원하지 않는다면 첫 번째 위치를 선택해도 됩니다.

taggit_post_list.html

다음은 태그 클라우드에서 특정 태그를 클릭했을 때, 그 태그가 걸려 있는 포스트의 리스트를 보여주는 taggit_post_list.html 템플릿 파일을 코딩하겠습니다. 템플릿 파일의 위치는 taggit_cloud.html과 동일합니다.

최종 결과 UI 화면은 [그림 6-1]을 참고하면서 taggit_post_list.html에 다음과 같이 입력합니다.

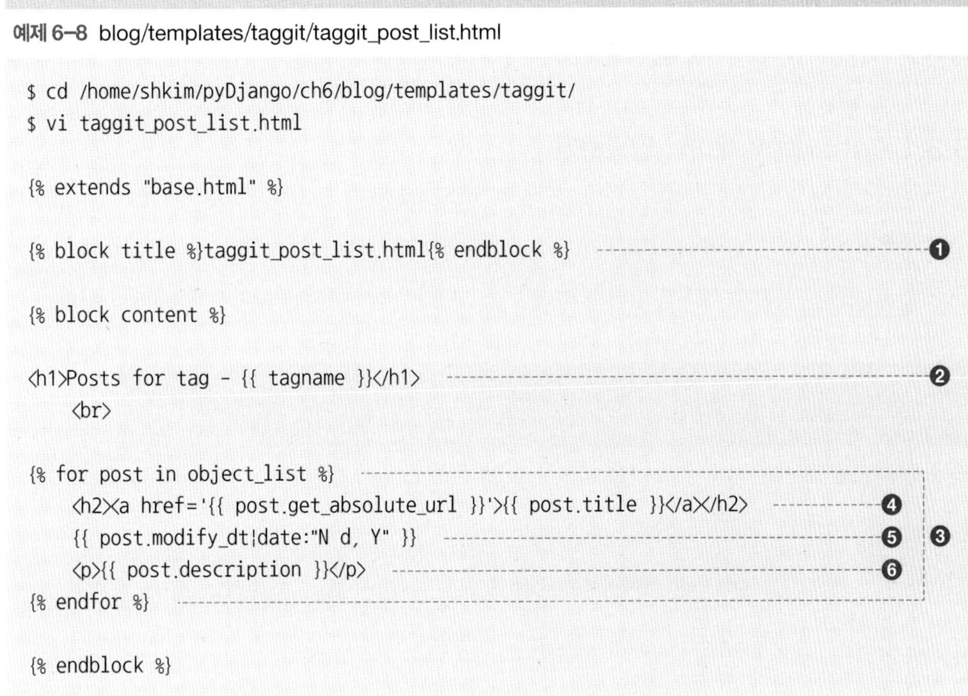

예제 6-8 blog/templates/taggit/taggit_post_list.html

```
$ cd /home/shkim/pyDjango/ch6/blog/templates/taggit/
$ vi taggit_post_list.html

{% extends "base.html" %}

{% block title %}taggit_post_list.html{% endblock %}                    ❶

{% block content %}

<h1>Posts for tag - {{ tagname }}</h1>                                  ❷
    <br>

{% for post in object_list %}                                           ┐
    <h2><a href='{{ post.get_absolute_url }}'>{{ post.title }}</a></h2>  ❹ │
    {{ post.modify_dt|date:"N d, Y" }}                                ❺ │ ❸
    <p>{{ post.description }}</p>                                     ❻ │
{% endfor %}                                                            ┘

{% endblock %}
```

위 소스를 라인별로 설명하겠습니다.

❶ title 블록을 재정의합니다. 페이지의 제목을 taggit_post_list.html로 했습니다.

❷ 제목을 〈h1〉 폰트 크기로 출력합니다. 제목에 태그 이름을 표시했습니다.

❸ object_list 객체는 TaggedObjectLV 클래스형 뷰에서 넘겨주는 컨텍스트 변수로서, 특정 tag가 달려 있는 Post 리스트가 담겨 있습니다. object_list 객체의 내용을 순회하면서 Post 객체의 title, modify_dt, description 속성을 출력합니다.

❹ 객체의 title을 〈h2〉 폰트 크기로 출력합니다. 또한 title 텍스트에 URL 링크를 연결합니다(〈a href〉 속성 역할). URL 링크는 객체의 get_absolute_url() 메소드를 호출해 구하는데, /blog/post/slug단어/와 같은 형식이 될 것입니다.

❺ 다음 줄에 객체의 modify_dt 속성값을 "N d, Y" 포맷으로 출력합니다(예: July 05, 2015).

❻ 다음 줄에 객체의 description 속성값을 출력합니다.

6.3 지금까지의 작업 확인하기

6.3.1 Admin에서 데이터 입력하기

지금까지의 작업이 정상인지 확인하기 위해 우선 실습에 필요한 데이터를 입력합니다. Admin 사이트에 접속해서 [Posts] 항목의 [Change] 버튼을 클릭하면 포스트 리스트가 나옵니다. 임의의 포스트 몇 개를 클릭해서 태그 데이터를 입력하면 됩니다. 태그 구분은 콤마(,)를 사용합니다.

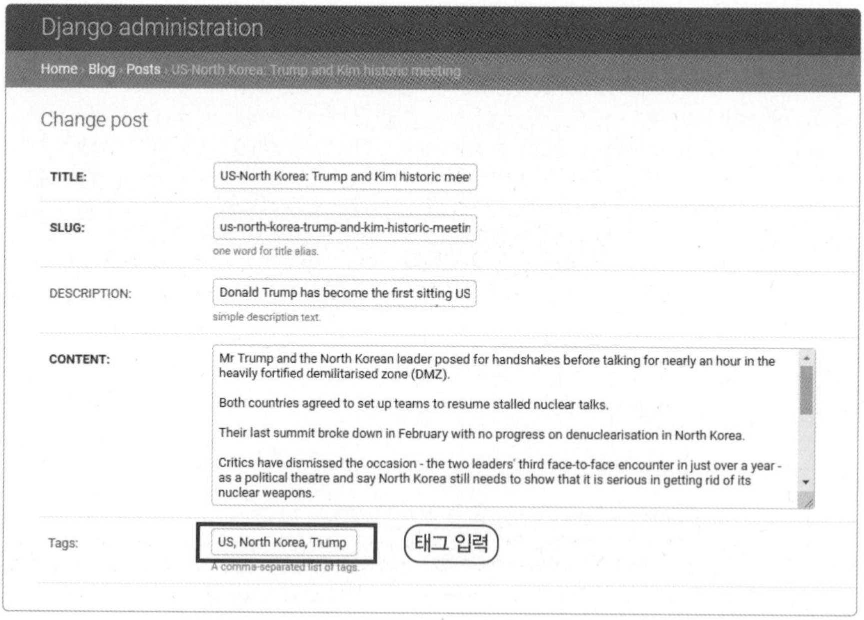

그림 6-5 블로그 앱 – Tag 데이터 입력 화면

6.3.2 브라우저로 확인하기

데이터를 모두 입력했으면 블로그 앱으로 접속합니다.

```
http://192.168.56.101:8000/blog
```

그 다음 태그 데이터를 입력한 포스트를 클릭합니다. 다음 그림처럼 포스트 글 하단에 태그 표시줄이 나타나는지 확인합니다.

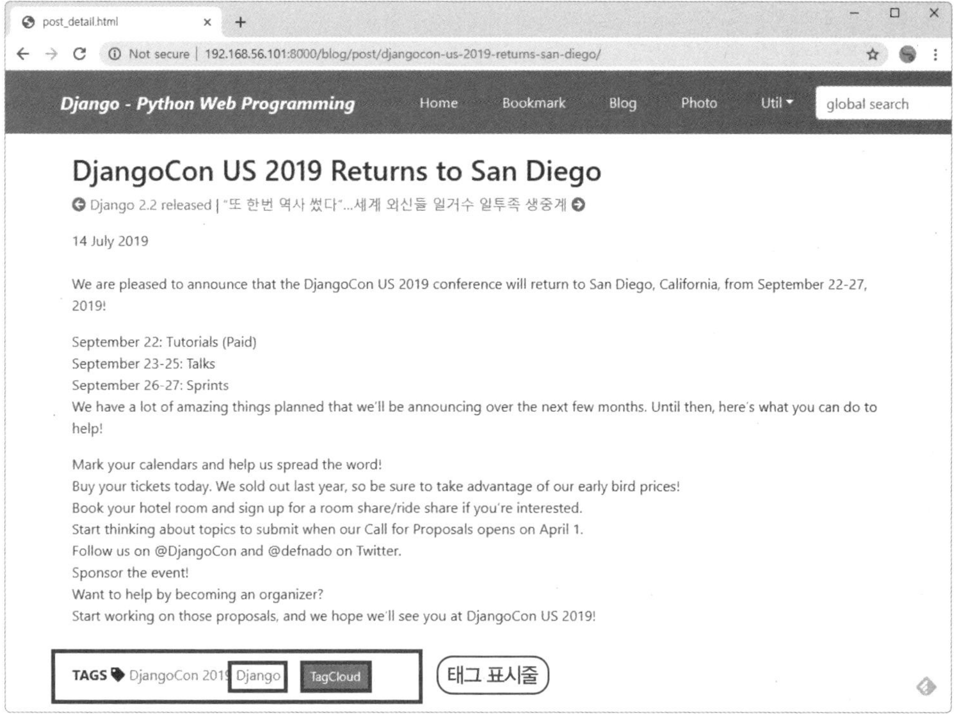

그림 6-6 블로그 앱 – 태그 달린 포스트

[그림 6-6]에서 [Django] 태그를 클릭했을 때, 해당 태그를 가진 포스트의 리스트가 출력되면 정상입니다.

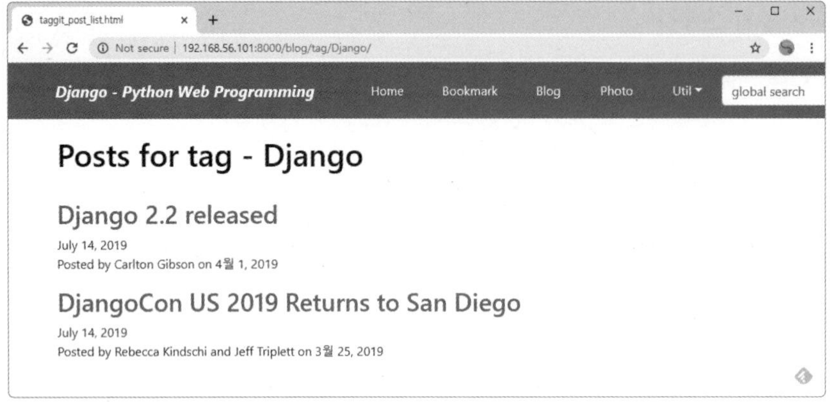

그림 6-7 [Django] 태그가 달린 포스트 리스트

또한 [TagCloud] 버튼을 클릭했을 때 다음 그림처럼 태그 클라우드가 출력되면 정상입니다.

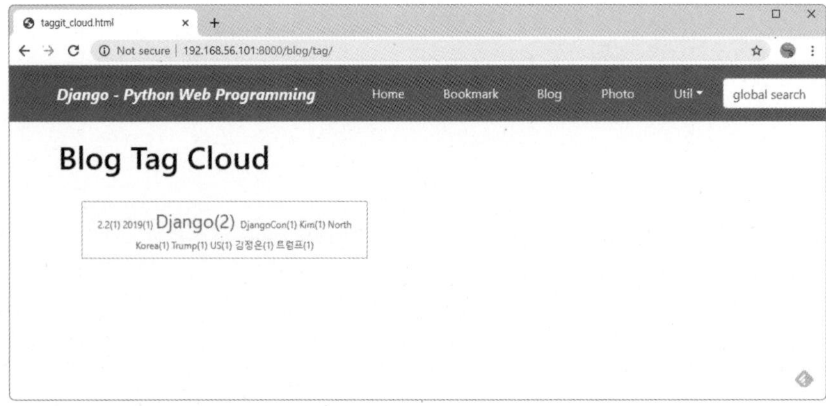

그림 6-8 태그 클라우드 화면

CHAPTER 07

Blog 앱 확장 – 댓글 달기

태그 기능에 이어, 이번 장에서는 블로그 앱에 댓글을 다는 기능을 추가하겠습니다. 장고 1.6 및 1.7 버전에서는 django.contrib.comments 패키지를 통해 자체 댓글 기능을 제공했습니다. 그러나 장고 1.8 버전부터는 comments 기능을 제외하고, 이보다 좀 더 유연하고 확장성 높은 오픈 소스 플랫폼인 Disqus 앱(DISQUS에서 제공하는 자바스크립트 코드)을 사용하는 것을 권장하고 있습니다.

DISQUS 플랫폼을 사용하기 위해서는 DISQUS 홈페이지에서 댓글을 사용할 우리 프로젝트에 대해 필요한 사항을 설정해줘야 합니다.

NOTE_ django-disqus 패키지를 사용하지 않는 이유

개정판 전에는 DISQUS 플랫폼을 사용하기 위해 django-disqus 패키지를 사용한 바 있습니다. 이 패키지는 Disqus 앱을 Django에 반영하기 쉽도록 템플릿 태그 기능을 제공하는데, 2015년 3월 이후로 업데이트가 안 되고 있어 2019년 8월 현재 에러가 발생합니다.

반면 DISQUS에서 제공하는 자바스크립트를 직접 사용하는 것은 어려운 편이 아니며 이 코드가 업그레이드 되는 경우에도 대응이 쉽기 때문에, 본 개정판에서는 직접 자바스크립트 Disqus 앱을 사용합니다.

7.1 애플리케이션 설계하기

요즘은 대부분의 블로그 앱에서 댓글 기능을 제공하며 제공 방식도 다양한 편입니다. Disqus 앱은 DISQUS 플랫폼과의 연동을 통해, 즉 DISQUS 사이트에서 제공하는 웹 서비스를 통해 댓글 기능을 제공합니다. 따라서 일반적인 앱 개발 이외에도 DISQUS 사이트 접속에 필요한 계정과 웹 서비스 연동을 위한 설정이 필요합니다.

7.1.1 화면 UI 설계

이번 장에서는 다음 그림과 같이 블로그 글에 댓글을 다는 기능을 구현할 예정입니다. 댓글의 화면 디자인은 DISQUS에서 만든 디폴트 화면 그대로입니다. 댓글에 대한 수정, 답글, 페이스북 등에 공유하는 기능도 제공합니다.

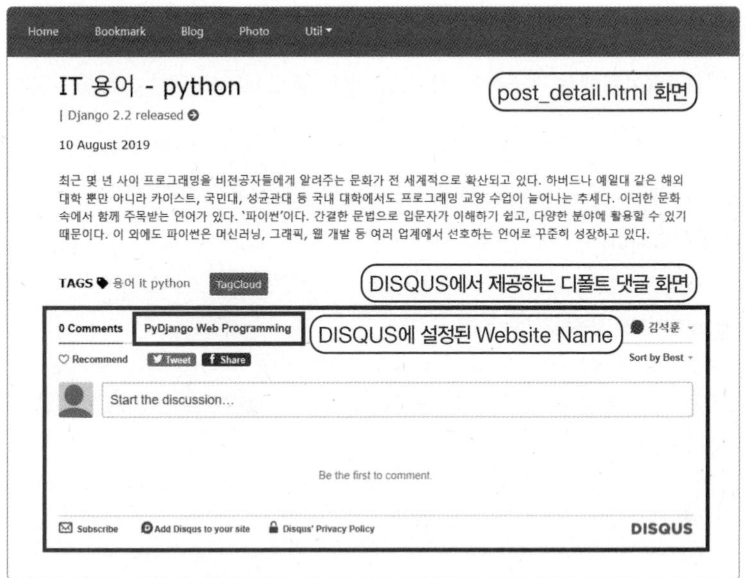

그림 7-1 블로그 댓글 기능 – UI 설계

7.1.2 테이블 설계

Disqus 앱은 별도의 테이블을 정의하지 않으므로 우리의 블로그 앱에서 테이블 관련 변경 사항은 없습니다.

7.1.3 URL 설계

댓글 처리는 Disqus 앱에서 자바스크립트로 처리하기 때문에 댓글 관련 URL이 변경되는 사항은 없습니다.

7.1.4 작업/코딩 순서

작업 순서는 다음과 같습니다.

표 7-1 블로그 댓글 기능 – 작업/코딩 순서

작업 순서	관련 명령/파일	필요한 작업 내용
뼈대 만들기	startproject settings.py migrate createsuperuser	(2장에서 이미 완료했으므로 생략)
	startapp settings.py	(생략)
모델 코딩하기	models.py admin.py	(생략)
	makemigrations migrate	(생략)
URLconf 코딩하기	urls.py	(생략)
뷰 코딩하기	views.py	Disqus용 컨텍스트 변수 추가
템플릿 코딩하기	templates 디렉터리	템플릿 파일 추가
그 외 작업하기	DISQUS 홈페이지	계정 생성 및 댓글 앱 설정하기

7.2 DISQUS 홈페이지에서 설정하기

DISQUS 홈페이지에서 설정한 내용을 settings.py 파일에 등록해야 하므로, settings.py 파일을

수정하기 전에 DISQUS 홈페이지 설정을 먼저 시작합니다.

설정을 위해 https://disqus.com 사이트에 접속해 로그인합니다. 이미 DISQUS 사이트의 계정을 갖고 있다면 그 계정으로 로그인하고, 없다면 새로 만듭니다. 다음은 계정을 새로 만드는 경우입니다. 먼저 우 상단의 [Log In] 버튼을 클릭합니다.

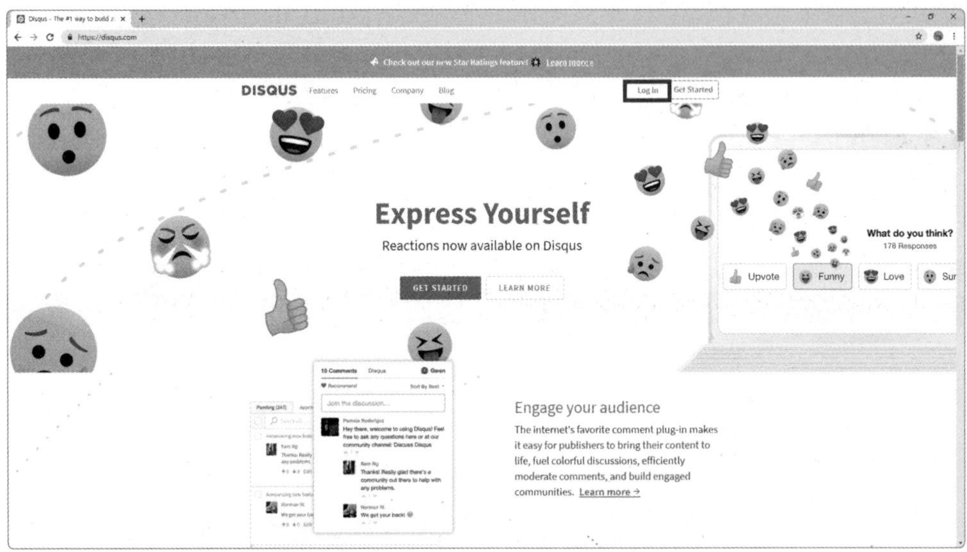

그림 7-2 DISQUS 사이트 – 접속 화면

[Signup] 탭과 [Login] 탭이 같이 나오는 페이지입니다. [Signup] 탭을 선택합니다.

페이스북, 트위터, 구글 계정을 연동해 DISQUS 계정을 만들 수도 있지만, 우리는 좀 더 간단한 방법인 신규 DISQUS 계정을 만들겠습니다. [Name], [Email], [Password]를 신규로 입력하고 [Signup] 버튼을 클릭합니다. [Name]은 한글을 입력해도 되며 [Email]이 로그인 ID가 됩니다.

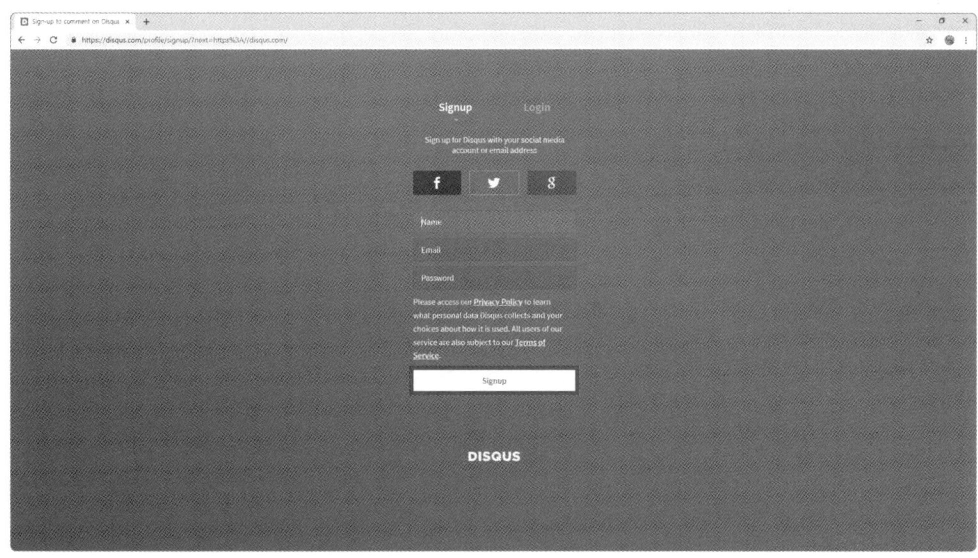

그림 7-3 DISQUS 사이트 – 계정 생성 화면

정상적이라면 새로운 계정이 만들어지고 로그인된 상태가 됩니다. 아래 화면에서 [GET STARTED] 버튼을 클릭합니다.

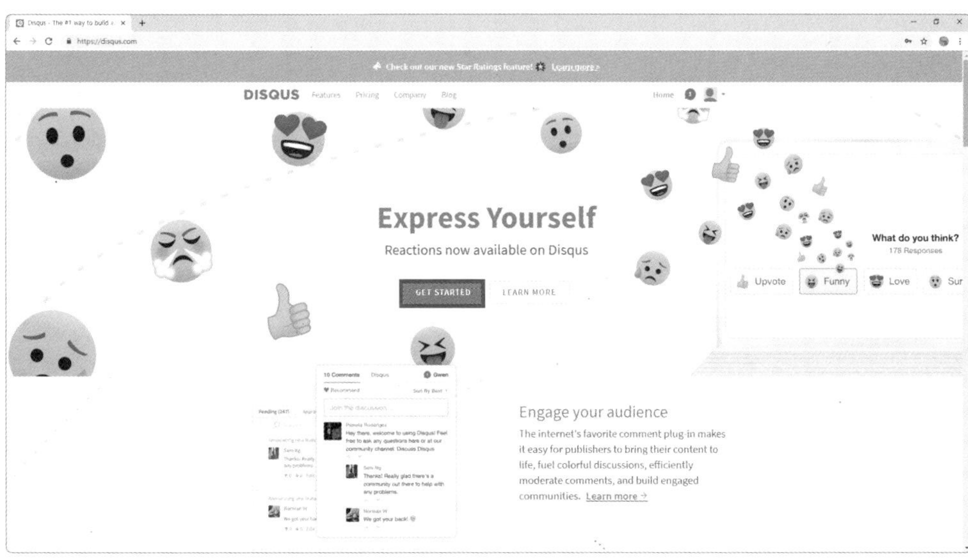

그림 7-4 DISQUS 사이트 – 로그인된 화면

아래 화면에서 [I want to install Disqus on my site] 버튼을 클릭합니다.

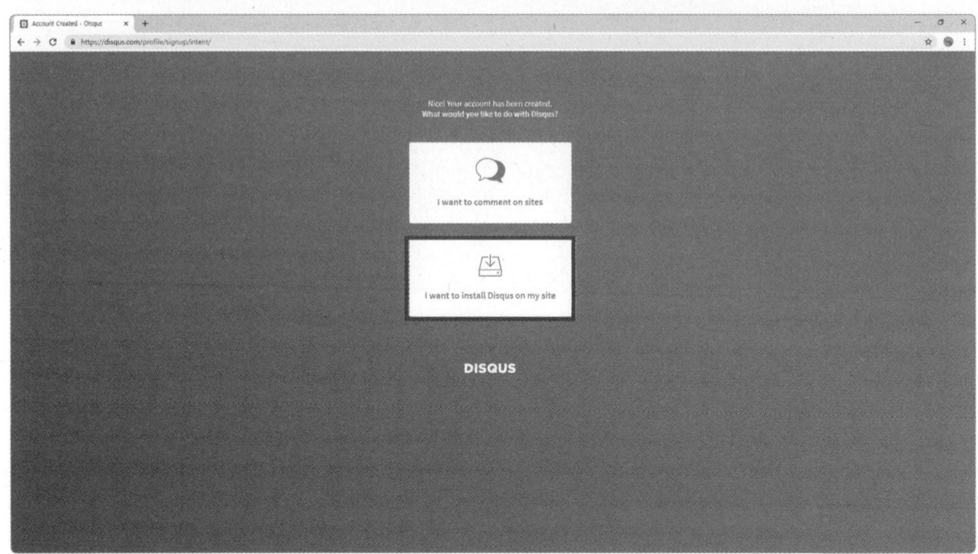

그림 7-5 DISQUS 사이트 - Disqus 설치 선택 화면

다음과 같은 화면이 나타나면, DISQUS 플랫폼에 우리가 사용할 사이트를 하나 생성합니다. 다음은 필자가 사용한 예시입니다. 입력을 마친 후 [Create Site] 버튼을 클릭합니다.

- **Site Owner :** 김석훈(가입 시 Name 란에 입력한 항목이 나타남)
- **Website Name :** PyDjango Web Programming(pydjango-web-programming.disqus.com이라는 URL로 사이트가 생성됨. pydjango-web-programming을 Shortname이라고 함)
- **Category :** Tech
- **Language :** English(Korean 항목이 없어서 English를 선택함)

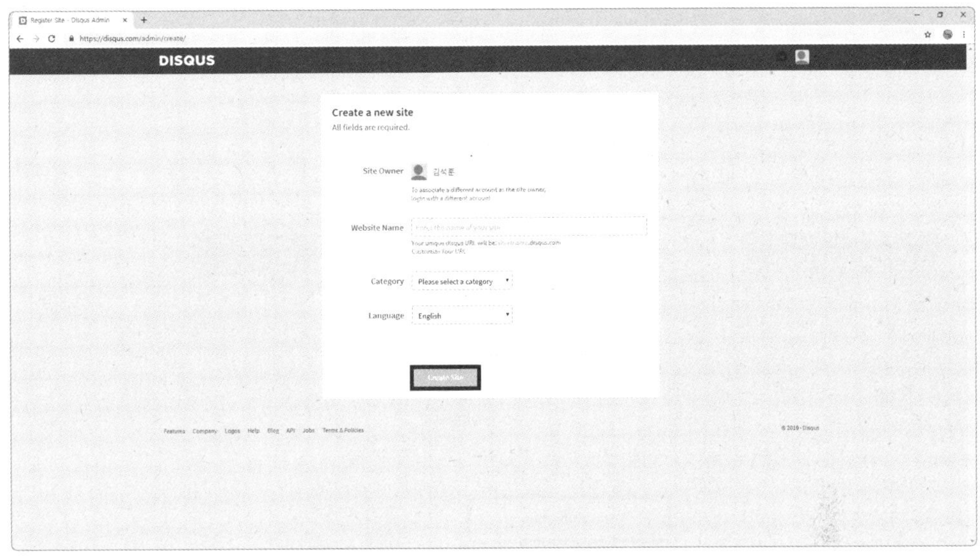

그림 7-6 DISQUS 사이트 – 사이트 생성 화면

사이트가 생성된 후에는 요금제를 선택해야 합니다. 우리는 무료 요금제를 선택할 것입니다. 아래 화면에서 스크롤을 내려보면 무료 요금제 설명이 보입니다.

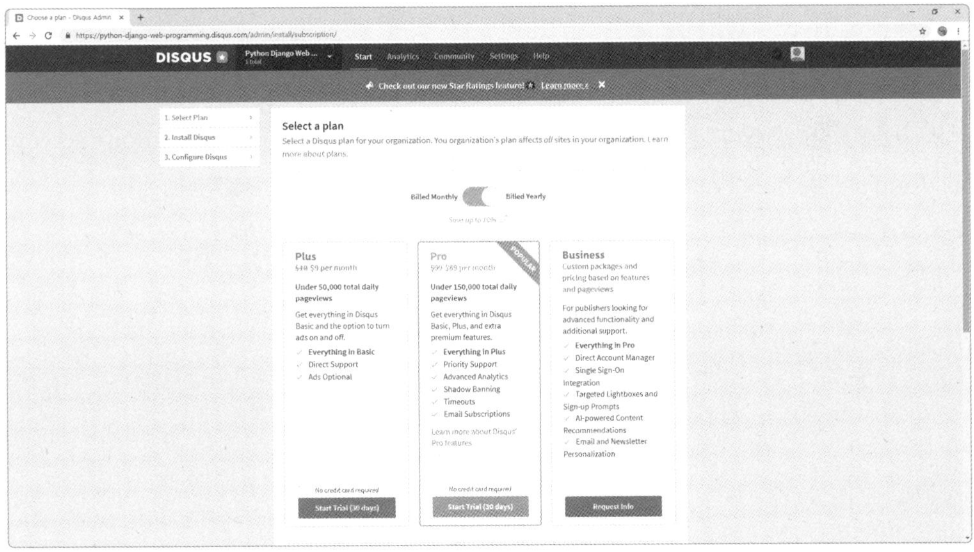

그림 7-7 DISQUS 사이트 – 요금제 선택 화면

아래 화면에서 Basic Plan의 [Subscribe Now] 버튼을 클릭합니다.

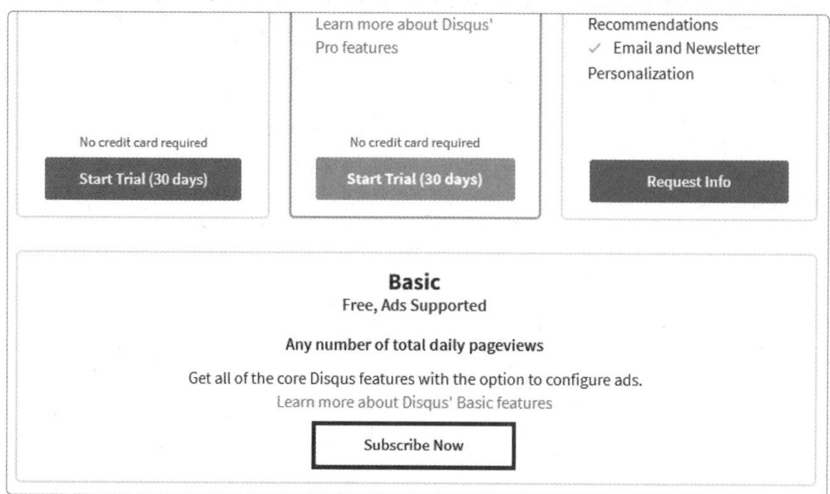

그림 7-8 DISQUS 사이트 – 무료 요금제 선택 화면

다음과 같은 화면이 나타나면 DISQUS 사이트에서의 설정은 완료된 것입니다. 즉 DISQUS 사이트에 가입했고 DISQUS 플랫폼에 댓글용 pydjango-web-programming 사이트를 만들었으며 무료 요금제를 선택했습니다.

이제부터는 우리 장고 프로젝트에서 설정해야 하는 방법에 대한 내용입니다. 먼저 우리 장고 프로젝트의 플랫폼을 선택합니다. 리스트에 없으므로 스크롤을 내려서 하단에 있는 [I don't see my platform listed, install manually with Universal Code] 버튼을 클릭합니다.

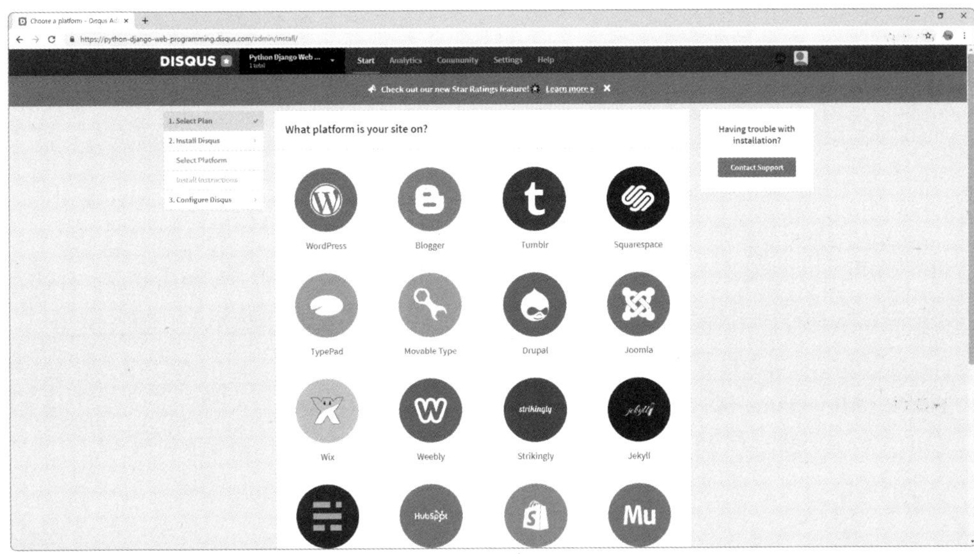

그림 7-9 DISQUS 사이트 – 플랫폼 선택 화면

다음 화면은 우리 장고 프로젝트에서 사용할 자바스크립트 코드와 사용 방법을 알려주는 동영상입니다. 동영상은 지금까지 책에서 설명한 내용이 들어 있으니 시청하면 도움이 될 것입니다. 자바스크립트 코드는 **7.3.5 템플릿 코딩하기**에서 사용할 예정입니다.

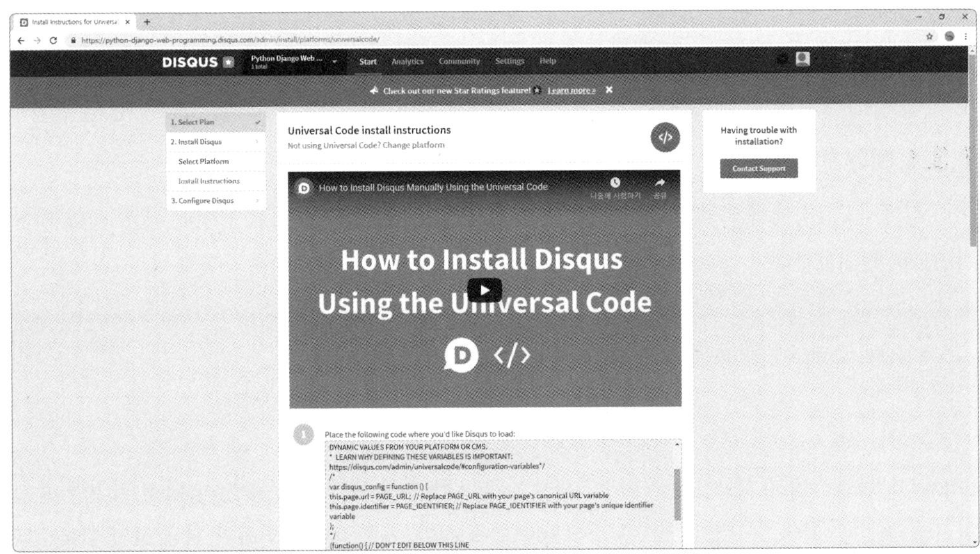

그림 7-10 DISQUS 사이트 – 자바스크립트 사용 방법 안내 화면

> **NOTE_ 자바스크립트 코드를 찾는 방법**
> 이미 DISQUS 계정을 갖고 있는 독자라면 로그인 이후에 다음 메뉴에서 자바스크립트 코드를 찾을 수 있습니다.
>
> 로그인 〉 첫 페이지 〉 Admin 〉 Installing Disqus 〉 [I don't see my platform listed, install manually with Universal Code]

그리고 DISQUS 플랫폼에 만든 댓글용 사이트의 Shortname 항목, 즉 pydjango-web-programming을 기억해야 합니다. 이 항목을 settings.py 파일에 등록해야 하기 때문입니다.

> **NOTE_ Shortname 찾는 방법**
> 이미 DISQUS 계정을 갖고 있는 독자라면 로그인 이후에 다음 메뉴에서 [Shortname]을 찾을 수 있습니다.
>
> 로그인 〉 첫 페이지 〉 Admin 〉 상단 메뉴 [Settings] 〉 (site 선택) 〉 좌측 메뉴 [General]

7.3 개발 코딩하기

댓글 기능을 개발하기 위해 DISQUS 사이트에서 설정한 내용을 우리 장고 프로젝트에 반영하기 위해 관련 파일들을 수정합니다. 템플릿 파일 코딩이 주된 작업입니다.

7.3.1 뼈대 만들기

이번 장에서도 1장에서 만들어 둔 독립된 가상 환경에서 개발을 진행하겠습니다. vDjBook 가상 환경으로 진입합니다.

```
$ source /home/shkim/pyDjango/vDjBook/bin/activate
(vDjBook)$
```

DISQUS 플랫폼에서 제공하는 자바스크립트에 필요한 항목 몇 가지를 settings.py 파일에 등록합니다. 이들은 자바스크립트 코드에 직접 넣어도 되지만, 하드코딩을 피하기 위해 설정 항목으로 등록하고 있습니다.

예제 7-1 mysite/settings.py 파일에 블로그 앱 등록

```
(vDjBook)$ cd /home/shkim/pyDjango/ch99/mysite/
(vDjBook)$ vi settings.py

STATIC_URL = '/static/'

# shkim

STATICFILES_DIRS = [os.path.join(BASE_DIR, 'static')]
MEDIA_URL = '/media/'
MEDIA_ROOT = os.path.join(BASE_DIR, 'media')

TAGGIT_CASE_INSENSITIVE = True
TAGGIT_LIMIT = 50    # default=10
# 상단 동일, 파일 끝에 아래 2라인 추가

DISQUS_SHORTNAME = 'pydjango-web-programming'
DISQUS_MY_DOMAIN = 'http://192.168.56.101:8000'     # 또는 'http://127.0.0.1:8000'
```

DISQUS_SHORTNAME 항목에는 DISQUS 홈페이지에 등록한 Shortname 항목을 사용합니다. DISQUS_MY_DOMAIN 항목은 댓글이 나타나는 페이지를 구별하는 URL을 지정할 때 사용합니다. 현재 장고 사이트의 URL을 입력하면 됩니다. 이 두 항목은 7.3.4절에서 사용하고 있으니 참고 바랍니다.

7.3.2 모델 코딩하기

Disqus 앱에는 테이블 정의가 없습니다. 그래서 models.py 및 admin.py 파일에 변경할 사항도 없고 makemigrations/migrate 명령도 불필요합니다.

7.3.3 URLconf 코딩하기

URL 설계 단계에서 이미 파악한 내용이며 URL 변경 사항은 없습니다.

7.3.4 뷰 코딩하기

Disqus 앱은 템플릿 파일에서 자바스크립트 코드로 실행됩니다. 그래서 자바스크립트 코드에 필요한 항목을 뷰에서 컨텍스트 변수로 만들어서 템플릿 파일로 넘겨줍니다.

예제 7-2 blog/views.py

```
(vDjBook)$ cd /home/shkim/pyDjango/ch99/blog/
(vDjBook)$ vi views.py

from django.conf import settings    # 추가


# 상단 내용 동일
class PostDV(DetailView):
    model = Post

    # 아래 메소드 추가
    def get_context_data(self, **kwargs): ------------------------------❶
        context = super().get_context_data(**kwargs) -------------------❷
        context['disqus_short'] = f"{settings.DISQUS_SHORTNAME}" --------❸
        context['disqus_id'] = f"post-{self.object.id}-{self.object.slug}" ---❹
        context['disqus_url'] = f"{settings.DISQUS_MY_DOMAIN}{self.object.get_absolute_url()}" ❺
        context['disqus_title'] = f"{self.object.slug}" -----------------❻
        return context
```

추가된 라인들의 의미는 다음과 같습니다.

❶ 컨텍스트 변수를 추가하기 위해 get_context_data() 메소드를 오버라이딩 합니다.

❷ super()의 메소드를 호출하여 기존의 컨텍스트 변수들을 구하고, 이를 context 변수에 할당합니다.

❸ disqus_short 템플릿 변수에 DISQUS_SHORTNAME 설정 항목의 값을 대입합니다. f-스트링을 사용하고 있는데, f-스트링은 파이썬 3.6 버전부터 도입된 문법입니다.

❹ disqus_id 템플릿 변수에 페이지별 식별자로 사용할 유일값을 만들어 대입합니다. 여기서는 테이블에서 가져온 레코드의 PK와 SLUG 컬럼값을 사용합니다. 예를 들어 다음과 같은 문자열이 페이지 식별자로 사용될 것입니다 (post-99-djangocon-us-2019-returns-to-san-diego).

❺ disqus_url 템플릿 변수에 댓글이 나타나는 페이지에 대한 URL을 대입합니다. 예를 들어 페이지 URL은 DISQUS_MY_DOMAIN 설정 항목을 사용하여 다음과 같은 문자열이 될 것입니다. (http://127.0.0.1:8000/blog/post/99/)

❻ disqus_title 템플릿 변수에, 페이지에 대한 제목으로 사용할 문자열을 대입합니다. 유일값이 아니라도 가능합니

다. 여기서는 테이블에서 가져온 레코드의 SLUG 컬럼값을 사용합니다. 예를 들어 다음과 같은 문자열이 사용될 것입니다(djangocon-us-2019-returns-to-san-diego).

7.3.5 템플릿 코딩하기

템플릿 코딩은 Disqus 자바스크립트 앱을 템플릿 파일에 넣어주는 작업입니다. 이는 DISQUS 애플리케이션이 로컬 서버에 댓글을 저장하는 것이 아니라, DISQUS 플랫폼에 저장된 댓글을 가져와서 브라우저 화면에 보여주는 기능이 주된 역할이기 때문입니다. 자바스크립트 Disqus 앱이 이런 역할을 수행하므로 우리는 Disqus 앱을 템플릿 파일에 정확하게 사용하면 그만입니다.

기존의 post_detail.html 파일에 DISQUS에서 제공하는 자바스크립트 코드를 아래와 같이 추가합니다. Disqus 앱은 **그림 7-10 DISQUS 사이트 - 자바스크립트 사용 방법 안내 화면**에 있는 코드를 복사해 와서 수정합니다. 아래 주소에서 여러분의 Shortname으로 변경해서 접속해도 됩니다.

```
https://pydjango-web-programming.disqus.com/admin/install/platforms/universalcode/
```

예제 7-3 blog/post_detail.html

```
(vDjBook)$ cd /home/shkim/pyDjango/ch99/blog/templates/blog/
(vDjBook)$ vi post_detail.html

    <a href="{% url 'blog:tag_cloud' %}"><span class="btn btn-info btn-sm">TagCloud</
span></a>
   </div>
# 상단 내용 동일 ----------------------------------------------------------- ❶
# 아래 내용 추가

   <br> ------------------------------------------------------------------ ❷
   <div id="disqus_thread"></div> ----------------------------------------- ❸
{% endblock %}

{% block extra-script %} ------------------------------------------------- ❹
<script>

/**
*  RECOMMENDED CONFIGURATION VARIABLES: EDIT AND UNCOMMENT THE SECTION
*  BELOW TO INSERT DYNAMIC VALUES FROM YOUR PLATFORM OR CMS.
```

```
* LEARN WHY DEFINING THESE VARIABLES IS IMPORTANT:
* https://disqus.com/admin/universalcode/#configuration-variables*/

var disqus_config = function () {
    this.page.identifier = '{{ disqus_id }}';  ❻
    this.page.url = '{{ disqus_url }}';  ❼
    this.page.title = '{{ disqus_title }}';  ❽
};  ❺

(function() { // DON'T EDIT BELOW THIS LINE
    var d = document, s = d.createElement('script');
    s.src = 'https://{{ disqus_short }}.disqus.com/embed.js';  ❾
    s.setAttribute('data-timestamp', +new Date());
    (d.head || d.body).appendChild(s);
})();
</script>
<noscript>Please enable JavaScript to view the <a href="https://disqus.com/?ref_
noscript">comments powered by Disqus.</a></noscript>
{% endblock %}
```

기존 소스 대비 변경된 라인은 다음과 같습니다.

❶ 여기까지는 기존 소스와 동일합니다.

❷ 태그 줄과 구별하기 위해 빈 줄을 하나 만듭니다.

❸ <div id="disqus_thread"> 부분까지는 {% block content %} 블록 내에 정의합니다. 이 <div> 영역에 댓글이 표시됩니다.

❹ Disqus 앱의 자바스크립트 부분은 {% block extra-script %} 블록 내에 정의합니다. 이 부분의 자바스크립트 코드가 DISQUS 플랫폼의 pydjango-web-programming.disqus.com 사이트에 저장된 댓글을 가져와서 보여주는 역할을 합니다.

❺ 여기 다섯 라인은 원래 코멘트 처리된 부분인데 코멘트 라인(/*…*/)을 삭제합니다.

❻ DISQUS 사이트에서 사용할 페이지 식별자로, 뷰에서 넘겨준 disqus_id 컨텍스트 변수값을 사용합니다.

❼ DISQUS 사이트에서 사용할 페이지 URL로, 뷰에서 넘겨준 disqus_url 컨텍스트 변수값을 사용합니다.

❽ DISQUS 사이트에서 사용할 페이지 제목으로, 뷰에서 넘겨준 disqus_title 컨텍스트 변수값을 사용합니다. 이 줄은 샘플 자바스크립트 코드에는 없는 내용이지만, DISQUS 사이트에서 제목을 보여주기 위해 추가했습니다.

❾ s.src 속성에 자바스크립트 코드가 접속할 URL을 지정합니다. 이 라인은 DISQUS 사이트에서 자동으로 채워지므로 자신의 Shortname이 맞는지 확인하고, 틀리면 변경하면 됩니다. 다만 여기서는 Shortname을 하드코딩하지 않고 settings.py 파일의 설정 항목으로 관리하기 위해 뷰에서 넘겨준 disqus_short 컨텍스트 변수값을 사용하도록 수정했습니다.

참고로 Disqus 앱에서 보여주는 댓글은 글자 크기를 조정할 수 없습니다. 그래서 본문과 댓글의 글자 크기가 어울리지 않으면 본문의 글자 크기를 변경해야 합니다. Disqus 댓글과 어울리는 글자 크기는 14pt 또는 16pt가 적당하므로, 본문의 글자 크기를 16pt로 변경합니다. 아래와 같이 post-body 스타일을 추가하여 본문을 중앙에 80% 너비로 하고 본문 폰트와 글자 크기를 지정합니다.

예제 7-4 blog/post_detail.html - 스타일 지정

```
(vDjBook)$ cd /home/shkim/pyDjango/ch99/blog/templates/blog/
(vDjBook)$ vi post_detail.html

{% extends "base.html" %}

{% block title %}post_detail.html{% endblock %}

# 아래 블록 추가
{% block extra-style %}
<style>
.post-body {
    width: 80%;
    margin: auto;
    font-family: "Lucida Grande", Verdana, Arial, sans-serif;
    font-size: 16px;
}
</style>
{% endblock extra-style %}

{% block content %}
<div class="post-body">    # 추가

# 중간 내용 동일

    <br>
    <div id="disqus_thread"></div>

</div>                     # 추가
{% endblock %}
```

07

7.4 지금까지의 작업 확인하기

블로그에 등록된 포스트 하나를 클릭하면 다음 그림처럼 포스트 글 뒤에 댓글을 입력하는 영역이 추가되는 것을 확인할 수 있습니다. DISQUS 사이트를 만들고 처음 접속하는 경우 두 가지 후속 처리가 필요합니다. 〈좋아요〉 아이콘을 사용할지 선택하는 부분에는 [Maybe later] 버튼을 클릭하여 사용하지 않게 설정합니다. 그리고 DISQUS 계정 생성 시 등록한 이메일에서 [Verify] 버튼을 클릭하여 이메일을 확인합니다.

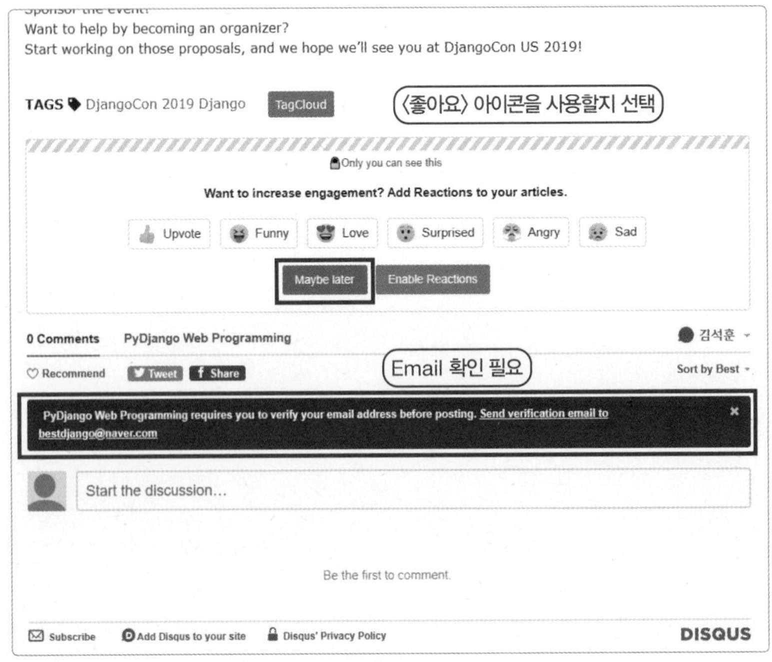

그림 7-11 Disqus 앱 - 처음 접속 시 옵션 선택

이 과정을 완료한 후 다음과 같이 원하는 댓글 문장을 입력하고 [Post as 김석훈] 버튼을 클릭하면 댓글이 DISQUS 사이트에 등록되고 화면에도 출력됩니다.

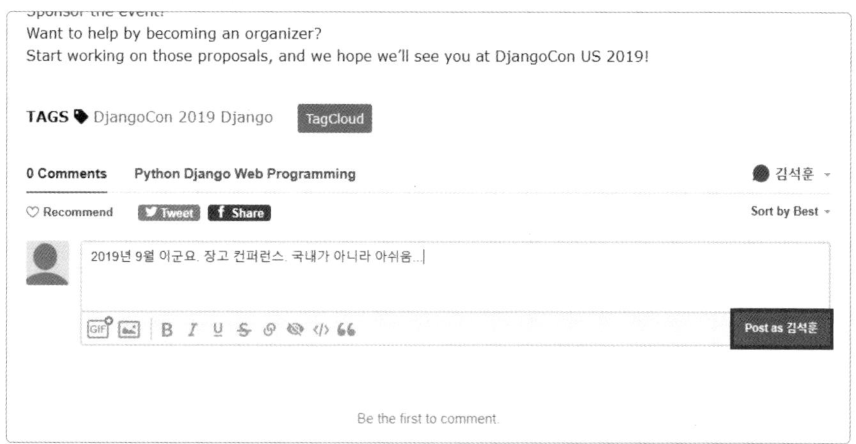

그림 7-12 Disqus 앱 – 댓글 입력하기

댓글 밑에 있는 [답글(Reply)] 버튼을 클릭하면 답글도 달 수 있습니다.

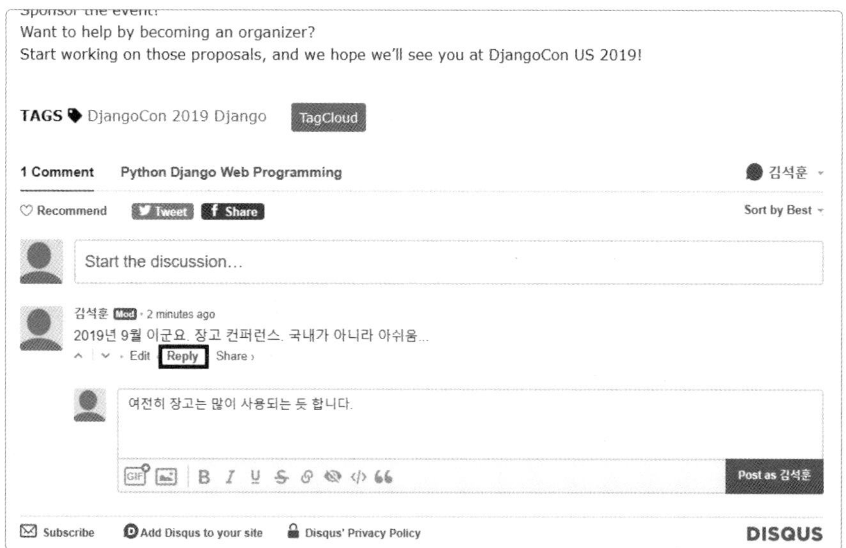

그림 7-13 Disqus 앱 – 댓글에 대한 답글 입력하기

다음 그림은 댓글과 답글이 등록된 최종 모습입니다.

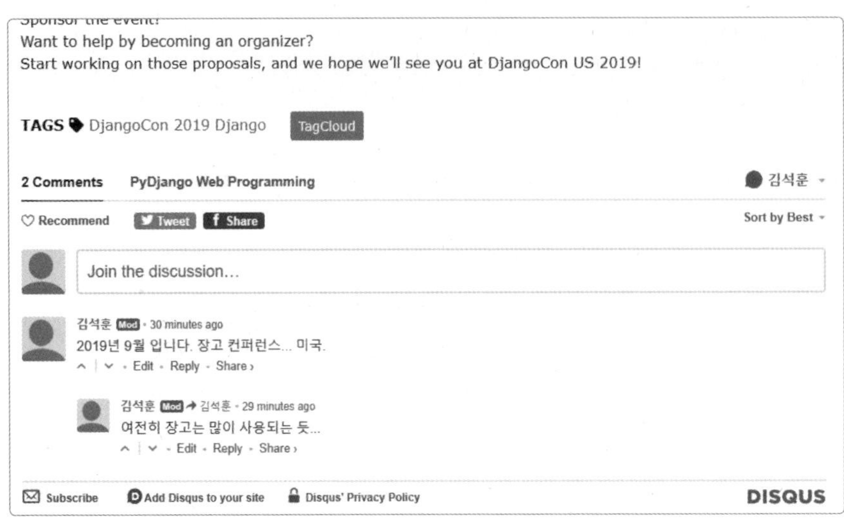

그림 7-14 Disqus 앱 – 댓글과 답글 화면

그리고 장고 프로젝트에서 입력한 댓글이 DISQUS 플랫폼에 저장된다는 점을 확인해보겠습니다. 물론 이는 Disqus 자바스크립트 앱이 동작한 결과입니다. DISQUS 홈페이지에 로그인한 이후 다음과 같은 메뉴로 이동하면 DISQUS 플랫폼에 저장된 댓글을 볼 수 있습니다.

```
로그인 > Admin > Community > Approved
```

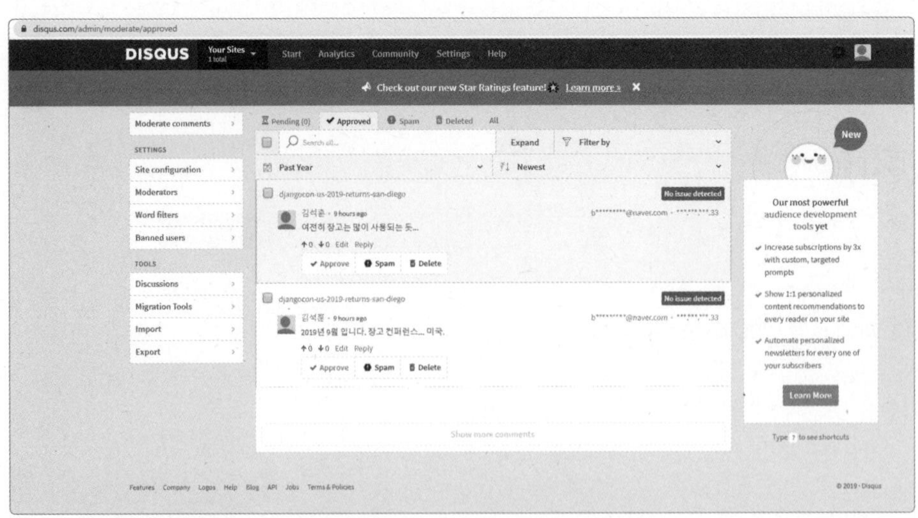

그림 7-15 DISQUS 플랫폼에 저장된 댓글 확인

CHAPTER 08

Blog 앱 확장 - 검색 기능

태그 및 댓글 기능에 이어 이번 장에서는 블로그의 검색 기능을 개발합니다. 검색 기능도 블로그 앱에서 자주 쓰는 기능이므로 오픈 소스로 제공하는 패키지가 많은데, 종류도 다양하고 기능도 풍부한 편입니다. 구글 검색 기능을 제공해주는 패키지도 있고, AJAX 기능으로 검색해주는 패키지도 있습니다.

이번에 개발하는 검색 기능의 검색 범위는 블로그 앱에 한정됩니다. 그러나 검색 범위를 사이트 전체로 하여 모든 앱의 콘텐츠에 대한 검색 기능을 개발할 수도 있습니다. 8장에서 검색 기능을 학습한 후 전체 사이트로 검색 범위를 확장하는 기능 개발에 도전해보기 바랍니다.

8.1 애플리케이션 설계하기

8장의 검색 기능은 블로그 앱 내에서의 검색 기능을 구현하는 것으로, 이 정도의 기능은 장고 자체의 Q-객체를 이용하면 어렵지 않게 구현할 수 있습니다. 장고의 Q-객체는 테이블에 대한 복잡한 쿼리를 처리하기 위한 객체입니다.

검색 기능을 위해서, 검색 단어를 입력받는 폼 기능 및 Q-객체를 사용해 검색 단어가 들어 있는 블로그를 찾고 그 결과를 보여주는 기능을 개발합니다.

8.1.1 화면 UI 설계

다음 그림과 같이 블로그 글에 대한 검색 기능을 구현할 예정입니다. 상단의 [Search] 메뉴를 클릭하면 검색 폼을 보여줍니다. 검색할 단어를 입력하고 [Submit] 버튼을 누르면 검색 결과가 나옵니다. 그리고 검색 폼과 검색 결과를 같은 페이지에 보여주도록 설계한 점도 유의하기 바랍니다.

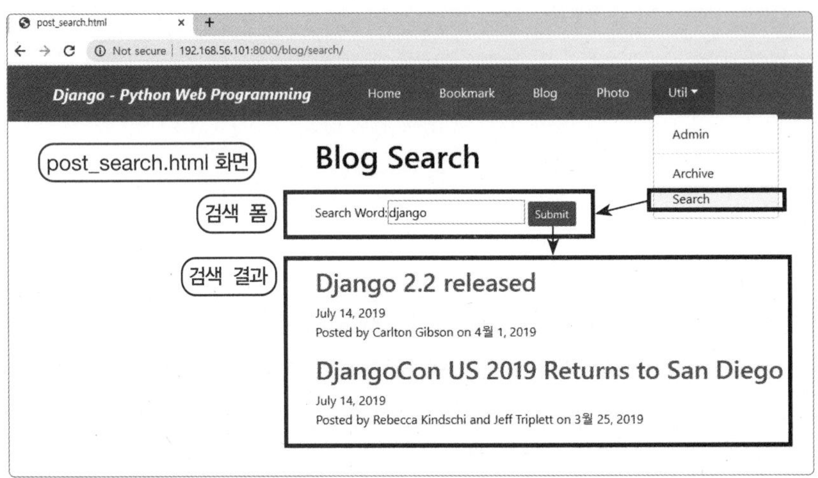

그림 8-1 블로그 검색 기능 – UI 설계

8.1.2 테이블 설계

별도의 테이블 변경이나 추가는 없습니다.

8.1.3 URL 설계

기존 URL에 검색 폼 처리를 위한 URL 하나를 추가합니다.

표 8-1 블로그 검색 기능 – URL 설계

URL 패턴	뷰 이름	템플릿 파일명
(기존 URL에 아래 1개의 URL 추가)		
/blog/search/	SearchFormView(FormView)	post_search.html

8.1.4 작업/코딩 순서

검색 폼을 출력하기 위해 forms.py 파일에 대한 코딩이 추가로 필요합니다.

표 8-2 블로그 검색 기능 – 작업/코딩 순서

작업 순서	관련 명령/파일	필요한 작업 내용
뼈대 만들기	startproject settings.py migrate createsuperuser	(2장에서 이미 완료했으므로 생략)
	startapp settings.py	(앱 추가는 없으므로 생략)
모델 코딩하기	models.py admin.py	(생략)
	makemigrations migrate	(생략)
URLconf 코딩하기	urls.py	URL 정의 추가
뷰 코딩하기	views.py	뷰 로직 추가
템플릿 코딩하기	templates 디렉터리	템플릿 파일 수정 및 추가
그 외 작업하기	forms.py	검색 폼 클래스 정의

08

8.2 개발 코딩하기

작업/코딩 순서에서 설명한 것처럼, 테이블은 변경 사항이 없으므로 모델 코딩은 불필요합니다. 바로 URLconf 코딩부터 시작합니다. 뷰에서 검색 폼을 사용하므로 검색 폼을 먼저 코딩하고 그 다음에 뷰를 코딩하겠습니다.

8.2.1 뼈대 만들기

앱을 신규로 만드는 것도 아니고 오픈 소스에서 추가할 앱이 있는 것도 아니라서 뼈대 작업은 없습니다.

8.2.2 모델 코딩하기

테이블 설계 단계에서 이미 파악한 내용이며 테이블에 대한 변경 사항은 없습니다.

8.2.3 URLconf 코딩하기

기존의 blog/urls.py 파일에 검색 관련 URL 1개를 추가합니다.

예제 8-1 blog/urls.py

```
(vDjBook)$ cd /home/shkim/pyDjango/ch99/blog/
(vDjBook)$ vi urls.py

    # Example: /blog/tag/tagname/
    path('tag/<str:tag>/', views.TaggedObjectLV.as_view(), name='tagged_object_list'),
    # 상단 내용 동일

    # Example: /blog/search/
    path('search/', views.SearchFormView.as_view(), name='search'), ---------------------❶
]
```

추가된 소스는 다음과 같습니다.

❶ URL /blog/search/ 요청을 처리할 뷰 클래스를 SearchFormView로 지정합니다. URL 패턴의 이름은 이름공간을 포함해 'blog:search'가 됩니다. SearchFormView 클래스형 뷰는 폼을 보여주고 폼에 들어 있는 데이터를 처리하기 위한 뷰이므로, FormView를 상속받아 정의합니다.

8.2.4 뷰 코딩하기

검색 기능을 제공하기 위해서는 검색 폼을 보여줘야 하고, 검색 폼의 데이터가 제출되어야 뷰가 처리하는 순서이므로, 뷰를 코딩하기 전에 폼을 먼저 만들겠습니다.

forms.py

장고에서는 HTML 폼 태그도 클래스로 정의할 수 있습니다. forms.py 파일에 다음과 같은 코드를 입력합니다.

예제 8-2 blog/forms.py

```
(vDjBook)$ cd /home/shkim/pyDjango/ch99/blog/
(vDjBook)$ vi forms.py

from django import forms ---------------------------------------------------❶

class PostSearchForm(forms.Form): ------------------------------------------❷
    search_word = forms.CharField(label='Search Word') ---------------------❸
```

위 소스를 라인별로 설명하겠습니다.

❶ 장고는 폼을 클래스로 표현할 수 있도록 하는 기능을 django.forms 모듈에서 제공합니다. 이 모듈을 임포트합니다.

❷ 폼을 정의하기 위해서는 django.forms 모듈의 Form 클래스를 상속받아 클래스를 정의하면 됩니다.

❸ 폼을 정의하는 방법은 테이블의 모델 클래스를 정의하는 방법과 매우 유사합니다. CharField 필드는 TextInput 위젯으로 표현되며, label 인자인 Search Word는 폼 위젯 앞에 출력되는 레이블이 되고, 변수 search_word는 input 태그에 대한 name 속성이 되어 사용자가 입력한 값을 저장하는 데 사용됩니다. 결국 HTML 요소 〈input type="text"〉 하나를 만든 것입니다.

참고로, 폼에 대한 자세한 설명은 **16. 장고 핵심 기능 – Form**을 참고하기 바랍니다.

views.py

기존의 blog/views.py 파일에 클래스형 뷰 SearchFormView를 추가합니다.

예제 8-3 blog/views.py

```
(vDjBook)$ cd /home/shkim/pyDjango/ch99/blog/
(vDjBook)$ vi views.py

from django.views.generic import ListView, DetailView, TemplateView
from django.views.generic import ArchiveIndexView, YearArchiveView, MonthArchiveView
from django.views.generic import DayArchiveView, TodayArchiveView
from django.conf import settings

from blog.models import Post

from django.views.generic import FormView  # 추가 ---------------------------❶
```

08

```
from blog.forms import PostSearchForm       # 추가 ---------------------------------------❷
from django.db.models import Q              # 추가 ---------------------------------------❸
from django.shortcuts import render         # 추가 ---------------------------------------❹

(중략)

# 상단 내용 동일 ---------------------------------------------------------------------------❺
# 파일 끝에 아래 클래스형 뷰 추가

#--- FormView
class SearchFormView(FormView): -------------------------------------------------------❻
    form_class = PostSearchForm -------------------------------------------------------❼
    template_name = 'blog/post_search.html' -------------------------------------------❽

    def form_valid(self, form): -------------------------------------------------------❾
        searchWord = form.cleaned_data['search_word'] ---------------------------------❿
        post_list = Post.objects.filter(Q(title__icontains=searchWord) | Q(description__
icontains=searchWord) | Q(content__icontains=searchWord)).distinct() ------------------⓫

        context = {} ------------------------------------------------------------------⓬
        context['form'] = form --------------------------------------------------------⓭
        context['search_term'] = searchWord -------------------------------------------⓮
        context['object_list'] = post_list --------------------------------------------⓯

        return render(self.request, self.template_name, context)   # No Redirection ⓰
```

기존 소스 대비 변경된 라인은 다음과 같습니다.

❶ FormView 클래스형 제네릭 뷰를 임포트합니다.

❷ 검색 폼으로 사용할 PostSearchForm 폼 클래스를 임포트합니다. PostSearchForm 클래스는 앞에서 forms.py 파일에 정의한 바 있습니다.

❸ 검색 기능에 필요한 Q 클래스를 임포트합니다.

❹ 단축 함수 render()를 임포트합니다.

❺ 여기까지는 기존 소스와 동일합니다.

❻ FormView 제네릭 뷰를 상속받아 SearchFormView 클래스형 뷰를 정의합니다. FormView 제네릭 뷰는 GET 요청인 경우 폼을 화면에 보여주고 사용자의 입력을 기다립니다. 사용자가 폼에 데이터를 입력한 후 제출하면 이는 POST 요청으로 접수되며 FormView 클래스는 데이터에 대한 유효성 검사를 합니다. 데이터가 유효하면 form_valid() 함수를 실행한 후에 적절한 URL로 리다이렉트시키는 기능을 갖고 있습니다.

❼ 폼으로 사용될 클래스를 PostSearchForm으로 지정합니다.

❽ 템플릿 파일을 지정합니다. 템플릿 파일은 다음 절에서 코딩할 예정입니다.

❾ POST 요청으로 들어온 데이터의 유효성 검사를 실시해 에러가 없으면 form_valid() 메소드를 실행합니다.

❿ 유효성 검사를 통과하면, 사용자가 입력한 데이터들은 cleaned_data 사전에 존재합니다. 이 사전에서 search_word 값을 추출해 searchWord 변수에 지정합니다. search_word 키는 PostSearchForm 클래스에서 정의한 필드 이름입니다.

⓫ Q 객체는 filter() 메소드의 매칭 조건을 다양하게 줄 수 있도록 합니다. 예제에서는 3개의 조건을 OR 문장으로 연결하고 있습니다. 각 조건의 icontains 연산자는 대소문자를 구분하지 않고 단어가 포함되어 있는지 검사합니다. distinct() 메소드는 중복된 객체를 제외합니다. 즉 이 줄의 의미는 Post 테이블의 모든 레코드에 대해 title, description, content 컬럼에 searchWord가 포함된 레코드를 대소문자 구별 없이 검색하고 서로 다른 레코드들만 리스트로 만들어서 post_list 변수에 지정합니다.

⓬ 템플릿에 넘겨줄 컨텍스트 변수 context를 사전 형식으로 정의합니다.

⓭ form 객체, 즉 PostSearchForm 객체를 컨텍스트 변수 form에 지정합니다.

⓮ 검색용 단어 searchWord를 컨텍스트 변수 search_term에 지정합니다.

⓯ 검색 결과 리스트인 post_list를 컨텍스트 변수 object_list에 지정합니다.

⓰ 단축 함수 render()는 템플릿 파일과 컨텍스트 변수를 처리해, 최종적으로 HttpResponse 객체를 반환합니다. form_valid() 메소드는 보통 리다이렉트 처리를 위해 HttpResponseRedirect 객체를 반환합니다. 여기서는 form_valid() 메소드를 재정의하여 render() 함수를 사용함으로써, HttpResponseRedirect가 아니라 HttpResponse 객체를 반환합니다. 즉 리다이렉트 처리가 되지 않습니다.

8.2.5 템플릿 코딩하기

화면 UI 설계에 나타난 것처럼, 상단의 [Util > Search] 메뉴에 링크를 달아주고 검색 폼과 검색 결과를 보여줄 수 있도록 템플릿 파일을 코딩하겠습니다.

base.html 수정

먼저 [Util > Search] 메뉴에 링크를 연결하기 위해 base.html 파일에서 다음과 같이 한 줄을 수정합니다.

예제 8-4 templates/base.html

```
(vDjBook)$ cd /home/shkim/pyDjango/ch99/templates/
(vDjBook)$ vi base.html
```

```
# 상단 내용 동일
    <li class="nav-item dropdown mx-1 btn btn-primary">
        <a class="nav-link dropdown-toggle text-white" href="#" data-toggle="dropdown">
Util</a>
        <div class="dropdown-menu">
            <a class="dropdown-item" href="{% url 'admin:index' %}">Admin</a>
            <div class="dropdown-divider"></div>
            <a class="dropdown-item" href="{% url 'blog:post_archive' %}">Archive</a>
            <a class="dropdown-item" href="{% url 'blog:search' %}">Search</a>    # 수정
        </div>
    </li>
# 하단 내용 동일
```

post_search.html

다음은 검색 폼과 검색 결과를 한 화면에 보여줄 수 있도록 템플릿 파일을 다음처럼 코딩합니다. 템플릿 파일 이름은 뷰에서 정의한 post_search.html 파일입니다.

예제 8-5 blog/templates/blog/post_search.html

```
(vDjBook)$ cd /home/shkim/pyDjango/ch99/blog/templates/blog/
(vDjBook)$ vi post_search.html

{% extends "base.html" %}

{% block title %}post_search.html{% endblock %}

{% block content %}
<h1>Blog Search</h1>
<br>

<form action="." method="post"> {% csrf_token %} ----------------------------❷ ---
    {{ form.as_table }} ------------------------------------------------------❸   ❶
    <input type="submit" value="Submit" class= "btn btn-primary btn-sm "> --❹
</form> ----------------------------------------------------------------------------

<br/><br/> ------------------------------------------------------------------------❺

{% if object_list %} --------------------------------------------------------------❻
```

```
{% for post in object_list %} ------------------------------------------------
    <h2><a href='{{ post.get_absolute_url }}'>{{ post.title }}</a></h2> ---------❽
    {{ post.modify_date|date:"N d, Y" }} ------------------------------------❾   ❼
    <p>{{ post.description }}</p> ------------------------------------------❿
{% endfor %} ----------------------------------------------------------------

{% elif search_term %} ---------------------------------------------------------⓫
    <b><i>Search Word({{ search_term }}) Not Found !</i></b> -------------------⓬
{% endif %}
{% endblock %}
```

위 소스를 라인별로 설명하면 다음과 같습니다.

❶ 검색 폼을 출력합니다. Submit 버튼을 누르면 POST 방식으로 현재와 동일한 URL로 요청이 전송됩니다.

❷ CSRF 공격을 방지하기 위해 {% csrf_token %} 태그를 사용합니다.

❸ form을 테이블 형식으로 표시합니다. 여기서 form은 뷰에서 넘겨준 PostSearchForm 객체입니다.

❹ Submit이라는 단어로 제출 버튼을 만듭니다.

❺ 검색 폼과 검색 결과 사이에 2개의 빈 줄을 만듭니다.

❻ object_list에 내용이 있는지 확인합니다. 즉 검색 결과가 1개 이상 있는지 확인합니다.

❼ 검색 결과가 있다면, 검색 결과를 순회하며 Post 객체의 title, modify_date, description 속성을 출력합니다.

❽ 객체의 title을 〈h2〉 폰트 크기로 출력합니다. 또한 title 텍스트에 URL 링크를 연결합니다. URL 링크는 객체의 get_absolute_url() 메소드를 호출해서 구하는데, /blog/post/slug단어/와 같은 형식이 될 것입니다.

❾ 다음 줄에 객체의 modify_date 속성값을 "N d, Y" 포맷으로 출력합니다(예: July 05, 2015).

❿ 다음 줄에 객체의 description 속성값을 출력합니다.

⓫ 검색 결과가 없으면, search_term에 값이 있는지 확인합니다. 이는 사용자가 검색 단어를 입력했는지의 여부를 판단하기 위한 것으로, [Search] 메뉴를 클릭한 후 처음으로 검색 폼을 보여주는 경우를 제외하기 위함입니다. 즉 사용자가 검색 단어를 입력하고 검색 결과가 없을 경우, 다음 줄의 Not Found 문장을 표시합니다.

⓬ Not Found 문장에 검색 단어를 포함해서 볼드체 및 이탤릭체로 표시합니다.

8.3 지금까지의 작업 확인하기

상단 메인 메뉴의 [Util > Search] 버튼을 클릭하면 검색 폼이 나타납니다. 검색 폼에 단어를 입력하고 [Submit] 버튼을 클릭하면 검색 결과가 같은 화면에 나타나야 합니다. 앞에서 설명한 [그림 8-1]은 검색 단어로 django를 입력해서 검색한 결과이니 참고하기 바랍니다.

검색 결과가 없는 경우 아래와 같은 화면이 나옵니다.

그림 8-2 블로그 검색 기능 – 검색 결과가 없는 경우

CHAPTER 09

실전 프로그램 개발 – Photo 앱

9장에서는 포토Photo 앱을 만들어보겠습니다. 포토 앱은 사진들을 앨범으로 그룹화해 관리하고 각 사진에 대한 정보를 등록하고 열람할 수 있는 앱입니다. 최근 텍스트보다는 시각적인 앱이 대세라서 사진을 매개체로 한 앱이 많이 활성화되어 있습니다. 사진을 저장하고 다른 사람과 공유하며 사진에 대해서 의견을 나누는 등 여러 가지 앱을 쉽게 접할 수 있습니다.

이번 장에서 다루는 포토 앱은 웹 사이트에 사진을 올리고 그 사진들을 앨범으로 그룹화하며 앨범 및 사진을 열람할 수 있는 애플리케이션입니다. 사진의 썸네일을 처리하기 위해 새로운 커스텀 필드가 필요하므로, 1장에서 설치한 Pillow 라이브러리를 활용해서 커스텀 필드를 작성하는 방법도 알아봅니다. 이후에 12장에서는 사진 및 앨범을 수정 및 삭제하는 기능과 더불어, 파일 업로드 기능 및 인라인 폼셋 기능 등으로 포토 앱을 확장할 예정입니다.

09

9.1 애플리케이션 설계하기

포토 앱에 필요한 테이블은 사진을 담는 Photo 테이블과 사진들을 그룹화해 정보를 담을 수 있는 Album 테이블이 필요합니다. 또한 사진을 사이트에 등록하는 업로드 기능 및 썸네일 사진을 생성하는 기능도 필요합니다.

9.1.1 화면 UI 설계

다음과 같은 화면을 구현할 예정입니다. 각 화면의 템플릿 파일명과 화면 요소들이 무엇을 의미하는지, 그리고 어느 모델 필드에 해당하는지(영문으로 표시된 항목들) 등을 표시해 두었으니 참고하기 바랍니다.

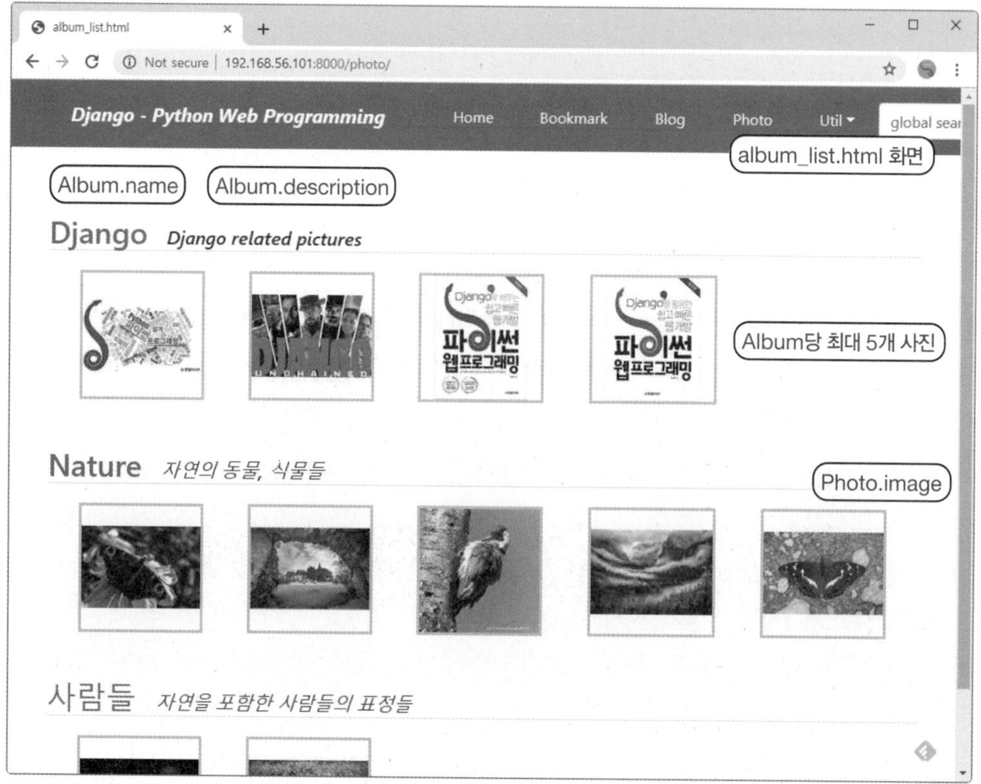

그림 9-1 포토 앱 – UI 설계(앨범 리스트 화면)

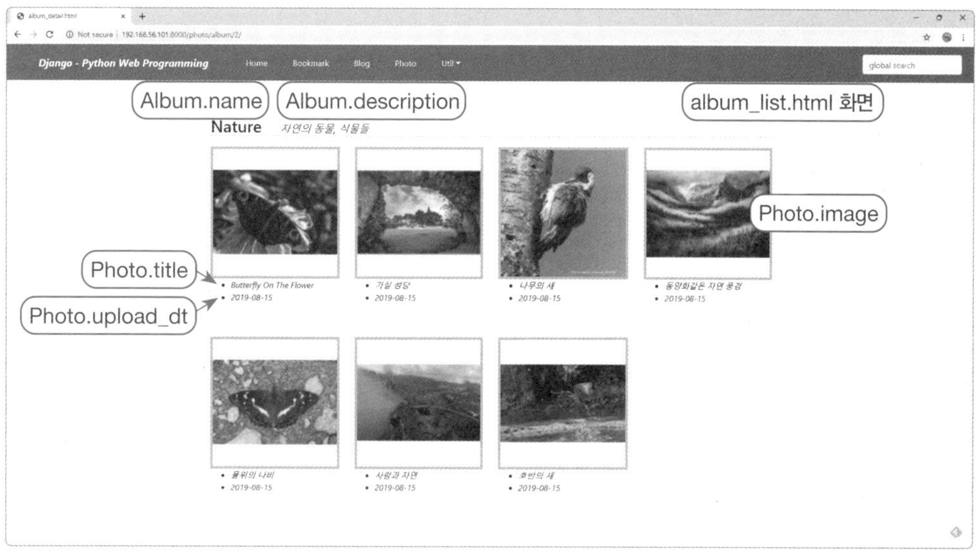

그림 9-2 포토 앱 – UI 설계(앨범 상세 화면)

그림 9-3 포토 앱 – UI 설계(사진 상세 화면)

9.1.2 테이블 설계

Album 테이블과 Photo 테이블 2개가 필요한데, 두 테이블 간에는 1:N 관계가 성립됩니다. 즉,

하나의 앨범은 여러 개의 사진을 가질 수 있고, 하나의 사진은 하나의 앨범에만 속하는 관계입니다. 이 관계는 Photo 테이블의 album 속성에 ForeignKey 필드로 지정됩니다.

표 9-1 포토 앱 – 테이블 설계(Album 모델 클래스)

필드명	타입	제약 조건	설명
id	Integer	PK, Auto Increment	기본 키
name	CharField(50)		앨범 제목
description	CharField(100)	Blank	앨범에 대한 한 줄 설명

표 9-2 포토 앱 – 테이블 설계(Photo 모델 클래스)

필드명	타입	제약 조건	설명
id	Integer	PK, Auto Increment	기본 키
album	ForeignKey	FK(Album.id)	Album에 대한 외래 키
title	CharField(50)		사진 제목
image	ThumbnailImageField		원본 및 썸네일 사진
description	TextField	Blank	사진에 대한 설명
upload_dt	DateTimeField	auto_now_add	사진을 업로드한 일시

9.1.3 URL 설계

다음 URL 패턴 중에서 첫 2개의 URL은 동일한 요청으로 간주해 동일한 뷰와 템플릿을 사용할 예정입니다. 물론 원한다면 다른 요청으로 설계 및 코딩할 수도 있습니다.

표 9-3 포토 앱 – URL 설계

URL 패턴	뷰 이름	템플릿 파일명
/photo/	AlbumLV(ListView)	album_list.html
/photo/album/	AlbumLV(ListView)	album_list.html
/photo/album/99/	AlbumDV(DetailView)	album_detail.html
/photo/photo/99/	PhotoDV(DetailView)	photo _detail.html

9.1.4 작업/코딩 순서

작업 순서는 다음과 같습니다.

표 9-4 포토 앱 – 작업/코딩 순서

작업 순서	관련 명령/파일	필요한 작업 내용
뼈대 만들기	startproject settings.py migrate createsuperuser	(2장에서 이미 완료했으므로 생략)
	startapp settings.py	포토 앱 생성 포토 앱 등록
모델 코딩하기	models.py admin.py fields.py	모델(테이블) 정의 Admin 사이트에 모델 등록 ThumbnailImageField 커스텀필드 정의
	makemigrations migrate	모델을 데이터베이스에 반영
URLconf 코딩하기	urls.py	URL 정의
뷰 코딩하기	views.py	뷰 로직 작성
템플릿 코딩하기	templates 디렉터리	템플릿 파일 작성
그 외 코딩하기	–	(없음)

09

9.2 개발 코딩하기

포토 앱을 새로 만드는 단계부터 시작하면 됩니다. 앨범 및 사진을 정렬하기 위해 CSS 코딩도 필요합니다.

9.2.1 뼈대 만들기

앞에서 만든 vDjBook 가상 환경으로 진입합니다.

```
$ source /home/shkim/pyDjango/vDjBook/bin/activate
(vDjBook)$
```

다음 명령으로 포토 앱을 만듭니다.

```
(vDjBook)$ python manage.py startapp photo
```

포토 앱도 settings.py 파일에 등록합니다. **2.2.6 애플리케이션 등록**에서 설명한 것처럼, photo/apps.py 파일에 정의된 'photo.apps.PhotoConfig'를 등록합니다.

예제 9-1 mysite/settings.py 파일에 블로그 앱 등록

```
(vDjBook)$ cd /home/shkim/pyDjango/ch99/mysite/
(vDjBook)$ vi settings.py

# 상단 내용 동일
INSTALLED_APPS = [
    'django.contrib.admin',
    'django.contrib.auth',
    'django.contrib.contenttypes',
    'django.contrib.sessions',
    'django.contrib.messages',
    'django.contrib.staticfiles',

    'taggit.apps.TaggitAppConfig',
    'taggit_templatetags2',
    'bookmark.apps.BookmarkConfig',
    'blog.apps.BlogConfig',
    'photo.apps.PhotoConfig',        # 추가
]
# 하단 내용 동일
```

그 외에도 이번 포토 앱에서는 사진을 업로드하는 기능이 필요합니다. 이를 위해 업로드하는 사진 파일을 저장하고, 이 사진 파일에 대한 URL 요청을 인식할 수 있도록 settings.py 파일에 다음 두 개의 항목이 등록되어 있어야 합니다. 우리는 이미 2장에서 등록했으므로 확인만 하면 됩니다.

```
MEDIA_URL = '/media/'
MEDIA_ROOT = os.path.join(BASE_DIR, 'media')
```

9.2.2 모델 코딩하기

앞에서 설계한 것처럼, 포토 앱은 Album과 Photo 두 개의 테이블이 필요합니다. Photo 테이블은 사진에 대한 정보를 담는 테이블이며, Album 테이블은 같은 주제의 사진들을 모으는 역할을 합니다.

models.py

아래와 같이 models.py 파일에 테이블의 정의뿐만 아니라 필요한 메소드와 Meta 내부 클래스도 같이 정의합니다.

예제 9-2 photo/models.py

```
(vDjBook)$ cd /home/shkim/pyDjango/ch99/photo/
(vDjBook)$ vi models.py

from django.db import models
from django.urls import reverse

from photo.fields import ThumbnailImageField  ❶


class Album(models.Model):
    name = models.CharField(max_length=30)
    description = models.CharField('One Line Description', max_length=100, blank= True)

    class Meta:
        ordering = ('name',)

    def __str__(self):
        return self.name

    def get_absolute_url(self):  ❷
        return reverse('photo:album_detail', args=(self.id,))

class Photo(models.Model):
    album = models.ForeignKey(Album, on_delete=models.CASCADE)  ❸
    title = models.CharField('TITLE', max_length=30)
    description = models.TextField('Photo Description', blank=True)  ❹
    image = ThumbnailImageField(upload_to='photo/%Y/%m')  ❺
```

09

```
upload_dt = models.DateTimeField('Upload Date', auto_now_add=True) ---------- ❻

class Meta: ---------------------------------------------------------------- ❼
    ordering = ('title',) -------------------------------------------------

def __str__(self):
    return self.title

def get_absolute_url(self): ------------------------------------------------ ❽
    return reverse('photo:photo_detail', args=(self.id,)) ------------------
```

다음은 라인별 설명인데, 이미 다뤘던 내용들은 설명을 생략했습니다. 설명이 생략된 라인은 [예제 3-2]를 참고하기 바랍니다.

❶ ThumbnailImageField를 임포트합니다. ThumbnailImageField 필드 클래스는 사진에 대한 원본 이미지와 썸네일 이미지를 모두 저장할 수 있는 필드로, 직접 만든 커스텀 필드입니다. 이 커스텀 필드는 fields.py 파일에 정의되어 있습니다. 뒷부분에서 별도로 설명하겠습니다.

❷ get_absolute_url() 메소드는 이 메소드가 정의된 객체를 지칭하는 URL을 반환합니다. 메소드 내에서는 장고의 내장 함수인 reverse()를 호출합니다. 우리 예제에서는 /photo/album/99/ 형식의 URL을 반환합니다.

❸ album 컬럼은 Album 테이블에 연결된 외래 키입니다. 즉, 본 사진이 소속된 앨범 객체를 가리키는 reference 역할을 합니다.

❹ description 컬럼은 TextField를 사용해 여러 줄의 입력이 가능합니다. 컬럼에 대한 레이블은 'Photo Description'이고 내용이 없어도(blank) 됩니다.

❺ image 컬럼은 필드 타입이 ThumbnailImageField입니다. ThumbnailImageField 필드는 사진에 대한 원본 이미지 및 썸네일 이미지를 둘 다 저장할 수 있는 필드인데, upload_to 옵션으로 저장할 위치를 지정합니다. 'photo/%Y/%m'의 의미는 MEDIA_ROOT로 정의된 디렉터리 하위에 ~/photo/2019/08/처럼 연도와 월을 포함해 디렉터리를 만들고 그 곳에 업로드하는 사진의 원본 및 썸네일 사진을 저장합니다. 우리 예제에서는 2019년 8월에 사진을 업로드한다면 다음 디렉터리에 사진이 저장될 것입니다. 업로드하는 시점에 디렉터리가 없다면 자동으로 생성됩니다.

```
/home/shkim/pyDjango/ch99/media/photo/2019/08/
```

❻ upload_dt 컬럼은 날짜와 시간을 입력하는 DateTimeField이며, auto_now_add 속성은 객체가 생성될 때의 시각을 자동으로 기록하게 합니다. 즉 사진이 처음 업로드되는 시간을 자동으로 기록합니다.

❼ Meta 내부 클래스로, 객체 리스트를 출력할 때의 정렬 기준을 정의합니다. title 컬럼을 기준으로 오름차순으로 정렬합니다.

❽ get_absolute_url() 메소드는 이 메소드가 정의된 객체를 지칭하는 URL을 반환합니다. 메소드 내에서는 장고의 내장 함수인 reverse()를 호출합니다. 우리 예제에서는 /photo/photo/99/ 형식의 URL을 반환합니다.

NOTE_ TaggableManager vs ThumbnailImageField 커스텀 필드 정의

6장에서 사용한 TaggableManager 및 이번 9장의 ThumbnailImageField 모두 커스텀 필드입니다. 커스텀 필드란 장고에서 기본으로 제공하는 필드가 아니라, 외부에서 스스로 정의한 필드라는 의미입니다. TaggableManager 커스텀 필드는 django-taggit 패키지에 포함되어 있어서 패키지만 설치하면 사용할 수 있었습니다. 반면 ThumbnailImageField 커스텀 필드는 별도의 패키지가 있는 것이 아니라 우리가 직접 코딩해서 사용하는 커스텀 필드입니다. 이에 대해서는 다음에 나오는 **fields.py** 부분에서 설명합니다.

커스텀 필드를 작성하는 방법은 다음 사이트를 참고하기 바랍니다.

https://docs.djangoproject.com/en/2.2/howto/custom-model-fields/

admin.py

다음은 앞에서 정의한 테이블도 Admin 사이트에 보이도록 admin.py 파일에 등록합니다. 또한 Admin 사이트의 모습을 정의하는 AlbumAdmin, PhotoAdmin 클래스도 정의합니다.

09

예제 9-3 photo/admin.py

```
(vDjBook)$ cd /home/shkim/pyDjango/ch99/photo/
(vDjBook)$ vi admin.py

from django.contrib import admin
from photo.models import Album, Photo

class PhotoInline(admin.StackedInline): ---------------- ❶
    model = Photo ---------------- ❷
    extra = 2 ---------------- ❸

@admin.register(Album)
class AlbumAdmin(admin.ModelAdmin):
    inlines = (PhotoInline,) ---------------- ❹
    list_display = ('id', 'name', 'description')

@admin.register(Photo) ---------------- ❺
class PhotoAdmin(admin.ModelAdmin):
    list_display = ('id', 'title', 'upload_dt')
```

다음은 라인별 설명인데, 이미 다뤘던 내용들은 설명을 생략했습니다. 설명이 생략된 라인은 [예제 3-3]을 참고하기 바랍니다.

❶ 외래 키로 연결된 Album, Photo 테이블 간에는 1:N 관계가 성립되므로, 앨범 객체를 보여줄 때 객체에 연결된 사진 객체들을 같이 보여줄 수 있습니다. 같이 보여주는 형식은 StackedInline과 TabularInline 두 가지가 있는데, 우리 예제에서는 StackedInline, 즉 세로로 나열되는 형식으로 보여줍니다. PhotoInline 클래스에서 이런 사항을 정의하고 있습니다. 참고로 TabularInline은 테이블 모양처럼 행으로 나열되는 형식입니다.

❷ 추가로 보여주는 테이블은 Photo 테이블입니다.

❸ 이미 존재하는 객체 외에 추가로 입력할 수 있는 Photo 테이블 객체의 수는 2개입니다.

❹ 앨범 객체 수정 화면을 보여줄 때 PhotoInline 클래스에서 정의한 사항을 같이 보여줍니다.

❺ Photo와 PhotoAdmin 클래스를 등록할 때 admin.site.register() 함수를 사용해도 되지만 데코레이터를 사용하면 좀 더 간단합니다.

fields.py

앞에서 사진을 저장하기 위한 필드로 ThumbnailImageField를 사용했습니다. 이 필드는 장고에서 제공하는 필드가 아니라 필자가 직접 작성한 필드입니다. 이렇게 장고의 기본 필드 외에 개발자가 스스로 만드는 필드를 커스텀 필드라고 합니다.

커스텀 필드를 작성할 때 파일명은 보통 fields.py라고 지정하지만, 개발자가 임의로 원하는 파일명을 사용해도 무방합니다. 다음과 같이 fields.py 파일에 ThumbnailImageField 필드를 정의하는 코드를 작성합니다.

예제 9-4 photo/fields.py

```
(vDjBook)$ cd /home/shkim/pyDjango/ch99/photo/
(vDjBook)$ vi fields.py

import os
from PIL import Image ------------------------------------------------ ❶
from django.db.models.fields.files import ImageField, ImageFieldFile ---- ❷

class ThumbnailImageFieldFile(ImageFieldFile): -------------------------- ❸
    def _add_thumb(s): -------------------------------------------------- ❹
        parts = s.split(".")
        parts.insert(-1, "thumb")
        if parts[-1].lower() not in ['jpeg', 'jpg']: -------------------- ❺
```

```
            parts[-1] = 'jpg'
        return ".".join(parts)

    @property
        def thumb_path(self):                                                   ❻
        return self._add_thumb(self.path)

    @property
    def thumb_url(self):                                                        ❼
        return self._add_thumb(self.url)

    def save(self, name, content, save=True):                                   ❽
        super().save(name, content, save)                                       ❾

        img = Image.open(self.path)
        size = (self.field.thumb_width, self.field.thumb_height)               ❿
        img.thumbnail(size)
        background = Image.new('RGB', size, (255, 255, 255))                   ⓫
        box = (int((size[0] - img.size[0]) / 2), int((size[1] - img.size[1]) / 2))  ⓬
        background.paste(img, box)
        background.save(self.thumb_path, 'JPEG')                               ⓭

    def delete(self, save=True):
        if os.path.exists(self.thumb_path):
            os.remove(self.thumb_path)                                          ⓮
        super().delete(save)

class ThumbnailImageField(ImageField):                                          ⓯
    attr_class = ThumbnailImageFieldFile                                        ⓰

    def __init__(self, verbose_name=None, thumb_width=128, thumb_height=128, **kwargs):⓱
        self.thumb_width, self.thumb_height = thumb_width, thumb_height
        super().__init__(verbose_name, **kwargs)                               ⓲
```

커스텀 필드를 작성할 때는 기존의 비슷한 필드를 상속받아 작성하는 것이 보통입니다. 그래서 이미지 관련 커스텀 필드는 ImageField 클래스를 상속받아 작성합니다. 또한 ImageField 필드는 이미지 파일을 파일 시스템에 쓰고 삭제하는 작업이 필요하므로, 추가적으로 ImageFieldFile 클래스가 필요하고 두 개의 클래스를 연계시켜주는 코드도 필요합니다.

위 소스에 이러한 사항이 반영되어 있습니다. 라인별로 살펴보겠습니다.

❶ 1장에서 설치한 파이썬의 이미지 처리 라이브러리 PIL.Image를 임포트합니다.

❷ 장고의 기본 필드인 ImageField, ImageFieldFile 클래스를 임포트합니다.

❸ ThumbnailImageFieldFile 클래스는 ImageFieldFile을 상속받습니다. 이 클래스는 파일 시스템에 직접 파일을 쓰고 지우는 작업을 합니다.

❹ 이 메소드는 기존 이미지 파일명을 기준으로 썸네일 이미지 파일명을 만들어줍니다. 예를 들어 이미지 파일이 abc.jpg이면 썸네일 이미지 파일명은 abc.thumb.jpg가 됩니다. 여기서는 썸네일 이미지의 경로나 URL을 만들 때 사용합니다.

❺ 이미지의 확장자가 jpeg 또는 jpg가 아니면 jpg로 변경합니다.

❻ 이미지를 처리하는 필드는 파일의 경로(path)와 URL(url) 속성을 제공해야 합니다. 이 메소드는 원본 파일의 경로인 path 속성에 추가해, 썸네일의 경로인 thumb_path 속성을 만듭니다. @property 데코레이터를 사용하면, 메소드를 멤버 변수처럼 사용할 수 있습니다.

❼ 이 메소드는 원본 파일의 URL인 url 속성에 추가해, 썸네일의 URL인 thumb_url 속성을 만듭니다. 역시 @property 데코레이터를 사용하고 있습니다.

❽ 파일 시스템에 파일을 저장하고 생성하는 메소드입니다.

❾ 부모 ImageFieldFile 클래스의 save() 메소드를 호출해 원본 이미지를 저장합니다.

❿ 원본 파일로부터 디폴트 128X128px 크기의 썸네일 이미지를 만듭니다. 썸네일 크기의 최대값을 필드 옵션으로 지정할 수 있습니다. 썸네일 이미지를 만드는 함수는 PIL 라이브러리의 Image.thumbnail() 함수입니다. 이 함수는 썸네일을 만들 때 원본 이미지의 가로X세로 비율을 유지합니다.

⓫ RGB 모드인 동일한 크기의 백그라운드 이미지를 만듭니다. 이미지 색상은 흰색입니다.

⓬ 썸네일과 백그라운드 이미지를 합쳐서 정사각형(디폴트 크기인 경우) 모양의 썸네일 이미지를 만듭니다. 정사각형의 빈 공간은 백그라운드 이미지에 의해서 하얀색이 됩니다.

⓭ 합쳐진 최종 이미지를 JPEG 형식으로 파일 시스템의 thumb_path 경로에 저장합니다.

⓮ delete() 메소드 호출 시 원본 이미지뿐만 아니라 썸네일 이미지도 같이 삭제되도록 합니다.

⓯ ThumbnailImageField 클래스는 ImageField를 상속받습니다. 이 클래스가 장고 모델 정의에 사용하는 필드 역할을 합니다.

⓰ ThumbnailImageField와 같은 새로운 FileField 클래스를 정의할 때는 그에 상응하는 File 처리 클래스를 attr_class 속성에 지정하는 것이 필수입니다. ThumbnailImageField에 상응하는 File 클래스로, ❸에서 정의한 ThumbnailImageFieldFile을 지정합니다.

⓱ 모델의 필드 정의 시 이미지의 최대 크기로 thumb_width, thumb_height 옵션을 지정할 수 있으며, 지정하지 않으면 디폴트로 128px을 사용합니다. 필드에 대한 별칭을 줄 수도 있습니다.

⓲ 부모 ImageField 클래스의 생성자를 호출해 관련 속성들을 초기화합니다.

NOTE_ 패키지 설치 vs 커스텀 필드 작성

이번 9장의 포토 앱에서는 썸네일을 제공하는 기능이 필요합니다. 썸네일 기능이 필요한 경우, 지금처럼 직접 관련 기능을 코딩해 해결할 수 있습니다. 장고에서는 이런 경우를 대비해서 커스텀 필드, 커스텀 템플릿 태그/필터 등을 직접 개발할 수 있는 API를 제공하고 있습니다. 또 한 가지 방법은 썸네일 기능을 제공하는 패키지를 설치하는 방법입니다. 6장에서 블로그 태그 기능이 필요해서 django-taggit 패키지를 설치한 것이 그 예입니다. 썸네일 기능을 제공하는 패키지 중에서 많이 사용하는 것은 다음과 같습니다.

- image-kit, sorl-thumbnail, easy-thumbnails 등 다양함

보통은 관련 패키지를 설치하는 방법이 쉽기 때문에 이 방법을 많이 사용합니다. 여기서는 중고급 개발자를 위해 커스텀 필드를 직접 개발하는 방법을 소개했고 부록 B.1에서 sorl-thumbanail 패키지를 설명했습니다.

데이터베이스에 반영

두 개의 테이블을 신규로 정의했으므로, 다음 명령으로 신규 테이블을 데이터베이스에 반영합니다.

```
(vDjBook)$ cd /home/shkim/pyDjango/ch99/
(vDjBook)$ python manage.py makemigrations photo
(vDjBook)$ python manage.py migrate
```

09

새로 생성한 Photo 및 Album 테이블의 모습을 Admin 사이트에서 UI 화면으로 확인해보겠습니다.

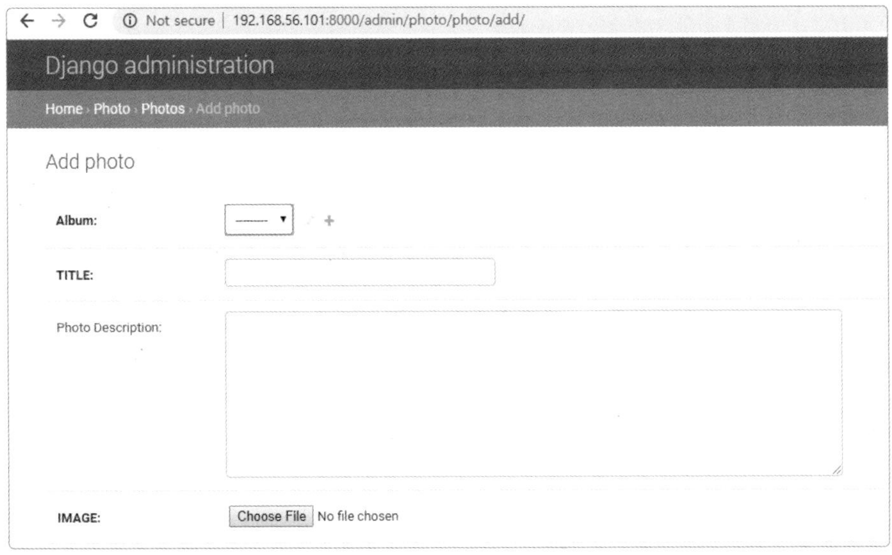

그림 9-4 Admin 사이트의 Photo 테이블 모습

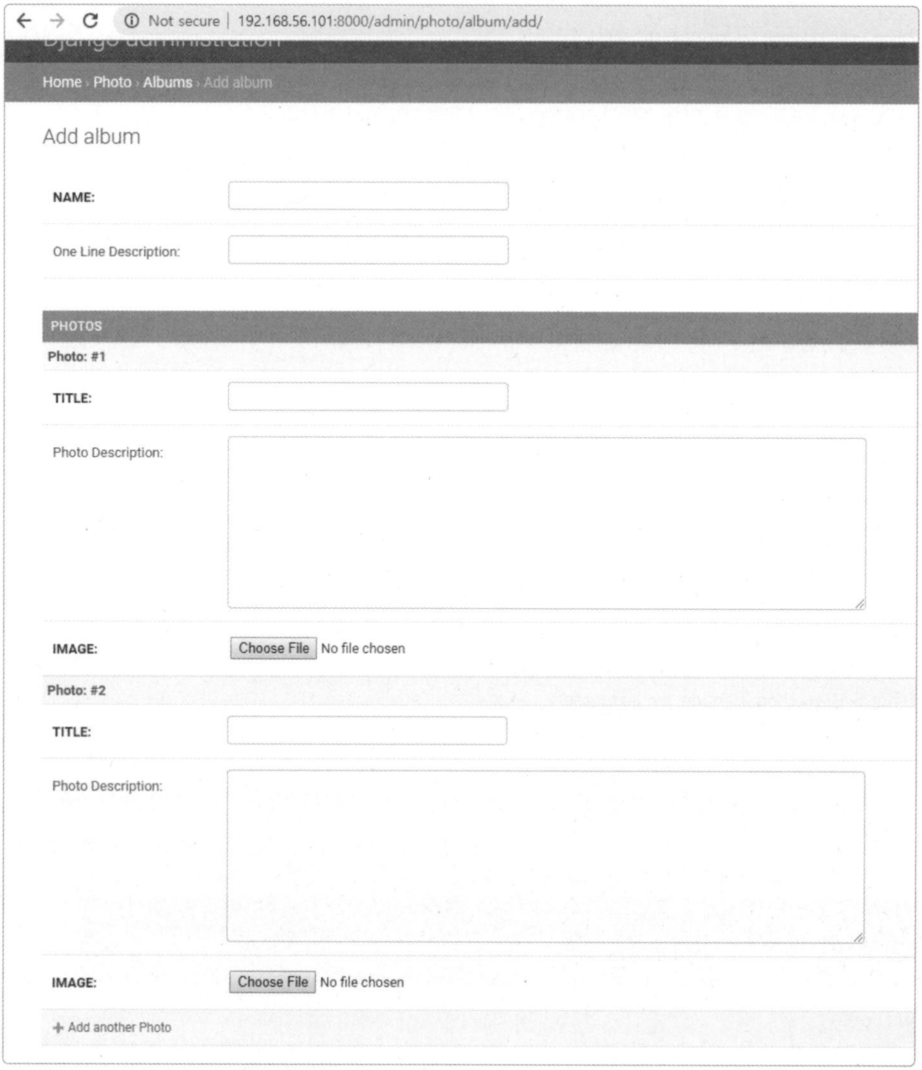

그림 9-5 Admin 사이트의 Album과 Photo 테이블 모습

위 그림은 admin.py 파일에 정의된 StackedInline 설정에 따라, 입력 양식이 세로로 추가되는 방식입니다. extra 설정에 따라 앨범 하나에 사진 2개를 입력할 수 있는 모양으로 화면에 나타나는 것을 알 수 있습니다.

9.2.3 URLconf 코딩하기

3장부터는 URL 정의를 ROOT_URLCONF와 APP_URLCONF 2개의 파일에 코딩합니다. 포토 앱 관련 URL도 mysite/urls.py와 photo/urls.py 2개의 파일에 작성합니다.

먼저 ROOT_URLCONF인 mysite/urls.py 파일을 다음과 같이 코딩합니다.

예제 9-5 mysite/urls.py

```
(vDjBook)$ cd /home/shkim/pyDjango/ch99/mysite/
(vDjBook)$ vi urls.py

from django.conf.urls import include, url
from django.contrib import admin
from django.conf.urls.static import static  # 추가 ---------------- ❶
from django.conf import settings  # 추가 ---------------- ❷

from mysite.views import HomeView

urlpatterns = [
    path('admin/', admin.site.urls),

    path('', HomeView.as_view(), name='home'),
    path('bookmark/', include('bookmark.urls')),
    path('blog/', include('blog.urls')),
    path('photo/', include('photo.urls')),    # 추가 ---------------- ❸

] + static(settings.MEDIA_URL, document_root = settings.MEDIA_ROOT)   # 추가 ---- ❹
```

추가된 소스는 다음과 같습니다.

❶ static() 함수를 임포트합니다. static() 함수는 정적 파일을 처리하기 위해 그에 맞는 URL 패턴을 반환하는 함수입니다.

❷ settings 변수를 임포트합니다. settings 변수는 settings.py 모듈에서 정의한 항목들을 담고 있는 객체를 가리키는 reference입니다.

❸ /photo/ URL 요청이 오면, 포토 앱의 APP_URLCONF에 처리를 위임합니다.

❹ 기존 URL 패턴에 static() 함수가 반환하는 URL 패턴을 추가합니다. static() 함수 형식은 다음과 같습니다.

```
static(prefix, view=django.views.static.serve, **kwargs)
```

09

즉, settings.MEDIA_URL로 정의된 /media/ URL 요청이 오면 django.views.static.serve() 뷰 함수가 처리하고, 이 뷰 함수에 document_root = settings.MEDIA_ROOT 키워드 인자가 전달됩니다. static.serve() 함수는 개발용이고 상용에는 httpd, nginx 등의 웹 서버 프로그램을 사용합니다.

다음은 URL 설계 내용에 따라 photo/urls.py 파일에 4개의 URL을 추가합니다.

예제 9-6 photo/urls.py

```
(vDjBook)$ cd /home/shkim/pyDjango/ch99/photo/
(vDjBook)$ vi urls.py

from django.urls import path
from photo import views

app_name = 'photo'
urlpatterns = [
    # Example: /photo/
    path('', views.AlbumLV.as_view(), name='index'),

    # Example: /photo/album/, same as /photo/
    path('album', views.AlbumLV.as_view(), name='album_list'),

    # Example: /photo/album/99/
    path('album/<int:pk>/', views.AlbumDV.as_view(), name='album_detail'),

    # Example: /photo/photo/99/
    path('photo/<int:pk>/', views.PhotoDV.as_view(), name='photo_detail'),
]
```

위 소스는 [예제 3-6]에서 설명한 내용과 대동소이하므로 설명은 생략합니다. 다만 AlbumLV 뷰 클래스는 /photo/와 /photo/album/ 2가지 요청을 모두 처리한다는 점을 유의하기 바랍니다.

9.2.4 뷰 코딩하기

이제 URLconf에서 지정한 클래스형 제네릭 뷰를 코딩하겠습니다. photo/views.py 파일에 다음 내용을 입력합니다.

예제 9-7 photo/views.py

```
(vDjBook)$ cd /home/shkim/pyDjango/ch99/photo/
(vDjBook)$ vi views.py

from django.views.generic import ListView, DetailView
from photo.models import Album, Photo

class AlbumLV(ListView):
    model = Album

class AlbumDV(DetailView):
    model = Album

class PhotoDV(DetailView):
    model = Photo
```

위 소스는 클래스형 제네릭 뷰를 사용하는 뷰 정의 중에서도 가장 간단한 모습입니다. ListView, DetailView 제네릭 뷰를 상속받고, 해당 모델 클래스만 지정해주면 됩니다. 간단한 내용이므로 뷰에 대한 설명은 생략하겠습니다. 앞에서도 언급한 사항입니다만, 뷰 정의가 이렇게 간단한 경우는 URLconf에서 뷰를 정의하는 방식도 많이 사용합니다. 다만 필자는 MTV 원칙을 일관되게 따를 때의 장점이 많다고 생각해 지금과 같은 방식을 선호하는 편입니다.

참고로 photo/urls.py 파일에 다음과 같이 코딩하면, views.py 파일 코딩은 하지 않아도 된다는 점을 알아두기 바랍니다.

예제 9-8 photo/urls.py – 뷰 지정

```
(vDjBook)$ cd /home/shkim/pyDjango/ch99/photo/
(vDjBook)$ vi urls.py

from django.urls import path
from django.views.generic import ListView, DetailView

from photo.models import Album, Photo

app_name = 'photo'
urlpatterns = [
    # Example: /photo/
```

```
    path('', ListView.as_view(model=Album), name='index'),

    # Example: /photo/album/, same as /photo/
    path('', ListView.as_view(model=Album), name='album_list'),

    # Example: /photo/album/99/
    path('album/<int:pk>/', DetailView.as_view(model=Album), name='album_detail'),

    # Example: /photo/photo/99/
    path('photo/<int:pk>/', DetailView.as_view(model=Photo), name='photo_detail'),
]
```

9.2.5 템플릿 코딩하기

views.py 파일의 뷰 정의에서 템플릿 파일명을 지정해주는 것이 보통이지만, 우리 예제에서는 뷰에서 템플릿을 지정하지 않았으므로 디폴트 템플릿명을 사용하게 됩니다. 디폴트 템플릿명은 모델명과 상속받는 제네릭 뷰에 따라 정해지는데, 우리 예제의 AlbumLV, AlbumDV, PhotoDV 뷰에 대한 템플릿명은 album_list.html, album_detail.html, photo_detail.html이 됩니다.

album_list.html

이 템플릿은 각 앨범에 대한 앨범 정보와 앨범에 속한 사진 5개를 보여주는 화면입니다. 화면에 대한 설명은 **9.1.1 화면 UI 설계**를 참고하기 바랍니다.

photo/templates/photo/ 디렉터리를 만들고, 다음처럼 album_list.html 파일을 작성합니다.

예제 9-9 photo/templates/photo/album_list.html

```
(vDjBook)$ cd /home/shkim/pyDjango/ch99/photo/
(vDjBook)$ mkdir -p templates/photo/
(vDjBook)$ cd templates/photo/
(vDjBook)$ vi album_list.html

{% extends "base.html" %} ---------------------------------------- ❶

{% block title %}album_list.html{% endblock %} ------------------- ❷

{% block extra-style %} ------------------------------------------ ❸
```

```
<style>
.thumbnail {                                                    ❹
    border: 3px solid #ccc;
}
</style>
{% endblock %}

{% block content %}                                             ❺

    {% for item in object_list %}                               ❻

    <div class="mt-5">                                          ❼
        <a class="h2" href="{% url 'photo:album_detail' item.id %}">     ┐
        {{ item.name }}</a>                                         ❽
        <span class="font-italic h5">{{ item.description }}</span>       ┘
    </div>

    <hr style="margin: 0 0 20px 0;">                            ❾

    <div class="row">                                           ❿
        {% for photo in item.photo_set.all|slice:":5" %}        ⓫
        <div class="ml-5">                                      ⓬
            <div class="thumbnail">                             ⓭
                <a href="{{ photo.get_absolute_url }}">         ⓮
                    <img src="{{ photo.image.thumb_url }}" style="width: 100%;">  ⓯
                </a>
            </div>
        </div>
        {% endfor %}                                            ⓰
    </div>

    {% endfor %}                                                ⓱

{% endblock %}
```

이 소스를 라인별로 설명하겠습니다.

❶ base.html 템플릿 파일을 상속받습니다. {% extends %} 템플릿 태그는 반드시 첫 줄에 와야 합니다.

❷ title 블록을 재정의합니다. 페이지의 제목을 album_list.html로 지정했습니다.

❸ 이 페이지에서 사용할 스타일을 정의하기 위해 extra-style 블록을 재정의합니다.

❹ thumbnail 클래스에 스타일, 즉 썸네일 테두리를 정의합니다.

❺ content 블록을 재정의합니다.

❻ object_list 객체는 AlbumLV 클래스형 뷰에서 넘겨주는 컨텍스트 변수로서, Album 리스트가 담겨 있습니다. object_list 객체의 내용을 순회하면서 앨범 객체마다 앨범에 들어 있는 사진의 썸네일을 출력합니다.

❼ 상단 여백을 정의합니다(margin top-5).

❽ 앨범 객체의 name과 description 속성을 한 줄에 출력합니다. name 속성은 h2 스타일로 출력하고, 또한 URL 링크를 연결합니다. 부트스트랩에서는 〈h2〉 태그 대신 h2 스타일로도 지정할 수 있으니 유의하기 바랍니다. URL 링크는 {% url %} 템플릿 태그 기능에 의해 /photo/album/99/와 같은 형식이 될 것입니다.

❾ 수평줄을 그리고 하단 여백을 20px로 지정합니다.

❿ 여러 개의 썸네일을 한 줄에 출력하기 위해 row 클래스를 지정합니다.

⓫ item.photo_set.all|slice:":5" 표현식은 특정 앨범 객체에 들어 있는 사진 객체 리스트에서 앞에서부터 5개 객체를 추출합니다. slice 템플릿 필터는 파이썬 리스트의 슬라이싱 동작을 수행하는 [m:n] 표현식과 유사합니다.

⓬ 각 썸네일 사진마다 좌측 여백을 지정합니다(margin left-5)

⓭ 각 썸네일 사진마다 ❹에서 정의한 thumbnail 스타일을 지정합니다. 즉, 각 썸네일 사진의 테두리를 지정합니다.

⓮ 각 썸네일 사진에 URL 링크를 연결합니다. URL 링크는 객체의 get_absolute_url() 메소드를 호출해 구하는데, /photo/photo/99/와 같은 형식이 될 것입니다.

⓯ photo.image 컬럼은 ThumbnailImageField 필드로서 사진 원본 및 썸네일 정보를 저장합니다. photo.image.thumb_url은 썸네일 사진에 대한 URL이고, photo.image.url은 원본 사진에 대한 URL입니다.

⓰ 5개의 썸네일 사진 출력에 대한 {% for %} 처리를 종료합니다.

⓱ 앨범 객체 리스트에 대한 {% for %} 처리를 종료합니다.

album_detail.html

이 템플릿은 특정 앨범에 들어 있는 사진을 모두 출력하는 화면입니다. 화면에 대한 설명은 **9.1.1 화면 UI 설계**를 참고하기 바랍니다.

photo/templates/photo/ 디렉터리에 다음처럼 album_detail.html 파일을 작성합니다.

예제 9-10 photo/templates/photo/album_detail.html

```
(vDjBook)$ cd /home/shkim/pyDjango/ch99/photo/templates/photo/
(vDjBook)$ vi album_detail.html

{% extends "base.html" %}

{% block title %}album_detail.html{% endblock %}
```

```
{% block extra-style %}
<style>
thumbnail {
    border: 5px solid #ccc;                                        ❶
}
</style>
{% endblock %}

{% block content %}

    <div class="mt-5">
        <span class="h2">{{ object.name }} </span>
        <span class="h5 font-italic">{{ object.description }}</span>     ❸ ❷
    </div>

    <hr style="margin: 0 0 20px 0;">

    <div class="row">                                                ❹

{% for photo in object.photo_set.all %}                              ❺
<div class="col-md-3 mb-5">
    <div class="thumbnail">
        <a href= "{{ photo.get_absolute_url }}">                    ❼
            <img src= "{{ photo.image.thumb_url }}" style="width: 100%;">   ❽
        </a>
    </div>                                                           ❻
    <ul>
        <li class="font-italic">{{ photo.title }}</li>
        <li class="font-italic">{{ photo.upload_dt|date:"Y-m-d" }}</li>   ❾
    </ul>
</div>
{% endfor %}

    </div>

{% endblock %}
```

위 소스를 라인별로 설명하겠습니다. album_list.html에서 이미 나왔던 문장들은 설명을 생략했으니 참고하기 바랍니다.

❶ extra-style 블록에 thumbnail 클래스에 대한 스타일, 즉 썸네일 테두리를 정의합니다. 이번에는 테두리의 굵기를 5px로 했습니다.

❷ 앨범의 이름과 설명을 한 줄에 출력하며 상단 여백도 줍니다.

❸ object 객체는 AlbumDV 클래스형 뷰에서 넘겨주는 컨텍스트 변수로, 특정 앨범 객체가 담겨 있습니다. 이 앨범 객체의 name과 description 속성을 한 줄에 출력합니다. name 속성은 h2 스타일로, description 속성은 h5 스타일 및 이탤릭체로 출력합니다. 〈h2〉 태그나 〈h5〉 태그를 사용하면 줄바꿈이 출력되므로 h2 및 h5 스타일로 정의하고 있습니다.

❹ 한 줄에 출력하기 위해 row 클래스를 지정하지만, 썸네일 개수가 한 줄을 초과하면 줄바꿈이 발생합니다.

❺ object.photo_set.all 표현식은 이 앨범 객체에 들어 있는 모든 사진 객체로 구성된 리스트를 의미합니다. 이 리스트에 들어 있는 각 사진 객체를 순회하면서 다음 줄들을 처리합니다.

❻ 썸네일 하나를 출력할 영역을 정의합니다. 너비가 3격자이므로 한 줄에 4개의 썸네일이 출력됩니다. 이 영역의 하단 여백(margin bottom-5)도 지정합니다.

❼ 각 썸네일 사진에 URL 링크를 연결합니다. URL 링크는 객체의 get_absolute_url() 메소드를 호출해 구하는데, /photo/photo/99/와 같은 형식이 될 것입니다.

❽ 썸네일 사진의 너비를 채우고(width: 100%), 높이는 사진의 비율이 1:1이 아니면 여백이 생깁니다.

❾ 썸네일 사진 밑에 사진의 타이틀 및 업로드 날짜를 출력합니다. 날짜는 2019-08-16 형식입니다.

photo_detail.html

이 템플릿은 특정 사진에 대한 정보를 출력하는 화면입니다. 화면에 대한 설명은 **9.1.1 화면 UI 설계**를 참고하기 바랍니다.

photo/templates/photo/ 디렉터리에 다음처럼 photo_detail.html 파일을 작성합니다.

예제 9-11 photo/templates/photo/photo_detail.html

```
(vDjBook)$ cd /home/shkim/pyDjango/ch99/photo/templates/photo/
(vDjBook)$ vi photo_detail.html

{% extends "base.html" %}

{% block title %}photo_detail.html{% endblock %}

{% block content %}

    <h2 class="mt-5">{{ object.title }}</h2> ---------------------------- ❶
```

```
    <div class="row">                                                          ❷
        <div class="col-md-9">
            <a href="{{ object.image.url }}">                                  ❹
                <img src="{{ object.image.url }}" style="width: 100%;">        ❺   ❸
            </a>
        </div>

        <ul class="col-md-3 mt-3">                                             ❻
            <li class="h5">Photo Description</li>
                {% if object.description %}<p>{{ object.description|linebreaks }}</p>
                {% else %}<p>(blank)</p>{% endif %}                                 ❼
            <li class="h5">Date Uploaded</li>
                <p class="font-italic">{{ object.upload_dt }}</p>              ❽
            <li class="h5">Album Name</li>
                <p class="font-italic">
                <a href="{% url 'photo:album_detail' object.album.id %}"> {{ object.
album.name }}</a>                                                              ❾
                </p>
        </ul>
    </div>

{% endblock %}
```

위 소스를 라인별로 설명하겠습니다. album_list.html에서 이미 나왔던 문장들은 설명을 생략했으니 참고하기 바랍니다.

❶ <h2> 폰트 크기로 object.title을, 즉 사진의 타이틀을 제목으로 출력합니다. 상단 여백을 줍니다(margin top-5)

❷ row 클래스 내에 너비-9(col-md-9) 영역과 너비-3(col-md-3) 영역을 배치하고 있습니다.

❸ 너비-9 영역에는 사진의 원본 이미지를 출력합니다.

❹ 출력하는 원본 사진에 URL 링크를 연결합니다. 연결되는 URL은 object.image.url 즉 원본 사진에 대한 URL입니다.

❺ 원본 사진을 출력할 때 사진의 최대 너비는 격자-9 너비(col-md-9)입니다.

❻ 너비-3 영역에는 사진에 대한 정보를 출력합니다. 상단 여백(mt-3)도 줍니다.

❼ 사진 객체의 description 속성을 출력합니다. description 속성값이 없으면 (blank)라고 출력합니다.

❽ 사진 객체의 upload_dt 속성을 출력합니다.

❾ 사진 객체의 album.name 속성을 출력하고 URL 링크를 연결합니다. URL 링크는 {% url %} 템플릿 태그 기능이 동작해 /photo/album/99/와 같은 형식이 될 것입니다.

base.html

지금까지 포토 앱에서 사용하는 3개의 템플릿에 대한 코딩을 마쳤습니다. 추가적으로 상단 메뉴의 Photo 버튼에 포토 앱을 연결시키는 작업이 남았습니다. 상단 메뉴는 base.html에 정의되어 있습니다. 파일 중간의 27번 줄 부분을 다음과 같이 수정합니다.

예제 9-12 templates/base.html - 수정

```
(vDjBook)$ cd /home/shkim/pyDjango/ch99/templates/
(vDjBook)$ vi base.html

# 상단 내용 동일
<li class="nav-item mx-1 btn btn-primary">
    <a class="nav-link text-white" href="{% url 'home' %}">Home</a></li>
<li class="nav-item mx-1 btn btn-primary">
    <a class="nav-link text-white" href="{% url 'book_home' %}">BookHome</a></li>
<li class="nav-item mx-1 btn btn-primary">
    <a class="nav-link text-white" href="{% url 'bookmark:index' %}">Bookmark</a></li>
<li class="nav-item mx-1 btn btn-primary">
    <a class="nav-link text-white" href="{% url 'blog:index' %}">Blog</a></li>
<li class="nav-item mx-1 btn btn-primary">
    <a class="nav-link text-white" href="{% url 'photo:index' %}">Photo</a></li>   # 수정
# 하단 내용 동일
```

상단 메뉴의 [Photo] 버튼을 클릭하면 {% url %} 템플릿 태그 기능에 의해 /photo/ URL이 요청되도록 수정했습니다.

9.3 지금까지의 작업 확인하기

9.3.1 Admin에서 데이터 입력하기

지금까지의 작업이 정상인지 확인하기 위해 우선 실습에 필요한 데이터를 입력하겠습니다.

runserver를 실행하고 브라우저로 Admin 사이트에 접속합니다. Admin 사이트의 첫 화면이 나오면, [Albums] 항목의 [Add] 버튼을 클릭해 데이터를 입력합니다.

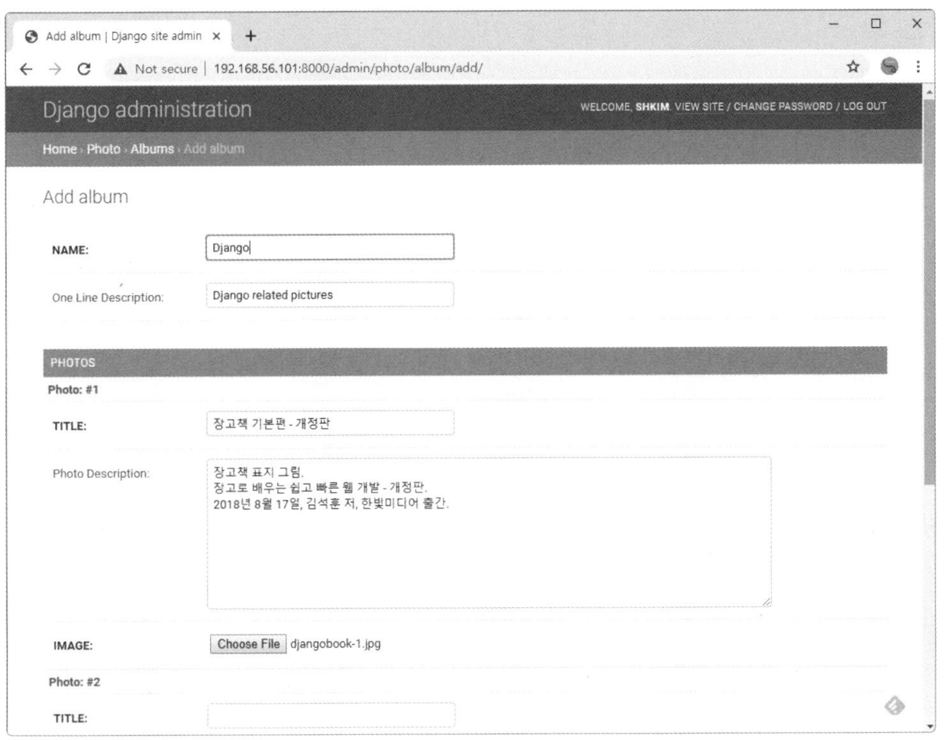

그림 9-6 포토 앱 – Album 데이터 입력 화면

앨범과 그 앨범에 속할 사진을 같이 입력할 수 있는 화면입니다. admin.py 파일에서 Stacked Inline 클래스로 지정한 모습입니다. 앨범 정보만 입력할 수도 있는데, 여기서는 앨범과 사진 하나를 같이 입력하고 있습니다. [파일 선택(Choose File)] 버튼은 사진 파일을 선택해 업로드하는 기능을 제공합니다. 업로드되는 디렉터리 위치는 **9.2.2 모델 코딩하기**에서 설명한 바 있습니다.

여러분이 원하는 만큼 데이터를 입력한 후 다음 절에서 브라우저로 확인합니다. 참고로 [Photos] 항목의 [Add] 버튼을 클릭해서 데이터를 입력할 수도 있습니다.

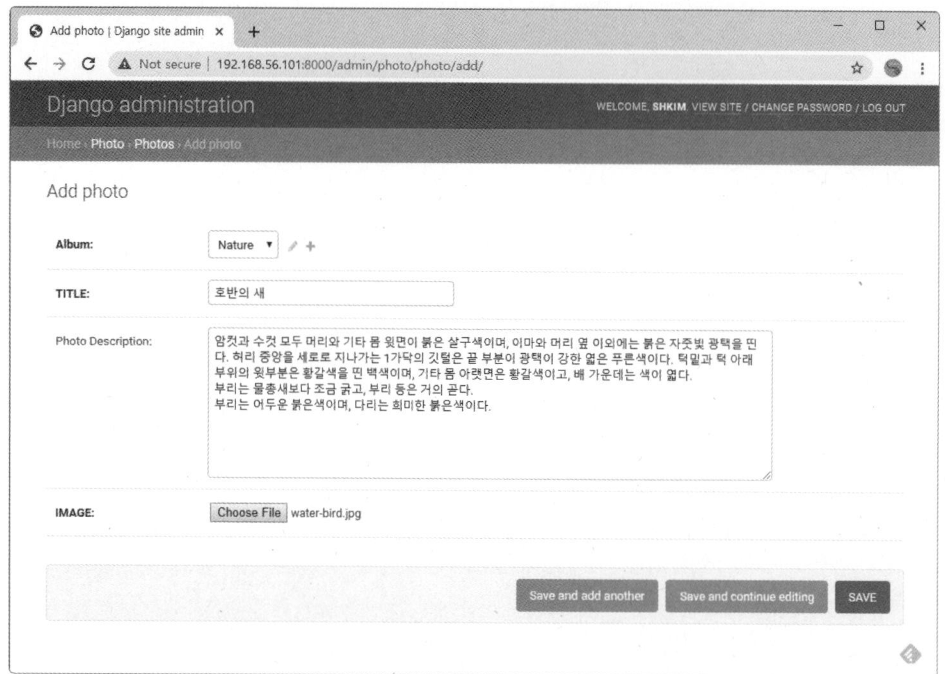

그림 9-7 포토 앱 – Photo 데이터 입력 화면

9.3.2 브라우저로 확인하기

데이터를 모두 입력했으면 포토 앱으로 접속해봅니다.

```
http://192.168.56.101:8000/photo/
```

다음처럼 포토 앱의 첫 화면이 나타나면 정상입니다.

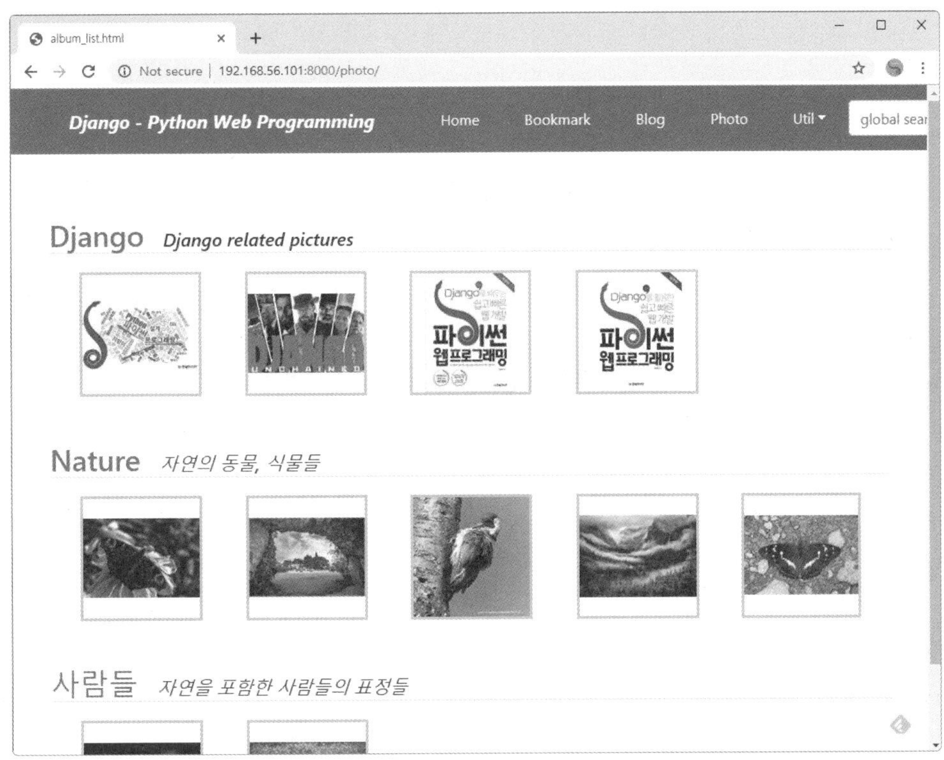

그림 9-8 포토 앱 – 앨범 리스트 화면

계속해서 앨범명이나 사진을 클릭하면서 결과 화면을 확인합니다. 최종적으로는 **9.1.3 URL 설계**에서 정의한 URL 요청 처리가 모두 정상이어야 합니다.

다음 그림은 정상적으로 처리되었을 때의 화면이므로 제대로 동작하는지 확인해보기 바랍니다.

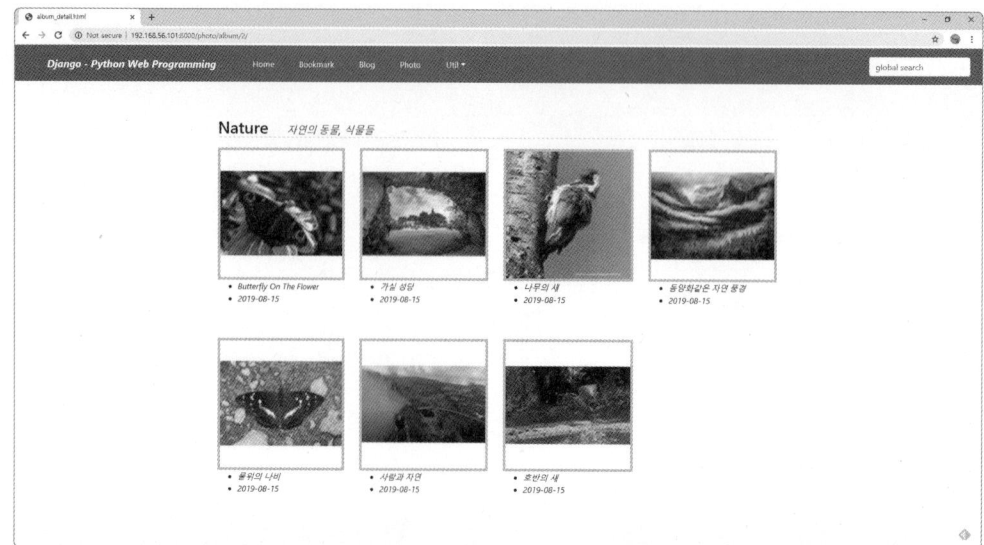

그림 9-9 포토 앱 – 앨범 상세 화면

그림 9-10 포토 앱 – 사진 상세 화면

CHAPTER 10

실전 프로그램 개발 – 인증 기능

10장에서는 앱을 새로 만드는 것이 아니라, 웹 개발 시 필수 기능인 인증Auth 기능을 만들겠습니다. 인증 기능은 일반적으로 로그인 시 username/password를 인증authentication하는 것 외에도 로그인한 사용자에 대한 권한authorization 부여까지 포함합니다. 장고 엔진 내부에서는 웹 요청에 따른 사용자 식별, 사용자별 세션 할당 및 관리 기능도 수행하는데, 이런 세션 처리 기능도 인증 기능에 포함됩니다.

이 장에서는 로그인, 로그아웃, 회원 가입, 비밀번호 변경 등의 기본적인 인증 기능을 개발하고, 이어지는 11장, 12장에서는 로그인 시 부여되는 기본 권한에 따라 기존 콘텐츠의 생성 및 수정 기능을 작성할 예정입니다. 여기서 콘텐츠라 함은 북마크, 블로그, 포토 앱의 각 데이터베이스에 들어 있는 레코드들을 의미합니다.

10

10.1 애플리케이션 설계하기

인증 기능은 웹 프로그래밍의 필수 기능이며, 장고가 기본적으로 제공하는 기능 중 하나입니다. 장고 패키지에 포함된 django.contrib.auth 앱이 바로 인증 기능을 담당합니다. 그래서 여러분의 사이트에 인증 기능을 개발한다면 django.contrib.auth 앱의 기능을 정확히 이해하고 사용하는 것이 중요합니다.

10.1.1 화면 UI 설계

다음과 같이 인증 기능을 개발할 때 거의 필수라고 할 수 있는 로그인, 로그아웃, 가입, 비밀번호 변경을 위한 화면을 구현할 예정입니다. 이 화면들은 관련 폼을 보여주는 것이 주 역할입니다. 각 화면의 템플릿 파일명과 화면에 사용된 폼 이름 등을 표시했습니다.

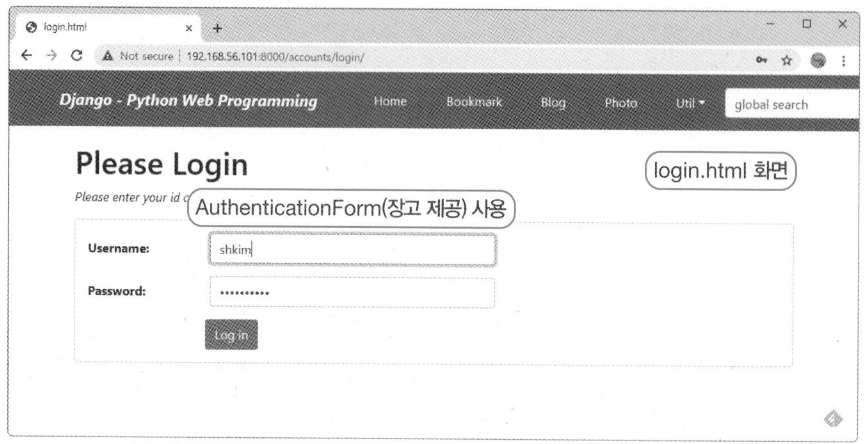

그림 10-1 UI 설계 – 로그인 화면

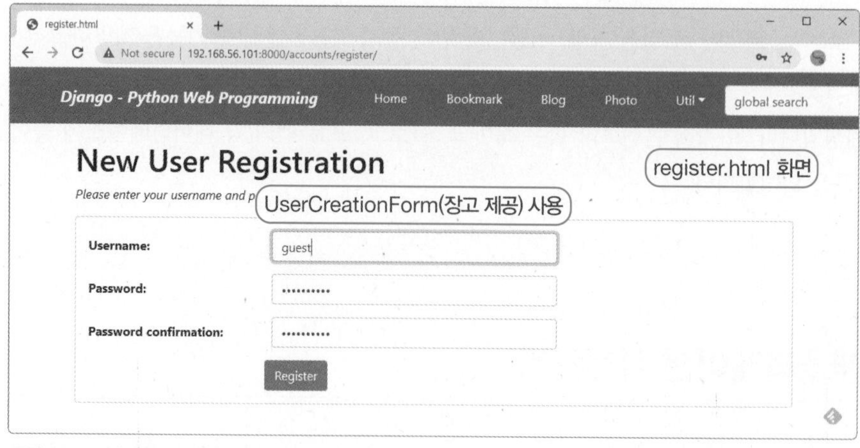

그림 10-2 UI 설계 – 가입 화면

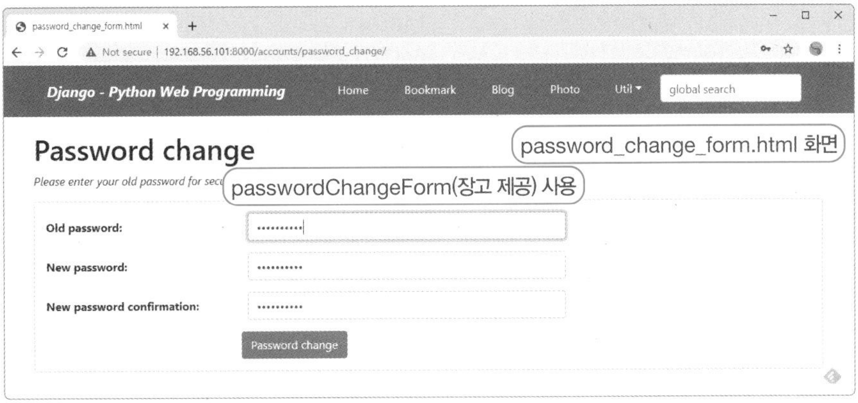

그림 10-3 UI 설계 – 비밀번호 변경 화면

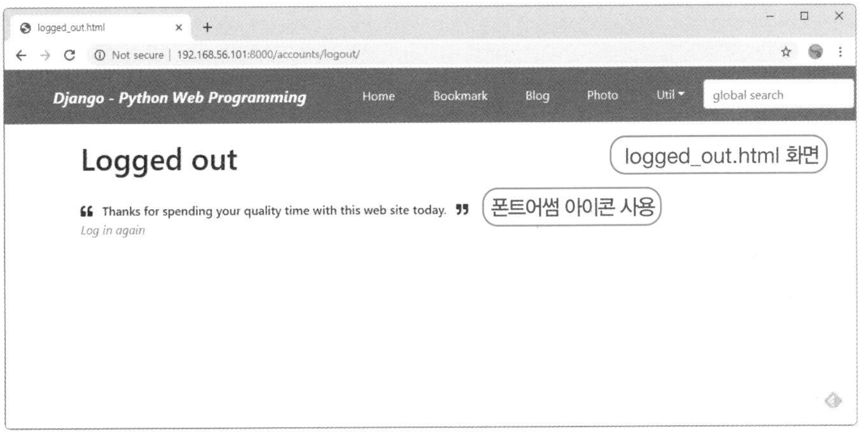

그림 10-4 UI 설계 – 로그아웃 화면

10.1.2 테이블 설계 – 장고 기본 기능 사용

장고에서는 User 테이블을 기본으로 제공합니다. 모든 웹 애플리케이션에서 공통으로 사용하는 테이블이기 때문입니다. 우리는 이 테이블을 그대로 사용하면 됩니다. 물론 우리가 원하는 대로 User 테이블을 확장하거나 변경할 수도 있습니다. User 테이블의 구조는 다음과 같습니다.

표 10-1 장고 기본 제공 – User 테이블(User 모델 클래스)

필드명	타입	제약 조건, 디폴트	설명
id	Integer	PK, Auto Increment	기본 키

username	CharField(30)	Unique	로그인 이름
first_name	CharField(30)	Blank	사용자 이름
last_name	CharField(30)	Blank	사용자 성
email	CharField(254)	Blank	이메일 주소
is_staff	BooleanField	False	스태프 여부
is_active	BooleanField	True	계정 활성화 여부
date_joined	DateTimeField	timezone.now	계정 생성 시각
password	CharField(128)		비밀번호
last_login	DateTimeField	Blank, Null	마지막 로그인 시각
is_superuser	BooleanField	False	슈퍼유저(관리자) 여부
groups	ManyToManyField(Group)	Blank	사용자가 속한 그룹
user_permissions	ManyToManyField(Permission)	Blank	사용자에게 부여된 권한

장고의 인증 기능을 담당하는 auth 앱은 User 테이블 이외에도 Group, Permission 등의 테이블을 정의하고 있다는 점을 알아두기 바랍니다.

10.1.3 URL 설계 – 장고 기본 기능 사용

인증 기능은 모든 웹 애플리케이션의 공통 기능이므로, 장고에서도 기본 기능으로 제공합니다. 장고의 인증 기능을 보면 URL과 뷰는 이미 개발되어 있고, 템플릿은 템플릿 파일명만 정해져 있으므로 그 템플릿 내용은 개발자가 코딩해야 합니다. 물론 URL, 뷰, 템플릿 모두 개발자가 원하는 대로 커스터마이징 가능합니다. 우리 예제에서는 장고에서 제공하는 사항을 그대로 사용할 것입니다. 다만 사이트 회원 가입[Register] 기능은 장고에서 제공하지 않으므로 개발자가 직접 코딩해야 합니다.

장고에서 기본으로 제공하는 사항을 정리하면 다음과 같습니다.

표 10-2 장고 기본 제공 – 인증 URL

URL 패턴	뷰 이름	템플릿 파일명
/login/	LoginView(FormView)	registration/login.html
/logout/	LogoutView (TemplateView)	registration/logged_out.html
/password_change/	PasswordChangeView (FormView)	registration/password_change_form.html

/password_change/done/	PasswordChangeDoneView(TemplateView)	registration/password_change_done.html
/password_reset/	PasswordResetView(FormView)	registration/password_reset_form.html registration/password_reset_email.html registration/password_reset_subject.txt
/password_reset/done/	PasswordResetDoneView(TemplateView)	registration/password_reset_done.html
/reset/〈uidb64〉/〈token〉/	PasswordResetConfirmView(FormView)	registration/password_reset_confirm.html
/reset/done/	PasswordResetCompleteView(TemplateView)	registration/password_reset_complete.html
/register/	UserCreateView(CreateView)	registration/register.html
/register/done/	UserCreateDoneTV(TemplateView)	registration/register_done.html

* 아래 2개는 직접 개발해야 하고, 그 외는 장고가 제공하는 기능입니다. 장고 1.11버전부터 함수형 뷰에서 클래스형 뷰로 변경되었습니다.

10.1.4 작업/코딩 순서

작업 순서는 다음과 같습니다.

표 10-3 인증 기능 – 작업/코딩 순서

작업 순서	관련 명령/파일	필요한 작업 내용
뼈대 만들기	startproject	(2장에서 이미 완료했으므로 생략)
	settings.py	widget_tweaks 앱 등록
	migrate	
	createsuperuser	
	startapp	(auth 앱이 이미 등록되어 있음)
	settings.py	LOGIN_REDIRECT_URL 지정
모델 코딩하기	models.py	(변경 사항 없음)
	admin.py	
	makemigrations	(변경 사항 없음)
	migrate	
URLconf 코딩하기	urls.py	URL 정의
뷰 코딩하기	views.py	HomeView 등 3개 뷰 작성

템플릿 코딩하기	templates 디렉터리	home.html 등 작성, base.html 및 상속 기능 작성
그 외 코딩하기	–	(없음)

10.2 개발 코딩하기

django.contrib.auth 앱에서 제공하는 기능과 제공하지 않는 기능을 구분할 수 있어야 합니다. 또한 auth 앱에서 제공하는 기능을 이해하고 우리 프로젝트에 활용하는 방법을 살펴봅니다.

10.2.1 뼈대 만들기

로그인, 로그아웃 관련해서 settings.py 파일에 지정하는 항목은 세 가지입니다.

- **LOGIN_URL:** 로그인이 필요해서 로그인 페이지로 리다이렉트시키고자 할 때 사용하는 URL입니다. 특히 login_required() 데코레이터에서 사용한다는 점을 유의하기 바랍니다. 이 항목을 지정하지 않으면 디폴트로 /accounts/login/ URL을 사용합니다.
- **LOGIN_REDIRECT_URL:** 장고의 기본 로그인 뷰인 contrib.auth.views.LoginView 뷰는 로그인 처리가 성공한 후 next 파라라미터로 지정한 URL로 리다이렉트시킵니다. next 파라미터가 지정되지 않으면 이 설정 항목에서 지정한 URL로 리다이렉트시킵니다. 또한 settings.py 파일에 이 항목을 지정하지 않으면 디폴트로 /accounts/profile/ URL을 사용합니다.
- **LOGOUT_REDIRECT_URL:** 장고의 contrib.auth.views.LogoutView 뷰는 로그아웃 처리가 성공한 후 next_page 속성으로 지정한 URL로 리다이렉트시킵니다. next_page 속성이 없으면 이 설정 항목에서 지정한 URL로 리다이렉트시킵니다. 요청에 next 파라미터가 있으면, next에 지정한 URL이 next_page 속성으로 사용됩니다. 로그아웃 처리가 성공한 후에 반드시 리다이렉트가 필요한 것은 아니므로, 이 항목은 설정하지 않아도 됩니다.

위 3가지 항목 중 LOGIN_URL은 디폴트값을 사용하고 LOGOUT_REDIRECT_URL은 사용하지 않아도 되므로, 우리는 LOGIN_REDIRECT_URL만 지정합니다.

예제 10-1 mysite/settings.py

```
(vDjBook)$ cd /home/shkim/pyDjango/ch99/mysite/
(vDjBook)$ vi settings.py

MEDIA_URL = '/media/'
MEDIA_ROOT = os.path.join(BASE_DIR, 'media')
# 상단 내용 동일

#LOGIN_URL = '/accounts/login/'
LOGIN_REDIRECT_URL = '/'
```

장고의 설정 파일인 settings.py 파일에는 다음과 같이 INSTALLED_APPS 항목이 들어 있습니다. 이 항목은 장고에서 활성화시키는, 즉 장고 실행 시 작동하는 앱들을 지정합니다. 여기에는 기본으로 django.contrib.auth 앱이 들어 있으며 이것이 바로 장고의 인증 기능을 제공하는 앱입니다. 처음 startproject 명령에 의해 settings.py 설정 파일이 만들어지는데 이때 auth 앱이 추가됩니다. 이 auth 앱은 다음의 장고 라이브러리에 위치하고 있습니다.

```
/home/shkim/VENV/vDjBook/lib/python3.7/site-packages/django/contrib/auth/
```

10

추가로 10장에서는 폼을 많이 사용할 것인데, 폼을 장식하는 데 유용한 django-widget-tweaks 앱을 등록합니다. 이 앱은 1장에서 가상환경을 만들 때 미리 설치했습니다.

예제 10-2 mysite/settings.py – auth 앱 확인 및 widget_tweaks 앱 등록

```
(vDjBook)$ cd /home/shkim/pyDjango/ch99/mysite/
(vDjBook)$ vi settings.py

# 상단 내용 동일
# Application definition

INSTALLED_APPS = [
    'django.contrib.admin',
    'django.contrib.auth',
    'django.contrib.contenttypes',
    'django.contrib.sessions',
    'django.contrib.messages',
```

```
    'django.contrib.staticfiles',
    # 위는 장고의 기본 앱들
    'taggit.apps.TaggitAppConfig',
    'taggit_templatetags2',
    'widget_tweaks',    # 추가
    'bookmark.apps.BookmarkConfig',
    'blog.apps.BlogConfig',
    'photo.apps.PhotoConfig',
]
# 하단 내용 동일
```

10.2.2 모델 코딩하기

테이블 설계 단계에서 설명했듯이 인증 기능에 필요한 테이블은 장고에서 기본으로 제공합니다. 또한 이 테이블들을 데이터베이스에 반영하는 작업도 이미 완료했습니다. 그래서 모델에 대한 코딩 사항은 없습니다.

이미 아는 내용이겠지만, 인증 테이블을 데이터베이스에 반영하는 작업은 언제 실행되었을까요? 그렇습니다. 최초에 프로젝트 뼈대를 만들 때 완료되었습니다. 한 번 더 확인하려면 **2.2.3 기본 테이블 생성**을 참고하세요.

10.2.3 URLconf 코딩하기

URL 설계를 할 때 설명한 것처럼, 인증에 필요한 URL은 장고에서 기본으로 제공합니다. 즉, 장고의 django.contrib.auth.urls 모듈을 include() 함수로 가져와서 사용하면 됩니다. ROOT_URLCONF인 mysite/urls.py 파일에 다음과 같이 코딩합니다.

예제 10-3 mysite/urls.py

```
(vDjBook)$ cd /home/shkim/pyDjango/ch99/mysite/
(vDjBook)$ vi urls.py

from mysite.views import HomeView
# 상단 내용 동일
from mysite.views import UserCreateView, UserCreateDoneTV    # 추가 ---------- ❶
```

```
urlpatterns = [
    path('admin/', include(admin.site.urls)),
    # 아래 인증 URL 3개 추가
    path('accounts/', include('django.contrib.auth.urls')), ----------------------- ❷
    path('accounts/register/', UserCreateView.as_view(), name='register'), ------- ❸
    path('accounts/register/done/', UserCreateDoneTV.as_view(), name='register_done'), ❹

    # 하단 내용 동일
    path('', HomeView.as_view(), name='home'),
```

추가된 소스는 다음과 같습니다.

❶ 계정 등록, 즉 가입(Register) 처리를 수행하는 뷰를 임포트합니다. UserCreateView는 계정을 추가하는 뷰이고, UserCreateDoneTV는 계정 생성이 완료된 후에 보여줄 화면을 처리하는 뷰입니다.

❷ 장고의 인증 URLconf(django.contrib.auth.urls)를 가져와서 사용합니다. 유의할 점은 장고Auth 앱의 URLconf에는 /login/, /logout/처럼 URL이 정의되어 있어서 그 앞에 URL 추가를 원한다면 이를 표시해야 한다는 점입니다. 인증 기능의 URL은 /accounts/로 시작하는 것이 보통이므로 이와 같이 작성했습니다. 따라서 로그인에 필요한 URL은 /accounts/login/, 비밀번호 변경에 필요한 URL은 /accounts/password_change/ 등이 됩니다.

❸ 가입 처리, 즉 계정을 생성하는 URL입니다. 인증에 관련된 URL은 모두 /accounts/로 시작하도록 통일시켰습니다. 원하는 URL을 적어주면 됩니다.

❹ 계정 생성이 완료되었다는 메시지를 보여주기 위한 URL입니다. 역시 원하는 URL을 적어주면 됩니다.

10

10.2.4 뷰 코딩하기

LoginView 등의 장고 auth 모듈에서 제공하는 뷰는 따로 코딩할 필요가 없습니다. 이는 settings.py 파일의 INSTALLED_APPS 항목에 auth 모듈이 등록되어 있어서 장고가 실행될 때 auth 모듈의 views.py 파일에 정의된 뷰가 활성화되기 때문입니다.

여기서는 auth 모듈에 없는 뷰인 가입 처리용 뷰 UserCreateView와 UserCreateDoneTV를 코딩하면 됩니다. 이 뷰는 특정 앱에 포함된 것이 아니므로 mysite 디렉터리 하위에 생성합니다.

예제 10-4 mysite/views.py

```
(vDjBook)$ cd /home/shkim/pyDjango/ch99/mysite/
(vDjBook)$ vi views.py
```

```
from django.views.generic.base import TemplateView

# 아래 3줄 추가
from django.views.generic import CreateView ---------------------------- ❶
from django.contrib.auth.forms import UserCreationForm ----------------- ❷
from django.urls import reverse_lazy ------------------------------------ ❸

#--- Homepage View
class HomeView(TemplateView):
    template_name = 'home.html'

# 다음 내용 추가
#--- User Creation
class UserCreateView(CreateView): -------------------------------------- ❹
    template_name = 'registration/register.html' ----------------------- ❺
    form_class = UserCreationForm -------------------------------------- ❻
    success_url = reverse_lazy('register_done') ------------------------ ❼

class UserCreateDoneTV(TemplateView): ---------------------------------- ❽
    template_name = 'registration/register_done.html' ------------------ ❾
```

추가된 소스는 다음과 같습니다.

❶ 제네릭 뷰 CreateView를 임포트합니다. 이 뷰는 테이블에 새로운 레코드를 생성하기 위해 이에 필요한 폼을 보여주고, 폼에 입력된 데이터로 테이블의 레코드를 생성해주는 뷰입니다. 제네릭 뷰 중에서 이렇게 테이블 변경 처리에 관련된 뷰를 편집용 제네릭 뷰라고 하는데, CreateView 외에도 UpdateView, DeleteView, FormView가 있습니다.

❷ UserCreationForm을 임포트합니다. UserCreationForm은 User 모델의 객체를 생성하기 위해 보여주는 폼입니다. 장고에서 기본으로 제공하는 폼입니다.

❸ reverse_lazy() 및 reverse() 함수는 인자로 URL 패턴명을 받습니다. URL 패턴명을 인식하기 위해서는 urls.py 모듈이 메모리에 로딩되어야 합니다. 지금 작성하고 있는 views.py 모듈이 로딩되고 처리되는 시점에 urls.py 모듈이 로딩되지 않을 수도 있으므로, reverse() 함수 대신 reverse_lazy() 함수를 임포트했습니다.

❹ CreateView를 상속받아 UserCreateView 클래스형 뷰를 작성합니다. UserCreateView 뷰는 /accounts/register/ URL을 처리하는 뷰입니다. 예제처럼 중요한 몇 가지 클래스 속성만 정의해주면 적절한 폼을 보여주고, 폼에 입력된 내용에서 에러 여부를 체크한 후 에러가 없으면 입력된 내용으로 테이블에 레코드를 생성합니다.

❺ 화면에 보여줄 템플릿을 작성해야 하는데, 이 템플릿의 이름을 지정해줍니다. 템플릿의 내용은 다음 줄의 form_class 속성에 지정된 폼을 사용합니다.

⑥ 템플릿에서 사용할 폼은 장고의 기본 폼인 UserCreationForm을 사용합니다. 개발자가 직접 폼을 작성하고 그 폼을 지정해도 됩니다.

⑦ 폼에 입력된 내용에 에러가 없고 테이블 레코드 생성이 완료된 후에 이동할 URL을 지정합니다. 예제에서는 /accounts/register/done/ URL로 리다이렉트 됩니다.

⑧ /accounts/register/done/ URL을 처리해주는 뷰입니다. 특별한 로직 없이 템플릿만 보여주면 되므로 TemplateView 제네릭 뷰를 상속받아 작성합니다.

⑨ User 레코드 생성, 즉 가입 처리가 완료된 후에 사용자에게 보여줄 템플릿의 파일명을 지정합니다.

10.2.5 템플릿 코딩하기

mysite/views.py 파일의 뷰에서 지정한 템플릿 외에 메뉴 우상단의 Username 영역도 수정해야 합니다. Username 영역은 base.html 파일에 코딩되어 있는데, 이를 수정하면 됩니다.

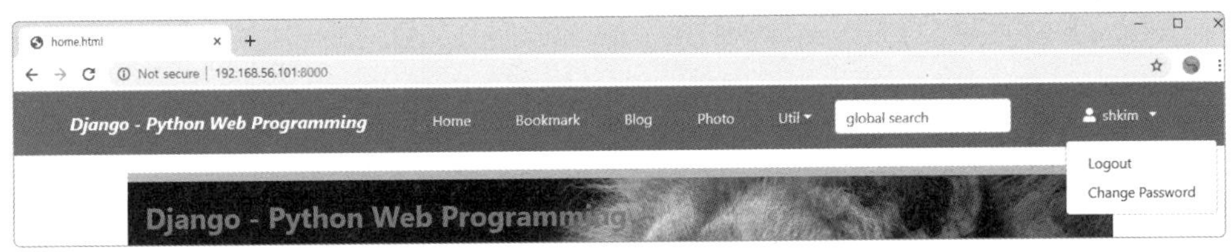

그림 10-5 메뉴의 Username 영역

10

base.html

base.html 파일에는 모든 화면의 공통 요소인 사이트 제목과 메뉴, Username 영역 등이 정의되어 있습니다. 여기서 Username 영역을 다음과 같이 수정합니다.

예제 10-5 templates/base.html

```
(vDjBook)$ cd /home/shkim/pyDjango/ch99/templates/
(vDjBook)$ vi base.html

    <form class="form-inline my-2" action="" method="post"> {% csrf_token %}
        <input class="form-control mr-sm-2" type="search" placeholder="global search"
name="search_word">
    </form>
# 상단 내용 동일 ---------------------------------------------------- ❶

    <ul class="navbar-nav ml-5 mr-5"> ------------------------------- ❷
```

```
        <li class="nav-item dropdown mx-1 btn btn-primary">
            {% if user.is_active %} ---------------------------------------- ❸
            <a class="nav-link dropdown-toggle text-white" href="#" data-toggle=
"dropdown">
                <i class="fas fa-user"></i> {% firstof user.get_short_name user.
get_username %} </a> ------------------------------------------------- ❹
            <div class="dropdown-menu">
                <a class="dropdown-item" href="{% url 'logout' %}">Logout</a>
                <a class="dropdown-item" href="{% url 'password_change' %}">Change      ❺
Password</a>
            </div>
            {% else %}
            <a class="nav-link dropdown-toggle text-white" href="#" data-toggle=
"dropdown">
                <i class="fas fa-user"></i> Anonymous </a> ------------- ❻
            <div class="dropdown-menu">
                <a class="dropdown-item" href="{% url 'login' %}">Login</a>
                <a class="dropdown-item" href="{% url 'register' %}">Register</a>     ❼
            </div>
            {% endif %}
        </li>
    </ul>

# 하단 내용 동일
    </div>
</nav>
```

위 소스를 라인별로 설명하겠습니다.

❶ 기존 메뉴들은 변경 사항이 없고 Username 영역만 수정합니다.

❷ navbar-nav 클래스는 기존 메뉴와 동일하고, mx-5만큼의 좌/우 여백을 줍니다.

❸ {% if %} 템플릿 태그를 사용해 사용자의 로그인 여부를 확인합니다. 로그인하면 is_active() 메소드는 True를 반환합니다. user 객체는 장고의 기본 템플릿 변수이므로, 모든 템플릿 파일에서 사용 가능합니다.

❹ 로그인한 경우는 〈아이콘〉 shkim 〈dropdown 기호〉 형식으로 Username을 표시합니다. {% firstof %} 템플릿 태그는 다음에 오는 인자들 중에서 False가 아닌 첫 인자를 선택합니다. user.get_short_name() 메소드는 User 객체의 first_name을, user.get_username() 메소드는 User 객체의 username을 반환합니다. 우리 예제에서 first_name은 공백이므로 username이 출력됩니다.

❺ 하위 메뉴로 Logout과 Change Password 단어를 표시합니다. Logout을 클릭하면 연결되는 URL을 /accounts/logout/, Change Password를 클릭하면 연결되는 URL을 /accounts/password_change/로 지정합니다.

❻ 로그인이 되지 않은 경우는 Username 란에 Anonymous 단어를 출력합니다.

❼ 하위 메뉴의 Login 단어를 클릭하면 연결되는 URL에 /accounts/login/을, Register 단어를 클릭하면 연결되는 URL에 /accounts/register/를 지정합니다.

login.html

이 템플릿은 로그인 화면을 보여줍니다. 템플릿 파일 이름은 장고의 auth.views.LoginView 뷰에서 지정한 것입니다. 화면에 대한 설명은 **10.1.1 화면 UI 설계**를 참고하기 바랍니다.

login, logout 등의 인증 기능은 특정 앱에 속한 기능이 아니므로, 프로젝트 베이스 디렉터리 하위에 ~/templates/registration/ 디렉터리를 만들고, 다음처럼 login.html 파일을 작성합니다.

예제 10-6 templates/registration/login.html

```
(vDjBook)$ cd /home/shkim/pyDjango/ch99/templates/
(vDjBook)$ mkdir registration/
(vDjBook)$ cd registration/
(vDjBook)$ vi login.htm

{% extends "base.html" %} ❶
{% load widget_tweaks %} ❷

{% block title %}login.html{% endblock %}

{% block content %}

    <h1>Please Login</h1>
    <p class="font-italic">Please enter your id and password.</p> ❸

    {% if form.errors %}
    <div class="alert alert-danger">
        <div class="font-weight-bold">Wrong! Please correct the error(s) below.</div> ❹
        {{ form.errors }}
    </div>
    {% endif %}

    <form action="." method="post" class="card pt-3">{% csrf_token %} ❺

        <div class="form-group row"> ❻
            {{ form.username|add_label_class:"col-form-label col-sm-2 ml-3 font-weight-
bold" }} ❼
```

10

```
            <div class="col-sm-5">
                {{ form.username|add_class:"form-control"|attr:"autofocus" }} ---------- ❽
            </div>
        </div>
        <div class="form-group row">
            {{ form.password|add_label_class:"col-form-label col-sm-2 ml-3 font-weight-
bold" }} ------------------------------------------------------------------------ ❾
            <div class="col-sm-5">
                {{ form.password|add_class:"form-control" }}
            </div>
        </div>

        <div class="form-group">
            <div class="offset-sm-2 col-sm-5">
                <input type="submit" value="Log in" class="btn btn-info"/> ---------- ❿
                <input type="hidden" name="next" value="{{ next }}" /> -------------- ⓫
            </div>
        </div>

    </form>

{% endblock %}
```

위 소스를 라인별로 설명합니다.

❶ base.html 템플릿 파일을 상속받습니다. {% extends %} 템플릿 태그는 반드시 첫 줄에 와야 합니다.

❷ 폼을 꾸미기 위한 템플릿 태그 및 필터가 들어 있는 widget_tweaks 라이브러리를 로딩합니다.

❸ 입력할 내용을 설명하는 문장을 이탤릭체로 출력합니다.

❹ 폼에 입력된 내용에 에러가 있는 경우, 'Wrong! Please correct the error(s) below.' 문장과 에러 내용을 출력합니다. 배경색은 빨간색(alert-danger)입니다.

❺ 폼 영역은 card 클래스로 지정해서 테두리를 그리고 상단 내부 패딩(pt-3)을 줍니다. 폼을 제출하는 경우, POST 방식으로 현재와 동일한 URL로 요청이 전송됩니다. CSRF 공격을 방지하기 위해 {% csrf_token %} 태그를 사용합니다.

❻ 폼의 각 레이블과 엘리먼트를 묶기 위해 form-group 클래스를 지정하고, 한 줄에 출력하기 위해 row 클래스를 지정합니다.

❼ widget_tweaks 라이브러리에서 제공하는 add_label_class 필터를 사용해서 <label> 태그에 col-form-label col-sm-2 ml-3 font-weight-bold 등의 부트스트랩 클래스를 지정합니다.

form 변수는 LoginView 뷰에서 넘겨주는 AuthenticationForm 객체입니다. AuthenticationForm 폼 클

래스도 장고에서 제공하는 로그인용 기본 폼입니다. form.username은 폼 객체의 username 필드를 의미합니다. 폼 객체의 각 필드에는 <label> 태그와 <input> 태그가 같이 들어 있습니다.

⑧ widget_tweak의 add_class 필터를 통해 form-control 부트스트랩 클래스를 지정하고, attr 필터를 통해 <input> 태그에 autofocus 속성을 추가합니다. autofocus 속성에 의해 username 엘리먼트에 커서를 위치시킵니다.

⑨ 폼의 password 속성, 즉 <input type="password" name="password"> 엘리먼트에도 ⑦번과 동일하게 지정합니다.

⑩ Log in이라는 단어로 submit 버튼을 만듭니다.

⑪ 폼 제출 시 폼의 next 엘리먼트에 {{ next }} 변수값을 할당합니다. next 컨텍스트 변수는 LoginView 뷰에서 넘겨줍니다. 이 문장에 의해 LoginView 뷰가 POST 요청을 처리한 후, 즉 로그인이 성공한 경우에 {{ next }} 변수로 지정된 URL로 이동시켜줍니다. 이 입력 요소는 hidden 타입이므로 화면에 보이지 않습니다.

{{ next }} 변수는 /accounts/login/?next=/post/3/처럼 로그인 URL의 쿼리 문자열로 지정됩니다. 만일 URL에 next 쿼리 문자열이 없으면, settings.LOGIN_REDIRECT_URL 항목에 지정된 URL이 사용됩니다. 이 항목도 지정되어 있지 않으면 디폴트로 /accounts/profile/ URL로 리다이렉트됩니다.

> **NOTE_ 자바스크립트**
>
> 웹 프로그래밍에서 자바스크립트는 클라이언트 사이드 프로그래밍 언어이며, 화면을 좀 더 화려하고 동적으로 디자인하고 싶은 독자는 별도의 책으로 자바스크립트 언어를 공부하기를 추천합니다. 참고로 자바스크립트 언어는 Vue, React, Angular 등의 여러 가지 기술이 클라이언트 분야에서 경쟁하고 있고 그 영역을 넓혀 서버 분야에서 사용하는 경우도 늘고 있는데, Node.js가 바로 서버 사이드 자바스크립트 플랫폼입니다.
>
> 참고로 Vue와 Django를 연동하여 웹 프로그램을 개발할 수도 있는데, 관심 있는 분은 필자의 동영상 강좌를 참고하기 바랍니다.
>
> https://www.inflearn.com/course/vue-js-2#

10

register.html

이 템플릿은 가입 화면, 즉 사용자 계정을 생성하는 화면을 보여줍니다. 템플릿 파일 이름은 UserCreateView 뷰에서 지정했던 것을 기억할 것입니다. 화면에 대한 설명은 **10.1.1 화면 UI 설계**를 참고하기 바랍니다. login.html처럼 templates/registration/ 디렉터리에 register.html 파일을 작성합니다.

예제 10-7 templates/registration/register.html

```
(vDjBook)$ cd /home/shkim/pyDjango/ch99/templates/registration/
(vDjBook)$ vi register.html

{% extends "base.html" %}
{% load widget_tweaks %}

{% block title %}register.html{% endblock %}

{% block content %}

    <h1>New User Registration</h1>
    <p class="font-italic">Please enter your username and password twice.</p>

    {% if form.errors %}
    <div class="alert alert-danger">
        <div class="font-weight-bold">Wrong! Please correct the error(s) below.</div>
        {{ form.errors }}
    </div>
    {% endif %}

    <form action="." method="post" class="card pt-3">{% csrf_token %}

        <div class="form-group row">
            {{ form.username|add_label_class:"col-form-label col-sm-3 ml-3 font-weight-
bold" }}
            <div class="col-sm-5">
                {{ form.username|add_class:"form-control"|attr:"autofocus" }}
            </div>
        </div>
        <div class="form-group row">
            {{ form.password1|add_label_class:"col-form-label col-sm-3 ml-3 font-weight-
bold" }}
            <div class="col-sm-5">
                {{ form.password1|add_class:"form-control" }}
            </div>
        </div>
        <div class="form-group row">
            {{ form.password2|add_label_class:"col-form-label col-sm-3 ml-3 font-weight-
bold" }}
            <div class="col-sm-5">
                {{ form.password2|add_class:"form-control" }}
```

```
            </div>
        </div>

        <div class="form-group">
            <div class="offset-sm-3 col-sm-5">
                <input type="submit" value="Register" class="btn btn-info"/>
            </div>
        </div>

    </form>
{% endblock %}
```

[예제 10-7]은 앞에서 설명한 login.html과 거의 동일합니다. 사용자 계정을 생성하기 위해 비밀번호를 두 번 입력할 수 있도록 Password1 및 Password2 입력 요소가 있다는 점 정도만 다릅니다. 따라서 자세한 설명은 login.html 설명 부분을 참고하기 바랍니다.

한 가지 중요한 차이점은 login.html 파일에서는 AuthenticationForm을 사용했지만, 이번 register.html 파일의 form 변수는 UserCreationForm 객체라는 점입니다. UserCreationForm 폼도 장고에서 기본으로 제공합니다. 그리고 장고의 폼에 정의된 속성 이름들을 그대로 사용해야 하므로, 정의 내용을 확인하려면 아래 파일을 참고하기 바랍니다.

10

```
/home/shkim/VENV/vDjBook/lib/python3.7/site-packages/django/contrib/auth/forms.py
```

또한 템플릿 파일에서 장고의 폼을 장식하고자 할 때 장고에서 제공하는 폼 클래스의 다양한 속성과 메소드를 활용할 수 있지만, 위의 예제처럼 django-widget-tweaks 앱을 사용하면 HTML 태그의 요소들을 직접 다룰 수 있으므로 좀 더 편리합니다.

NOTE_ post_search.html 폼(PostSearchForm) 장식하기

8장에서도 검색 기능을 개발하면서 PostSearchForm을 사용하여 폼을 보여줬지만, 폼을 꾸미지는 않았습니다. 이번 10장에서 공부한 django-widget-tweaks 기능을 8장의 폼에도 적용해서 장식해보면 공부에 도움이 될 것입니다. 적용한 결과는 별도로 제공되는 소스(ch9)에 있으므로 참고하기 바랍니다.

register_done.html

이 템플릿은 가입 처리가 성공한 후에 보여주는 화면입니다. UserCreateDoneTV 뷰에서 지정했던 템플릿 파일 이름이 기억날 것입니다(화면에 대한 설명은 **10.1.1 화면 UI 설계**를 참고하기 바랍니다). login.html처럼 templates/registration/ 디렉터리에 register_done.html 파일을 작성합니다.

예제 10-8 templates/registration/register_done.html

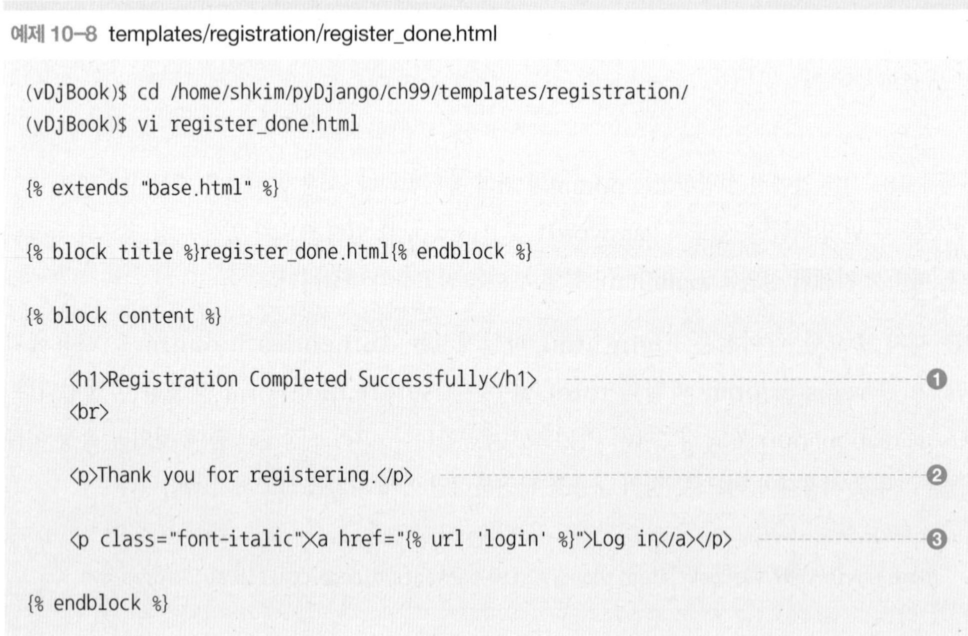

```
(vDjBook)$ cd /home/shkim/pyDjango/ch99/templates/registration/
(vDjBook)$ vi register_done.html

{% extends "base.html" %}

{% block title %}register_done.html{% endblock %}

{% block content %}

    <h1>Registration Completed Successfully</h1>    ❶
    <br>

    <p>Thank you for registering.</p>    ❷

    <p class="font-italic"><a href="{% url 'login' %}">Log in</a></p>    ❸

{% endblock %}
```

위 소스를 라인별로 설명하겠습니다.

❶ 본문 제목을 <h1> 폰트 크기로 출력합니다.

❷ 가입이 성공했다는 의미의 메시지를 출력합니다.

❸ Log in again 문구를 클릭하면 login URL, 즉 /accounts/login/ URL로 이동합니다.

password_change_form.html

이 템플릿은 비밀번호를 변경하기 위한 화면입니다. 템플릿 파일 이름은 장고의 auth.views.PasswordChangeView 뷰에서 지정합니다(화면에 대한 설명은 **10.1.1 화면 UI 설계**를 참고하기 바랍니다). login.html처럼 templates/registration/ 디렉터리에 password_change_form.

html 파일을 작성합니다.

예제 10-9 templates/registration/password_change_form.html

```
(vDjBook)$ cd /home/shkim/pyDjango/ch99/templates/registration/
(vDjBook)$ vi password_change_form.html

{% extends "base.html" %}
{% load widget_tweaks %}

{% block title %}password_change_form.html{% endblock %}

{% block content %}

    <h1>{{ title }}</h1>
    <p class="font-italic">Please enter your old password for security's sake,
        and then enter your new password twice.</p>

    {% if form.errors %}
    <div class="alert alert-danger">
        <div class="font-weight-bold">Wrong! Please correct the error(s) below.</div>
        {{ form.errors }}
    </div>
    {% endif %}

    <form action="." method="post" class="card pt-3">{% csrf_token %}

        <div class="form-group row">
               {{ form.old_password|add_label_class:"col-form-label col-sm-3 ml-3 font-
weight-bold" }}
            <div class="col-sm-5">
                {{ form.old_password|add_class:"form-control"|attr:"autofocus" }}
            </div>
        </div>
        <div class="form-group row">
              {{ form.new_password1|add_label_class:"col-form-label col-sm-3 ml-3 font-
weight-bold" }}
            <div class="col-sm-5">
                {{ form.new_password1|add_class:"form-control" }}
            </div>
        </div>
        <div class="form-group row">
```

10

```
            {{ form.new_password2|add_label_class:"col-form-label col-sm-3 ml-3 font-weight-bold" }}
            <div class="col-sm-5">
                {{ form.new_password2|add_class:"form-control" }}
            </div>
        </div>

        <div class="form-group">
            <div class="offset-sm-3 col-sm-5">
                <input type="submit" value="Password change" class="btn btn-info"/>
            </div>
        </div>

    </form>

{% endblock %}
```

[예제 10-9] 역시 앞에서 설명한 login.html과 거의 동일합니다. 비밀번호를 변경하기 위해 예전 비밀번호와 새로운 비밀번호를 두 번 입력할 수 있도록 폼을 제공한다는 점 정도만 다릅니다. 그리고 PasswordChangeView 뷰에서 title='Password change' 라는 컨텍스트 변수를 넘겨준다는 점도 다릅니다. 자세한 설명은 login.html 설명 부분을 참고하기 바랍니다.

한 가지 중요한 차이점은 login.html 파일에서는 AuthenticationForm을 사용했지만, 이번 password_change_form.html 파일의 form 변수는 PasswordChangeForm 객체라는 점입니다. PasswordChangeForm 폼도 장고에서 기본으로 제공합니다.

password_change_done.html

이 템플릿은 비밀번호 변경 처리가 성공한 후에 보여주는 화면입니다. 템플릿 파일 이름은 장고의 auth.views.PasswordChangeDoneView 뷰에서 지정합니다(화면에 대한 설명은 **10.1.1 화면 UI 설계**를 참고하기 바랍니다). login.html처럼 templates/registration/ 디렉터리에 password_change_done.html 파일을 작성합니다.

예제 10-10 templates/registration/password_change_done.html

```
(vDjBook)$ cd /home/shkim/pyDjango/ch99/templates/registration/
(vDjBook)$ vi password_change_done.html
```

```
{% extends "base.html" %}

{% block title %}password_change_done.html{% endblock %}

{% block content %}

    <h1>{{ title }}</h1> ---------------------------------------------- ❶
    <br>

    <p>Your password was changed!</p> ---------------------------------- ❷

{% endblock %}
```

위 소스를 라인별로 설명하겠습니다.

❶ 본문 제목을 <h1> 폰트 크기로 출력합니다. 본문 제목은 {{ title }}로 지정했는데, {{ title }} 변수는 auth.views.PasswordChangeDoneView 뷰에서 'Password change successful'이라는 문장으로 지정합니다.

❷ 비밀번호 변경이 성공했다는 의미의 메시지를 출력합니다.

logged_out.html

이 템플릿은 로그아웃 처리가 성공한 후에 나타나는 화면입니다. 템플릿 파일 이름은 장고의 auth.views.LogoutView 뷰에서 지정합니다(화면에 대한 설명은 **10.1.1 화면 UI 설계**를 참고하기 바랍니다). login.html처럼 templates/registration/ 디렉터리에 logged_out.html 파일을 작성합니다.

10

예제 10-11 templates/registration/logged_out.html

```
(vDjBook)$ cd /home/shkim/pyDjango/ch99/templates/registration/
(vDjBook)$ vi logged_out.html

{% extends "base.html" %}

{% block title %}logged_out.html{% endblock %}

{% block content %}

    <h1>Logged out</h1>
    <br>
```

```
    <div>
        <i class="fas fa-quote-left"></i> ------------------------------------------ ❶
        <span class="h6"> Thanks for spending your quality time with this web
site today. </span>
        <i class="fas fa-quote-right"></i> ----------------------------------------- ❷
    </div>

    <p class="font-italic"><a href="{% url 'login' %}">Log in again</a></p>

{% endblock %}
```

아래 설명 이외의 내용은 앞에서 설명한 내용들과 중복되므로 생략합니다.

❶~❷ 따옴표를 크게 표시하기 위해 폰트어썸 아이콘을 사용했습니다(fa-quote-left 및 fa-quote-right).

10.3 지금까지의 작업 확인하기

지금까지의 작업이 정상적인지 확인하기 위해 runserver를 실행하고 브라우저로 사이트에 접속합니다.

```
http://192.168.56.101:8000/
```

프로젝트 첫 페이지에서 우측 상단의 [Login], [Register] 메뉴를 클릭하면서 로그인도 해보고 계정 생성도 시도해봅니다. 계정 생성이 성공하면 생성된 계정으로 로그인도 가능해야 합니다. 로그인이나 비밀번호 변경에 성공했을 때 나타나는 성공 메시지 화면도 확인하고, 입력 항목에 오류가 있는 경우 예를 들어 Username/Password가 틀린 경우 에러 메시지가 출력되는지도 확인합니다.

최종적으로는 **9.1.3 URL 설계**에서 정의한 URL 요청 처리가 모두 정상이어야 합니다. 다음은 정상적으로 처리되었을 때의 화면입니다.

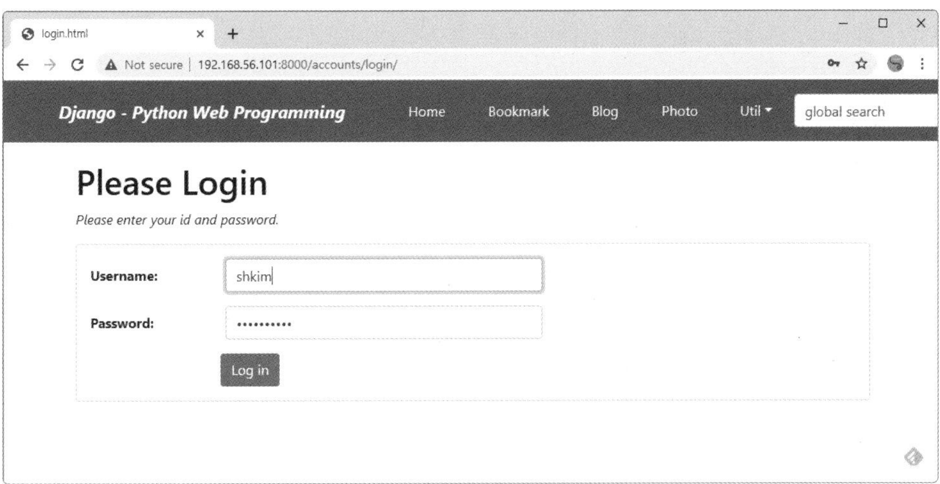

그림 10-6 인증 기능 – 로그인 화면

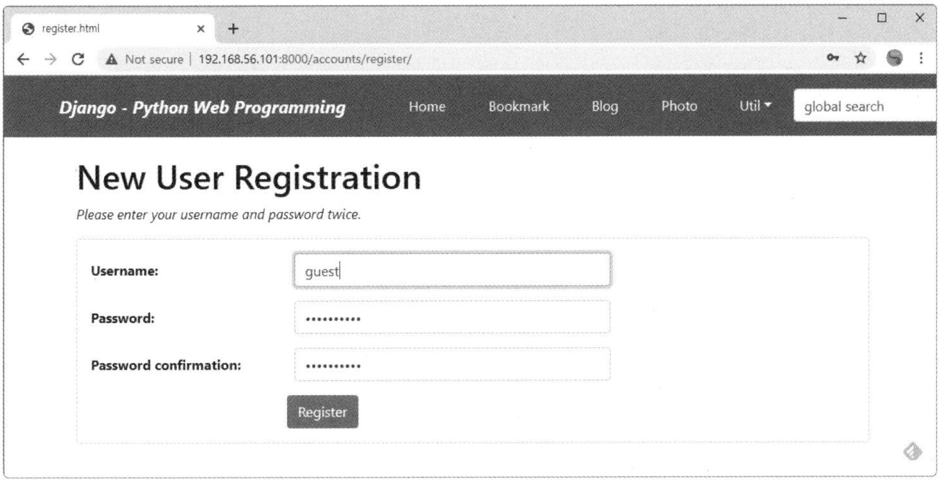

그림 10-7 인증 기능 – 가입 화면

10

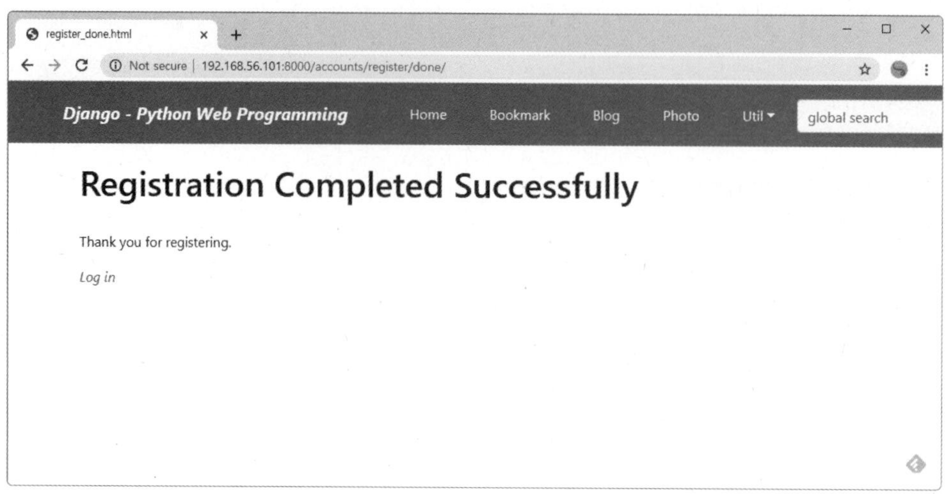

그림 10-8 인증 기능 – 가입 성공 화면

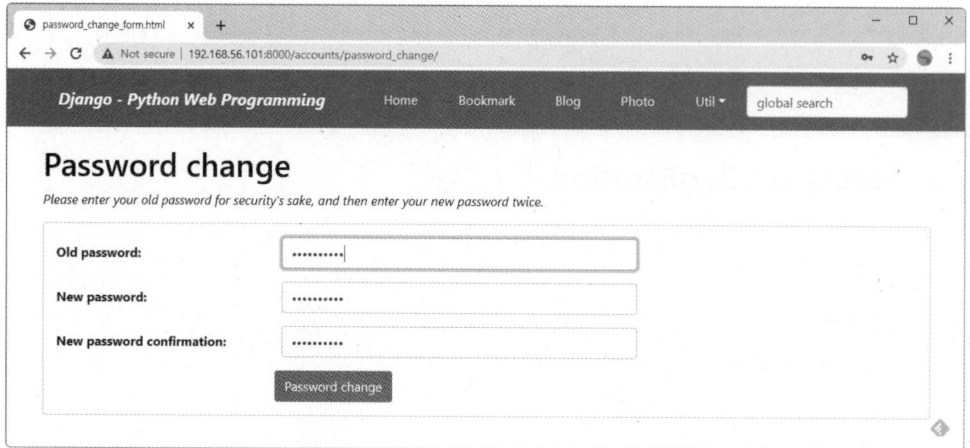

그림 10-9 인증 기능 – 비밀번호 변경 화면

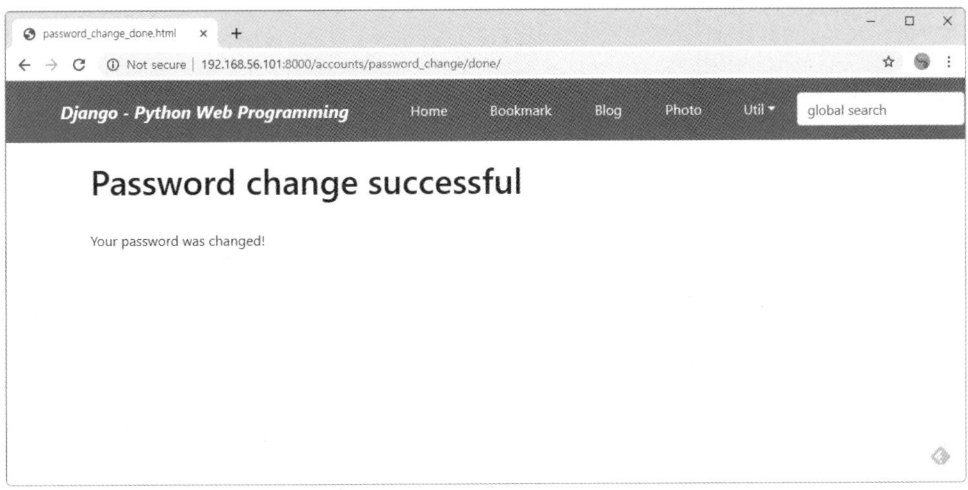

그림 10-10 인증 기능 – 비밀번호 변경 성공 화면

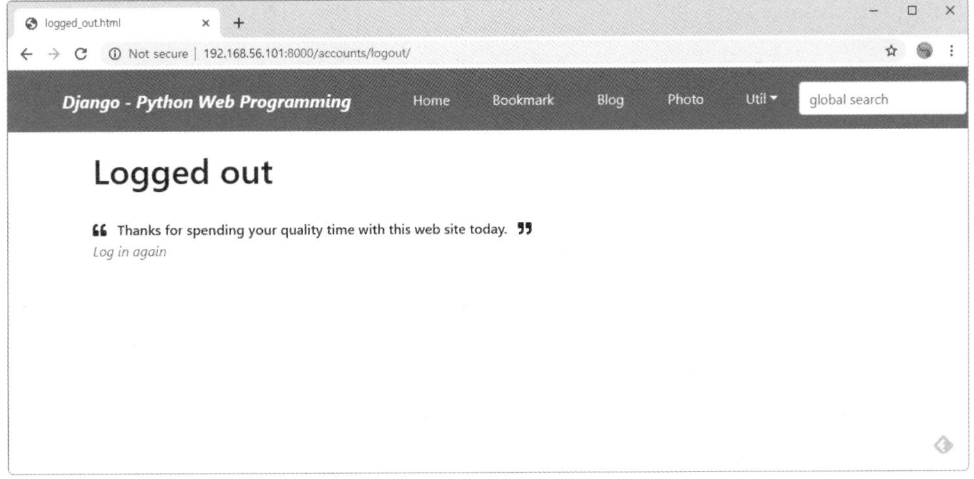

그림 10-11 인증 기능 – 로그아웃 화면

10

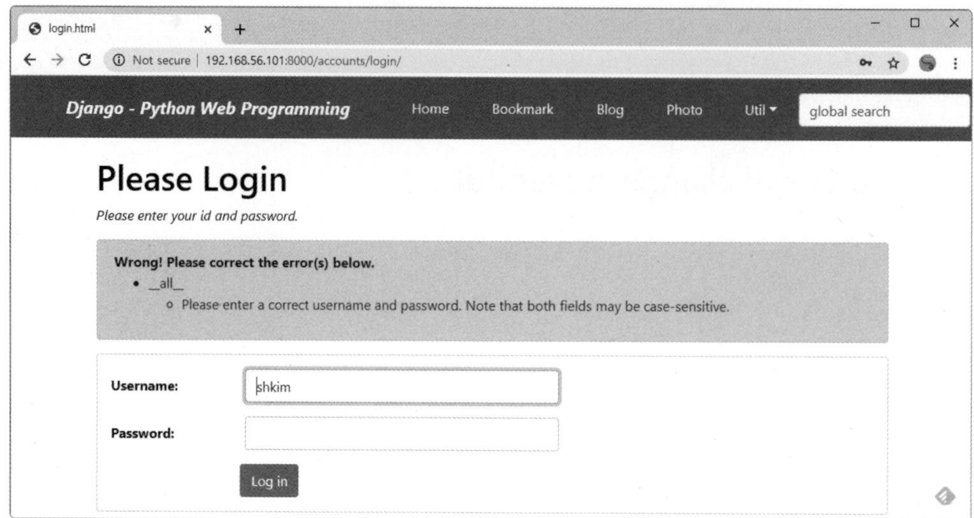

그림 10-12 인증 기능 – 폼 에러 화면

CHAPTER 11

실전 프로그램 개발 – 콘텐츠 편집 기능(Bookmark, Blog 앱)

지금까지 북마크, 블로그, 포토 앱을 개발했고 각 앱을 실습하면서 데이터베이스DB, Datebase에 데이터도 입력했습니다. 이렇게 각 앱의 DB에 들어 있는 레코드들을 장고에서는 일반적인 용어를 사용해서 콘텐츠라고 지칭하고 있습니다. 현재까지는 Admin 사이트에서 관리자superuser만이 콘텐츠들을 생성, 변경할 수 있지만, 이번 장에서는 일반 사용자들도 콘텐츠를 생성 및 변경할 수 있는 기능을 작성할 예정입니다.

그런데 콘텐츠를 생성 및 변경하는 권한을 모든 사용자에게 부여해서는 안 됩니다. 예를 들어 내가 작성한 블로그의 글을 다른 사람이 수정하거나 삭제하는 것은 방지해야 한다는 이야기입니다.

11

우리 예제에서는 다음과 같은 권한 부여 요구 사항을 적용할 것입니다.

- 콘텐츠에 대한 열람은 모든 사용자가 가능합니다.
- 콘텐츠를 새로 생성하는 것은 로그인한 사용자만 가능합니다.
- 콘텐츠를 수정 또는 삭제하는 작업은 그 콘텐츠를 생성한 사용자만 가능합니다.

이런 콘텐츠에 대한 편집 기능은 페이지 상단의 [Add]와 [Change] 메뉴에 구현할 예정입니다. [Add(생성)] 메뉴는 콘텐츠를 새로 생성하는 작업이고, [Change(변경)] 메뉴는 콘텐츠를 수정Update하거나 삭제Delete하는 기능을 제공합니다.

11장에서는 Bookmark 및 Post 테이블에 대한 콘텐츠 편집 기능을 개발하고, 이어서 12장에서는 포토 앱의 Album 및 Photo 테이블에 대한 콘텐츠 편집 기능을 개발하겠습니다.

11.1 애플리케이션 설계하기

북마크 및 블로그 앱에 대한 콘텐츠 편집 기능을 개발합니다. 콘텐츠 편집 기능, 즉 콘텐츠에 대한 생성, 수정, 삭제 기능은 테이블 단위로 처리되므로 테이블에 대한 생성Create, 수정Update, 삭제Delete 기능을 구현하는 것이 핵심입니다.

11.1.1 화면 UI 설계

콘텐츠 편집 기능을 위한 메뉴는 페이지 상단의 [Add]와 [Change] 메뉴에 구현합니다. 이 2개의 메뉴는 다음 그림들처럼 드롭다운 메뉴로 구성할 예정입니다. 이 화면들도 10장처럼 관련 폼을 보여주는 것이 주 역할입니다. 10장과 다른 점은 명시적으로 정의된 폼을 사용하는 것이 아니라, CreateView 및 UpdateView 내부에서 자동으로 만들어준 폼을 사용한다는 것입니다. 다음 그림에 각 화면의 템플릿 파일명과 폼에 대한 설명 등을 표시해 두었습니다.

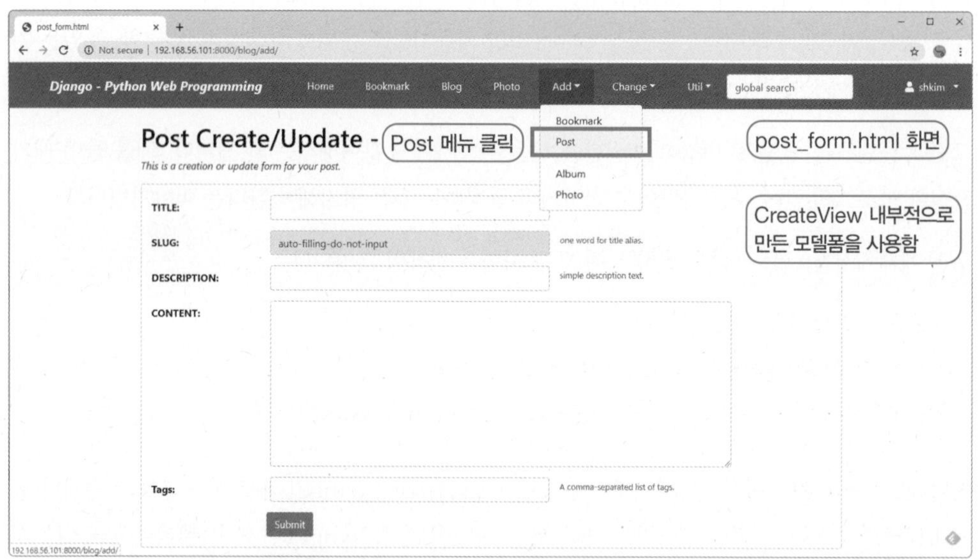

그림 11-1 UI 설계 – 콘텐츠 생성 화면

그림 11-2 UI 설계 – 콘텐츠 변경 리스트 화면

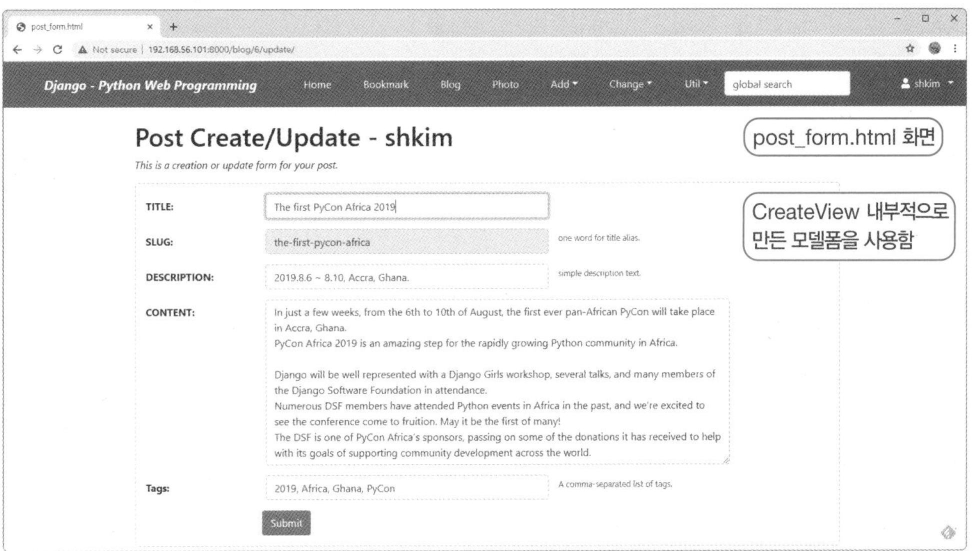

그림 11-3 UI 설계 – 콘텐츠 수정 화면

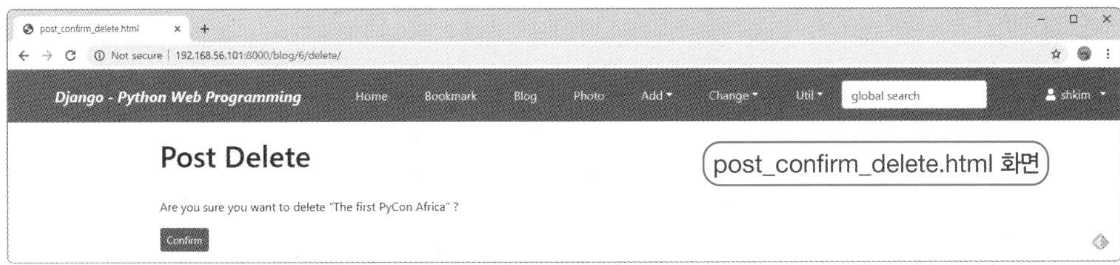

그림 11-4 UI 설계 – 콘텐츠 삭제 확인 화면

11.1.2 테이블 설계

지금까지는 북마크, 블로그, 포토 앱을 만들면서 콘텐츠에 대한 소유자를 고려하지 않았습니다. 이번 장에서는 콘텐츠에 대한 소유자를 확인해야 하므로, 각 콘텐츠 테이블별로 소유자 필드가 필요합니다. 따라서 Bookmark 및 Post 테이블에 owner 필드가 추가되도록 설계합니다. owner 필드는 10장에서 사용한 User 테이블에 대한 외래 키가 됩니다.

표 11-1 테이블 설계 – 기존 테이블 변경(Bookmark 모델 클래스)

필드명	타입	제약 조건	설명
Id	Integer	PK, Auto Increment	기본 키
Title	CharField(100)	Blank, Null	북마크 제목
url	URLField	Unique	북마크 URL
owner	ForeignKey(User)	Null	북마크 소유자

표 11-2 테이블 설계 – 기존 테이블 변경(Post 모델 클래스)

필드명	타입	제약 조건	설명
Id	Integer	PK, Auto Increment	기본 키
title	CharField(50)		포스트 제목
slug	SlugField(50)	Unique	포스트 제목 별칭
description	CharField(100)	Blank	포스트 내용 한 줄 설명
content	TextField		포스트 내용 기록
create_date	DateTimeField	auto_now_add	포스트를 생성한 날짜
modify_date	DateTimeField	auto_now	포스트를 수정한 날짜
owner	ForeignKey(User)	Null	포스트 소유자

11.1.3 URL 설계

각 콘텐츠별로 생성 및 수정, 삭제 작업을 요청할 수 있는 URL이 필요합니다. 기존에 북마크 및 블로그 앱에서 정의한 URLconf에 콘텐츠 생성add, 변경change 대상 리스트, 수정update, 삭제delete URL을 추가해 설계합니다.

표 11-3 URL 설계 – 기존 URL 변경(북마크 앱)

URL 패턴	뷰 이름	템플릿 파일명
/bookmark/	BookmarkLV(ListView)	bookmark_list.html
/bookmark/99/	BookmarkDV(DetailView)	bookmark_detail.html
/bookmark/add/ *	BookmarkCreateView(CreateView)	bookmark_form.html
/bookmark/change/	BookmarkChangeLV(ListView)	bookmark_change_list.html
/bookmark/99/update/ *	BookmarkUpdateView(UpdateView)	bookmark_form.html
/bookmark/99/delete/	BookmarkDeleteView(DeleteView)	bookmark_confirm_delete.html

* /add/와 /update/에 대한 템플릿 파일은 동일함

표 11-4 URL 설계 – 기존 URL 변경(블로그 앱)

URL 패턴	뷰 이름	템플릿 파일명
/blog/	PostLV(ListView)	post_all.html
/blog/post/	PostLV(ListView)	post_all.html
/blog/post/django-example/	PostDV(DetailView)	post_detail.html
/blog/archive/	PostAV(ArchiveIndexView)	post_archive.html
/blog/2012/	PostYAV(YearArchiveView)	post_archive_year.html
/blog/2012/nov/	PostMAV(MonthArchiveView)	post_archive_month.html
/blog/2012/nov/10/	PostDAV(DayArchiveView)	post_archive_day.html
/blog/today/	PostTAV(TodayArchiveView)	post_archive_day.html
/blog/add/ *	PostCreateView(CreateView)	post_form.html
/blog/change/	PostChangeLV(ListView)	post_change_list.html
/blog/99/update/ *	PostUpdateView(UpdateView)	post_form.html
/blog/99/delete/	PostDeleteView(DeleteView)	post_confirm_delete.html

* /add/와 /update/에 대한 템플릿 파일은 동일함

11.1.4 작업/코딩 순서

작업 순서는 다음과 같습니다.

표 11-5 작업/코딩 순서 – 북마크/블로그 앱(콘텐츠 편집)

작업 순서	관련 명령/파일	필요한 작업 내용
뼈대 만들기	startproject settings.py	(2장에서 이미 완료했으므로 생략)

	migrate createsuperuser	
	startapp settings.py	(변경 사항 없음)
모델 코딩하기	models.py	owner 필드 추가
	admin.py	(변경 사항 없음)
	makemigrations migrate	변경 사항을 데이터베이스에 반영
URLconf 코딩하기	urls.py	URL 정의
뷰 코딩하기	views.py	뷰 로직 및 OwnerOnlyMixin 작성
템플릿 코딩하기	templates 디렉터리	템플릿 파일 및 403.html 작성
그 외 코딩하기	–	(없음)

11.2 개발 코딩하기

콘텐츠 편집 기능을 위해서는 콘텐츠별로 소유자 속성이 필요하고 편집 권한에 대한 확인 기능도 필요합니다. 장고에서 제공하는 제네릭 뷰를 사용해서 이런 편집 기능을 구현합니다.

11.2.1 뼈대 만들기

신규로 추가할 앱이 없어서 뼈대 작업은 불필요합니다.

11.2.2 모델 코딩하기

북마크, 블로그 앱의 각 테이블별로 owner 필드를 추가합니다.

bookmark/models.py

기존 Bookmark 테이블에 owner 필드를 추가합니다.

예제 11-1 bookmark/models.py – 변경

```
$ cd /home/shkim/pyDjango/ch99/bookmark/
$ vi models.py
v
from django.db import models
from django.contrib.auth.models import User# 추가

class Bookmark(models.Model):
    title = models.CharField('TITLE', max_length=100, blank=True,)
    url = models.URLField('URL', unique=True)
    owner = models.ForeignKey(User, on_delete=models.CASCADE, blank=True, null=True)
# 추가

    def __str__(self):
        return self.title
```

로그인한 사용자는 여러 개의 북마크를 생성할 수 있으므로 Bookmark와 User 테이블 사이는 N:1 관계입니다. 장고에서 N:1 관계는 외래 키로 표현합니다.

한 가지 더 유의할 사항은 owner 필드는 Null 값을 가질 수 있어야 한다는 것입니다(null=True). 이미 Bookmark 테이블에 레코드가 존재하는 상태에서 지금 owner 필드를 추가하면, 기존 레코드의 owner 필드는 Null 값으로 채워야 하기 때문입니다. 디폴트 값을 지정해도 되지만, 우리 예제에서는 Null 값을 사용했습니다. 폼에서도 owner 필드는 입력하지 않아도 되도록 blank=True를 지정했습니다.

그리고 CASCADE 옵션은 User 테이블에서 레코드가 삭제되는 경우 그 레코드에 연결된 Bookmark 테이블의 레코드도 같이 삭제된다는 의미입니다.

blog/models.py

기존 Post 테이블에 owner 필드를 추가합니다.

예제 11-2 blog/models.py – 변경

```
$ cd /home/shkim/pyDjango/ch99/blog/
$ vi models.py
```

```
from django.db import models
from django.urls import reverse
from taggit.managers import TaggableManager
from django.contrib.auth.models import User# 추가 ------------------------ ❶
from django.utils.text import slugify      # 추가 ------------------------ ❷

class Post(models.Model):
    # 중간 내용 동일
    tags = TaggableManager(blank=True)
    owner = models.ForeignKey(User, on_delete=models.CASCADE, verbose_name='OWNER',
blank=True, null=True)                     # 추가 ------------------------ ❸

    # 중간 내용 동일
    def get_next(self):
        return self.get_next_by_modify_dt()

    # 아래 내용 추가
    def save(self, *args, **kwargs): --------------------------------------
        self.slug = slugify(self.title, allow_unicode=True)               ❹
        super().save(*args, **kwargs) ------------------------- ❺ --------
```

추가된 소스는 다음과 같습니다.

❶, ❸ owner 필드에 대한 설명은 Bookmark 테이블과 동일하므로 생략합니다.

❷ slug 필드를 자동으로 채우기 위해 slugify() 함수를 임포트합니다. slugify() 함수는 원래 단어를 알파벳 소문자, 숫자, 밑줄, 하이픈으로만 구성된 단어로 만들어주는 함수입니다. 예를 들어, slugify("Django is a Python Web Framework")를 실행하면 결과는 "django-is-a-python-web-framework"가 됩니다.

❹ save() 메소드를 재정의합니다. save() 메소드는 모델 객체의 내용을 데이터베이스에 저장하는 메소드입니다. 데이터베이스 테이블에 저장 시 slug 필드를 title 필드로부터 만들어 자동으로 채워줍니다. allow_unicode=True 옵션을 주면, 한글 처리도 가능합니다.

❺ 부모 클래스의 save() 메소드를 호출해 객체의 내용을 테이블에 반영하는 save() 메소드의 원래 기능을 수행합니다.

데이터베이스에 반영

Bookmark 테이블과 Post 테이블에 컬럼이 추가되었으므로, 정확하게는 모델의 필드가 추가되었으므로 변경 사항을 데이터베이스에 반영해야 합니다. 다음 명령으로 모델의 변경 사항을 데이터베이스의 테이블에 반영합니다.

```
(vDjBook)$ cd /home/shkim/pyDjango/ch99/
(vDjBook)$ python manage.py makemigrations
(vDjBook)$ python manage.py migrate
```

11.2.3 URLconf 코딩하기

북마크, 블로그 앱의 각 URLconf에 콘텐츠 편집 기능과 관련된 URL을 추가합니다.

bookmark/urls.py

Bookmark 테이블에 대한 생성add, 변경change 대상 리스트, 수정update, 삭제delete 기능을 위한 URL을 추가합니다.

예제 11-3 bookmark/urls.py – 변경

```
$ cd /home/shkim/pyDjango/ch99/bookmark/
$ vi urls.py

from django.urls import path
# from bookmark.views import BookmarkLV, BookmarkDV    # 삭제
from bookmark import views    # 추가 ------------------------------------------ ❶

app_name = 'bookmark'
urlpatterns = [
    path('', views.BookmarkLV.as_view(), name='index'),    # 수정
    path('<int:pk>/', views.BookmarkDV.as_view(), name='detail'),    # 수정

    # 아래 내용 추가 ------------------------------------------------------------ ❷
    # Example: /bookmark/add/
    path('add/',
         views.BookmarkCreateView.as_view(), name="add",
    ),

    # Example: /bookmark/change/
    path('change/',
         views.BookmarkChangeLV.as_view(), name="change",
    ),
```

11

```
    # Example: /bookmark/99/update/
    path('<int:pk>/update/',
         views.BookmarkUpdateView.as_view(), name="update",
    ),

    # Example: /bookmark/99/delete/
    path('<int:pk>/delete/',
         views.BookmarkDeleteView.as_view(), name="delete",
    ),
]     # 기존 내용임
```

위 예제는 [예제 3-6]과 매우 유사하므로, 간단히 설명합니다.

❶ 위 예제에는 기존 소스를 변경한 내용도 있고 새로 추가한 내용도 있습니다. 기존 소스를 변경한 것은 각각의 뷰를 임포트하지 않고 views.py 모듈을 임포트하는 방식으로 변경했습니다. 뷰 클래스가 많을 때는 이렇게 뷰 모듈 자체를 임포트하면 편리합니다.

❷ 신규로 추가한 내용입니다. [예제 3-6] 설명을 참고 바랍니다.

blog/urls.py

Post 테이블에 대한 생성add, 변경change 대상 리스트, 수정update, 삭제delete 기능을 위한 URL을 추가합니다.

예제 11-4 blog/urls.py – 변경

```
$ cd /home/shkim/pyDjango/ch99/blog/
$ vi urls.py

    # Example: /blog/search/
    path('search/', views.SearchFormView.as_view(), name='search'),
    # 상단 내용 동일

    # Example: /blog/add/
    path('add/',
         views.PostCreateView.as_view(), name="add",
    ),

    # Example: /blog/change/
    path('change/',
```

```
        views.PostChangeLV.as_view(), name="change",
    ),

    # Example: /blog/99/update/
    path('<int:pk>/update/',
        views.PostUpdateView.as_view(), name="update",
    ),

    # Example: /blog/99/delete/
    path('<int:pk>/delete/',
        views.PostDeleteView.as_view(), name="delete",
    ),
] # 기존 내용임
```

위 예제에서 추가된 소스 역시 [예제 3-6]에서 설명한 내용과 대동소이하므로 설명은 생략합니다.

11.2.4 뷰 코딩하기

이제 북마크, 블로그 앱의 각 URLconf에서 지정한 뷰를 코딩하겠습니다. 여기서는 편집 제네릭 뷰인 CreateView, UpdateView, DeleteView 등의 사용법을 익히는 게 중요합니다. 또한 CreateView와 UpdateView에 대한 설명을 비교해 읽으면서, 비슷하면서도 다른 차이점을 확인하기 바랍니다. 참고로, 제네릭 뷰에 대한 자세한 설명은 **14. 장고 핵심 기능 – View**를 참고하기 바랍니다.

11

bookmark/views.py

bookmark/views.py 파일에 다음 내용을 추가합니다.

예제 11-5 bookmark/views.py – 변경

```
(vDjBook)$ cd /home/shkim/pyDjango/ch99/bookmark/
(vDjBook)$ vi views.py

from django.views.generic import ListView, DetailView
from .models import Bookmark
```

```python
# 아래 4개의 import 문장 추가
from django.views.generic import CreateView, UpdateView, DeleteView  ❶
from django.contrib.auth.mixins import LoginRequiredMixin  ❷
from django.urls import reverse_lazy  ❸
from mysite.views import OwnerOnlyMixin  ❹

class BookmarkLV(ListView) :
    model = Bookmark

class BookmarkDV(DetailView) :
    model = Bookmark

# 아래 4개의 클래스형 뷰 추가
class BookmarkCreateView(LoginRequiredMixin, CreateView):  ❺
    model = Bookmark  ❻
    fields = ['title', 'url']  ❼
    success_url = reverse_lazy('bookmark:index')  ❽

    def form_valid(self, form):  ❾
        form.instance.owner = self.request.user  ❿
        return super().form_valid(form)  ⓫

class BookmarkChangeLV(LoginRequiredMixin, ListView):  ⓬
    template_name = 'bookmark/bookmark_change_list.html'  ⓭

    def get_queryset(self):
        return Bookmark.objects.filter(owner=self.request.user)  ⓮

class BookmarkUpdateView(OwnerOnlyMixin, UpdateView):  ⓯
    model = Bookmark  ⓰
    fields = ['title', 'url']  ⓱
    success_url = reverse_lazy('bookmark:index')  ⓲

class BookmarkDeleteView(OwnerOnlyMixin, DeleteView):  ⓳
    model = Bookmark  ⓴
    success_url = reverse_lazy('bookmark:index')  ㉑
```

추가된 소스는 다음과 같습니다.

❶ 편집용 제네릭 뷰인 CreateView, UpdateView, DeleteView를 임포트합니다. CreateView는 테이블의 레코드를 생성할 때, UpdateView는 테이블의 레코드를 수정할 때, DeleteView는 테이블의 레코드를 삭제할 때 사용하는 뷰입니다.

❷ LoginRequiredMixin 클래스를 임포트합니다. LoginRequiredMixin 클래스는 @login_required() 데코레이터 기능을 클래스에 적용할 때 사용합니다. 즉 사용자가 로그인된 경우는 정상 처리를 하지만, 로그인이 안 된 사용자라면 로그인 페이지로 리다이렉트시킵니다.

❸ reverse_lazy() 및 reverse() 함수는 URL 패턴명을 인자로 받습니다. URL 패턴명을 인식하기 위해서는 urls.py 모듈이 메모리에 로딩되어야 합니다. 지금 작성하고 있는 views.py 모듈이 로딩되고 처리되는 시점에 urls.py 모듈이 로딩되지 않을 수도 있으므로, reverse() 함수 대신 reverse_lazy() 함수를 임포트합니다.

❹ OwnerOnlyMixin 클래스를 임포트합니다. 소유자만 콘텐츠 수정이 가능하도록 이 믹스인 클래스를 사용합니다. mysite/views.py 설명을 참고하기 바랍니다.

❺ LoginRequiredMixin 및 CreateView를 상속받아 BookmarkCreateView 뷰를 작성합니다. LoginRequiredMixin 클래스를 상속받는 클래스는 로그인된 경우만 접근 가능합니다. 만일 로그인되지 않은 상태에서 BookmarkCreateView 뷰를 호출하면 로그인 페이지로 이동시킵니다. 그리고 CreateView 클래스를 상속받는 클래스는 예제처럼 중요한 몇 가지 클래스 속성만 정의하면 적절한 폼을 보여주고, 폼에 입력된 내용에서 에러 여부를 체크한 후 에러가 없으면 입력된 내용으로 테이블에 레코드를 생성합니다.

❻ CreateView 기능을 적용할 대상 테이블을 Bookmark 테이블로 지정합니다.

❼ CreateView 기능에 따라 폼을 보여줄 때, Bookmark 테이블의 title과 url 필드에 대한 입력 폼을 보여줍니다.

❽ 폼에 입력된 내용에 에러가 없고, 테이블 레코드 생성이 완료된 후에 이동할 URL을 지정합니다. 예제에서는 /bookmark/ URL로 이동합니다.

❾ CreateView는 폼에 입력된 내용에 대해 유효성 검사를 수행해 에러가 없는 경우 form_valid() 메소드를 호출합니다. 또한 유효성 검사를 통과하면 모델 instance(객체)를 생성하여 form의 내용을 overwrite합니다.

❿ 폼에 연결된 모델 객체의 owner 필드에는 현재 로그인된 사용자의 User 객체를 할당합니다.

⓫ 부모 클래스, 즉 CreateView 클래스의 form_valid() 메소드를 호출합니다. 상위 클래스의 form_valid() 메소드에 의해 form.save(), 즉 DB에 반영되고 그 후 success_url로 리다이렉트됩니다.

⓬ LoginRequiredMixin 및 ListView를 상속받아 BookmarkChangeLV 뷰를 작성합니다. BookmarkChangeLV 뷰의 기능은 Bookmark 테이블에서 현재 로그인된 사용자에게 콘텐츠 변경이 허용된 레코드 리스트를 화면에 출력하는 것입니다. 이 클래스도 LoginRequiredMixin 클래스를 상속받고 있어서, login_required() 데코레이터 기능을 제공합니다. 그리고 ListView 제네릭 뷰를 상속받고 있으므로 객체의 리스트만 지정하면 그 리스트를 화면에 출력해줍니다.

⓭ 리스트를 화면에 출력할 때 사용할 템플릿의 이름을 지정해줍니다.

⓮ get_queryset() 메소드는 화면에 출력할 레코드 리스트를 반환합니다. 즉 Bookmark 테이블의 레코드 중에서 owner 필드가 로그인한 사용자인 레코드만 필터링해 그 리스트를 반환합니다. 이 줄에 의해 로그인한 사용자가 소유한 콘텐츠만 보이게 됩니다.

⓯ OwnerOnlyMixin 및 UpdateView를 상속받아 BookmarkUpdateView 뷰를 작성합니다. OwnerOnlyMixin 클래스에 의해, 로그인 사용자가 대상 콘텐츠의 소유자인 경우에만 UpdateView 기능이 동작합니다. 즉 로그인을 하지 않은 경우 또는 로그인했어도 소유자가 아닌 경우는 익셉션 처리를 합니다. 뒤에 설명하는 mysite/views.py 설명을 참고하기 바랍니다.

그리고 UpdateView 클래스를 상속받는 클래스는 예제처럼 중요한 몇 가지 클래스 속성만 정의하면, 테이블의 레코드들 중에서 지정된 레코드 하나에 대한 내용을 폼으로 보여주고 폼에서 수정 입력된 내용에서 에러 여부를 체크하며 에러가 없으면 입력된 내용으로 테이블의 레코드를 수정합니다.

⑯ UpdateView 기능을 적용할 대상 테이블을 Bookmark 테이블로 지정합니다.

⑰ UpdateView 기능에 따라 폼을 보여줄 때 Bookmark 테이블의 특정 레코드를 선택하고, 그 레코드의 title과 url 필드로 폼을 구성해 화면에 보여줍니다.

⑱ 폼에 수정 입력된 내용에 에러가 없으면 UpdateView는 내부적으로 form_valid() 메소드를 호출하여 테이블의 레코드를 수정하고 success_url로 지정된 URL로 리다이렉트 처리합니다. 예제에서는 /bookmark/ URL로 리다이렉트됩니다.

⑲ OwnerOnlyMixin 및 DeleteView를 상속받아 BookmarkDeleteView 뷰를 작성합니다. OwnerOnlyMixin 클래스에 의해 로그인 사용자가 대상 콘텐츠의 소유자인 경우에만 DeleteView 기능이 동작합니다. 즉 로그인을 하지 않은 경우 또는 로그인했어도 소유자가 아닌 경우는 익셉션 처리를 합니다. 뒤에 설명하는 mysite/views.py 설명을 참고하기 바랍니다.

그리고 DeleteView 클래스를 상속받는 클래스는 예제처럼 중요한 몇 가지 클래스 속성만 정의하면 기존 레코드 중에서 지정된 레코드를 삭제할 것인지 확인하는 페이지를 보여줍니다. 사용자가 확인 응답을 하면 해당 레코드를 삭제합니다.

⑳ DeleteView 기능을 적용할 대상 테이블을 Bookmark 테이블로 지정합니다.

㉑ 테이블 레코드 삭제가 완료된 후 리다이렉트될 URL을 지정합니다. 예제에서는 /bookmark/ URL로 리다이렉트 처리됩니다.

blog/views.py

blog/views.py 파일에 다음 내용을 추가합니다.

예제 11-6 blog/views.py – 변경

```
(vDjBook)$ cd /home/shkim/pyDjango/ch99/blog/
(vDjBook)$ vi views.py

from blog.models import Post
from blog.forms import PostSearchForm
# 상단 내용 동일

# 아래 4개의 임포트 문장 추가
from django.views.generic import CreateView, UpdateView, DeleteView
from django.contrib.auth.mixins import LoginRequiredMixin
```

```
from django.urls import reverse_lazy
from mysite.views import OwnerOnlyMixin

# 중간 내용 동일
class SearchFormView(FormView):
    # 중간 내용 동일

# 아래 4개의 클래스형 뷰 추가
class PostCreateView(LoginRequiredMixin, CreateView):
    model = Post
    fields = ['title', 'slug', 'description', 'content', 'tags']
    initial = {'slug': 'auto-filling-do-not-input'}  ------------------------ ❶
    #fields = ['title', 'description', 'content', 'tags']  ------------------ ❷
    success_url = reverse_lazy('blog:index')

    def form_valid(self, form):
        form.instance.owner = self.request.user
        return super().form_valid(form)

class PostChangeLV(LoginRequiredMixin, ListView):
    template_name = 'blog/post_change_list.html'

    def get_queryset(self):
        return Post.objects.filter(owner=self.request.user)

class PostUpdateView(OwnerOnlyMixin, UpdateView):
    model = Post
    fields = ['title', 'slug', 'description', 'content', 'tags']
    success_url = reverse_lazy('blog:index')

class PostDeleteView(OwnerOnlyMixin, DeleteView) :
    model = Post
    success_url = reverse_lazy('blog:index')
```

11

[예제 11-6]은 대상 모델이 Bookmark에서 Post 테이블로 바뀐 점을 제외하고는 앞의 bookmark/views.py에서 설명한 내용과 거의 동일합니다. 자세한 설명은 생략하고 추가된 줄만 설명하겠습니다.

❶ 폼의 slug 입력 항목에 대한 초기값을 지정합니다. slug 필드는 title 필드로부터 자동으로 채워지는 필드입니다. 이 기능은 models.py 파일의 Post 모델 정의에 있는 save() 함수에서 수행됩니다. 따라서 PostCreateView 뷰에서 레코드 생성 폼을 보여줄 때 slug 필드는 입력하지 말라는 의미로, 초기값을 'auto-filling-do-not-input'으로 지정했습니다. 초기값 문구는 여러분이 임의로 정하면 됩니다.

❷ slug 필드를 처리하는 또 다른 방법은 fields 속성에서 제외해 폼에 나타나지 않도록 하는 방법입니다. 폼에는 보이지 않지만, Post 모델의 save() 함수에 의해 테이블의 레코드에 자동으로 채워집니다.

mysite/views.py

앞에서 BookmarkUpdateView, BookmarkDeleteView, PostUpdateView, PostDeleteView 등의 4개 뷰를 작성하면서 OwnerOnlyMixin 클래스를 상속받은 것을 기억할 것입니다. OwnerOnlyMixin 클래스는 콘텐츠의 소유자인지를 판별하기 위한 용도로, 필자가 만든 믹스인 클래스입니다.

이제 OwnerOnlyMixin 클래스를 코딩하겠습니다. 이 클래스도 특정 앱에 속한 것이 아니므로 프로젝트 디렉터리 하위에 있는 mysite/views.py 파일에 작성합니다.

예제 11-7 mysite/views.py – 변경

```
(vDjBook)$ cd /home/shkim/pyDjango/ch99/mysite/
(vDjBook)$ vi views.py

from django.views.generic import TemplateView
from django.views.generic import CreateView
from django.contrib.auth.forms import UserCreationForm
from django.urls import reverse_lazy

from django.contrib.auth.mixins import AccessMixin     # 추가  ------------------ ❶

# 중간 내용 동일
class UserCreateDoneTV(TemplateView):
    template_name = 'registration/register_done.html'

# 아래 믹스인 클래스 추가
class OwnerOnlyMixin(AccessMixin):  ------------------------------------------ ❷
    raise_exception = True  ----------------------------------------------- ❸
    permission_denied_message = "Owner only can update/delete the object"  --- ❹

    def dispatch(self, request, *args, **kwargs):  ------------------------- ❺
        obj = self.get_object()  -------------------------------------------- ❻
        if request.user != obj.owner:  ----------------------------------
            return self.handle_no_permission()  ---------------------------- ❼
        return super().dispatch(request, *args, **kwargs)  ----------------- ❽
```

추가된 소스는 다음과 같습니다.

❶ AccessMixin 클래스를 임포트합니다. 뷰 처리 진입 단계에서 적절한 권한을 갖추었는지 판별할 때 사용하는 믹스인 클래스입니다.

❷ OwnerOnlyMixin 클래스를 정의합니다. 로그인한 사용자가 콘텐츠의 소유자인지를 판별합니다. 소유자면 정상 처리를 하고, 소유자가 아니면 아래 ❸처럼 두 가지 방법으로 처리합니다.

❸ 소유자가 아닌 경우 이 속성이 True면 403 익셉션 처리를 하고, False면 로그인 페이지로 리다이렉트 처리됩니다. 우리 예제에서는 403 익셉션 처리를 하도록 했습니다.

❹ 403 응답 시 보여줄 메시지를 지정합니다. 403.html 템플릿 파일에서 사용합니다. [예제 11-15]의 403.html 파일을 참고하기 바랍니다.

❺ 메인 메소드인 get() 처리 이전 단계의 dispatch() 메소드를 오버라이딩합니다. 여기서 소유자 여부를 판단합니다. 이처럼 AccessMixin 클래스를 상속받아 믹스인 클래스를 정의하는 경우에는 dispatch() 메소드를 오버라이딩하는 것이 일반적입니다.

❻ 대상이 되는 객체를 테이블로부터 가져옵니다.

❼ 현재의 사용자(request.user)와 객체의 소유자(obj.owner)를 비교해서 다르면 handle_no_permission() 메소드를 호출합니다. 이 메소드에 의해 403 익셉션 처리, 즉 클라이언트에게 403 응답(HttpResponseForbidden)을 보냅니다.

❽ 같으면 상위 클래스의 dispatch() 메소드를 호출해서 정상 처리합니다.

11.2.5 템플릿 코딩하기

이번 장에서는 편집용 제네릭 뷰를 상속받아 뷰를 작성했는데, 편집용 제네릭 뷰도 디폴트 템플릿명이 정의되어 있습니다. 즉 편집용 제네릭 뷰에서 template_name 속성으로 템플릿명을 지정하지 않으면 장고에서 정의한 다음과 같은 디폴트 템플릿명을 사용합니다. CreateView와 UpdateView에 대한 디폴트 템플릿명은 동일하다는 것을 유의하기 바랍니다.

표 11-6 제네릭 뷰의 디폴트 템플릿 파일명

편집용 제네릭 뷰	디폴트 템플릿 파일명	블로그 앱 예제의 템플릿명
FormView	(없음)	(사용 안 함)
CreateView	모델명소문자_form.html	post_form.html
UpdateView	모델명소문자_form.html	post_form.html
DeleteView	모델명소문자_confirm_delete.html	post_confirm_delete.html
(PostChangeLV는 template_name 속성으로 지정함)		post_change_list.html

BookmarkChangeLV와 PostChangeLV 뷰는 편집용 제네릭 뷰가 아니라 ListView를 상속받으므로, 디폴트 템플릿명은 xxx_list.html이 됩니다. 이 파일명은 이미 사용하고 있으므로 template_name 속성으로 다른 템플릿명을 지정한 것입니다.

이외에도 메뉴에 대한 링크를 수정하기 위해 base.html 파일도 수정해야 합니다. 먼저 base.html 파일을 수정하고, 그 이후에 북마크 앱에 대한 템플릿 및 블로그 앱 템플릿 순서로 코딩하겠습니다.

base.html

[Add]와 [Change] 메뉴를 수정하기 위해 기존의 templates/base.html 파일을 다음처럼 수정합니다.

예제 11-8 templates/base.html – 변경

```
(vDjBook)$ cd /home/shkim/pyDjango/ch99/templates/
(vDjBook)$ vi base.html

    # 메인 메뉴 Add 추가
    <li class="nav-item dropdown mx-1 btn btn-primary"> ❶
        <a class="nav-link dropdown-toggle text-white" href="#" data-toggle="dropdown">
Add</a>
        <div class="dropdown-menu">
            <a class="dropdown-item" href="{% url 'bookmark:add' %}">Bookmark</a> ❷
            <a class="dropdown-item" href="{% url 'blog:add' %}">Post</a> ❸
            <div class="dropdown-divider"></div> ❹
            <a class="dropdown-item" href="">Album</a>
            <a class="dropdown-item" href="">Photo</a> ❺
        </div>
    </li>

    # 메인 메뉴 Change 수정
    <li class="nav-item dropdown mx-1 btn btn-primary"> ❻
        <a class="nav-link dropdown-toggle text-white" h ref="#" data-toggle=
"dropdown">Change</a>
        <div class="dropdown-menu">
            <a class="dropdown-item" href="{% url 'bookmark:change' %}">Bookmark</a> ❼
            <a class="dropdown-item" href="{% url 'blog:change' %}">Post</a> ❽
            <div class="dropdown-divider"></div> ❾
```

```
            <a class="dropdown-item" href="">Album</a>
            <a class="dropdown-item" href="">Photo</a>     ⑩
        </div>
    </li>
```

변경된 소스는 다음과 같습니다.

❶ 상단 메인 메뉴에 [Add] 드롭다운 메뉴를 만듭니다. 드롭다운 메뉴는 부트스트랩의 Component 〉 Navbar의 Dropdown 샘플을 참고하여 dropdown, dropdown-toggle, dropdowon-menu, dropdown-item 등의 클래스를 사용합니다. data-toggle 속성도 필요합니다.

❷ 상단 메뉴의 [Add] 〉 [Bookmark] 메뉴를 클릭하면 {% url %} 템플릿 태그 기능에 의해서 /bookmark/add/ URL이 요청됩니다.

❸ 상단 메뉴의 [Add] 〉 [Post] 메뉴를 클릭하면 {% url %} 템플릿 태그 기능에 의해서 /blog/add/ URL이 요청됩니다. 메뉴명을 Blog가 아니라 Post로 지정한 점도 유의하기 바랍니다. 콘텐츠를 변경하는 것이므로 앱명이 아니라 콘텐츠가 들어 있는 테이블명을 적어준 것입니다.

❹ 드롭다운 메뉴 내에 구분선을 출력합니다.

❺ Album, Photo 메뉴 단어만 미리 만들고, 링크는 다음 장에서 걸 예정입니다.

❻ 상단 메인 메뉴에 [Change] 드롭다운 메뉴를 만듭니다. 드롭다운 메뉴는 부트스트랩의 Component 〉 Navbar의 Dropdown 샘플을 참고하여 dropdown, dropdown-toggle, dropdowon-menu, dropdown-item 등의 클래스를 사용합니다. data-toggle 속성도 필요합니다.

❼ 상단 메뉴의 [Change] 〉 [Bookmark] 메뉴를 클릭하면 {% url %} 템플릿 태그 기능에 의해서 /bookmark/change/ URL이 요청됩니다.

❽ 상단 메뉴의 [Change] 〉 [Post] 메뉴를 클릭하면 {% url %} 템플릿 태그 기능에 의해서 /blog/change/ URL이 요청됩니다. 역시 메뉴명은 Blog가 아니라 Post로 테이블명을 사용했습니다.

❾ 드롭다운 메뉴 내에 구분선을 출력합니다.

❿ Album, Photo 메뉴 단어만 미리 만들고, 링크는 다음 장에서 걸 예정입니다.

bookmark/bookmark_form.html

이 템플릿은 Bookmark 레코드를 생성 또는 수정하기 위한 폼을 보여주는 화면입니다. 화면에 대한 설명은 **11.1.1 화면 UI 설계**를 참고하기 바랍니다.

기존의 bookmark/templates/bookmark/ 디렉터리에 다음처럼 bookmark_form.html 파일을 작성합니다.

예제 11-9 bookmark/bookmark_form.html

```
(vDjBook)$ cd /home/shkim/pyDjango/ch99/bookmark/templates/bookmark/
(vDjBook)$ vi bookmark_form.html

{% extends "base.html" %}
{% load widget_tweaks %}

{% block title %}bookmark_form.html{% endblock %}

{% block content %}

    <h1>Bookmark Create/Update - {{user}}</h1> ------------------------------ ❶
    <p class="font-italic">This is a creation or update form for your bookmark.</p>

    {% if form.errors %}
    <div class="alert alert-danger">
        <div class="font-weight-bold">Wrong! Please correct the error(s) below.</div>
        {{ form.errors }}
    </div>
    {% endif %}

    <form action="." method="post" class="card pt-3">{% csrf_token %}

        <div class="form-group row">
            {{ form.title|add_label_class:"col-form-label col-sm-2 ml-3 font-weight-
bold" }}
            <div class="col-sm-5">
                {{ form.title|add_class:"form-control"|attr:"autofocus" }}
            </div>
        </div>

        <div class="form-group row">
            {{ form.url|add_label_class:"col-form-label col-sm-2 ml-3 font-weight-bold" }}
            <div class="col-sm-5">
                {{ form.url|add_class:"form-control" }}
            </div>
        </div>

        <div class="form-group">
            <div class="offset-sm-2 col-sm-5">
                <input type="submit" value="Submit" class="btn btn-info"/>
            </div>
```

```
        </div>
    </form>
{% endblock %}
```

위 소스를 라인별로 설명하겠습니다.

[예제 11-9]는 10.2.5절의 login.html과 거의 동일합니다. 폼을 장식하기 위해 widget-tweaks 라이브러리를 로딩했습니다. ❶의 {{ user }}는 django.contrib.auth 앱에서 제공하는 컨텍스트 변수로 현재의 User 객체가 담겨 있습니다. 자세한 설명은 login.html 설명 부분을 참고하기 바랍니다.

한 가지 중요한 차이점은 login.html 파일의 경우 AuthenticationForm을 사용했지만, 이번 bookmark_form.html 파일의 form 변수는 Bookmark 모델을 사용해 장고가 내부적으로 만든 폼 객체라는 점입니다. 즉 CreateView와 UpdateView는 Bookmark 모델에 대한 ModelForm을 스스로 만들고 사용한다는 점을 유의하기 바랍니다.

bookmark/bookmark_change_list.html

이 템플릿은 Bookmark 테이블의 레코드를 변경하기 위해, 기존 레코드의 리스트를 보여주는 화면입니다. 화면에 대한 설명은 **11.1.1 화면 UI 설계**를 참고하기 바랍니다.

기존의 bookmark/templates/bookmark/ 디렉터리에 다음처럼 bookmark_change_list.html 파일을 작성합니다.

예제 11-10 bookmark/bookmark_change_list.html

```
(vDjBook)$ cd /home/shkim/pyDjango/ch99/bookmark/templates/bookmark/
(vDjBook)$ vi bookmark_change_list.html

{% extends "base.html" %}

{% block title %}bookmark_change_list.html{% endblock %}

{% block content %}
```

```
    <h1>Bookmark Change - {{user}}</h1> ----------------------------------- ❶
    <br>

    <table class="table table-bordered table-condensed table-striped"> ------- ❷

        <thead>
            <tr class="table-primary"> ----------------------------------- ❸
                <th>Title</th>
                <th>Url</th>
                <th>Owner</th>
                <th>Update</th>
                <th>Delete</th>
            </tr>
        </thead>

        <tbody>
            {% for item in object_list %} ------------------------------- ❹
            <tr>
                <td>{{ item.title }}</td>
                <td>{{ item.url }}</td>
                <td>{{ item.owner }}</td>
                <td><a href="{% url 'bookmark:update' item.id %}">Update</a></td> --- ❺
                <td><a href="{% url 'bookmark:delete' item.id %}">Delete</a></td> --- ❻
            </tr>
            {% endfor %}
        </tbody>

    </table>

{% endblock %}
```

위 소스를 라인별로 설명하겠습니다. Bookmark 테이블의 레코드 리스트를 테이블 형식으로 표시하고 있습니다.

❶ {{ user }}는 django.contrib.auth 앱에서 제공하는 컨텍스트 변수로 현재의 User 객체가 담겨 있습니다.

❷ 테이블에 대한 부트스트랩 클래스를 적용했습니다. 테이블 셀에 대한 테두리를 그렸고 줄 간격을 줄였으며 번갈아 가면서 줄마다 음영을 표시했습니다.

❸ 테이블 제목행은 table-primary 색으로 표시합니다.

❹ object_list의 각 항목을 순회하면서 테이블의 데이터 행을 추가합니다.

❺ Update 단어를 출력하고, 이 단어에 /bookmark/99/update/ URL 링크를 연결합니다. 99 자리에는 특정

레코드의 id 필드, 즉 기본 키가 들어갑니다.

❻ Delete 단어를 출력하고, 이 단어에 /bookmark/99/delete/ URL 링크를 연결합니다. 99 자리에는 특정 레코드의 기본 키가 들어갑니다.

bookmark/bookmark_confirm_delete.html

이 템플릿은 Bookmark 테이블의 레코드를 삭제하기 전에 확인하는 화면을 보여줍니다. 화면에 대한 설명은 **11.1.1 화면 UI 설계**를 참고하기 바랍니다.

기존의 bookmark/templates/bookmark/ 디렉터리에 다음처럼 bookmark_confirm_delete.html 파일을 작성합니다.

예제 11-11 bookmark/bookmark_confirm_delete.html

```
(vDjBook)$ cd /home/shkim/pyDjango/ch99/bookmark/templates/bookmark/
(vDjBook)$ vi bookmark_confirm_delete.html

{% extends "base.html" %}

{% block title %}bookmark_confirm_delete.html{% endblock %}

{% block content %}

    <h1>Bookmark Delete</h1>
    <br>

    <form action="." method="post">{% csrf_token %}
        <p>Are you sure you want to delete "{{ object }}" ?</p>
        <input type="submit" value="Confirm" class="btn btn-danger btn-sm" />
    </form>

{% endblock %}
```

<form> HTML 태그, {% csrf_token %} 템플릿 태그, {{ object }} 템플릿 변수 등 여러 번 나온 내용이므로 이 파일에 대한 설명은 생략합니다.

11

blog/post_form.html

이 템플릿은 Post 레코드를 생성 또는 수정하기 위한 폼을 보여주는 화면입니다. 화면에 대한 설명은 **11.1.1 화면 UI 설계**를 참고하기 바랍니다.

기존의 blog/templates/blog/ 디렉터리에 다음처럼 post_form.html 파일을 작성합니다.

예제 11-12 blog/post_form.html

```
(vDjBook)$ cd /home/shkim/pyDjango/ch99/blog/templates/blog/
(vDjBook)$ vi post_form.html

{% extends "base.html" %}
{% load widget_tweaks %}

{% block title %}post_form.html{% endblock %}

{% block content %}
    <h1>Post Create/Update - {{user}}</h1>
    <p class="font-italic">This is a creation or update form for your post.</p>

    {% if form.errors %}
    <div class="alert alert-danger">
        <div class="font-weight-bold">Wrong! Please correct the error(s) below.</div>
        {{ form.errors }}
    </div>
    {% endif %}

    <form action="." method="post" class="card pt-3">{% csrf_token %}

        <div class="form-group row">
            {{ form.title|add_label_class:"col-form-label col-sm-2 ml-3 font-weight-
bold" }}
            <div class="col-sm-5">
                {{ form.title|add_class:"form-control"|attr:"autofocus" }}
            </div>
        </div>

        <div class="form-group row">
            {{ form.slug|add_label_class:"col-form-label col-sm-2 ml-3 font-weight-bold" }}
            <div class="col-sm-5">
                {{ form.slug|add_class:"form-control"|attr:"readonly" }}    ❶
```

```
        </div>
        <small class="form-text text-muted">{{ form.slug.help_text }}</small>   ❷
    </div>

    <div class="form-group row">
        {{ form.description|add_label_class:"col-form-label col-sm-2 ml-3 font-
weight-bold" }}
        <div class="col-sm-5">
            {{ form.description|add_class:"form-control" }}
        </div>
        <small class="form-text text-muted">{{ form.description.help_text }}</small> ❸
    </div>

    <div class="form-group row">
        {{ form.content|add_label_class:"col-form-label col-sm-2 ml-3 font-weight-
bold" }}
        <div class="col-sm-8">
            {{ form.content|add_class:"form-control" }}                      ❹
        </div>
    </div>

    <div class="form-group row">
        {{ form.tags|add_label_class:"col-form-label col-sm-2 ml-3 font-weight-bold" }}
        <div class="col-sm-5">
            {{ form.tags|add_class:"form-control" }}
        </div>
        <small class="form-text text-muted">{{ form.tags.help_text }}</small>   ❺
    </div>

    <div class="form-group">
        <div class="offset-sm-2 col-sm-5">
            <input type="submit" value="Submit" class="btn btn-info"/>
        </div>
    </div>

</form>

{% endblock %}
```

이 파일은 Bookmark 모델이 아니라 Post 모델을 사용해 폼 객체를 만든다는 점을 제외하고는 bookmark/bookmark_form.html 파일과 거의 동일합니다. 다른 점 위주로 설명합니다.

❶ slug 필드에는 readonly 속성을 지정해서 사용자가 입력할 수 없도록 합니다. blog 앱이 title 필드에 입력된 단어를 사용해서 자동으로 만들어주기 때문입니다. models.py 파일의 save() 메소드에 있는 slugify() 함수의 기능입니다.

❷ slug 필드의 help_text 옵션 문구를 출력합니다. 폼에서 도움말은 보통 <small class="form-text text-muted"> 부트스트랩 클래스를 사용합니다.

❸ description 필드의 help_text 옵션 문구를 출력합니다. 폼에서 도움말은 보통 <small class="form-text text-muted"> 부트스트랩 클래스를 사용합니다.

❹ 포스트 내용(content)을 입력하는 부분은 크게 하기 위해 col-sm-8 너비를 사용하고, 줄 수는 디폴트로 10을 사용합니다. content 필드의 타입인 TextField는 디폴트로 <textarea cols="40" rows="10"> 위젯을 사용합니다.

❺ tags 필드의 help_text는 django-taggit 패키지의 TaggableManager 클래스에 정의되어 있습니다.

blog/post_change_list.html

이 템플릿은 Post 테이블의 레코드를 변경하기 위해, 기존 레코드의 리스트를 보여주는 화면입니다. 화면에 대한 설명은 **11.1.1 화면 UI 설계**를 참고하기 바랍니다.

기존의 blog/templates/blog/ 디렉터리에 다음과 같이 post_change_list.html 파일을 작성합니다.

예제 11-13 blog/post_change_list.html

```
(vDjBook)$ cd /home/shkim/pyDjango/ch99/blog/templates/blog/
(vDjBook)$ vi post_change_list.html

{% extends "base.html" %}

{% block title %}post_change_list.html{% endblock %}

{% block content %}

    <h1>Post Change - {{user}}</h1>
    <br>

    <table class="table table-bordered table-sm table-striped">

        <thead>
        <tr class="table-primary">
```

```
            <th>Title</th>
            <th>Description</th>
            <th>Owner</th>
            <th>Update</th>
            <th>Delete</th>
        </tr>
        </thead>

        <tbody>
        {% for item in object_list %}
        <tr>
            <td>{{ item.title }}</td>
            <td>{{ item.description }}</td>
            <td>{{ item.owner }}</td>
            <td><a href="{% url 'blog:update' item.id %}">Update</a></td>
            <td><a href="{% url 'blog:delete' item.id %}">Delete</a></td>
        </tr>
        {% endfor %}
        </tbody>

    </table>

{% endblock %}
```

이 파일은 object_list 변수가 Bookmark 모델에 대한 리스트가 아니라 Post 모델의 리스트라는 점을 제외하고는 bookmark/bookmark_change_list.html 파일과 거의 동일합니다. 설명은 생략합니다.

11

blog/post_confirm_delete.html

이 템플릿은 Post 테이블의 레코드를 삭제하기 전에 확인하는 화면을 보여줍니다. 화면에 대한 설명은 **11.1.1 화면 UI 설계**를 참고하기 바랍니다.

기존의 blog/templates/blog/ 디렉터리에 다음처럼 post_confirm_delete.html 파일을 작성합니다.

예제 11-14 blog/post_confirm_delete.html

```
(vDjBook)$ cd /home/shkim/pyDjango/ch99/blog/templates/blog/
(vDjBook)$ vi post_confirm_delete.html

{% extends "base.html" %}

{% block title %}post_confirm_delete.html{% endblock %}

{% block content %}

    <h1>Post Delete</h1>
    <br>

    <form action="." method="post">{% csrf_token %}
        <p>Are you sure you want to delete "{{ object }}" ?</p>
        <input type="submit" value="Confirm" class="btn btn-danger btn-sm" />
    </form>

{% endblock %}
```

이 파일도 bookmark/bookmark_confirm_delete.html 파일과 거의 동일하므로 설명은 생략합니다.

templates/403.html

한 가지 더 작성합니다. 바로 403.html 파일로서 mysite/views.py 파일의 OwnerOnlyMixin 클래스에서 사용하는 템플릿 파일입니다. 정확히는 OwnerOnlyMixin 클래스에서 403 익셉션을 발생시키면, 장고의 디폴트 핸들러 중 하나인 permission_denied() 함수에서 403.html을 렌더링해서 클라이언트에게 403 응답을 보냅니다.

장고에서 제공하는 디폴트 템플릿을 사용해도 되지만, 여기서는 403.html을 간단히 작성하겠습니다. 특정 앱에 속한 템플릿이 아니므로 다음과 같이 프로젝트 템플릿 디렉터리에서 403.html 파일을 작성합니다.

예제 11-15 templates/403.html

```
(vDjBook)$ cd /home/shkim/pyDjango/ch99/templates/
```

```
(vDjBook)$ vi 403.html

{% extends "base.html" %}

{% block title %}403.html{% endblock %} ----------------------------- ❶

{% block content %}

    <h1>Permission Denied (403)</h1>
    <br>

    <div class="alert alert-danger"> ---------------------------------- ❷
        <div class="font-weight-bold">{{ exception }}</div> ----------- ❸
    </div>

{% endblock content %}
```

라인별로 설명합니다.

❶ 제목줄은 임의로 작성합니다. 403 응답이라는 점을 표시했습니다.

❷ 부트스트랩의 alert-danger 클래스를 사용하여 빨간색으로 표시합니다.

❸ {{ exception }} 컨텍스트 변수는 장고의 permission_denied() 핸들러에서 넘겨주는 템플릿 변수입니다. 우리 예제에서는 OwnerOnlyMixin 클래스의 permission_denied_message에 지정한 문구가 들어 있게 됩니다.

11.3 지금까지의 작업 확인하기

지금까지 테이블에 데이터를 입력하는 일, 즉 콘텐츠를 입력하기 위해서는 Admin 사이트에서 작업해야 했습니다. 그리고 Admin 사이트에는 슈퍼유저superuser나 스태프staff 권한을 가져야 로그인할 수 있었습니다.

이번 장에서 만든 [Add], [Change] 기능으로 이제는 Admin 사이트에 접속하지 않고도 테이블 레코드를 생성 및 변경할 수 있게 되었습니다. 슈퍼유저나 스태프 권한이 없어도 정상적으로 로그인된 사용자라면 누구나 콘텐츠를 생성하고 수정, 삭제가 가능해진 것입니다.

자, 이제 테스트를 위해 runserver를 실행하고, 브라우저로 아래 URL로 접속합니다.

```
http://192.168.56.101:8000/
```

다음 그림과 같이 Add와 Change 드롭다운 메뉴가 나타나는 것을 확인합니다.

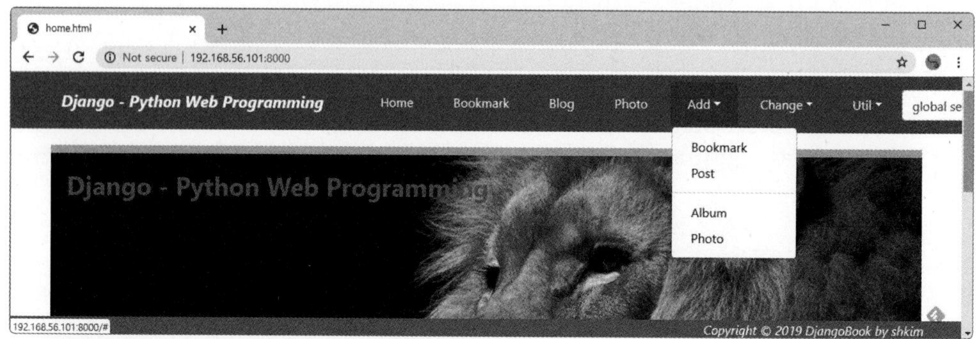

그림 11-5 메인 메뉴 추가 – Add/Change 드롭다운 메뉴

콘텐츠 편집 기능을 테스트하기 위해 먼저 로그인합니다. 우리 예제에는 관리자(shkim)와 10장([그림 10-7] 참고)에서 만든 guest 두 개의 계정이 있는데, shkim으로 로그인하겠습니다. 로그인이 성공하면 Add 메뉴를 먼저 확인하고, Change 메뉴는 다음 절에서 확인하겠습니다. 최종적으로는 **11.1.3 URL 설계**에서 추가한 8개의 URL 요청 처리가 모두 정상이라야 합니다.

11.3.1 [Add] 메뉴로 콘텐츠 생성하기

이번에는 [Add] 메뉴를 통해 Bookmark 및 Post 테이블에 새로운 콘텐츠를 입력하겠습니다. 정상적으로 로그인한 후 상단 [Add] 메뉴 하위의 [Bookmark] 서브 메뉴를 클릭합니다.

그림 11-6 북마크 앱 – Bookmark 레코드 생성 화면

[Title]과 [Url] 입력 항목에 여러분이 원하는 내용을 입력하고 [Submit] 제출 버튼을 누릅니다. 참고로 필자는 다음과 같이 2개 항목을 입력해서 시험했습니다.

표 11-7 콘텐츠 입력 예시 – Bookmark 테이블

Title 입력 항목	Url 입력 항목
장고 도큐먼트	http://docs.djangoproject.com
KB Homepage	https://www.kbstar.com

다음은 [Add] 메뉴 하위의 [Post] 서브 메뉴를 클릭합니다.

그림 11-7 블로그 앱 – Post 레코드 생성 화면

다음은 필자가 입력한 예시이니, 참고해서 여러분이 원하는 내용으로 원하는 개수만큼 입력하면 됩니다.

표 11-8 콘텐츠 입력 예시 – Post 테이블

입력 항목	입력할 내용
TITLE	The first PyCon Africa
SLUG	(자동으로 채워지므로 입력하지 않음)
DESCRIPTION	2019.8.6 ~ 8.10, Accra, Ghana.
CONTENT	In just a few weeks, from the 6th to 10th of August, the first ever pan-African PyCon will take place in Accra, Ghana. PyCon Africa 2019 is an amazing step for the rapidly growing Python community in Africa. Django will be well represented with a Django Girls workshop, several talks, and many members of the Django Software Foundation in attendance. Numerous DSF members have attended Python events in Africa in the past, and we're excited to see the conference come to fruition. May it be the first of many! The DSF is one of PyCon Africa's sponsors, passing on some of the donations it has received to help with its goals of supporting community development across the world.
Tag	PyCon, Africa, Ghana, 2019

11.3.2 [Change] 메뉴로 콘텐츠 변경하기

앞 절에서 Bookmark와 Post 테이블에 입력한 사항은 상단의 [Bookmark] 및 [Blog] 메뉴에서 확인할 수 있고, [Change] 메뉴에서도 확인할 수 있습니다. 또한 Admin 사이트에서도 확인 가능합니다. 여기서는 [Change] 메뉴로 확인해보겠습니다.

[Change] > [Bookmark] 메뉴를 클릭해 Bookmark 레코드가 추가되었는지 확인합니다.

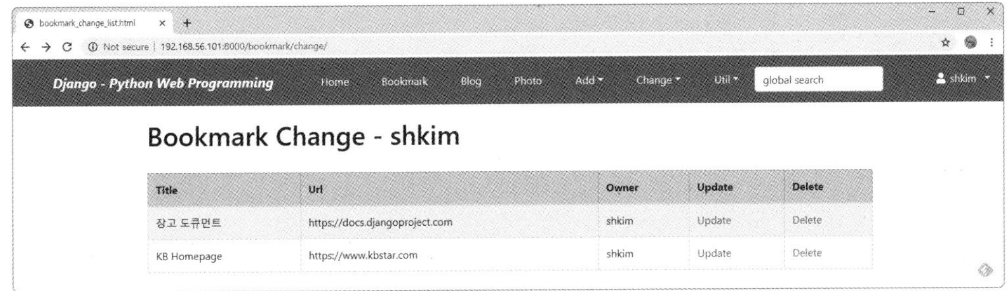

그림 11-8 북마크 앱 – Bookmark 레코드 변경 리스트 화면

다음은 [Change] 〉 [Post] 메뉴를 클릭해 입력된 사항을 확인합니다.

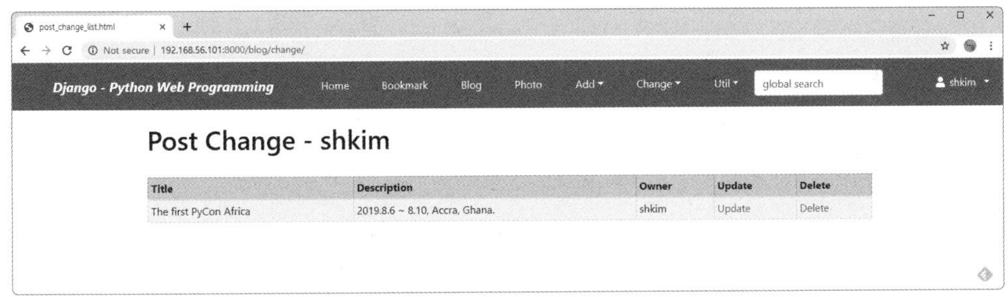

그림 11-9 블로그 앱 – Post 레코드 변경 리스트 화면

Bookmark 및 Post 테이블의 Owner 필드가 로그인한 사용자인 shkim으로 채워진 것을 알 수 있습니다.

그리고 Bookmark 테이블 및 Post 테이블에 있는 각 레코드의 [Update] 링크를 클릭해서 해당 레코드를 수정할 수 있고, [Delete] 링크를 클릭해서 그 레코드를 삭제할 수도 있습니다. 또한 Post 테이블의 수정 화면을 보면 [SLUG] 필드가 자동으로 채워진 것도 확인할 수 있습니다.

다음은 정상적으로 처리되었을 때의 화면입니다.

그림 11-10 북마크 앱 – Bookmark 레코드 수정 화면

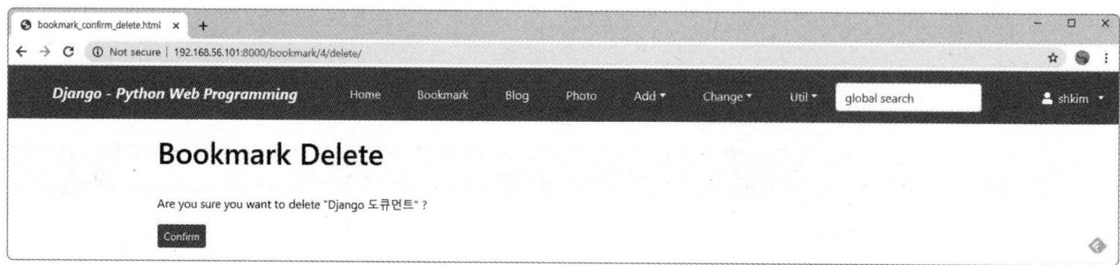

그림 11-11 북마크 앱 – Bookmark 레코드 삭제 확인 화면

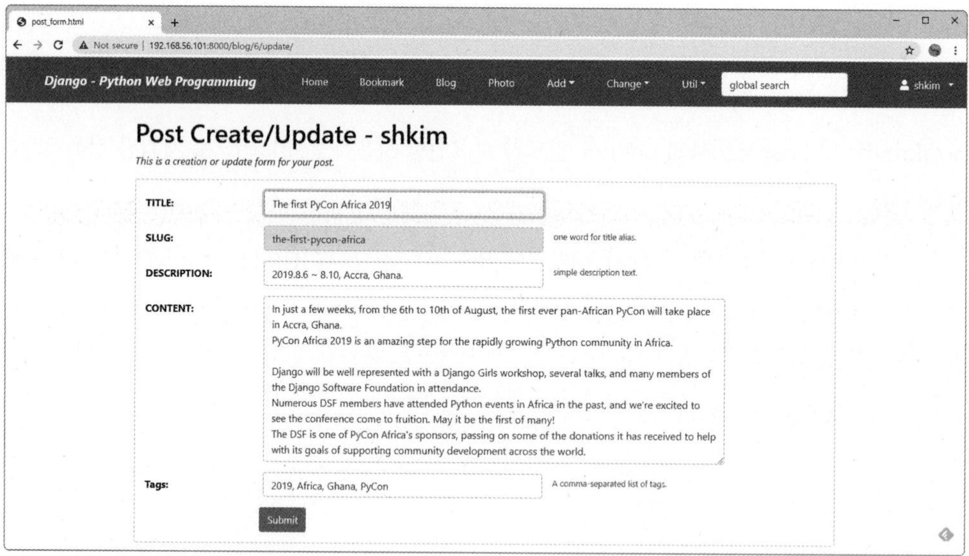

그림 11-12 블로그 앱 – Post 레코드 수정 화면

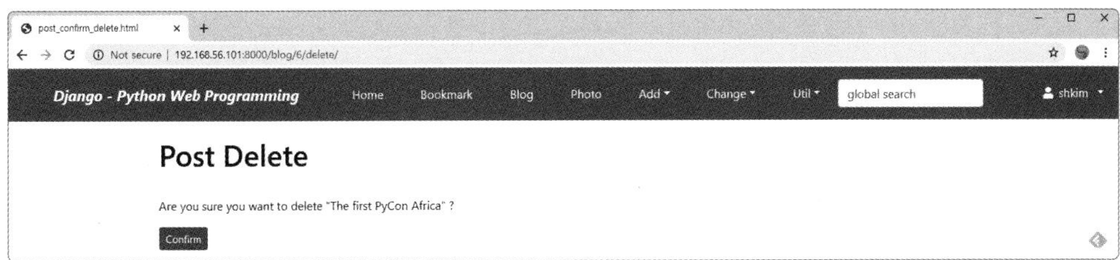

그림 11-13 블로그 앱 – Post 레코드 삭제 확인 화면

11.3.3 403 PermissionDenied 처리 확인하기

마지막으로 403 익셉션 처리도 확인합니다. guest로 로그인하고 shkim 소유의 콘텐츠인 KB Homepage 북마크 레코드(pk=5)를 삭제하는 시도를 해보겠습니다.

현재의 shkim 계정은 로그아웃하고 guest로 로그인합니다. 로그인 후에는 주소창에 아래와 같이 입력하고 엔터를 누릅니다.

```
http://192.168.56.101:8000/bookmark/5/delete/
```

우리가 작성한 403.html 파일의 내용이 다음과 같이 나오면 정상입니다.

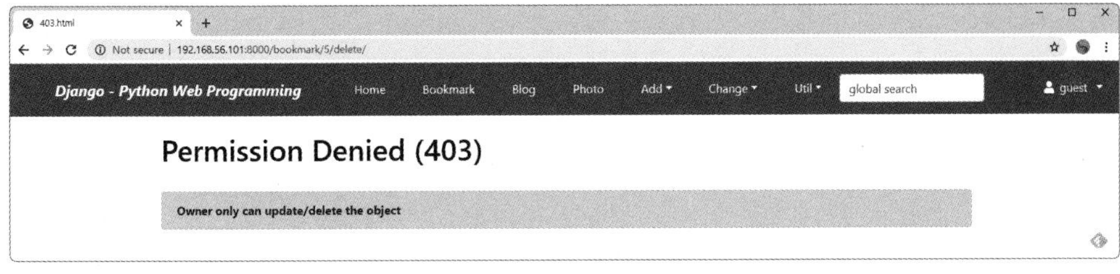

그림 11-14 403 PermissionDenied 처리 – 403.html

11

CHAPTER 12

실전 프로그램 개발 – 콘텐츠 편집 기능(Photo 앱)

11장에 이어 이번 장에서는 포토 앱에 대한 콘텐츠 편집 기능을 개발합니다. 포토 앱은 Album 및 Photo 2개의 테이블이 있어 각각 콘텐츠 편집 기능이 필요합니다. 개발할 내용은 11장의 [Add], [Change] 기능 구현 시 코딩한 내용과 거의 유사합니다. 다만 유의할 점이 있는데, Album과 Photo 테이블이 1:N 관계로 연결되어 있어, 생성이나 수정 폼 화면에서 이런 관계가 어떻게 구현되는지 이해하는 것이 중요합니다.

11장에서 적용한 권한 요구 사항은 이번 장에서도 그대로 적용됩니다.

- 콘텐츠에 대한 열람은 모든 사용자가 가능합니다.
- 콘텐츠를 새로 생성하는 것은, 로그인한 사용자만 가능합니다.
- 콘텐츠를 수정 또는 삭제하는 작업은 그 콘텐츠를 생성한 사용자만 가능합니다.

12.1 애플리케이션 설계하기

포토 앱의 Album 및 Photo 테이블에 대한 생성Create, 수정Update, 삭제Delete 기능을 구현하는 것이 핵심입니다. 또한 앨범 정보와 사진 정보를 동시에 입력받을 수 있는 인라인 폼셋을 구현하는 것도 필요합니다.

12.1.1 화면 UI 설계

화면 설계 내용을 보면 짐작할 수 있듯이 11장의 Bookmark, Post 레코드 편집 화면과 거의 동일합니다. 즉 템플릿 파일이 매우 유사할 것이라는 점을 유추할 수 있습니다. 다만 1:N 관계를 표현하기 위해 Album 레코드 하나에 여러 개의 Photo 레코드를 같이 출력하여 Album 레코드와 Photo 레코드를 한꺼번에 생성하거나 수정할 수 있도록 폼을 보여준다는 점을 유의하기 바랍니다. 또한 Photo 레코드 생성이나 수정 화면에 Album 레코드를 추가하거나 선택하는 버튼이 있다는 점도 유의하기 바랍니다.

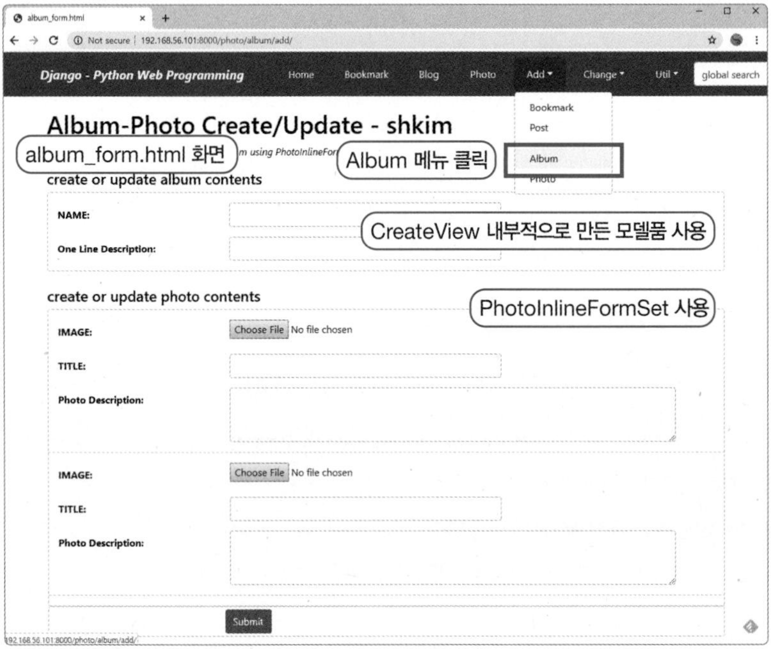

그림 12-1 포토 앱 – Album 및 Photo 레코드 동시 생성 화면

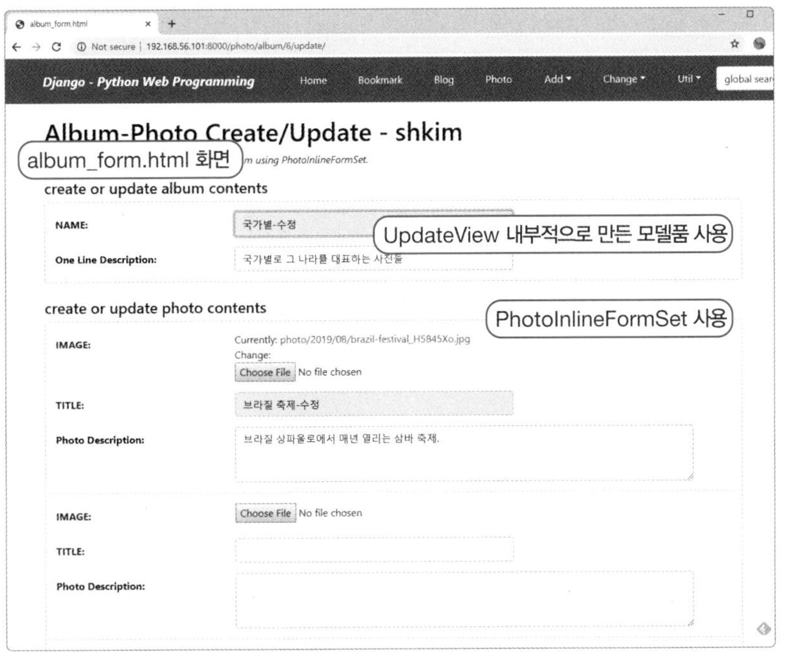

그림 12-2 포토 앱 – Album 및 Photo 레코드 동시 수정 화면

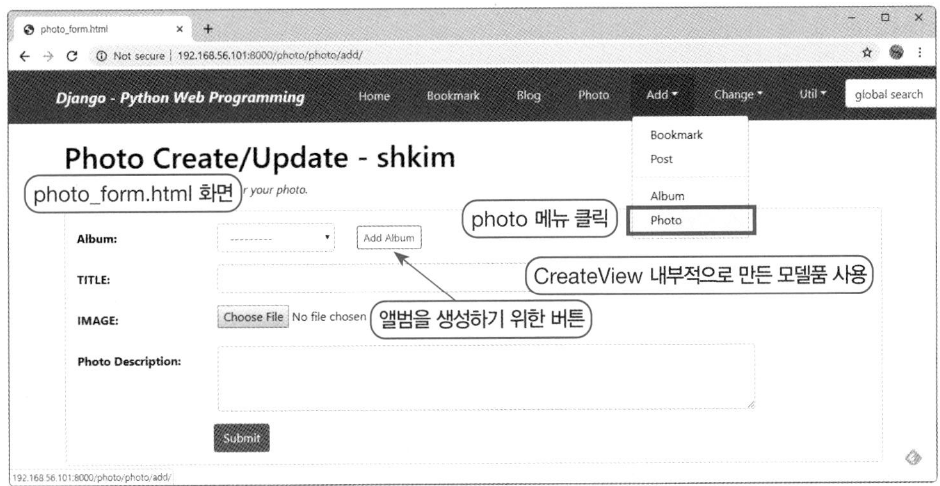

그림 12-3 포토 앱 – Photo 레코드 생성 화면

12

그림 12-4 포토 앱 – Photo 레코드 수정 화면

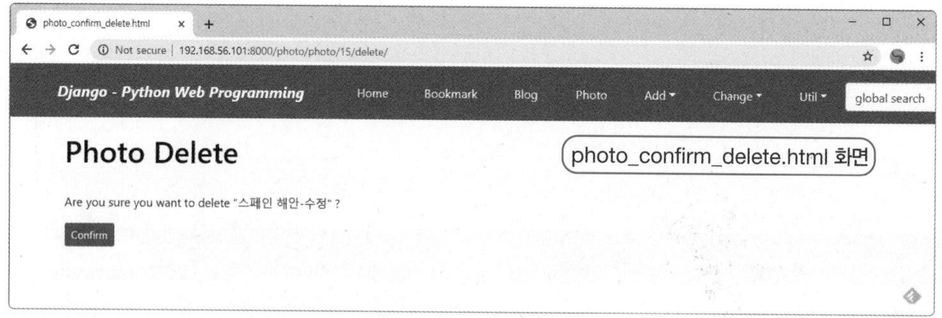

그림 12-5 포토 앱 – Photo 레코드 삭제 확인 화면

12.1.2 테이블 설계

11장과 동일하게, 각 콘텐츠에 대한 소유자를 저장할 수 있도록 Album 및 Photo 테이블에 owner 필드가 추가되도록 설계합니다. owner 필드는 11장에서 사용한 User 테이블에 대한 외래 키가 됩니다.

표 12-1 포토 앱 콘텐츠 편집 기능 – 테이블 설계(Album 모델 클래스)

필드명	타입	제약 조건	설명
id	Integer	PK, Auto Increment	기본 키
name	CharField(50)		앨범 이름

description	CharField(100)	Blank	앨범 설명
owner	ForeignKey(User)	Null	앨범 소유자

표 12-2 포토 앱 콘텐츠 편집 기능 – 테이블 설계(Photo 모델 클래스)

필드명	타입	제약 조건	설명
id	Integer	PK, Auto Increment	기본 키
album	ForeignKey(Album)		사진이 소속된 앨범
title	CharField(50)		사진 제목
image	ThumbnailImageField		이미지 파일
description	TextField	Blank, NotNull	사진 설명
upload_date	DateTimeField	auto_now_add	사진을 업로드한 시각
owner	ForeignKey(User)	Null	사진 소유자

12.1.3 URL 설계

11장과 유사하게, 기존 URLconf에 콘텐츠 생성[add], 변경[change] 대상 리스트, 수정[update], 삭제[delete] URL을 추가해 설계합니다. 앨범 콘텐츠와 사진 콘텐츠 둘 다 필요합니다.

표 12-3 포토 앱 콘텐츠 편집 기능 – URL 설계

URL 패턴	뷰 이름	템플릿 파일명
/photo/	AlbumLV(ListView)	album_list.html
/photo/album/	AlbumLV(ListView)	album_list.html
/photo/album/99/	AlbumDV(DetailView)	album_detail.html
/photo/photo/99/	PhotoDV(DetailView)	photo _detail.html
/photo/album/add/[1]	AlbumPhotoCV(CreateView)	album_form.html
/photo/album/change/	AlbumChangeLV(ListView)	album_change_list.html
/photo/album/99/update/[1]	AlbumPhotoUV(UpdateView)	album_form.html
/photo/album/99/delete/	AlbumDeleteView(DeleteView)	album_confirm_delete.html
/photo/photo/add/[2]	PhotoCreateView(CreateView)	photo_form.html
/photo/photo/change/	PhotoChangeLV(ListView)	photo_change_list.html
/photo/photo/99/update/[2]	PhotoUpdateView(UpdateView)	photo_form.html
/photo/photo/99/delete/	PhotoDeleteView(DeleteView)	photo_confirm_delete.html

1 앨범의 /add/와 /update/에 대한 템플릿 파일은 동일함

2 사진의 /add/와 /update/에 대한 템플릿 파일은 동일함

NOTE_ URL 정의 방식

URL을 정의할 때 일정한 규칙에 따라 정의하면 URL 패턴을 정하기 쉽고 일관성도 있어 이해하기도 쉽습니다. 보통 앱의 기능이 많아지면 테이블 수도 많아지고, 각 테이블별로 CRUD 기능에 대한 URL이 필요하게 됩니다. 앞에서 설명한 photo 앱의 Album 및 Photo 테이블에 대한 URL 정의가 좋은 예시입니다. 필자는 다음과 같은 방식을 선호하는데, 이를 참고해서 여러분 자신만의 URL 규칙을 정하기 바랍니다.

/앱명/테이블명/PK/Action/ (예: /blog/post/99/delete/)

12.1.4 작업/코딩 순서

작업 순서는 다음과 같습니다.

표 12-4 포토 앱 콘텐츠 편집 기능 – 작업/코딩 순서

작업 순서	관련 명령/파일	필요한 작업 내용
뼈대 만들기	startproject	(2장에서 이미 완료했으므로 생략)
	settings.py	
	migrate	
	createsuperuser	
	startapp	(변경 사항 없음)
	settings.py	
모델 코딩하기	models.py	owner 필드 추가
	admin.py	(변경 사항 없음)
	makemigrations	변경 사항을 데이터베이스에 반영
	migrate	
URLconf 코딩하기	urls.py	URL 정의
뷰 코딩하기	forms.py	인라인 폼셋 정의
	views.py	뷰 로직 작성
템플릿 코딩하기	templates 디렉터리	템플릿 파일 작성
그 외 코딩하기	templates 디렉터리	home.html 수정

12.2 개발 코딩하기

11장과 동일하게 콘텐츠별로 소유자 속성을 추가하고 장고에서 제공하는 제네릭 뷰를 사용해서 콘텐츠 편집 기능을 구현합니다.

12.2.1 뼈대 만들기

이미 존재하는 포토 앱에 대한 변경 작업이므로 뼈대 작업은 불필요합니다.

12.2.2 모델 코딩하기

포토 앱의 Album 및 Photo 테이블에 owner 필드를 추가하기 위해 models.py 파일에 다음과 같이 3줄을 추가합니다.

예제 12-1 photo/models.py

```
$ cd /home/shkim/pyDjango/ch99/photo/
$ vi models.py

# 상단 내용 동일
class Album(models.Model):
    name = (생략)
    description = (생략)
    owner = models.ForeignKey('auth.User', on_delete=models.CASCADE, verbose_
name='OWNER', blank=True, null=True)    # 추가
    # 중간 내용 동일

class Photo(models.Model):
    album = (생략)
    title = (생략)
    description = (생략)
    image = (생략)
    upload_dt = (생략)
    owner = models.ForeignKey('auth.User', on_delete=models.CASCADE, verbose_
name='OWNER', blank=True, null=True)    # 추가
    # 하단 내용 동일
```

12

Album과 User 테이블 간 관계 및 Photo와 User 테이블 간 관계는 모두 N:1 관계이므로, 외래 키ForeignKey 관계로 표현합니다. 또한 owner 필드는 Null 값을 가질 수 있도록 정의합니다. blank, CASCADE 옵션 등은 11장에서 설명한 내용과 동일합니다.

또한 User 테이블을 지정시 'auth.User'처럼 '앱명.테이블명' 문자열로 지정해도 된다는 점을 유의하기 바랍니다.

그리고 Album, Photo 모델 정의가 변경되었으므로, 다음 명령으로 모델의 변경 사항을 데이터베이스의 테이블에 반영합니다.

```
(vDjBook)$ cd /home/shkim/pyDjango/ch99/
(vDjBook)$ python manage.py makemigrations photo
(vDjBook)$ python manage.py migrate
```

12.2.3 URLconf 코딩하기

포토 앱의 URLconf에 콘텐츠 편집 기능과 관련된 URL을 추가합니다. 즉 Album 및 Photo 테이블에 대한 생성add, 변경change 대상 리스트, 수정update, 삭제delete 기능을 위한 URL을 추가합니다.

예제 12-2 photo/urls.py

```
$ cd /home/shkim/pyDjango/ch99/photo/
$ vi urls.py

# Example: /photo/photo/99/
path('photo/<int:pk>/', views.PhotoDV.as_view(), name='photo_detail'),
# 상단 내용 동일


# Example: /photo/album/add/
path('album/add/', views.AlbumPhotoCV.as_view(), name='album_add'),

# Example: /photo/album/change/
path('album/change/', views.AlbumChangeLV.as_view(), name='album_change'),

# Example: /photo/album/99/update/
```

```
    path('album/<int:pk>/update/', views.AlbumPhotoUV.as_view(), name='album_update'),

    # Example: /photo/album/99/delete/
    path('album/<int:pk>/delete/', views.AlbumDelV.as_view(), name='album_delete'),

    # Example: /photo/photo/add/
    path('photo/add/', views.PhotoCV.as_view(), name='photo_add'),

    # Example: /photo/photo/change/
    path('photo/change/', views.PhotoChangeLV.as_view(), name='photo_change'),

    # Example: /photo/photo/99/update/
    path('photo/<int:pk>/update/', views.PhotoUV.as_view(), name='photo_update'),

    # Example: /photo/photo/99/delete/
    path('photo/<int:pk>/delete/', views.PhotoDelV.as_view(), name='photo_delete'),
]
```

[예제 12-2]는 11장의 urls.py 파일과 거의 동일하지만, 한 가지 다른 점은 AlbumPhotoCV, AlbumPhotoUV 뷰가 인라인 모델 폼을 처리하는 뷰라는 점입니다. 즉 앨범과 사진을 한꺼번에 처리할 수 있는 폼을 출력하는 뷰이며, 뷰에 대한 자세한 설명은 다음에 나올 views.py 파일을 참고하기 바랍니다.

12.2.4 뷰 코딩하기

11장에서는 URLconf에서 새로 정의한 뷰의 대부분이 모델폼을 사용하므로 별도로 폼을 정의할 필요가 없었습니다. 그러나 12장에서는 폼셋을 정의해야 하므로 forms.py 파일에 대한 코딩도 필요합니다. views.py 파일에서 forms.py 파일을 사용하는 흐름이므로 forms.py 파일을 먼저 코딩한 후에 views.py 파일을 코딩하겠습니다.

forms.py

폼셋을 정의하는 파일의 이름은 개발자가 임의로 정하면 됩니다만, 보통은 폼과 폼셋을 정의하는 파일을 forms.py 파일이라고 명명합니다. 다음과 같이 입력합니다.

예제 12-3 photo/forms.py

```
(vDjBook)$ cd /home/shkim/pyDjango/ch99/photo/
(vDjBook)$ vi forms.py

from django.forms import inlineformset_factory ------------------------------ ❶
from photo.models import Album, Photo ---------------------------------------- ❷

PhotoInlineFormSet = inlineformset_factory(Album, Photo, -------------------┐
    fields = ['image', 'title', 'description'], ------------------------ ❹  │ ❸
    extra = 2) --------------------------------------------------------- ❺ --┘
```

폼셋이란 동일한 폼 여러 개로 구성된 폼을 말합니다. 인라인 폼셋이란 메인 폼에 딸려 있는 하위 폼셋을 말하는 것으로, 테이블 간의 관계가 1:N인 경우, N 테이블의 레코드 여러 개를 한꺼번에 입력받기 위한 폼으로 사용됩니다.

위 소스를 라인별로 설명하면 다음과 같습니다.

❶ 인라인 폼셋을 반환하는 inlineformset_factory() 함수를 임포트합니다.

❷ 폼셋에 사용할 모델을 임포트합니다.

❸ 1:N 관계인 Album과 Photo 테이블을 이용해 사진 인라인 폼셋을 만듭니다.

❹ Photo 모델에서 폼셋에 사용하는 필드를 지정합니다.

❺ 폼셋에 들어 있는 빈 폼의 개수는 2개로 지정합니다.

views.py

URLconf에서 새로 정의한 뷰를 views.py 파일에 코딩합니다.

예제 12-4 photo/views.py

```
(vDjBook)$ cd /home/shkim/pyDjango/ch99/photo/
(vDjBook)$ vi views.py

from photo.models import Album, Photo
from django.views.generic import ListView, DetailView

# 아래 6 라인 추가
from django.contrib.auth.mixins import LoginRequiredMixin
from django.shortcuts import redirect ---------------------------------------- ❶
```

```
from django.urls import reverse_lazy
from django.views.generic import CreateView, UpdateView, DeleteView
from mysite.views import OwnerOnlyMixin ---------------------------- ❷
from photo.forms import PhotoInlineFormSet ------------------------- ❸

class PhotoDV(DetailView):
    model = Photo

class AlbumLV(ListView):
    model = Album

class AlbumDV(DetailView):
    model = Album

class PhotoDV(DetailView):
    model = Photo

# 아래 8개 클래스형 뷰 추가
#--- Create/Change-list/Update/Delete for Photo
class PhotoCV(LoginRequiredMixin, CreateView):
    model = Photo
    fields = ('album', 'title', 'image', 'description')
    success_url = reverse_lazy('photo:index')

    def form_valid(self, form):
        form.instance.owner = self.request.user
        return super().form_valid(form)

class PhotoChangeLV(LoginRequiredMixin, ListView):
    model = Photo
    template_name = 'photo/photo_change_list.html'

    def get_queryset(self):
        return Photo.objects.filter(owner=self.request.user)

class PhotoUV(OwnerOnlyMixin, UpdateView): ------------------------- ❹
    model = Photo
    fields = ('album', 'title', 'image', 'description')
    success_url = reverse_lazy('photo:index')

class PhotoDelV(OwnerOnlyMixin, DeleteView): ----------------------- ❺
    model = Photo
    success_url = reverse_lazy('photo:index')
```

12

```
#--- Change-list/Delete for Album
class AlbumChangeLV(LoginRequiredMixin, ListView):
    model = Album
    template_name = 'photo/album_change_list.html'

    def get_queryset(self):
        return Album.objects.filter(owner=self.request.user)

class AlbumDelV(OwnerOnlyMixin, DeleteView):                         ❻
    model = Album
    success_url = reverse_lazy('photo:index')

#--- (InlineFormSet) Create/Update for Album)
class AlbumPhotoCV(LoginRequiredMixin, CreateView):                  ❼
    model = Album                                                    ❽
    fields = ('name', 'description')                                 ❾
    success_url = reverse_lazy('photo:index')                        ❿

    def get_context_data(self, **kwargs):                            ⓫
        context = super().get_context_data(**kwargs)                 ⓬
        if self.request.POST:                                        ⓭
              context['formset'] = PhotoInlineFormSet(self.request.POST, self.request.
FILES)
        else:                                                        ⓮
            context['formset'] = PhotoInlineFormSet()
        return context                                               ⓯

    def form_valid(self, form):                                      ⓰
        form.instance.owner = self.request.user                      ⓱
        context = self.get_context_data()                            ⓲
        formset = context['formset']                                 ⓲
        for photoform in formset:
            photoform.instance.owner = self.request.user             ⓳
        if formset.is_valid():                                       ⓴
            self.object = form.save()                                ㉑
            formset.instance = self.object                           ㉒
            formset.save()                                           ㉓
            return redirect(self.get_success_url())                  ㉔
        else:
            return self.render_to_response(self.get_context_data(form=form))   ㉕

class AlbumPhotoUV(OwnerOnlyMixin, UpdateView):                      ㉖
    model = Album                                                    ㉗
```

```
    fields = ('name', 'description')                                         ㉘
    success_url = reverse_lazy('photo:index')                                ㉙

    def get_context_data(self, **kwargs):                                    ㉚
        context = super().get_context_data(**kwargs)                         ㉛
        if self.request.POST:                                                ㉜
            context['formset'] = PhotoInlineFormSet(self.request.POST, self.request.
FILES, instance=self.object)
        else:                                                                ㉝
            context['formset'] = PhotoInlineFormSet(instance=self.object)
        return context                                                       ㉞

    def form_valid(self, form):                                              ㉟
        context = self.get_context_data()                                    ㊱
        formset = context['formset']
        if formset.is_valid():                                               ㊲
            self.object = form.save()                                        ㊳
            formset.instance = self.object                                   ㊴
            formset.save()                                                   ㊵
            return redirect(self.get_success_url())                          ㊶
        else:
            return self.render_to_response(self.get_context_data(form=form)) ㊷
```

위 소스도 내용은 길지만 추가된 뷰를 하나씩 비교해보면 PhotoCV, PhotoChangeLV, PhotoUV, PhotoDelV, AlbumChangeLV, AlbumDelV 등의 6개 뷰는 11장에서 추가한 뷰와 대동소이합니다. 반면에 AlbumPhotoCV와 AlbumPhotoUV 뷰는 인라인 폼셋을 처리하는 로직이 더 들어 있습니다.

12

다음 설명을 읽으면서, 인라인 폼셋이 있는 경우와 없는 경우가 어떻게 다른지 11장의 설명과 비교하며 이해하기 바랍니다.

❶ 리다이렉트를 위한 단축 함수를 임포트합니다.

❷ 11장에서 정의한 믹스인 클래스입니다.

❸ forms.py 파일에서 정의한 PhotoInlineFormSet 폼셋을 임포트합니다. 폼셋이란 동일한 폼 여러 개로 구성된 폼을 말합니다. 인라인 폼셋이란 메인 폼에 딸려 있는 폼셋을 말하는 것으로, 테이블 간의 관계가 1:N인 경우 N 테이블의 레코드 여러 개를 한꺼번에 입력받기 위한 폼으로 사용됩니다.

❹ OwnerOnlyMixin 및 UpdateView를 상속받아 PhotoUV 뷰를 작성합니다. 사진 소유자만 수정할 수 있도록 11장에서 설명한 OwnerOnlyMixin을 상속받습니다.

❺ OwnerOnlyMixin 및 DeleteView를 상속받아 PhotoDelV 뷰를 작성합니다. 사진 소유자만 삭제할 수 있도록 11장에서 설명한 OwnerOnlyMixin을 상속받습니다.

❻ OwnerOnlyMixin 및 DeleteView를 상속받아 AlbumDelV 뷰를 작성합니다. 앨범 소유자만 삭제할 수 있도록 11장에서 설명한 OwnerOnlyMixin을 상속받습니다. 앨범의 특정 레코드가 삭제되면 Photo 모델의 CASCADE 옵션에 따라 연결된 사진 레코드들도 같이 삭제됩니다.

❼ LoginRequiredMixin 및 CreateView를 상속받아 AlbumPhotoCV 뷰를 작성합니다. LoginRequiredMixin 클래스는 @login_required 데코레이터 기능을 합니다. 그리고 CreateView 클래스를 상속받는 클래스는 예제처럼 중요한 몇 가지 클래스 속성만 정의해주면 적절한 폼을 보여주고 폼에 입력된 내용에서 에러 여부를 체크하며 에러가 없으면 입력된 내용으로 테이블에 레코드를 생성합니다.

❽ CreateView 기능을 적용할 대상 테이블을 Album 테이블로 지정합니다.

❾ CreateView 기능에 따라 폼을 보여줄 때, Album 테이블의 name과 description 필드에 대한 입력 폼을 보여줍니다.

❿ 생성 처리가 성공한 이후에 리다이렉트할 URL을 지정합니다.

⓫ 장고에서 제공하는 디폴트 컨텍스트 변수 이외에 추가적인 컨텍스트 변수를 정의하기 위해 get_context_data() 메소드를 오버라이딩 정의합니다. 여기서는 formset 컨텍스트 변수를 추가합니다.

⓬ AlbumPhotoCV 부모 클래스의 get_context_data() 메소드를 호출해 기본 컨텍스트 변수를 설정합니다. 이 예제에서는 기본 컨텍스트 변수 이외에 메인 폼도 컨텍스트 변수에 추가합니다.

⓭ POST 요청인 경우, formset 컨텍스트 변수를 request.POST와 request.FILES 파라미터를 사용해 지정합니다. request.FILES 파라미터를 추가한 이유는 파일 업로드가 이뤄지기 때문입니다.

⓮ GET 요청인 경우, formset 컨텍스트 변수에 빈 폼셋을 지정합니다.

⓯ context라는 컨텍스트 변수 사전을 반환합니다.

⓰ 폼에 입력된 내용에 대해 유효성 검사를 수행해 에러가 없는 경우 form_valid() 메소드를 호출합니다.

⓱ 폼에 연결된 owner 필드에는 현재 로그인된 사용자의 User 객체를 할당합니다. 즉 앨범 모델 객체의 owner 필드를 자동으로 지정합니다.

⓲ 앞에서 정의한 get_context_data() 메소드를 호출해 formset 객체를 구합니다. 이 시점에서 formset 데이터는 유효성 검사 전이고, form 데이터는 유효성 검사를 통과한 데이터입니다.

⓳ 폼셋에 들어 있는 각 폼의 owner 필드에 현재 로그인된 사용자의 User 객체를 할당합니다. 즉 폼셋에 들어 있는 각 사진 폼의 owner 필드를 자동으로 지정합니다.

⓴ 폼셋에 들어 있는 각 사진 폼의 데이터가 모두 유효한지 확인합니다.

㉑ form.save()를 호출해 폼의 데이터를 테이블에 저장합니다. 즉 앨범 레코드를 하나 생성한 것입니다.

㉒ 폼셋의 메인 객체를 방금 테이블에 저장한 객체로 지정합니다.

㉓ formset.save()를 호출해 폼셋의 데이터를 테이블에 저장합니다. 즉 ㉑에서 생성한 앨범 레코드에 1:N 관계로 연결된 여러 개의 사진 레코드를 테이블에 저장합니다.

㉔ 마지막으로 get_success_url() 메소드 및 redirect() 단축 함수를 호출해 페이지를 이동시킵니다. 즉 앨범 리

스트 페이지로 리다이렉트됩니다.

㉕ 폼셋의 데이터가 유효하지 않으면, 다시 메인 폼 및 인라인 폼셋을 출력합니다. 이때의 폼과 폼셋에는 직전에 사용자가 입력한 데이터를 다시 보여줍니다.

㉖ OwnerOnlyMixin 및 UpdateView를 상속받아 AlbumPhotoUV 뷰를 작성합니다. OwnerOnlyMixin 클래스에 의해 앨범 소유자만 정상 처리됩니다. 그리고 UpdateView 클래스를 상속받는 클래스는 예제처럼 중요한 몇 가지 클래스 속성만 정의하면 기존 레코드 중 지정된 레코드 하나에 대한 내용을 폼으로 보여주고, 폼에서 수정 입력된 내용에서 에러 여부를 체크하여 에러가 없으면 입력된 내용으로 테이블의 레코드를 수정합니다.

㉗ UpdateView 기능을 적용할 대상 테이블을 Album 테이블로 지정합니다.

㉘ UpdateView 기능에 따라 폼을 보여줄 때, Album 테이블의 특정 레코드를 선택하고, 그 레코드의 name과 description 필드로 폼을 구성해 화면에 보여줍니다.

㉙ 수정 처리가 성공한 이후에 리다이렉트할 URL을 지정합니다.

㉚ 장고에서 제공하는 디폴트 컨텍스트 변수 이외에 추가적인 컨텍스트 변수를 정의하기 위해 get_context_data() 메소드를 오버라이딩 정의합니다.

㉛ AlbumPhotoUV 부모 클래스의 get_context_data() 메소드를 호출해 기본 컨텍스트 변수를 설정합니다. 이 예제에서는 기본 컨텍스트 변수 이외에 메인 폼도 컨텍스트 변수에 추가합니다.

㉜ POST 요청인 경우 formset 컨텍스트 변수를 request.POST와 request.FILES 파라미터를 사용해 지정합니다. 또한 instance 파라미터에 현재의 앨범 객체를 지정합니다.

㉝ GET 요청인 경우 formset 컨텍스트 변수에 현재의 앨범 객체와 연결된 폼셋을 지정합니다.

㉞ context라는 컨텍스트 변수 사전을 반환합니다.

㉟ 폼에 입력된 내용에 대해 유효성 검사를 수행하여 에러가 없는 경우 form_valid() 메소드를 호출합니다.

㊱ 앞에서 정의한 get_context_data() 메소드를 호출해 formset 객체를 구합니다.

㊲ 폼셋에 들어 있는 각 사진 폼의 데이터가 모두 유효한지 확인합니다.

㊳ form.save()를 호출해 폼의 데이터를 테이블에 저장합니다. 즉 현재의 앨범 레코드를 수정한 것입니다.

㊴ 폼셋의 메인 객체를 방금 테이블에 저장한 객체로 지정합니다.

㊵ formset.save()를 호출해 폼셋의 데이터를 테이블에 저장합니다. 즉 ㊳에서 수정한 앨범 레코드에 1:N 관계로 연결된 여러 개의 사진 레코드를 테이블에 저장합니다.

㊶ 마지막으로 get_success_url() 메소드 및 redirect() 단축 함수를 호출해 페이지를 이동시킵니다. 즉 앨범 리스트 페이지로 리다이렉트됩니다.

㊷ 폼셋의 데이터가 유효하지 않으면, 다시 메인 폼 및 인라인 폼셋을 출력합니다. 이때의 폼과 폼셋에는 직전에 사용자가 입력한 데이터를 다시 보여줍니다.

12.2.5 템플릿 코딩하기

뷰 정의 시 template_name 속성을 지정하지 않았으므로, 11장과 유사하게 여기서도 디폴트 템플릿명을 사용합니다. CreateView와 UpdateView에 대한 디폴트 템플릿명이 동일하다는 점, 그리고 AlbumChangeLV와 PhotoChangeLV 뷰는 왜 template_name 속성을 사용했는지에 대해서는 11장을 참고하기 바랍니다.

메뉴 수정을 위한 base.html 템플릿, Photo 모델에 대한 템플릿, 인라인 모델 폼셋이 들어 있는 Album 모델에 대한 템플릿 순서로 코딩하겠습니다.

base.html

[Add]와 [Change] 메뉴에 Album과 Photo 테이블을 추가하기 위해 기존의 templates/base.html 파일을 다음처럼 수정합니다.

예제 12-5 templates/base.html

```
(vDjBook)$ cd /home/shkim/pyDjango/ch99/templates/
(vDjBook)$ vi base.html

# 상단 내용 동일
    <li class="nav-item dropdown mx-1 btn btn-primary">
        <a class="nav-link dropdown-toggle text-white" href="#" data-
toggle="dropdown">Add</a>
        <div class="dropdown-menu">
            <a class="dropdown-item" href="{% url 'bookmark:add' %}">Bookmark</a>
            <a class="dropdown-item" href="{% url 'blog:add' %}">Post</a>
            <div class="dropdown-divider"></div>
            <a class="dropdown-item" href="{% url 'photo:album_add' %}">Album</a> # 수정
            <a class="dropdown-item" href="{% url 'photo:photo_add' %}">Photo</a> # 수정
        </div>
    </li>

    <li class="nav-item dropdown mx-1 btn btn-primary">
        <a class="nav-link dropdown-toggle text-white" href="#" data-
toggle="dropdown">Change</a>
        <div class="dropdown-menu">
            <a class="dropdown-item" href="{% url 'bookmark:change' %}">Bookmark</a>
            <a class="dropdown-item" href="{% url 'blog:change' %}">Post</a>
            <div class="dropdown-divider"></div>
```

```
            <a class="dropdown-item" href="{% url 'photo:album_change' %}">Album</a> # 수정
            <a class="dropdown-item" href="{% url 'photo:album_change' %}">Photo</a> # 수정
        </div>
    </li>

# 하단 내용 동일
```

[예제 12-5]는 상단의 [Add], [Change] 메뉴에 [Album] 및 [Photo] 하위 메뉴를 추가한 것입니다. 하위 메뉴명이 Photo가 아니라는 점, 즉 앱명이 아니라 테이블명으로 기입한 점은 11장과 동일합니다. {% url %} 템플릿 태그 기능도 여러 번 설명한 사항이니 생략합니다.

photo/photo_form.html

이 템플릿은 Photo 레코드를 생성 또는 수정하기 위한 폼을 보여주는 화면입니다. 기존의 photo/templates/photo/ 디렉터리에 다음처럼 photo_form.html 파일을 작성합니다.

예제 12-6 photo/templates/photo/photo_form.html

```
(vDjBook)$ cd /home/shkim/pyDjango/ch99/photo/templates/photo/
(vDjBook)$ vi photo_form.html

{% extends "base.html" %}
{% load widget_tweaks %}

{% block title %}photo_form.html{% endblock %}

{% block content %}
    <h1>Photo Create/Update - {{user}}</h1>
    <p class="font-italic">This is a creation or update form for your photo.</p>

    {% if form.errors %}
    <div class="alert alert-danger">
        <div class="font-weight-bold">Wrong! Please correct the error(s) below.</div>
        {{ form.errors }}
    </div>
    {% endif %}

    {% if form.is_multipart %} ------------------------------------------------ ❶
```

12

```
    <form enctype="multipart/form-data" action="" method="post" class="card pt-3">
    {% else %}
    <form action="." method="post" class="card pt-3">
    {% endif %}
    {% csrf_token %}

        <div class="form-group row">
            {{ form.album|add_label_class:"col-form-label col-sm-2 ml-3 font-weight-
bold" }}                                                                          ❷
            <div class="col-sm-2">
                {{ form.album|add_class:"form-control" }}
            </div>
            <div class="col-sm-2 my-auto">
                <a href="{% url 'photo:album_add' %}" class="btn btn-outline-primary
btn-sm">                                                                          ❸
                Add Album</a>
            </div>
        </div>

        <div class="form-group row">
            {{ form.title|add_label_class:"col-form-label col-sm-2 ml-3 font-weight-
bold" }}
            <div class="col-sm-5">
                {{ form.title|add_class:"form-control"|attr:"autofocus" }}
            </div>
        </div>

        <div class="form-group row">
            {{ form.image|add_label_class:"col-form-label col-sm-2 ml-3 font-weight-
bold" }}
            <div class="col-sm-5">
                {{ form.image|add_class:"form-control-file" }}
            </div>
        </div>

        <div class="form-group row">
            {{ form.description|add_label_class:"col-form-label col-sm-2 ml-3 font-
weight-bold" }}
            <div class="col-sm-8">
                {{ form.description|add_class:"form-control"|attr:"rows:3" }}
            </div>
        </div>

        <div class="form-group">
```

```
            <div class="offset-sm-2 col-sm-5">
                <input type="submit" value="Submit" class="btn btn-info"/>
            </div>
        </div>

    </form>

{% endblock %}
```

이 파일은 한 가지를 제외하고 bookmark_form.html, post_form.html 파일과 거의 같습니다. 다른 점은 [예제 12-6]의 폼의 경우 사진 업로드 기능이 들어 있다는 점입니다. 이렇게 사진이나 일반 파일을 업로드하는 경우에는 enctype 속성을 multipart/form-data로 지정해야 합니다.

❶ is_multipart() 메소드는 폼이나 폼셋을 미리 체크해 multipart 인코딩이 필요한지 여부를 알려줍니다. 반환값이 True면 enctype=multipart/form-data로 지정해야 합니다. 이 예제에서는 폼에 이미지 필드가 있으므로 True를 반환합니다.

참고로 enctype 속성은 다음 표에서 보는 것처럼, 폼 데이터를 서버로 전송할 때 어떤 방식으로 데이터를 인코딩할 것인지 결정합니다. POST 방식인 경우에만 사용하는 속성입니다.

표 12-5 enctype 속성 값과 인코딩 방식

enctype 속성 값	인코딩 방식 설명
application/x-www-form-urlencoded	디폴트 값입니다. 빈칸은 + 기호로 변환되고 $, # 등의 특수문자들도 아스키 16진수 값으로 변환됩니다.
multipart/form-data	데이터가 변환되지 않고 그대로 서버로 전송됩니다. 파일이나 이미지 등의 바이너리 파일을 업로드할 때 사용합니다.
text/plain	빈칸은 + 기호로 변환되지만 특수문자들은 변환되지 않습니다.

12

❷ 앨범을 선택하는 드롭다운 박스 위젯이 출력됩니다. 이는 Album과 Photo 테이블이 1:N 관계이므로, Photo 테이블에 대한 폼인데도 Album 테이블의 레코드를 선택할 수 있도록 해줍니다.

❸ 사진 레코드를 생성하는 폼이지만 사진이 소속될 앨범을 새로 생성할 수도 있습니다. 이를 위해 Add Album 문구를 출력하고, 이 문구에 /photo/album/add/ URL을 링크합니다.

photo/photo_change_list.html

이 템플릿은 Photo 테이블의 레코드를 변경하기 위해 기존 레코드의 리스트를 보여주는 화면입니다. 기존의 photo/templates/photo/ 디렉터리에 다음처럼 photo_change_list.html 파일을 작성합니다.

예제 12-7 photo/templates/photo/photo_change_list.html

```
(vDjBook)$ cd /home/shkim/pyDjango/ch99/photo/templates/photo/
(vDjBook)$ vi photo_change_list.html

{% extends "base.html" %}

{% block title %}photo_change_list.html{% endblock %}

{% block content %}

    <h1>Photo Change - {{user}}</h1>

    <table class="table table-striped table-bordered table-condensed">

        <thead>
        <tr class="table-info">
            <th>Album</th>
            <th>Title</th>
            <th>Description</th>
            <th>Owner</th>
            <th>Update</th>
            <th>Delete</th>
        </tr>
        </thead>

        <tbody>
        {% for item in object_list %}
        <tr>
            <td>{{ item.album }}</td>
            <td>{{ item.title }}</td>
            <td>{{ item.description }}</td>
            <td>{{ item.owner }}</td>
            <td><a href="{% url 'photo:photo_update' item.id %}">Update</a></td>
            <td><a href="{% url 'photo:photo_delete' item.id %}">Delete</a></td>
        </tr>
        {% endfor %}
        </tbody>

    </table>

{% endblock %}
```

[예제 12-7]은 bookmark_change_list.html, post_change_list 파일과 대동소이합니다. 설명은 생략합니다.

photo/photo_confirm_delete.html

이 템플릿은 Photo 테이블의 레코드를 삭제하기 전에 확인하는 화면을 보여줍니다. 기존의 photo/templates/photo/ 디렉터리에 다음처럼 photo_confirm_delete.html 파일을 작성합니다.

예제 12-8 photo/templates/photo/photo_confirm_delete.html

```
(vDjBook)$ cd /home/shkim/pyDjango/ch99/photo/templates/photo/
(vDjBook)$ vi photo_confirm_delete.html

{% extends "base.html" %}

{% block title %}photo_confirm_delete.html{% endblock %}

{% block content %}

    <h1>Photo Delete</h1>
    <br>

    <form action="." method="post">{% csrf_token %}
        <p>Are you sure you want to delete "{{ object }}" ?</p>
        <input type="submit" value="Confirm" class="btn btn-danger btn-sm" />
    </form>

{% endblock %}
```

12

[예제 12-8]도 bookmark_confirm_delete.html, post_confirm_delete.html 파일과 거의 같으므로 설명은 생략합니다.

photo/album_form.html

이 템플릿은 Album 레코드를 생성 또는 수정하기 위한 폼을 보여주는 화면입니다. 기존의 photo/templates/photo/ 디렉터리에 다음처럼 album_form.html 파일을 작성합니다.

예제 12-9 photo/templates/photo/album_form.html

```
(vDjBook)$ cd /home/shkim/pyDjango/ch99/photo/templates/photo/
(vDjBook)$ vi album_form.html

{% extends "base.html" %}
{% load widget_tweaks %}

{% block title %}album_form.html{% endblock %}

{% block content %}
    <h1>Album-Photo Create/Update - {{user}}</h1>
     <p class="font-italic">This is a creation or update form for your album using
PhotoInlineFormSet.</p> ---------------------------------------------------- ❶

    {% if form.errors %}
    <div class="alert alert-danger"> ------------------------------------------ ❷
        <div class="font-weight-bold">Wrong! Please correct the form error(s) below.</
div>
        {{ form.errors }}
    </div>
    {% endif %}

    {% if formset.errors %}
    <div class="alert alert-warning"> ----------------------------------------- ❸
            <div class="font-weight-bold">Wrong! Please correct the formset error(s)
below.</div>
        {% for formerrors in formset.errors % ---------------------------------- ❹
            {{ formerrors }}
        {% endfor %}
    </div>
    {% endif %}

    {% if form.is_multipart or formset.is_multipart %} ------------------------ ❺
    <form enctype="multipart/form-data" action="" method="post">
    {% else %}
    <form action="." method="post">
    {% endif %}
    {% csrf_token %}

        <h4>create or update album contents</h4>

        <fieldset class="card pt-3"> ------------------------------------------
```

```
            <div class="form-group row">
                {{ form.name|add_label_class:"col-form-label col-sm-3 ml-3 font-
weight-bold" }}
                <div class="col-sm-5">
                    {{ form.name|add_class:"form-control"|attr:"autofocus" }}
                </div>
            </div>
                                                                        ❻
            <div class="form-group row">
                {{ form.description|add_label_class:"col-form-label col-sm-3 ml-3
font-weight-bold" }}
                <div class="col-sm-5">
                    {{ form.description|add_class:"form-control" }}
                </div>
            </div>

        </fieldset> ---------------------------------------------------
        <br>

        <h4>create or update photo contents</h4>

        <fieldset class="card pt-3">

            {{ formset.management_form }} ---------------------------------- ❼
            {% for form in formset %} ------------------------------------- ❽
                {{ form.id }} --------------------------------------------- ❾
                {# form.album #}
            <div class="form-group row"> -----------------------------------
                {{ form.image|add_label_class:"col-form-label col-sm-3 ml-3 font-
weight-bold" }}
                <div class="col-sm-5">
                    {{ form.image|add_class:"form-control-file" }}
                </div>
            </div>

            <div class="form-group row">                                ❿
                {{ form.title|add_label_class:"col-form-label col-sm-3 ml-3 font-
weight-bold" }}
                <div class="col-sm-5">
                    {{ form.title|add_class:"form-control" }}
                </div>
            </div>
```

12

```
            <div class="form-group row">
                {{ form.description|add_label_class:"col-form-label col-sm-3 ml-3
font-weight-bold" }}
                <div class="col-sm-8">
                    {{ form.description|add_class:"form-control"|attr:"rows:3" }}
                </div>
            </div>

            <hr>
            {% endfor %}

        </fieldset>

        <div class="form-group card py-1">
            <div class="offset-sm-3 col-sm-5">
                <input type="submit" value="Submit" class="btn btn-info"/>
            </div>
        </div>

    </form>

{% endblock %}
```

[예제 12-9]는 11장과 비교했을 때 가장 변화가 큰 파일입니다. 11장에는 없었던 인라인 폼셋을 출력하는 템플릿이기 때문입니다. 즉 앨범 레코드를 생성하거나 수정하기 위한 폼을 보여줄 때, 그 앨범에 포함되는 사진 레코드도 같이 입력할 수 있도록 인라인 폼셋을 출력합니다. Admin 사이트의 StackedInline 기능과 유사합니다.

photo_form.html 파일 대비 다른 라인 위주로 설명합니다.

❶ 본문 제목에 앨범과 사진을 같이 입력받는 점을 표시합니다. 이 파일은 폼과 인라인 폼셋을 출력하는 템플릿 파일입니다.

❷ 폼에 에러가 있는 경우는 빨간색(alert-danger)으로 표시합니다.

❸ 폼셋에 에러가 있는 경우는 노란색(alert-warning)으로 표시합니다.

❹ 폼셋 에러는 각 폼별 에러가 들어 있는 리스트 타입입니다. 그래서 {% for %} 태그를 사용하여 각 폼별 에러를 출력합니다.

❺ is_multipart() 메소드는 폼이나 폼셋을 미리 체크해 multipart 인코딩이 필요한지 여부를 알려줍니다. 반환값이 True면 enctype=multipart/form-data로 지정해야 합니다. 이 예제에서는 폼셋에 이미지 필드가 있으므

로 True를 반환합니다. enctype 속성에 대한 설명은 [예제 12-6]을 참고하기 바랍니다.

❻ 앨범 데이터 입력 부분입니다.

❼ 폼셋에 들어 있는 각 폼을 다루는 경우 {{ formset.management_form }} 변수를 반드시 추가해야 합니다. 장고의 템플릿 엔진이 폼셋에 들어 있는 폼의 개수 등을 알 수 있어야 하기 때문입니다.

❽ 폼셋에 있는 각 폼을 순회하면서 폼의 필드 항목들을 출력합니다.

❾ 각 폼의 모든 필드를 {% for %} 템플릿 태그로 순회하는 경우가 아니라면 {{ form.id }} 변수를 반드시 추가해야 합니다. 장고의 템플릿 엔진이 어느 폼을 처리하고 있는지 식별할 수 있어야 하기 때문입니다.

❿ 여러 개의 사진을 입력할 수 있는 부분입니다.

photo/album_change_list.html

이 템플릿은 Album 테이블의 레코드를 변경하기 위해 기존 레코드의 리스트를 보여주는 화면입니다. 기존의 photo/templates/photo/ 디렉터리에 다음처럼 album_change_list.html 파일을 작성합니다.

예제 12-10 photo/templates/photo/album_change_list.html

```
(vDjBook)$ cd /home/shkim/pyDjango/ch99/photo/templates/photo/
(vDjBook)$ vi album_change_list.html

{% extends "base.html" %}

{% block title %}album_change_list.html{% endblock %}

{% block content %}

    <h1>Album Change - {{user}}</h1>

    <table class="table table-striped table-bordered table-condensed">

        <thead>
        <tr class="table-success">
            <th>Name</th>
            <th>Description</th>
            <th>Owner</th>
            <th>Update</th>
            <th>Delete</th>
        </tr>
        </thead>
```

12

```
        <tbody>
        {% for item in object_list %}
        <tr>
            <td>{{ item.name }}</td>
            <td>{{ item.description }}</td>
            <td>{{ item.owner }}</td>
            <td><a href="{% url 'photo:album_update' item.id %}">Update</a></td>
            <td><a href="{% url 'photo:album_delete' item.id %}">Delete</a></td>
        </tr>
        {% endfor %}
        </tbody>

    </table>

{% endblock %}
```

[예제 12-10] 역시 반복되는 설명이므로 생략합니다. 11장의 bookmark_change_list.html 파일이나 post_change_list.html 파일 설명 부분을 참고하기 바랍니다.

photo/album_confirm_delete.html

이 템플릿은 Album 테이블의 레코드를 삭제하기 전에 확인하는 화면을 보여줍니다. 기존의 photo/templates/photo/ 디렉터리에 다음처럼 album_confirm_delete.html 파일을 작성합니다.

예제 12-11 photo/templates/photo/album_confirm_delete.html

```
(vDjBook)$ cd /home/shkim/pyDjango/ch99/photo/templates/photo/
(vDjBook)$ vi album_confirm_delete.html

{% extends "base.html" %}

{% block title %}album_confirm_delete.html{% endblock %}

{% block content %}

    <h1>Album Delete <small class="font-italic">(including related photos)</small></h1>
    <br>
```

```
    <form action="." method="post">{% csrf_token %}
        <p>Are you sure you want to delete "{{ object }}" ?</p>
        <input type="submit" value="Confirm" class="btn btn-danger btn-sm" />
    </form>

{% endblock %}
```

이 파일에 대한 설명은 생략합니다. 12장의 bookmark_confirm_delete.html 파일이나 post_confirm_delete.html 파일 설명 부분을 참고하기 바랍니다.

12.3 지금까지의 작업 확인하기

11장에서는 우리가 만든 [Add], [Change] 기능으로 Admin 사이트에 접속하지 않고도 테이블 레코드를 입력하고 변경했습니다. 이번 장에서도 마찬가지로 페이지 상단의 [Add], [Change] 메뉴를 사용해 photo 앱의 콘텐츠를 편집할 것입니다.

이제 runserver를 실행하고, 브라우저를 통해 다음 URL로 접속 및 로그인합니다.

```
http://192.168.56.101:8000/
```

12

로그인이 성공하면 페이지 상단의 [Add] 메뉴에 있는 [Album] 및 [Photo] 메뉴를 클릭하면서 해당 콘텐츠의 생성 화면이 정상적으로 출력되는지 확인합니다. 또한 [Change] 〉 [Album] 및 [Change] 〉 [Photo] 메뉴도 클릭해서 화면을 확인합니다.

최종적으로는 **12.1.3 URL 설계**에서 정의한 URL 요청 처리가 모두 정상이어야 합니다. 다음에는 이에 대해 살펴봅니다.

12.3.1 [Add] 메뉴로 콘텐츠 생성하기

[Add] 메뉴를 이용해 앨범과 사진 콘텐츠를 입력하겠습니다. 정상적으로 로그인한 후, 페이지 상

단의 [Add] 〉 [Album] 메뉴를 클릭합니다. 아래 그림처럼 앨범 내용을 입력하면서 그 앨범에 포함될 사진도 같이 입력할 수 있습니다. 바로 인라인 폼셋이므로 가능한 것입니다.

앨범 이름 등 원하는 앨범 데이터를 입력한 후, 사진 정보를 입력하기 위해 [파일 선택] 버튼을 누르면 내 PC에서 업로드할 사진을 선택하는 창이 나옵니다. 원하는 사진을 선택하고, [Title]과 [Photo Description] 항목도 임의로 입력합니다. 여러분이 원하는 내용을 모두 입력했으면, [Submit] 제출 버튼을 누릅니다.

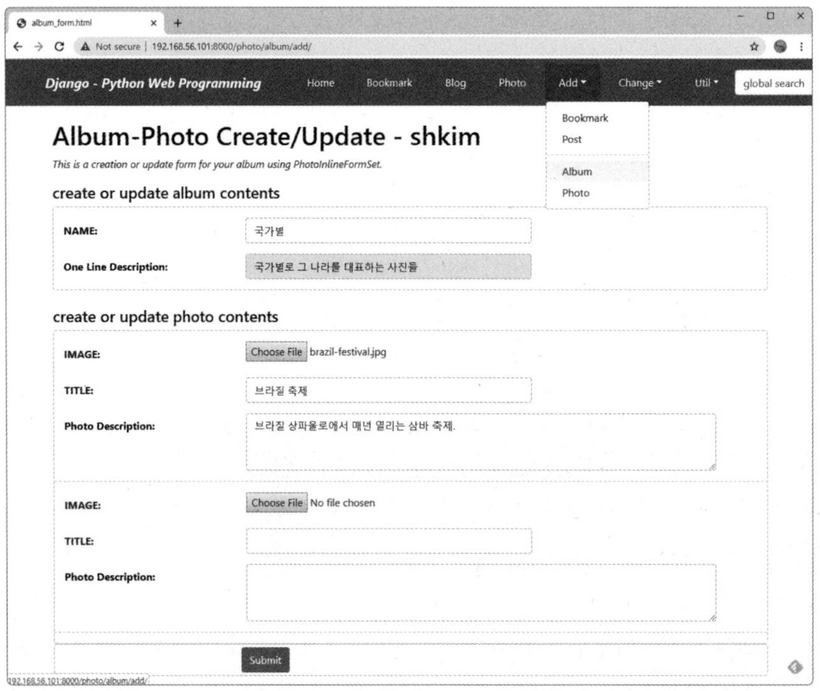

그림 12-6 photo 앱 – Album 레코드 생성 화면

이제 [국가별]이라는 앨범이 생기고 그 앨범에 사진 하나가 생겼습니다. 물론 지정된 사진이 서버로 업로드된 것입니다. 계속해서 [국가별] 앨범에 사진 한장을 더 추가하겠습니다. 이번에는 다른 메뉴를 사용해서 사진을 추가합니다.

앨범에 사진을 추가하는 또 다른 방법으로, 다음 그림처럼 [Add] 〉 [Photo] 메뉴를 클릭해 원하는 사진을 업로드하는 방법이 있습니다.

다음 그림처럼 [파일 선택] 버튼을 눌러 내 PC에서 업로드할 사진을 선택합니다. [Album] 항목은 드롭다운으로 현재 들어 있는 앨범의 리스트가 보이며 그중 하나를 선택할 수 있습니다. 아니면 옆의 [Add Album] 버튼을 클릭해 새로운 앨범을 만들 수도 있습니다. 계속해서 [Title]과 [Photo Description] 항목을 입력한 후 [Submit] 제출 버튼을 누릅니다.

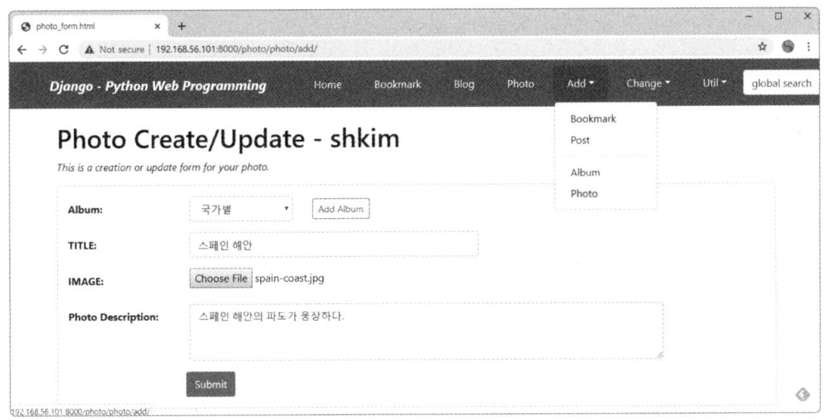

그림 12-7 포토 앱 – Photo 레코드 생성 화면

성공적으로 처리되면 다음 그림이 화면에 나타납니다.

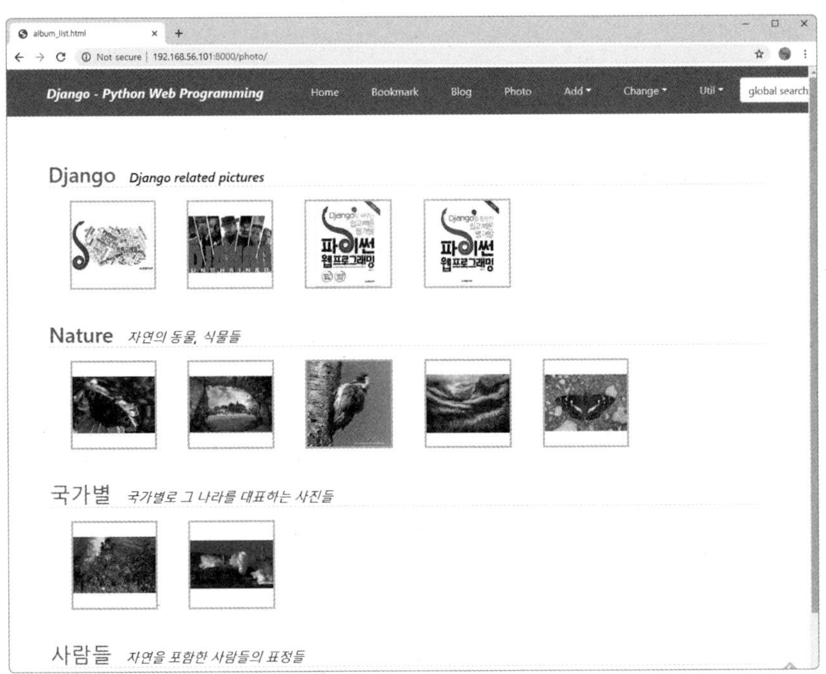

그림 12-8 포토 앱 – 국가별 앨범 생성 확인 화면

이렇게 해서 [국가별] 앨범에 브라질 축제와 스페인 해안 사진 2장을 넣었습니다. 새로 생성한 콘텐츠들, 즉 Album과 Photo 테이블에 새로 생성한 레코드들은 상단의 [Photo] 메뉴 또는 [Change] 메뉴에서 확인할 수 있습니다. 또한 Admin 사이트에서도 확인이 가능합니다. [그림 12-8]은 [Photo] 메뉴를 클릭했을 때 나오는 화면과 동일합니다.

12.3.2 [Change] 메뉴로 콘텐츠 변경하기

앞 절에서는 [Add] 메뉴를 확인했고, 여기서는 [Change] 메뉴를 사용해 Album 및 Photo 테이블에 대한 변경 기능, 즉 수정과 삭제 기능을 확인합니다.

[Change] 〉 [Album] 메뉴 및 [Change] 〉 [Photo] 메뉴를 클릭합니다. 여기서 중요한 점은 로그인한 사용자의 콘텐츠만 출력되는지 확인하는 것입니다.

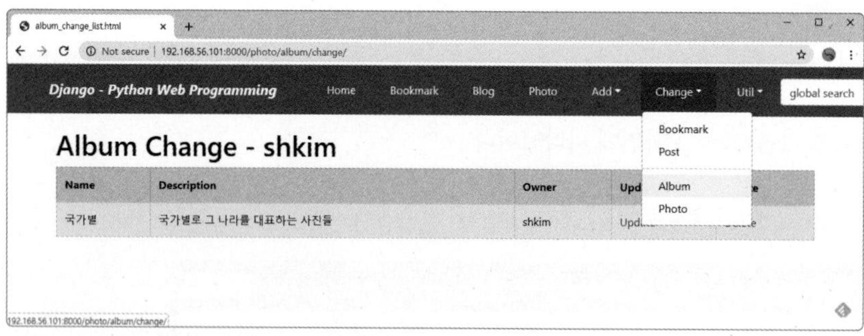

그림 12-9 포토 앱 – Album 레코드 리스트 화면(소유자는 shkim)

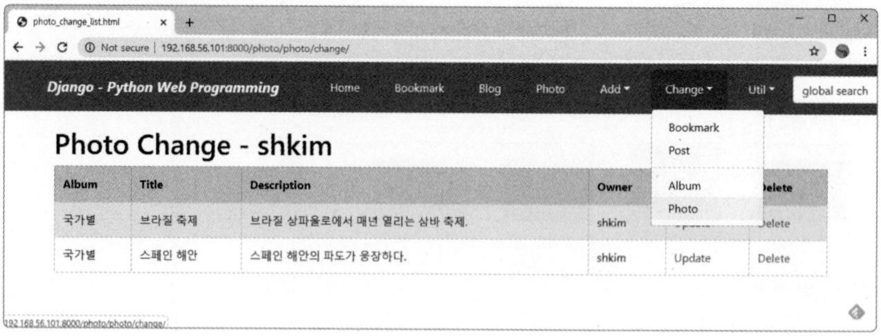

그림 12-10 포토 앱 – Photo 레코드 리스트 화면(소유자는 shkim)

[그림 12-9]와 [그림 12-10] 화면에서 [Update] 및 [Delete] 단어를 클릭하여 정상적으로 내용이 변경되는지 또는 삭제되는지 확인할 것입니다. 먼저 [그림 12-10]의 두 번째 레코드인 스페인 해안 사진을 수정하기 위해 [Update]를 클릭합니다. 다음 그림처럼 [Title] 항목을 수정하고 [Submit] 버튼을 클릭합니다.

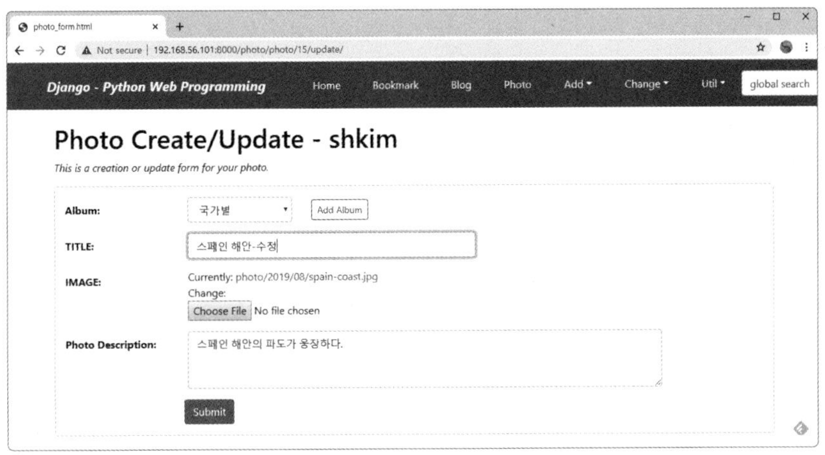

그림 12-11 포토 앱 – Photo 레코드 수정 화면(소유자는 shkim)

[Change] 〉 [Photo] 메뉴를 클릭해서 다시 한 번 shkim 소유의 사진 리스트를 보면, 다음 그림처럼 제목이 변경된 것을 확인할 수 있습니다. 이번에는 아래 그림에서 두 번째 레코드를 삭제하기 위해 [Delete]를 클릭합니다.

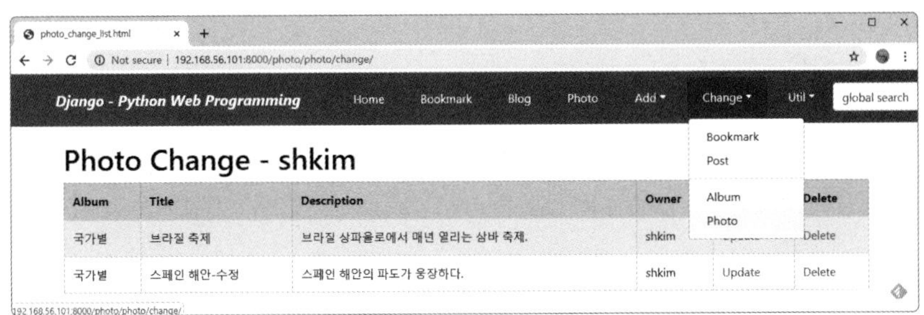

그림 12-12 Photo 레코드 리스트 화면(소유자는 shkim) – Title 항목 수정 후

다음과 같은 화면이 나오면 [Confirm] 버튼을 눌러 사진을 삭제합니다.

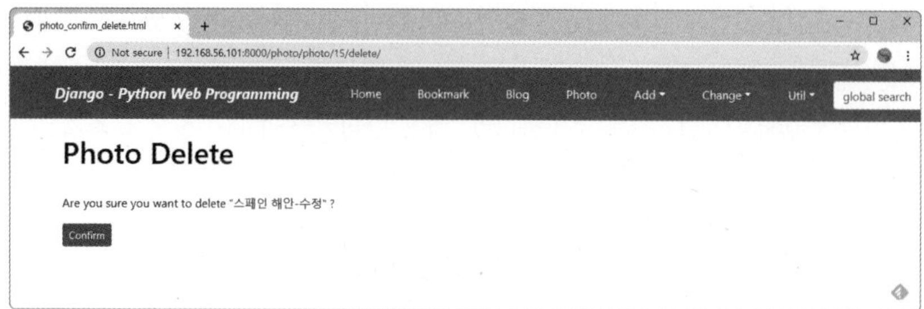

그림 12-13 포토 앱 – Photo 레코드 삭제 확인 화면

사진 삭제 처리가 성공하면 /photo/ URL로 이동하므로, 다음 그림처럼 사진이 삭제된 것을 확인할 수 있습니다.

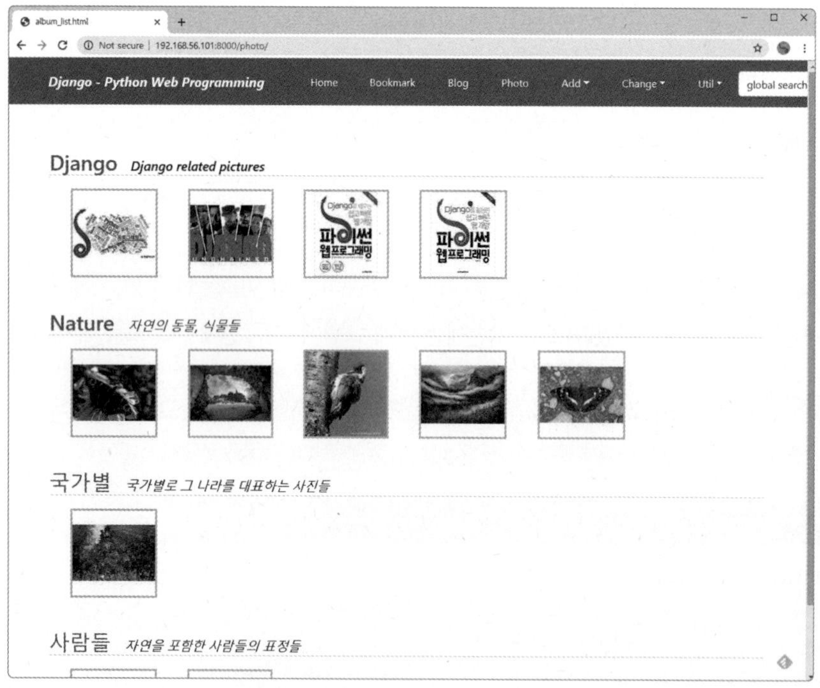

그림 12-14 포토 앱 – Books 앨범의 사진 하나 삭제 후

지금까지 사진을 수정하고 삭제하는 실습을 했는데, 이번에는 앨범을 수정하고 삭제해보겠습니다. 앨범을 삭제할 때 앨범에 들어 있는 사진들도 같이 삭제되는지도 확인할 것입니다.

[그림 12-9] 화면으로 돌아가기 위해 [Change] 〉 [Album] 메뉴를 선택하고, [국가별] 앨범을 수

정하기 위해 [Update]를 클릭합니다.

다음 그림처럼 앨범의 [Name] 항목과 사진의 [Title] 항목을 같이 수정한 후에 [Submit] 버튼을 클릭합니다.

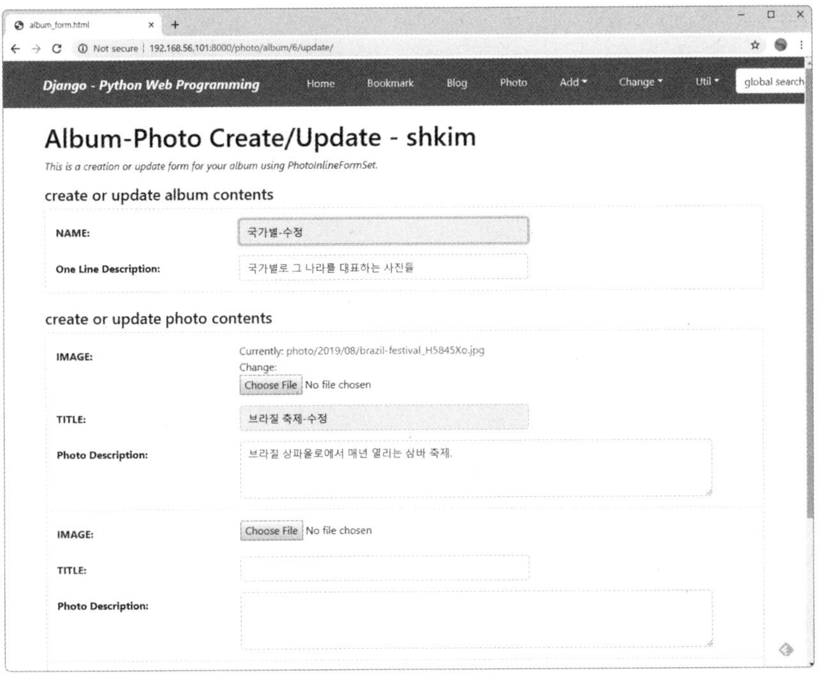

그림 12-15 Album 및 Photo 레코드 수정 화면(소유자는 shkim)

[Change] > [Photo] 메뉴를 클릭해서 다시 한 번 shkim 소유의 사진 리스트를 보면, 다음 그림처럼 앨범 이름과 사진 제목이 변경된 것을 알 수 있습니다.

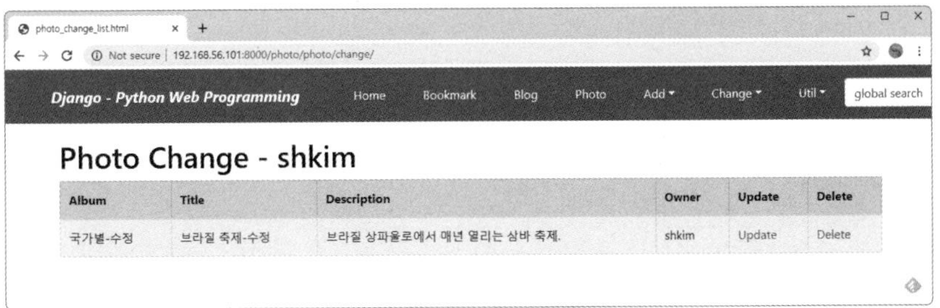

그림 12-16 Photo 레코드 리스트 화면(소유자는 shkim) – 앨범과 사진 수정 후

다음은 앨범을 삭제해봅니다. 앨범 리스트를 보기 위해 [Change] 〉 [Album] 메뉴를 선택하고, [국가별–수정] 앨범을 삭제하기 위해 [Delete]를 클릭합니다. 다음과 같은 화면이 나오면 [Confirm] 버튼을 눌러 사진을 삭제합니다.

그림 12-17 포토 앱 – Album 레코드 삭제 확인 화면

앨범 삭제 처리가 성공하면 /photo/ URL로 이동하므로, 다음 그림처럼 [국가별–수정] 앨범이 삭제된 것을 확인할 수 있습니다.

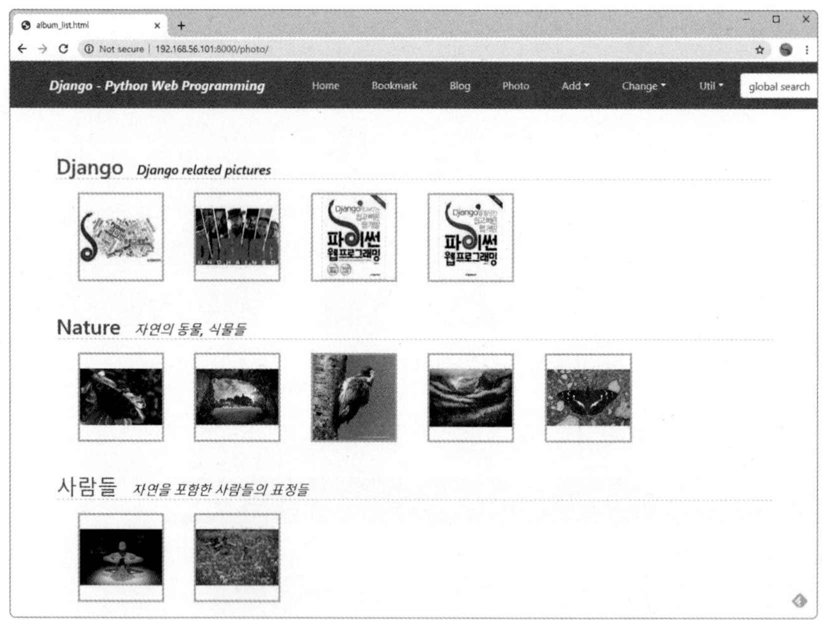

그림 12-18 포토 앱 – Books 앨범 삭제 후

[국가별–수정] 앨범을 삭제한 후 [Change] 〉 [Photo] 메뉴를 클릭해서 다시 한 번 shkim 소유의

사진 리스트를 보면, 다음 그림처럼 그 앨범에 속해 있던 "장고 책 표지 – 수정"이라는 사진도 삭제되어 보이지 않는 것을 알 수 있습니다.

그림 12-19 포토 앱 – Album 레코드 삭제 후 Photo 변경 리스트 화면

이상으로 Photo 레코드에 대한 수정과 삭제 및 Album 레코드에 대한 수정과 삭제 기능이 정상적으로 처리되는 것을 확인했습니다. 또한 Album 레코드를 수정할 때는 PhotoInlineFormSet이 사용되어 Album 레코드와 Photo 레코드를 동시에 수정할 수 있다는 것도 확인했습니다.

12

PART 03

실전 프로그래밍 – 심화편

프로그래밍을 배우는 방법으로 예제를 직접 따라해보는 것은 좋은 공부 방법입니다. 직접 해보지 않고서는 한 줄의 코드가 내포하는 의미를 놓치기 쉽기 때문입니다. 반면 중급 수준으로 도약하기 위해서는 따라하기에 그치지 말고, 문장 뒤에 있는 의미를 이해할 수 있어야 합니다. 요즘과 같이 오픈 소스를 자유자재로 활용하기 위해서는 더욱 그렇습니다.

이번 파트는 예제를 따라하면서 놓치기 쉬운 장고의 기본 원리 및 핵심 기술을 설명합니다. 장고의 MVT 개발 방식에 따라 모델, 뷰, 템플릿, 폼 주제별로 핵심 원리를 알기 쉽게 설명하고자 노력했습니다. 이 책의 예제를 실습하면서 막히는 부분이 있거나 심화 학습이 필요한 경우 도움이 될 것입니다.

그리고 장고의 온라인 문서를 자주 접하기를 권장합니다. 많은 사람들이 장고의 온라인 문서가 잘 정리되어 있다고 칭찬합니다. 온라인 문서를 통해 장고의 다양한 기술과 상세한 설명을 자주 접하고 익숙해질수록 여러분의 실력도 향상될 것입니다.

CHAPTER 13

장고 핵심 기능 - Model

모델이란 테이블을 정의하는 장고의 클래스를 의미하며, models.py 파일에 테이블 관련 사항들을 정의합니다. models.py 파일에는 테이블을 정의하는 것이 기본이지만, 그 외에도 관련 변수 및 메소드를 추가적으로 정의할 수 있습니다. 이는 ORM 방식에 기반해 테이블을 클래스로 정의하고 있어 클래스의 특징인 변수와 메소드를 가질 수 있기 때문입니다. ORM 방식의 장점입니다.

이번 장에서는 모델의 가장 기본이라 할 수 있는 모델 클래스 정의 방법을 알아보고, 그중에서 필수로 사용해야 하면서도 이해가 쉽지 않은 Manager 클래스에 대해 설명합니다. 또한 모델 자체를 이해한 이후에는 그들 간의 관계에 대해서도 이해해야 합니다. 관계형 데이터베이스RDB, Relational Database라는 용어에서도 알 수 있듯이, 테이블 간에 관계를 맺고 이를 활용하는 것은 거의 필수이기 때문입니다. 따라서 장고에서 제공하는 3가지 관계 모델에 대해서도 살펴봅니다.

13

13.1 모델 정의

테이블을 클래스로 처리하는 ORM 기법의 특징에 따라 테이블을 정의하는 모델 클래스는 속성과 메소드를 갖게 됩니다. 테이블의 컬럼은 모델 클래스의 속성으로 정의하고, 테이블에는 메소드가 없지만 모델 클래스에는 메소드를 정의할 수 있습니다. 물론 테이블에 관련된 메소드들입니다. 이렇게 함으로써 테이블에 관련된 데이터와 행위를 모두 모델 클래스 한 곳에서 정의할 수 있는 장점이 생깁니다. 즉 테이블의 컬럼은 모델 클래스의 속성으로 정의하고 테이블과 관련된 함수는 모델 클래스의 메소드로 정의하는 것입니다.

12.2.2 모델 코딩하기에서 정의한 Album 모델 클래스를 보면서, 모델의 속성과 메소드를 정의하는 방법을 하나씩 설명합니다.

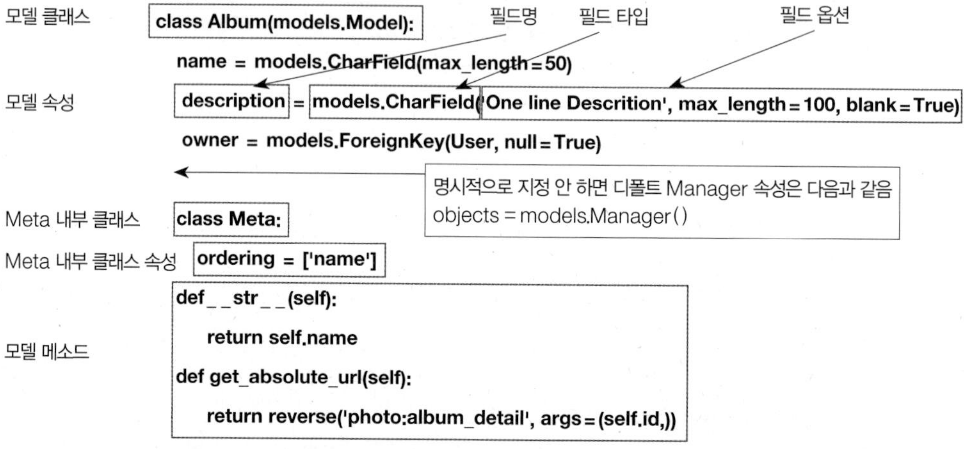

그림 13-1 모델 정의 항목들

13.1.1 모델 속성

앞 절에서 이야기한 것처럼, ORM 기법의 특징에 따라 테이블의 컬럼은 모델 클래스의 속성으로 정의합니다. 장고에서는 테이블의 컬럼을 테이블의 필드 또는 모델의 필드라고 하는데, 결국 모델의 필드들은 모델 클래스의 속성으로 정의되고 모델 클래스의 속성들은 테이블의 컬럼으로 1:1 매핑됩니다.

따라서 모델 클래스의 속성 중에서 모델 필드는 가장 중요한 속성이며 필수이기도 합니다. 즉 테이블의 정의에서 컬럼이 필수인 것과 같은 이치입니다. 컬럼으로 테이블을 정의하듯이 모델 필드로 모델 클래스를 정의하는 것입니다.

위의 Album 모델은 objects 속성을 포함해서 4개의 모델 속성을 정의하고 있으며, 이 중 3개의 속성은 테이블 컬럼에 해당하는 모델 필드들입니다. 모델 클래스에서 필드를 정의하기 위해서는 항상 필드명, 필드 타입과 필드 옵션을 지정해줘야 합니다.

각 필드는 용도에 따라 적절한 타입을 지정해야 하는데, 필드 타입의 역할은 다음과 같습니다.

- 테이블의 컬럼 타입을 지정합니다. 예를 들어 CharField 필드 타입은 컬럼의 VARCHAR 타입으로 변환됩니다.
- 폼으로 렌더링되는 경우, HTML 위젯을 지정합니다. 예를 들어 CharField 필드 타입은 폼으로 사용될 때 〈input type="text"〉 HTML 태그로 변환되고 및 그에 상응하는 위젯을 지정합니다.
- 필드 또는 폼에 대한 유효성 검사 시 최소 기준이 됩니다.

또한 각 필드는 필드 타입에 따른 부가적인 옵션을 지정할 수 있습니다. 예를 들어 CharField 필드 타입은 max_length 인자가 필수인데, 이는 테이블을 생성할 때 VARCHAR 타입 컬럼의 최대 길이를 지정합니다.

모델 속성과 관련해서는 필드 이외에도 Meta 내부 클래스 속성 및 Manager 속성에 대한 이해가 필요합니다. 이에 대해서는 이어지는 절에서 설명합니다.

> **NOTE_ 장고의 커스텀 필드 타입**
>
> 장고는 테이블의 컬럼을 표현하기 위해 Field 추상 클래스를 제공하고 CharField 등의 필드 타입은 Field 추상 클래스를 상속받아 정의하고 있습니다. 장고는 약 30여 가지의 다양한 필드 타입과 모든 타입에 공통으로 사용할 수 있는 필드 옵션 17가지를 제공합니다. 또한 개발자가 임의로 새로운 필드 타입을 정의하는 것도 가능한데, Field 추상 클래스 또는 기존의 장고 필드 클래스를 상속받아 관련 로직을 코딩하면 됩니다. 9장의 **ThumbnailImageField**가 장고의 ImageField 필드를 상속받아 새롭게 정의한 커스텀 필드 타입의 예입니다. 장고에서 제공하는 필드 타입과 옵션들, 그리고 커스텀 필드 타입을 정의하는 방법은 아래 사이트를 참고하기 바랍니다.
>
> https://docs.djangoproject.com/en/2.2/ref/models/fields/
> https://docs.djangoproject.com/en/2.2/howto/custom-model-fields/

13

13.1.2 모델 메소드

앞에서 설명한 것처럼 테이블에는 메소드가 없지만 모델 클래스에는 메소드를 정의할 수 있습니다. 여기서 주의할 점은 클래스 메소드와 객체 메소드를 구분하는 것입니다. 클래스 메소드는 테이블 레벨에서 동작하는 메소드이고, 객체 메소드는 레코드 레벨에서 동작하는 메소드입니다. 장고에서는 클래스 메소드를 사용하지 않고 객체 메소드만 사용합니다. 즉 모델 클래스에 정의하는 메소드는 모두 객체 메소드이고 항상 self 인자를 갖고 있으며, 이 메소드들을 호출하면 테이블 단위가 아니라 레코드 단위에만 영향을 미칩니다.

그럼 테이블의 모든 레코드 수를 카운트하는 것처럼, 테이블 레벨의 동작은 어떻게 해야 할까요? 장고는 클래스 메소드를 사용하는 대신, 별도의 Manager 클래스를 정의하고 Manager 클래스의 메소드를 통해서 테이블에 대한 CRUD 동작을 수행합니다.

테이블 레벨에서 동작하는 Manager 클래스의 메소드는 다음 절에서 살펴보고, 여기서는 레코드 레벨에서 동작하는 객체 메소드에 대해 알아보겠습니다. 장고의 모델 메소드는 모두 객체 메소드이므로, 장고의 모델 클래스에서 많이 사용하는 모델 메소드 몇 가지를 다음에 설명합니다.

다음 메소드는 객체의 문자열 표현을 리턴합니다. 객체는 모두 파이썬의 내부 포맷으로 저장되므로 우리가 읽을 수 없습니다. 이런 객체를 읽을 수 있는 문자열로 표현하고자 할 때 다음 메소드를 정의합니다. 일례로 장고 셸이나 Admin 사이트에서 객체에 대한 문자열 표현을 많이 사용합니다.

다음 메소드를 오버라이딩 정의하지 않으면 장고의 디폴트 __str__() 메소드에 의해 객체의 문자열이 표현됩니다. 디폴트 문자열(예: Bookmark object)은 보는 사람이 이해하기 어렵습니다. 그래서 객체를 알기 쉬운 문자열로 표시되도록 다음 메소드를 항상 정의해주는 게 좋습니다.

```
__str__() (Python 3), __unicode__() (Python 2)
```

아래 메소드는 자신이 정의된 객체를 지칭하는 URL을 반환합니다. URLconf에서 DetailView 제네릭 뷰를 사용하는 경우가 좋은 예입니다. DetailView 뷰는 특정 객체에 대한 상세 정보를 보여주는 제네릭 뷰이므로, DetailView와 매핑된 URL을 get_absolute_url() 메소드를 사용해 구할 수 있기 때문입니다. 특정 객체의 URL을 구하는 기능은 코드의 여러 곳에서 필요하므로, 아래 메소드는 항상 정의해주는 게 좋습니다.

또한 이 메소드를 정의하면, Admin 사이트에서도 해당 객체 수정 화면 오른쪽 상단에 **[View on site]** 버튼이 보입니다. 이 버튼을 클릭하면 해당 객체의 상세 정보를 볼 수 있는 페이지로 이동합니다.

이 메소드는 템플릿에서도 자주 사용하는데, 이 메소드의 가장 큰 장점은 URL을 표현하기 위해 하드 코딩을 하지 않아도 된다는 점입니다.

```
get_absolute_url()
```

필드 타입이 DateField 또는 DateTimeField면서 필드 옵션이 null=True가 아닌 경우에는 다음 메소드를 사용할 수 있습니다. FOO는 필드명을 의미하고, 필요하면 키워드 인자를 사전 형식으로 전달할 수 있습니다. 이 함수는 FOO 필드 기준으로 다음 객체를 반환합니다. 다음 객체가 없는 경우는 DoesNotExist 익셉션이 발생합니다.

```
get_next_by_FOO(**kwargs)
```

다음 객체가 아니라 이전 객체를 반환한다는 점만 제외하면 get_next_by_FOO() 메소드와 동일합니다.

```
get_previous_by_FOO(**kwargs)
```

필드 옵션에 choices 인자가 있으면, 그 모델 객체는 아래 메소드를 제공합니다. FOO는 choices 인자를 갖는 필드를 의미합니다. 이 메소드는 FOO 필드의 설명 문자열을 반환합니다.

```
get_FOO_display()
```

13.1.3 Meta 내부 클래스 속성

Meta 내부 클래스를 정의해 모델에 대한 메타데이터를 정의할 수 있습니다. 장고에서는 모델 클래스의 필드는 아니지만 모델 클래스에 필요한 항목을 Meta 내부 클래스에 정의합니다. 즉 필드(컬럼)는 모델 클래스의 속성으로, 필드 이외 항목은 Meta 내부 클래스의 속성으로 정의해 모델의 필드 속성과 그 외 속성을 구분하고 있습니다. 장고는 Meta 내부 클래스 속성으로 사용할 수 있는 항목들을 정의하고 있는데, 그중 많이 사용하는 항목은 다음과 같습니다.

ordering

모델 객체의 리스트 출력 시 정렬하기 위해 사용하는 속성(필드)명을 지정합니다. 지정한 필드명을 기준으로 오름차순이 디폴트이고, 마이너스(-) 접두사를 붙이면 내림차순으로 정렬합니다. DB에 저장하는 순서를 의미하는 것은 아니며, DB에서 가져온 데이터를 출력할 때의 순서에 영향

13

을 줍니다.

예를 들어 다음처럼 지정하면, pub_date 필드를 기준으로 내림차순 정렬 후에 author 필드를 기준으로 오름차순 정렬합니다.

```
ordering = ['-pub_date', 'author']
```

db_table

데이터베이스에 저장되는 테이블 이름을 지정합니다. 이 항목을 지정하지 않으면, 장고는 디폴트로 앱명_클래스명(소문자)을 테이블명으로 지정합니다.

예를 들어 블로그 앱의 모델 클래스명이 Post라면 디폴트 테이블명은 blog_post가 됩니다. 이런 디폴트 테이블명을 변경하고 싶으면 다음 예시처럼 db_table 메타 항목을 지정합니다.

```
db_table = 'tb_post'
```

verbose_name

사용자가 이해하기 쉬운 모델 객체의 별칭입니다. 이 항목을 지정하지 않으면 장고는 모델 클래스명을 변형해서 디폴트 verbose_name으로 사용합니다.

예를 들어 모델 클래스명이 FavoritePost라면 디폴트 verbose_name은 **favorite post**가 됩니다. 이런 디폴트 별칭을 변경하고 싶으면 다음 예시처럼 verbose_name 메타 항목을 지정합니다.

```
verbose_name = "my favorite post"
```

verbose_name_plural

verbose_name에 대한 복수 명칭을 지정합니다. 지정하지 않으면 디폴트로 **verbose_name + "s"**가 사용됩니다. 위의 예시라면, 디폴트 verbose_name_plural은 **favorite posts**가 됩니다.

> **NOTE_ 장고의 메타 항목**
> 장고는 약 20여 가지의 메타 항목을 정의하고 있는데, 세부 사항은 아래 사이트를 참고하기 바랍니다.
>
> https://docs.djangoproject.com/en/2.2/ref/models/options/

13.1.4 Manager 속성

앞에서 모델 속성과 Meta 내부 클래스 속성을 구분해, 모델의 필드는 모두 모델 속성으로 정의한다고 했습니다. 그런데 모델 속성 중에서 예외적으로 필드, 즉 테이블의 컬럼으로 매핑되지 않는 속성이 있는데 바로 Manager 속성입니다.

모든 모델은 반드시 Manager 속성을 가져야 합니다. 만일 모델을 정의할 때 명시적으로 지정하지 않으면, Manager 속성의 디폴트 이름은 objects가 됩니다. 또한 Manager 속성은 모델 클래스를 통해서만 액세스할 수 있고 모델 객체를 통해서는 액세스할 수 없습니다.

Manager 속성은 models.Manager 타입으로 정의되므로, 장고의 Manager 클래스를 이해하는 것이 중요합니다. 바로 Manager 클래스를 통해 데이터베이스 쿼리가 이뤄지기 때문입니다. 즉 레코드 레벨이 아니라 테이블 레벨에서의 동작은 Manager 클래스의 메소드를 통해 이뤄집니다.

예를 들어 Album.objects.all() 문장에는 다음 그림처럼 Manager 클래스가 사용됩니다.

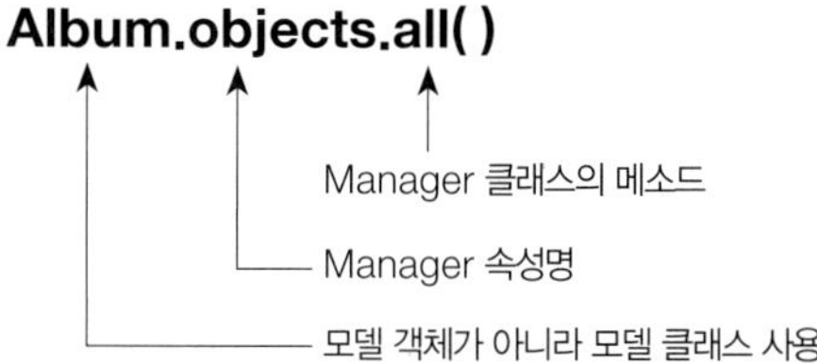

그림 13-2 Manager 클래스 사용

위 문장은 QuerySet 객체를 반환합니다. QuerySet 클래스의 메소드와 Manager 클래스의 메소드는 동일합니다(엄밀하게 말하면 똑같지는 않습니다). 그래서 다음과 같은 QuerySet 메소드는 모두 Manager 메소드로도 사용 가능합니다.

- all(), filter(), exclude(), get(), count() 등

13

그리고 Manager 속성에서 한 가지 더 알아두어야 할 사항이 있습니다. 모델 클래스에서 Manager 속성을 여러 개 정의할 수 있고, 첫 번째로 정의된 Manager 속성을 디폴트 Manager라고 합니다. 예를 들어 본문의 **12.2.2 모델 코딩하기**에서 정의한 Album 모델 클래스에 2개의 Manager 속성을 정의한다면 다음과 같습니다.

```
class SecondAlbumManager(models.Manager):
    def get_queryset(self):
        return super().get_queryset().filter(owner__username = 'shkim')

class Album(models.Model):
    name = models.CharField('NAME', max_length=30)
    description = models.CharField('One Line Description', max_length=100, blank=True)
    owner = models.ForeignKey('auth.User', on_delete=models.CASCADE,
    verbose_name='OWNER', blank=True, null=True)

    objects = models.Manager()                        # 디폴트 매니저
    second_objects = SecondAlbumManager()             # 추가 매니저
```

위 예제에서는 objects와 second_objects 두 개의 Manager를 정의했고, 첫 번째로 정의된 objects가 디폴트 Manager가 됩니다. second_objects를 지정하기 위해 SecondAlbumManager 클래스를 새로 정의하면서 get_queryset() 메소드를 오버라이딩했습니다.

이렇게 되면 Album.objects.all() 문장은 테이블에 있는 모든 앨범 레코드를 반환하고 Album.second_objects.all() 문장은 소유자가 shkim인 앨범들만 반환합니다.

13.2 모델 간 관계

테이블 간에는 관계를 맺을 수 있으며, 장고는 테이블 간의 관계를 3가지로 분류해서 제공하고 있습니다. 1:N(one-to-many), N:N(many-to-many), 1:1(one-to-one) 관계이며, 이에 대해 알아보겠습니다.

그 전에 사전 지식으로 다음 2가지를 유념해 공부하기 바랍니다.

첫 번째, 관계라는 것은 양방향 개념이므로 양쪽 모델에서 정의가 필요한 것이 원칙이지만, 장고에서는 한쪽 클래스에서만 관계를 정의하면 이를 바탕으로 상대편 정의는 자동으로 정의해줍니다. 따라서 개발자는 한쪽 클래스에서 관계를 정의했다면, 반대 방향의 정의는 명시적으로 보이지 않더라도 존재한다는 것을 이해할 수 있어야 합니다.

두 번째, 한쪽 방향으로 관계를 생성하거나 변경하면 반대 방향으로의 관계도 그에 따라 변한다는 것입니다. 이 또한 장고에서 알아서 처리해주는 동작으로, 개발자는 이러한 동작을 잘 이해하고 있어야 합니다.

이번 절의 내용을 공부하는 중에 장고에서 자동으로 정의하는 상대편 필드에 대해 더 알고 싶은 경우 **13.3 관계 매니저**를 먼저 읽어보면 도움이 될 것입니다.

13.2.1 1:N(One-to-Many) 관계

테이블 간에 1:N 관계를 맺기 위해서는 모델의 필드를 정의할 때 ForeignKey 필드 타입을 사용하면 됩니다. ForeignKey 필드 타입은 필수 인자로 관계를 맺고자 하는 모델 클래스를 지정해야 합니다. 즉 N 모델에서 ForeignKey 필드를 정의하면서, ForeignKey 필드의 필수 인자로 1 모델을 지정하는 방식입니다.

NOTE_ 관계 표현, 1:N 또는 N:1

장고는 테이블 간 1:N 관계를 정의하기 위해 ForeignKey 필드를 사용합니다. 그리고 ForeignKey 필드는 1 모델이 아니라 N 모델에 정의해야 합니다. 이런 특징을 강조해서 장고 공식 도큐먼트에서는 1:N(one-to-many) 대신 N:1(many-to-one)이라는 용어를 사용합니다.

독자 여러분은 위의 2가지 용어를 굳이 구분할 필요가 없습니다. 중요한 점은 ForeignKey 필드는 N 모델에 명시적으로 정의해야 한다는 점과, 상대편 모델에서의 관계는 장고가 알아서 정의해 준다는 점을 이해하는 것입니다.

9.2.2 모델 코딩하기에서 정의한 User:Album 모델 간 관계도 1:N입니다. 한 사람이 여러 개의 앨범을 소유하고, 하나의 앨범은 소유자가 하나인 관계이기 때문입니다. 다음과 같이 N 모델에 해당하는 Album 모델에서 owner 속성에 ForeignKey 필드를 정의한 바 있습니다.

```
from django.contrib.auth.models import User

class Album(models.Model):
```

```
    name = models.CharField('NAME', max_length=30)
    description = models.CharField('One Line Description', max_length=100, blank=True)
    owner = models.ForeignKey('auth.User', on_delete=models.CASCADE, verbose_
name='OWNER', blank=True, null=True)
```

User와 Album 2개의 모델을 이용해 ForeignKey 관계에서 사용할 수 있는 API들을 실습하겠습니다. 본 실습을 따라해보면 테이블 간 1:N 관계 및 동작에 대한 이해가 쉬워질 것입니다.

예제 13-1 모델 1:N 관계 실습

```
$ cd /home/shkim/pyDjango/ch16/
$ source /home/shkim/VENV/vDjBook/bin/activate
(vDjBook)$ python manage.py shell
Python 3.7.3 (default, Jun 27 2019, 07:39:33)
[GCC 4.8.5 20150623 (Red Hat 4.8.5-36)] on linux
Type "help", "copyright", "credits" or "license" for more information.
(InteractiveConsole)

# User:Album = 1:N 관계인 두 모델을 임포트합니다.
>>> from django.contrib.auth.models import User
>>> from photo.models import User, Album

# User 테이블의 모든 레코드를 확인합니다.
>>> User.objects.all()
<QuerySet [<User: shkim>, <User: guest>]>

# Album 테이블의 모든 레코드를 확인합니다.
>>> Album.objects.all()
<QuerySet [<Album: Django>, <Album: Nature>, <Album: 국가별>, <Album: 사람들>]>

# 앨범 객체를 하나 조회해 소유자를 확인합니다.
>>> a2 = Album.objects.all()[2]
>>> a2
<Album: 국가별>
>>> a2.owner
<User: shkim>

# 앨범 객체를 통해 사용자 객체에 액세스해 사용자의 이름을 확인합니다.
>>> a2.owner.username
'shkim'
```

```
# 사용자 객체를 조회해 u1 및 u2 객체에 대입합니다.
>>> u1 = User.objects.get(username='shkim')
>>> u2 = User.objects.get(username='guest')

# 앨범을 만들고 앨범의 소유자를 지정하는 2가지 방법
# (방법 1) 새로운 앨범을 만들고 이 앨범의 소유자를 u1 사용자로 지정합니다.
# add() 메소드를 사용합니다.
>>> newa1 = Album(name='TestAlbum1')
>>> newa1
<Album: TestAlbum1>
>>> newa1.save()
>>> u1.album_set.add(newa1)
>>> u1.album_set.all()
<QuerySet [<Album: TestAlbum1>, <Album: 국가별>]>

# (방법 2) 새로운 앨범을 만들 때부터 u2 사용자를 지정합니다.
# create() 메소드를 사용합니다.
>>> newa2 = u2.album_set.create(name='TestAlbum2')
>>> newa2
<Album: TestAlbum2>
>>> u2.album_set.all()
[<Album: TestAlbum2>]

# 방금 만든 앨범 newa1의 소유자를 u1 -> u2로 변경합니다.
>>> u2.album_set.add(newa1)
>>> newa1.owner
<User: guest>
>>> u2.album_set.all()
[<Album: TestAlbum1>, <Album: TestAlbum2>]
>>> u1.album_set.all()
<QuerySet [<Album: 국가별>]>

# 소유자가 u2인 앨범의 개수를 확인합니다.
>>> u2.album_set.count()
2

# 모델 간 관계에서도 필드 검색 오퍼레이션이 가능합니다.
>>> u2.album_set.filter(name__startswith='Test')
<QuerySet [<Album: TestAlbum1>, <Album: TestAlbum2>]>

>>> Album.objects.filter(owner__username='guest')
<QuerySet [<Album: TestAlbum1>, <Album: TestAlbum2>]>
```

13

```
# 조건이 2개 이상이면 AND 오퍼레이션을 수행합니다.
>>> Album.objects.filter(owner=u2, name__startswith='Test')
<QuerySet [<Album: TestAlbum1>, <Album: TestAlbum2>]>

# Album 모델에서 소유자를(즉, 소유자의 앨범을) 지정하는 여러 가지 방법들입니다.
>>> Album.objects.filter(owner__pk=1)
<QuerySet [<Album: 국가별>]>

>>> Album.objects.filter(owner=1)
<QuerySet [<Album: 국가별>]>

>>> Album.objects.filter(owner=u1)
<QuerySet [<Album: 국가별>]>

>>> Album.objects.filter(owner__in=[1]).distinct()
<QuerySet [<Album: 국가별>]>

>>> Album.objects.filter(owner__in=[u1]).distinct()
<QuerySet [<Album: 국가별>]>

>>> Album.objects.filter(owner__in=User.objects.filter(username='shkim')).distinct()
<QuerySet [<Album: 국가별>]>

# 이번에는, User 모델에서 앨범을(즉, 앨범의 소유자를) 지정하는 여러 가지 방법들입니다.
>>> User.objects.filter(album__pk=6)
<QuerySet [<User: shkim>]>

>>> User.objects.filter(album=6)
<QuerySet [<User: shkim>]>

>>> User.objects.filter(album=a2)
<QuerySet [<User: shkim>]>

# 필드 검색 오퍼레이션을 사용합니다.
>>> User.objects.filter(album__name__startswith='Test')
<QuerySet [<User: guest>, <User: guest>]>

>>> User.objects.filter(album__name__startswith='Test').distinct()
<QuerySet [<User: guest>]>

>>> User.objects.filter(album__name__startswith='Test').distinct().count()
1
```

```
# 순환방식으로도 필드 검색 오퍼레이션이 가능합니다.
>>> User.objects.filter(album__owner=u1)
<QuerySet [<User: shkim>]>

>>> Album.objects.filter(owner__album=a2)
<QuerySet [<Album: 국가별>]>

# 1:N 관계에서 1 쪽의 객체를 지우면 CASCADE로 동작해 N 쪽의 객체도 삭제됩니다.
>>> u3 = User.objects.create(username='guest3')

>>> u3.album_set.create(name='TestAlbum3')
<Album: TestAlbum3>

# 삭제 전, u3 소유의 앨범을 확인합니다.
>>> u3.album_set.all()
[<Album: TestAlbum3>]

# delete() 메소드는 삭제된 개수를 반환합니다.
>>> u3.delete()
(2, {'admin.LogEntry': 0, 'auth.User_groups': 0, 'auth.User_user_permissions': 0,
'bookmark.Bookmark': 0, 'photo.Photo': 0, 'auth.User': 1, 'photo.Album': 1})

# guest3 객체가 삭제된 것을 확인합니다.
>>> User.objects.all()
<QuerySet [<User: shkim>, <User: guest>]>

# u3 소유의 TestAlbum3 앨범도 같이 삭제된 것을 확인합니다.
>>> Album.objects.all()
<QuerySet [<Album: Django>, <Album: Nature>, <Album: TestAlbum1>, <Album: TestAlbum2>,
<Album: 국가별>, <Album: 사람들>]>
```

13

13.2.2 N:N(Many-to-Many) 관계

테이블 간에 N:N 관계를 맺기 위해서는 모델의 필드를 정의할 때 ManyToManyField 필드 타입을 사용하면 됩니다. ManyToManyField 필드 타입도 ForeignKey 필드와 마찬가지로, 관계를 맺고자 하는 모델 클래스를 필수 인자로 지정합니다. ManyToManyField 필드 정의는 두 모델 중 어느 쪽이라도 가능하지만, 한쪽에만 정의해야 하며 양쪽에 정의하면 안 됩니다.

본문에서는 N:N 관계의 모델을 사용하지 않았으므로 여기서는 실습 용도의 모델을 새로 만들겠습니다. 다음과 같이 Publication 모델을 새로 정의해서 Album과 Publication 모델 관계가 N:N 이 되도록 합니다. 한 앨범이 여러 개의 출판물에 게시되고, 또 한 출판물에는 여러 개의 앨범이 게시되는 관계입니다.

```
$ cd /home/shkim/pyDjango/ch16/
$ vi photo/models.py

# 기존 내용 중에서 Album 클래스 일부만 표시했고, 나머지는 동일함
class Album(models.Model):
    name = models.CharField('NAME', max_length=30)
    description = models.CharField('One Line Description', max_length=100, blank=True)
    owner = models.ForeignKey('auth.User', on_delete=models.CASCADE, verbose_
name='OWNER', blank=True, null=True)

# 아래 모델 클래스 추가
class Publication(models.Model):
    title = models.CharField(max_length=30)
    albums = models.ManyToManyField(Album)
```

위 2개의 모델을 이용해 N:N 관계에서 사용할 수 있는 API들을 실습하면서, 테이블 간 N:N 관계 및 동작에 대해 설명합니다. 다음 예제는 본격적인 실습에 들어가기 전에 먼저 makemigrations 및 migrate 명령을 실행합니다. Publication 모델이 새로 정의되었으므로 이를 데이터베이스에 반영하기 위함입니다.

예제 13-2 모델 N:N 관계 실습

```
$ cd /home/shkim/pyDjango/ch16/
$ source /home/shkim/VENV/vDjBook/bin/activate

(vDjBook)$ python manage.py makemigrations photo
Migrations for 'photo':
  photo/migrations/0003_publication.py
    - Create model Publication

(vDjBook)$ python manage.py migrate
(출력 내용 생략)

(vDjBook)$ python manage.py shell
```

```
Python 3.7.3 (default, Jun 27 2019, 07:39:33)
[GCC 4.8.5 20150623 (Red Hat 4.8.5-36)] on linux
Type "help", "copyright", "credits" or "license" for more information.
(InteractiveConsole)

# Album:Publication = N:N 관계인 두 모델을 임포트합니다.
>>> from photo.models import Album, Publication

# 출판물 객체 3개를 만들고 테이블에 저장합니다.
>>> p1 = Publication(title='The Python Journal')
>>> p1.save()
>>> p2 = Publication(title='Science News')
>>> p2.save()
>>> p3 = Publication(title='Science Weekly')
>>> p3.save()

# 출판물 객체 전체 리스트를 확인합니다.
>>> Publication.objects.all()
<QuerySet [<Publication: Publication object (1)>, <Publication: Publication object
(2)>, <Publication: Publication object (3)>]>

# 앨범 객체 전체 리스트를 확인합니다.
>>> Album.objects.all()
<QuerySet [<Album: Django>, <Album: Nature>, <Album: TestAlbum1>, <Album: TestAlbum2>,
<Album: 국가별>, <Album: 사람들>]>

# 테이블에 있는 앨범 객체 하나를 조회해 가져옵니다.
>>> a1 = Album.objects.get(name='Django')

# 출판물 p1에 앨범 a1을 연결합니다.
>>> p1.albums.add(a1)

# 출판물 p1에 게시된 모든 앨범 리스트를 확인합니다.
>>> p1.albums.all()
<QuerySet [<Album: Django>]>

# 반대 방향으로, 앨범 a1이 게시된 모든 출판물 리스트를 확인합니다.
>>> a1.publication_set.all()
<QuerySet [<Publication: Publication object (1)>]>

# 모델 간 관계에서도 다양한 필드 검색 오퍼레이션이 가능합니다.
>>> Publication.objects.filter(albums=a1)
<QuerySet [<Publication: Publication object (1)>]>
```

13

```
>>> Publication.objects.filter(albums__pk=1)
<QuerySet [<Publication: Publication object (1)>]>

>>> Publication.objects.filter(albums__id=1)
<QuerySet [<Publication: Publication object (1)>]>

>>> Publication.objects.filter(albums=1)
<QuerySet [<Publication: Publication object (1)>]>

>>> Publication.objects.filter(albums__name__startswith='Django')
<QuerySet [<Publication: Publication object (1)>]>

>>> Publication.objects.filter(albums__in=[a1])
<QuerySet [<Publication: Publication object (1)>]>

>>> Publication.objects.filter(albums__name__startswith='Django').distinct().count()
1

# 반대 방향으로도, 필드 검색 오퍼레이션이 가능합니다.
>>> Album.objects.filter(publication=p1)
<QuerySet [<Album: Django>]>

>>> Album.objects.filter(publication=1)
<QuerySet [<Album: Django>]>

>>> Album.objects.filter(publication__title__startswith='The')
<QuerySet [<Album: Django>]>

>>> Album.objects.filter(publication__in=[p1])
<QuerySet [<Album: Django>]>

# 모델 간 관계에서도 filter()와 마찬가지로 exclude() 메소드가 가능합니다.
>>> Publication.objects.exclude(albums=a1)
<QuerySet [<Publication: Publication object (2)>, <Publication: Publication object
(3)>]>

# 삭제-1 실습을 위해 앨범 a2와 출판물 p2 간에 관계를 맺어줍니다.
>>> a2 = Album.objects.get(name='TestAlbum2')
>>> a2.publication_set.add(p2)
>>> a2.publication_set.all()
<QuerySet [<Publication: Publication object (2)>]>

>>> p2.albums.all()
```

```
<QuerySet [<Album: TestAlbum2>]>

# 앨범 쪽에서 삭제합니다. 2개의 레코드가 삭제됩니다.
>>> a2.delete()
(2, {'photo.Photo': 0, 'photo.Publication_albums': 1, 'photo.Album': 1})

# a2 앨범이 삭제되었습니다.
>>> Album.objects.all()
<QuerySet [<Album: Django>, <Album: Nature>, <Album: TestAlbum1>, <Album: 국가별>,
<Album: 사람들>]>

# p2 출판물은 삭제되지 않습니다. (ForeignKey 관계에서의 CASCADE 동작과는 다름)
>>> Publication.objects.all()
<QuerySet [<Publication: Publication object (1)>, <Publication: Publication object
(2)>, <Publication: Publication object (3)>]>

# 연결이 끊어져 액세스가 안 됩니다.
>>> a2.publication_set.all()
Traceback (most recent call last):
  File "<console>", line 1, in <module>
  File "/home/shkim/VENV/vDjBook/lib/python3.7/site-packages/django/db/models/fields/
related_descriptors.py", line 527, in __get__
    return self.related_manager_cls(instance)
  File "/home/shkim/VENV/vDjBook/lib/python3.7/site-packages/django/db/models/fields/
related_descriptors.py", line 840, in __init__
    (instance, self.pk_field_names[self.source_field_name]))
ValueError: "<Album: TestAlbum2>" needs to have a value for field "id" before this
many-to-many relationship can be used.

# p2 출판물에 연결된 앨범이 없습니다.
>>> p2.albums.all()
<QuerySet []>


# 삭제-2 실습을 위해 앨범 a3와 출판물 p3 간에 관계를 맺어줍니다.
>>> a3 = Album.objects.get(name='TestAlbum1')
>>> p3.albums.add(a3)
>>> p3.albums.all()
<QuerySet [<Album: TestAlbum1>]>
>>> a3.publication_set.all()
<QuerySet [<Publication: Publication object (3)>]>

# 이번에는 출판물 쪽에서 삭제합니다. 2개의 레코드가 삭제됩니다.
```

```
>>> p3.delete()
(2, {'photo.Publication_albums': 1, 'photo.Publication': 1})

# p3 출판물이 삭제되었습니다.
>>> Publication.objects.all()
<QuerySet [<Publication: Publication object (1)>, <Publication: Publication object
(2)>]>

# a3 앨범은 삭제되지 않습니다.
>>> Album.objects.all()
<QuerySet [<Album: Django>, <Album: Nature>, <Album: TestAlbum1>, <Album: 국가별>,
<Album: 사람들>]>

# 연결이 끊어져 액세스가 안 됩니다.
>>> p3.albums.all()
Traceback (most recent call last):
  File "<console>", line 1, in <module>
  File "/home/shkim/VENV/vDjBook/lib/python3.7/site-packages/django/db/models/fields/
related_descriptors.py", line 527, in __get__
    return self.related_manager_cls(instance)
  File "/home/shkim/VENV/vDjBook/lib/python3.7/site-packages/django/db/models/fields/
related_descriptors.py", line 840, in __init__
    (instance, self.pk_field_names[self.source_field_name]))
ValueError: "<Publication: Publication object (None)>" needs to have a value for
field "id" before this many-to-many relationship can be used.

# a3 앨범에 연결된 출판물이 없습니다.
>>> a3.publication_set.all()
<QuerySet []>
```

13.2.3 1:1(One-to-One) 관계

테이블 간에 1:1 관계를 맺기 위해서는 모델의 필드를 정의할 때 OneToOneField 필드 타입을 사용하면 됩니다. OneToOneField 필드 타입도 ForeignKey 필드와 마찬가지로 관계를 맺고자 하는 모델 클래스를 필수 인자로 지정합니다.

개념적으로는 OneToOneField 필드 타입은 ForeignKey 필드 타입에 unique=True 옵션을 준 것과 유사합니다. 다만 반대 방향의 동작은 다릅니다. ForeignKey 관계에서 반대 방향의 객체는 복수 개의 객체를 반환하지만, OneToOneField 관계에서 반대 방향의 객체는 하나의 객체만 반환하는 점이 다릅니다.

본문에서는 1:1 관계의 모델을 사용하지 않았으므로 여기서는 실습용 모델을 새로 만들겠습니다. 다음처럼 Place와 Restaurant 모델을 새로 정의해서 두 모델 관계가 1:1이 되도록 합니다. 한 장소에는 하나의 식당만 존재하고, 한 개의 식당은 하나의 장소에만 위치하는 관계입니다.

ForeignKey 타입과 동일하게 OneToOneField 타입도 to와 on_delete 인자 두 개는 필수입니다. 이번에는 __str__() 메소드도 정의해서 객체를 알아보기 쉽게 표현되도록 했습니다.

```
$ cd /home/shkim/pyDjango/ch16/
$ vi photo/models.py

# 파일의 끝에, 아래 2개 클래스 추가
class Place(models.Model):
    name = models.CharField(max_length=50)
    address = models.CharField(max_length=80)

    def __str__(self):
        return f"Place-{self.name}"

class Restaurant(models.Model):
    place = models.OneToOneField(Place, on_delete=models.CASCADE)
    name = models.CharField(max_length=50)
    serves_pizza = models.BooleanField(default=False)

    def __str__(self):
        return f"Restaurant-{self.name}"
```

위 2개의 모델을 이용해 1:1 관계에서 사용할 수 있는 API들을 실습합니다. 앞에서도 그랬던 것처럼, 장고의 기능을 이해하는 가장 빠른 방법은 그 기능에 관련된 API들을 직접 실습해보는 것입니다. 관계라는 것이 추상적인 용어이므로 다음 예제를 따라 하는 것에 그치지 말고, 테이블 간 관계를 그림이라도 그리면서 그 이면에서 동작하는 원리들을 이해해보기 바랍니다.

Place 및 Restaurant 모델 모두 새로 정의하는 것이므로, 먼저 makemigrations/migrate 명령을 실행해야 합니다.

예제 13-3 모델 1:1 관계 실습

```
$ cd /home/shkim/pyDjango/ch16/
$ source /home/shkim/VENV/vDjBook/bin/activate

(vDjBook)$ python manage.py makemigrations photo
(출력 내용 생략)

(vDjBook)$ python manage.py migrate
(출력 내용 생략)

(vDjBook)$ python manage.py shell
Python 3.7.3 (default, Jun 27 2019, 07:39:33)
[GCC 4.8.5 20150623 (Red Hat 4.8.5-36)] on linux
Type "help", "copyright", "credits" or "license" for more information.
(InteractiveConsole)

# Place:Restaurant = 1:1 관계인 두 모델을 임포트합니다.
>>> from photo.models import Place, Restaurant

# Place 객체 2개를 만들고 데이터베이스에 반영합니다.
>>> p1 = Place(name='TestPlace1', address='Seoul')
>>> p1.save()
>>> p2 = Place(name='TestPlace2', address='Jeju')
>>> p2.save()

# Restaurant 객체 1개를 만들고(위치는 p1) 데이터베이스에 반영합니다.
>>> r = Restaurant.objects.create(place=p1, name='TestRestaurant')

# 새로 만든 객체들을 확인합니다.
>>> p1
<Place: Place-TestPlace1>
>>> p2
<Place: Place-TestPlace2>
>>> r
<Restaurant: Restaurant-TestRestaurant>

# Restaurant에서 Place 방향으로 액세스가 가능합니다.
>>> r.place
<Place: Place-TestPlace1>

# 반대 방향, 즉 Place에서 Restaurant 방향으로도 액세스가 가능합니다.
>>> p1.restaurant
```

```
<Restaurant: Restaurant-TestRestaurant>

# 식당의 장소를 p1 -> p2로 변경합니다.
# 1:1 관계에서는 add() 메소드를 사용하지 않고 바로 대입합니다.
>>> r.place = p2
>>> r.save()

# 식당의 장소가 변경된 것을 확인합니다.
>>> r.place
<Place: Place-TestPlace2>
>>> p2.restaurant
<Restaurant: Restaurant-TestRestaurant>

# 메모리에는 예전 내용이 남아 있다는 점을 유의하기 바랍니다.
>>> p1.restaurant
<Restaurant: Restaurant-TestRestaurant>

# 변경된 데이터베이스 내용으로 p1 및 p2 객체를 현행화합니다.
>>> p1 = Place.objects.get(name='TestPlace1')
>>> p2 = Place.objects.get(name='TestPlace2')

# 식당의 장소를 원래대로, 즉 p2 -> p1으로 변경합니다.
# 이번에는 반대편 객체, 즉 Place 객체에서 변경합니다.
>>> p1.restaurant = r
# 데이터베이스에 반영하기 위해서는 p1 또는 r 객체를 save() 합니다.
>>> r.save()

# 변경된 데이터베이스 내용으로 p1 및 p2 객체를 현행화합니다.
>>> p1 = Place.objects.get(name='TestPlace1')
>>> p2 = Place.objects.get(name='TestPlace2')

# 원래 장소로 변경된 것을 확인합니다.
>>> p1.restaurant
<Restaurant: Restaurant-TestRestaurant>
>>> p2.restaurant
Traceback (most recent call last):
  File "<console>", line 1, in <module>
  File "/home/shkim/VENV/vDjBook/lib/python3.7/site-packages/django/db/models/fields/
related_descriptors.py", line 415, in __get__
    self.related.get_accessor_name()
photo.models.Place.restaurant.RelatedObjectDoesNotExist: Place has no restaurant.
>>> r.place
<Place: Place-TestPlace1>
```

13

```
# 장소 객체 전체 리스트를 확인합니다.
>>> Place.objects.all()
<QuerySet [<Place: Place-TestPlace1>, <Place: Place-TestPlace2>]>

# 식당 객체 전체 리스트를 확인합니다.
>>> Restaurant.objects.all()
<QuerySet [<Restaurant: Restaurant-TestRestaurant>]>

# 1:1 관계에서도 다양한 필드 검색 오퍼레이션이 가능합니다.
>>> Restaurant.objects.get(place=p1)
<Restaurant: Restaurant-TestRestaurant>

>>> Restaurant.objects.get(place__pk=1)
<Restaurant: Restaurant-TestRestaurant>

>>> Restaurant.objects.get(place__name__startswith='Test')
<Restaurant: Restaurant-TestRestaurant>

>>> Restaurant.objects.get(place__address__contains='Seo')
<Restaurant: Restaurant-TestRestaurant>

# 반대 방향으로도 필드 검색 오퍼레이션이 가능합니다.
>>> Place.objects.get(pk=1)
<Place: Place-TestPlace1>

>>> Place.objects.get(restaurant=r)
<Place: Place-TestPlace1>

>>> Place.objects.get(restaurant__place=p1)
<Place: Place-TestPlace1>

>>> Place.objects.get(restaurant__place__name__startswith='Test')
<Place: Place-TestPlace1>
```

13.3 관계 매니저(RelatedManager)

모델의 속성을 설명할 때 Manager 속성 및 Manager 클래스를 설명한 바 있습니다. 이런 Manager 클래스는 데이터베이스에 대한 처리, 즉 데이터베이스에 쿼리를 보내고 그 응답을 받는 역할을 합니다. 매니저 중에서 모델 간 관계에 대한 기능 및 데이터베이스 쿼리를 담당하는 클래스를 관계 매니저Related Manager라고 합니다. 즉 관계 매니저를 쉽게 얘기하면, 모델 간 관계를 다루기 위한 클래스를 의미합니다.

13.3.1 관계 매니저 클래스를 사용하는 경우

장고에서 모델 간 관계는 세 가지가 있는데, 그중 1:N 및 N:N 관계에서만 관계 매니저가 사용되고, 1:1 관계에서는 관계 매니저를 사용하지 않습니다. 그 이유는 관계 매니저 클래스가 객체들의 집합을 다루기 위한 클래스인 데 반해, 1:1 관계에서는 상대 객체가 하나뿐이기 때문입니다.

앞의 **13.2.1 1:N (One-to-Many) 관계**에서 설명한 User:Album 모델의 예를 들면, 1에서 N 방향으로 액세스하는 경우 관계 매니저를 사용합니다.

```
user1.album_set                  # album_set은 관계 매니저 클래스의 객체임
```

참고로 N에서 1 방향으로 액세스하는 경우 ForeignKey로 정의한 필드명을 사용해 액세스하면 되고 대상 객체가 하나뿐이므로 관계 매니저는 필요 없습니다.

```
album1.owner           # owner는 ForeignKey 타입의 필드명
```

다음은 N:N 관계에서 관계 매니저를 사용하는 경우입니다.

앞의 **13.2.2 N:N (Many-to-Many) 관계**에서 Album과 Publication 모델의 예를 들면, 양쪽 방향으로 모두 관계 매니저 클래스를 사용합니다. 즉 양쪽 방향으로 모두 대상 객체가 복수 개이므로 관계 매니저 클래스를 사용하는 것입니다.

```
album1.publication_set # publication_set은 관계 매니저 클래스의 객체
publication1.albums    # albums는 ManyToManyField 타입의 필드명이면서 관계 매니저 객체
```

관계 매니저 객체라는 의미는 관계 매니저 클래스에서 제공하는 메소드를 사용할 수 있다는 의미이기도 합니다. 다음 절에서는 계속해서 관계 매니저 메소드에 대해 설명합니다.

13.3.2 관계 매니저 메소드

관계 매니저 클래스에서 제공하는 메소드는 다음과 같습니다. 설명의 편의를 위해 관계 매니저 클래스에 대한 객체를 관계 객체라고 부르겠습니다. 또한 이번 절에서 사용하는 예제는 Blog와 Entry 모델 간에 1:N 관계가 성립한다고 가정한 코드들입니다.

add(*objs, bulk=True)

인자로 주어진 모델 객체들을 관계 객체의 집합에 추가합니다. 즉 두 모델 객체 간에 관계를 맺어 주는 역할을 합니다. 또한 자동으로 데이터베이스 업데이트도 수행합니다.

예를 들면 다음과 같습니다.

```
>>> b = Blog.objects.get(id=1)
>>> e = Entry.objects.get(id=234)
>>> b.entry_set.add(e)            # Entry e 객체를 Blog b 객체에 연결
```

앞 예제의 ForeignKey 관계에서 관계 매니저는 자동으로 QuerySet.update() 메소드를 호출해 데이터베이스 업데이트를 수행합니다. 만일 bulk=False인 경우 e.save() 메소드를 호출해 데이터베이스 업데이트를 수행합니다.

반면 N:N 관계에서 add() 메소드를 사용하는 경우, update() 또는 save() 메소드를 사용하지 않고 QuerySet.bulk_create() 메소드를 호출해 관계를 생성합니다. bulk_create() 메소드는 한 번의 쿼리로 여러 개의 객체를 데이터베이스에 삽입합니다.

create(**kwargs)

새로운 객체를 생성해서 이를 데이터베이스에 저장하고 관계 객체 집합에 넣습니다. 새로 생성된 객체를 반환합니다. 즉 상대방 모델 객체를 새로 만들어서 두 객체 간에 관계를 맺어주고 데이터베이스에 반영합니다.

create() 메소드에 대한 예제를 살펴보겠습니다.

```
>>> b = Blog.objects.get(id=1)
>>> e = b.entry_set.create(
...     headline='Hello',
```

```
...     body_text='Hi',
...     pub_date=datetime.date(2005, 1, 1)
... )     # Entry e 객체를 생성해서, 이와 Blog b 객체와의 관계를 생성함
```

create() 메소드를 사용하면 e.save() 메소드를 호출하지 않아도 자동으로 데이터베이스에 저장됩니다. 또한 create() 메소드에는 blog 인자를 사용하지 않는다는 점을 유의하기 바랍니다.

위의 예제는 다음 예제와 동일한 동작을 실행합니다.

```
>>> b = Blog.objects.get(id=1)
>>> e = Entry(
...     blog=b,
...     headline='Hello',
...     body_text='Hi',
...     pub_date=datetime.date(2005, 1, 1)
... )
>>> e.save(force_insert=True)
```

remove(*objs, bulk=True)

인자로 지정된 모델 객체들을 관계 객체 집합에서 삭제합니다. 즉 두 모델 객체 간의 관계를 해제하는 역할을 합니다.

remove() 메소드에 대한 예제입니다.

```
>>> b = Blog.objects.get(id=1)
>>> e = Entry.objects.get(id=234)
>>> b.entry_set.remove(e)     # Blog b 객체에서 Entry e 객체와의 관계를 끊음
```

위 예제를 보면 b.entry_set에서 e 객체를 삭제하는 것은 e.blog=None 문장을 실행하는 것과 같습니다. 따라서 ForeignKey 관계에서는 null=True인 경우만 이 메소드를 사용할 수 있습니다.

또한 이 메소드는 1:N 관계에서 bulk 인자를 가질 수 있는데, bulk 인자에 따라 실행 방법이 달라집니다. bulk 인자가 True(디폴트 값)면 QuerySet.update() 메소드가 사용됩니다. 그리고 False면 모델 객체마다 save() 메소드를 호출합니다. 반면 N:N 관계에서 remove() 메소드를 사용하면 bulk 인자는 사용할 수 없으며 QuerySet.delete() 메소드를 호출해 관계를 삭제합니다.

clear(bulk=True)

관계 객체 집합에 있는 모든 객체를 삭제합니다. 즉 해당 모델 객체가 맺고 있는 다른 객체들과의 관계를 모두 제거합니다.

clear() 메소드에 대한 예제입니다.

```
>>> b = Blog.objects.get(id=1)
>>> b.entry_set.clear()
```

remove() 메소드처럼, clear() 메소드도 ForeignKey에 사용될 때는 null=True일 경우만 사용 가능하고 또한 bulk 인자에 따라 내부 실행 방법이 달라집니다.

> **NOTE_ remove(), clear()**
> remove() 및 clear() 메소드는 관계가 맺어진 상대 객체를 삭제하는 것이 아닙니다. 다만 상대 객체와의 관계만 끊는 것입니다.

set(objs, bulk=True, clear=False)

관계 객체 집합의 내용을 변경합니다. 아래는 set() 메소드에 대한 예제입니다.

```
>>> new_list = [obj1, obj2, obj3]
>>> e.related_set.set(new_list)
```

set() 메소드는 내부적으로 add(), remove(), clear() 메소드가 적절히 조합되어 실행됩니다. 그래서 bulk 인자는 앞서 설명한 remove() 내용과 동일합니다.

만일 clear 인자가 False(Default)인 경우 기존 항목들을 체크하여, 지울 항목은 remove()로 추가할 항목은 add() 메소드로 실행합니다. 그리고 clear 인자가 True인 경우, clear() 메소드로 기존 항목을 한꺼번에 모두 지운 후 add()로 new_list 내용을 새로 한꺼번에 추가합니다.

> **NOTE_ 데이터베이스에 반영**
> 지금까지 설명한 add(), create(), remove(), clear(), set() 메소드들은 실행 즉시 데이터베이스에 반영됩니다. 즉 save() 메소드를 호출할 필요가 없습니다.

CHAPTER 14

장고 핵심 기능 - View

뷰는 웹 요청을 받아서 최종 응답 데이터를 웹 클라이언트로 반환하는 함수(정확히는 호출 가능한 객체, callable)입니다. 웹 요청을 분석하고 데이터베이스 처리 등 필요한 로직을 수행하며 템플릿을 통해 화면에 표시할 데이터를 만들어서, 최종 데이터를 웹 클라이언트에게 응답해줍니다.

장고에서는 뷰를 함수로 작성할 수 있고 클래스로도 작성할 수 있습니다. 사실 함수형 뷰보다 클래스형 뷰가 장점이 많습니다. 클래스형 뷰를 사용하면 상속과 믹스인 기능을 사용해서 코드를 재사용할 수 있고, 뷰를 체계적으로 구성할 수 있어 읽기도 쉬워집니다. 또한 장고는 잘 준비된 클래스형 제네릭 뷰를 제공하고 있어서, 필자는 장고 공부를 시작하는 분에게 처음부터 클래스형 뷰로 시작할 것을 권장합니다.

간단한 경우에는 함수형 뷰로 신속하게 개발하는 것도 하나의 방법이지만, 로직이 복잡해지고 프로젝트가 커질수록 클래스형 뷰의 장점이 효과를 발휘합니다. 또한 장고를 계속 사용하다 보면, 클래스형 뷰를 훨씬 많이 접하게 될 것입니다. 그러므로 클래스형 뷰는 여러분들이 중급, 고급 개발자로 발전하기 위해서 반드시 익혀두어야 할 기술입니다.

이번 장에서는 본문의 예제를 통해 클래스형 뷰를 경험한 독자분들이 중급 수준으로 발전할 수 있도록 클래스형 뷰의 핵심 원리들을 설명합니다. 상속의 중요 기능인 오버라이딩, 클래스형 뷰의 내부 처리 과정을 이해할 수 있는 Method Flowchart, 다중 상속에 필요한 MRO 등을 설명합니다. 추가로 뷰 작성 시 자주 사용하는 페이징 처리와 단축 함수도 살펴봅니다.

14.1 제네릭 뷰 선택

클래스형 뷰를 작성하기 위해서는 클래스형 제네릭 뷰를 상속받아서 필요한 속성과 메소드를 오버라이딩하는 작업이 필요합니다. 이를 위해서는 우리가 개발하고자 하는 로직에 가장 알맞은 제네릭 뷰가 무엇인지 선택할 수 있어야 합니다.

제네릭 뷰를 선택한 다음에는 그 제네릭 뷰에서 어떤 속성과 메소드를 오버라이딩할지 판단해야 합니다. 이런 순서로 제네릭 뷰를 살펴보면서 클래스형 뷰의 사용법을 설명하겠습니다.

14.1.1 제네릭 뷰 요약

장고는 웹 프로그램 개발 시 공통적으로 사용하는 로직을 미리 개발해놓고 기본 클래스로 제공하고 있는데, 이들을 제네릭 뷰라고 합니다. 개발자는 자신의 로직에 맞는 제네릭 뷰를 잘 선택해서 사용하면 그만입니다. 그래서 적절한 제네릭 뷰를 선택할 수 있도록, 제네릭 뷰의 종류와 각 제네릭 뷰의 역할을 이해하는 것이 클래스형 뷰를 사용하기 위한 첫걸음입니다.

아래 표에 각 제네릭 뷰의 역할을 정리했고, 다음 절부터 각 제네릭 뷰마다 간단한 예제를 곁들여 역할을 설명합니다. 이 설명들을 참고해서 제네릭 뷰를 자주 사용하며 제네릭 뷰의 선택과 활용 방법에 친숙해지기 바랍니다.

표 14-1 제네릭 뷰 분류 및 역할

제네릭 뷰 분류	제네릭 뷰 이름	뷰의 기능 또는 역할
Base View	View	가장 기본이 되는 최상위 제네릭 뷰입니다. 다른 모든 제네릭 뷰는 View의 하위 클래스입니다.
	TemplateView	템플릿이 주어지면 해당 템플릿을 렌더링해줍니다.
	RedirectView	URL이 주어지면 해당 URL로 리다이렉트시켜줍니다.
Generic Display View	ListView	조건에 맞는 여러 개의 객체 리스트를 보여줍니다.
	DetailView	객체 하나에 대한 상세한 정보를 보여줍니다.
Generic Edit View	FormView	폼이 주어지면 해당 폼을 보여줍니다.
	CreateView	폼을 보여주고 폼의 내용으로 DB 레코드를 신규 생성합니다.
	UpdateView	폼을 보여주고 폼의 내용으로 기존 DB 레코드를 수정합니다.
	DeleteView	삭제 컨펌 폼을 보여주고, 기존 DB 레코드를 삭제합니다.

	ArchiveIndexView	조건에 맞는 여러 개의 객체 및 그 객체들에 대한 날짜 정보를 보여줍니다.
	YearArchiveView	연도가 주어지면 그 연도에 해당하는 객체들을 보여줍니다.
	MonthArchiveView	연, 월이 주어지면 그에 해당하는 객체들을 보여줍니다.
Generic Date View	WeekArchiveView	연도와 주차(week)가 주어지면 그에 해당하는 객체들을 보여줍니다.
	DayArchiveView	연, 월, 일이 주어지면 그 날짜에 해당하는 객체들을 보여줍니다.
	TodayArchiveView	오늘 날짜에 해당하는 객체들을 보여줍니다.
	DateDetailView	연, 월, 일, 기본키(또는 슬러그)가 주어지면 그에 해당하는 특정 객체 하나에 대한 상세한 정보를 보여줍니다.

14.1.2 View

모든 클래스형 뷰의 기본이 되는 최상위 뷰입니다. 따라서 모든 클래스형 뷰는 이 View 클래스를 상속받습니다. 여러분이 이 뷰를 직접 상속받아 코딩하는 경우는 많지 않을 것입니다. 그러나 여러분이 원하는 로직에 맞는 제네릭 뷰가 없는 경우는 이 뷰를 상속받아서 스스로 클래스형 뷰를 작성할 수도 있습니다.

다음 예제의 TestView는 직접 View 클래스를 상속받아서 get() 메소드를 스스로 정의하고 있습니다. 'Hello World!'를 화면에 출력하는 TestView 클래스형 뷰를 구현했습니다.

```
class TestView(View):

    def get(self, request, *args, **kwargs):
        return HttpResponse('Hello, World!')
```

14.1.3 TemplateView

TemplateView는 단순하게 화면에 보여줄 템플릿 파일을 처리하는 정도의 간단한 뷰입니다. 아주 간단하게는 템플릿 파일만 지정해주면 됩니다. 3장의 [예제 3-2]에서 작성한 HomeView 클래스형 뷰가 좋은 예입니다.

다음 예제처럼 HomeView는 TemplateView 제네릭 뷰를 상속받고 있으며, home.html 템플릿 파일을 렌더링해서 화면에 보여주는 것이 주된 역할입니다.

```
class HomeView(TemplateView):
    template_name = 'home.html'
```

14.1.4 RedirectView

RedirectView는 주어진 URL로 리다이렉트시켜주는 제네릭 뷰입니다. 그래서 URL 속성이 필수입니다. URL 대신 URL 패턴명이 주어져도 URL을 알아낼 수 있습니다. 만일 URL을 알 수 없다면, RedirectView는 HttpResponseGone (410) 에러 응답을 발생시킵니다. 간단하게 설명하면, RedirectView는 복잡한 로직 없이 리다이렉트만을 원할 때 사용하는 뷰입니다.

다음 예제의 TestRedirectView를 블로그 앱에 사용한다면, 포스트 리스트 화면으로(/blog/post/ URL) 리다이렉트시켜주는 역할을 합니다.

```
class TestRedirectView(RedirectView):
    url = '/blog/post/'
    # 다음처럼 URL 대신에 패턴명을 지정해도 됩니다.
    #pattern_name = 'blog:post_list'
```

14.1.5 DetailView

다음 절의 ListView와 더불어 가장 많이 사용되는 제네릭 뷰입니다. DetailView는 특정 객체 하나에 대한 정보를 보여주는 뷰입니다. 자주 사용되는 예는, 테이블에서 기본 키(PK)로 지정된 레코드 하나에 대한 정보들을 보여주는 것입니다.

다음 예제는 3장의 [예제 3-7]에서 작성한 PostDV 뷰입니다. Post 테이블에서 특정 레코드 하나를 읽은 후, 그 레코드를 object 컨텍스트 변수에 담아서 템플릿에 넘겨줍니다. 템플릿 파일에서는 {{ object }} 변수를 사용해 레코드 정보들을 출력합니다.

```
class PostDV(DetailView) :
    model = Post
```

또 한 가지 중요한 점은 위 코드에서 Post 테이블만 지정했는데 어떻게 특정 레코드를 읽어올 수 있는가 하는 점입니다. 해답은 URLconf에 있습니다. [예제 3-6 blog/urls.py]를 보면 PostDV 뷰를 호출하는 다음과 같은 코드를 찾을 수 있습니다.

```
# Example: /blog/post/django-example/
re_path(r'^post/(?P<slug>[-\w]+)/$', views.PostDV.as_view(), name='post_detail'),
```

위의 URL 정의에 따르면 만일 /blog/post/django-example/이라는 URL이 들어오면 PostDV.as_view()를 호출할 때 인자로 사전 데이터 {'slug': 'django-example'}을 넘겨줍니다. 이 slug 인자로 Post 테이블을 검색해 slug 컬럼이 django-example인 레코드를 찾게 됩니다. 즉 DetailView 제네릭 뷰를 사용할 경우, 테이블은 뷰 클래스에서 지정하고 레코드 검색용 키는 URLconf에서 지정하는 것입니다. 레코드 검색용 키는 보통 기본 키(PK)를 사용하는데, 이 예제처럼 unique하다면 slug를 사용하기도 합니다.

14.1.6 ListView

DetailView처럼 자주 사용하는 제네릭 뷰입니다. ListView는 여러 객체의 리스트를 보여주는 뷰입니다. 자주 사용하는 예는 테이블의 모든 레코드에 대한 목록을 보여주는 것입니다.

다음 예제는 3장의 [예제 3-7]에서 작성한 PostLV 뷰의 일부입니다. Post 테이블에서 모든 레코드를 읽은 후, 그 레코드들을 object_list 컨텍스트 변수에 담아서 템플릿에 넘겨줍니다. 템플릿 파일에서는 {{ object_list }} 변수를 사용해 레코드 리스트를 출력합니다.

```
class PostLV(ListView) :
    model = Post
```


14.1.7 FormView

폼을 보여주기 위한 제네릭 뷰입니다. 그래서 폼을 지정해주는 form_class와 이 폼을 렌더링하는 데 필요한 template_name 속성이 주요 속성들입니다. 추가적으로 폼 처리가 성공한 후에 리다이렉트 목적지 URL을 지정하는 success_url 속성도 필요합니다.

폼을 처리하는 작업은 꽤 복잡한 편입니다. get() 메소드와 post() 메소드를 구분해서 서로 처리하는 내용이 다르고 폼을 보여준 다음, 사용자가 폼에 입력한 데이터가 유용한지도 검사해야 하며 처리가 완료된 후 적당한 페이지로 이동도 해야 합니다. 이런 복잡한 과정을 FormView가 알아서 처리해주고, 개발자는 form_class, template_name, success_url 등 필요한 속성이나 메소드만 오버라이딩해주면 됩니다.

다음 예제는 8장의 [예제 8-3]에서 작성한 SearchFormView 뷰입니다. 폼을 렌더링하여 화면에 보여주기 위해, form_class와 template_name 속성을 지정합니다. 사용자가 폼에 검색용 단어를 입력한 후 제출하면, 그 단어로 Post 테이블을 검색하는 작업은 form_valid() 메소드에 정의합니다. form_valid() 메소드는 제출된 폼이 유효성 검사를 통과하면 호출되는 메소드입니다.

여기서 한 가지 유의할 점은 success_url 속성을 지정하지 않았다는 점입니다. 검색 처리가 완료된 후 새로운 페이지로 이동하는 것이 아니라, 검색 결과를 같은 페이지에 보여주고자 했기 때문에 리다이렉트 기능은 사용하지 않았습니다.

```
class SearchFormView(FormView):
    form_class = PostSearchForm
    template_name = 'blog/post_search.html'

    def form_valid(self, form):
        searchWord = form.cleaned_data['search_word']
        post_list = Post.objects.filter(Q(title__icontains=searchWord) |
Q(description__icontains=searchWord) | Q(content__icontains=searchWord)).distinct()

        context = {}
        context['form'] = form
        context['search_term'] = searchWord
        context['object_list'] = post_list

        return render(self.request, self.template_name, context)   # No Redirection
```

14.1.8 CreateView

CreateView는 새로운 레코드를 생성해서 테이블에 저장해주는 뷰입니다. 새로운 레코드를 생성하기 위해서는 레코드 정보를 입력받을 수 있는 폼이 필요합니다. 그래서 CreateView는 FormView의 기능을 포함하고 있습니다.

그 외에 모델 정의로부터 폼을 자동으로 만들어주는 기능과 데이터베이스에 레코드를 저장하는 기능이 더 추가된 것으로 이해하면 됩니다. 즉 CreateView는 항상 작업 대상이 되는 테이블이 있으므로, 그 테이블 정의로부터 폼을 만들 수 있습니다. 또한 최종적으로는 그 테이블에 새로운 레코드를 생성하는 것이 주 역할입니다.

다음 예제는 11장의 [예제 11-6]에서 작성한 클래스형 뷰인 PostCreateView입니다. 작업 대상 테이블을 model 속성으로 지정하고, 폼을 만들 때 사용할 필드를 fields 속성으로 정의합니다. 또한 FormView와 마찬가지로 처리가 성공한 후에 이동할 URL을 success_url 속성으로 지정합니다. form_valid() 메소드를 오버라이딩해서, 폼의 owner 필드에 현재 로그인한 사용자를 자동으로 채워줍니다. 그 외 initial 속성은 CreateView의 주요 속성이 아니므로 본문의 설명을 참고하기 바랍니다.

```
class PostCreateView(LoginRequiredMixin, CreateView):
    model = Post
    fields = ['title', 'slug', 'description', 'content', 'tags']
    initial = {'slug': 'auto-filling-do-not-input'}
    success_url = reverse_lazy('blog:index')

    def form_valid(self, form):
        form.instance.owner = self.request.user
        return super().form_valid(form)
```

14.1.9 UpdateView

UpdateView는 테이블에 이미 있는 레코드를 수정하는 제네릭 뷰입니다. CreateView의 기능과 매우 유사하고, 레코드를 신규로 생성하는 게 아니라 기존 레코드를 수정한다는 점만 유의해서 이해하면 됩니다.

CreateView와 마찬가지로 UpdateView는 FormView의 기능을 포함하고 있고 작업 대상 테이블로부터 폼을 만들어주며, 최종적으로는 테이블에 있는 기존 레코드를 수정합니다.

다음 예제는 11장의 [예제 11-6]에서 작성한 클래스형 뷰인 PostUpdateView입니다. 작업 대상 테이블을 model 속성으로 지정하고, 폼을 만들 때 사용할 필드를 fields 속성으로 정의합니다. 또한 FormView와 마찬가지로 처리가 성공한 후에 이동할 URL을 success_url 속성으로 지정합니다. 위의 PostCreateView 코드와 비교해 보면, 기존 레코드를 수정하는 것이고 기존 레코드에는 이미 owner 필드가 채워져 있을 것이므로, 여기서는 form_valid() 메소드를 오버라이딩하는 코드가 필요 없습니다.

```
class PostUpdateView(LoginRequiredMixin, UpdateView) :
    model = Post
    fields = ['title', 'slug', 'description', 'content', 'tag']
    success_url = reverse_lazy('blog:index')
```

UpdateView에서도 유의할 점이 있는데, DetailView와 동일하게 수정할 레코드를 URLconf에서 지정한다는 것입니다. [예제 11-4 blog/urls.py]를 보면 PostUpdateView 뷰를 호출하는 URL 패턴이 다음과 같이 정의되어 있습니다.

```
# Example: /blog/99/update/
path('<int:pk>/update/',
     views.PostUpdateView.as_view(), name="update",
),
```

위의 URL 정의에 따르면 /blog/99/update/라는 URL이 들어올 경우, PostUpdateView.as_view()를 호출할 때 인자로 사전 데이터 {'pk': 99}를 넘겨줍니다. 이 pk 인자는 테이블의 기본 키를 의미하며, PostUpdateView 뷰는 Post 테이블에서 기본 키가 99인 레코드를 찾아 처리합니다.

14.1.10 DeleteView

DeleteView는 기존 객체를 삭제하기 위한 제네릭 뷰입니다. 삭제 처리는 내부에서 이뤄지고 코드에 나타나는 것은 삭제 확인 화면입니다. UpdateView와 처리 과정이 비슷하지만 폼 모습이 다르다는 점만 유의하면 이해하기 쉽습니다.

CreateView 및 UpdateView는 모두 데이터를 입력받는 폼이 필요하고, 이런 폼은 모델 정의를 바탕으로 만듭니다. 반면 DeleteView는 삭제 확인용 폼만 필요하므로 입력 항목이 필요 없으며 모델 정의를 참조하지도 않습니다.

다음 예제는 11장의 [예제 11-6]에서 작성한 클래스형 뷰인 PostDeleteView입니다. 작업 대상 테이블을 model 속성으로 지정하고 처리가 성공한 후에 이동할 URL을 success_url 속성으로 지정하는 것은, CreateView 및 UpdateView와 동일합니다. 다른 점은 폼을 만들 때 모델을 참조하지 않으므로 fields 속성이 필요 없다는 것입니다.

```
class PostDeleteView(LoginRequiredMixin, DeleteView) :
    model = Post
    success_url = reverse_lazy('blog:index')
```

UpdateView와 동일하게, DeleteView도 수정할 레코드를 URLconf에서 지정합니다. 다음 코드는 [예제 11-4]에서 PostDeleteView 뷰를 호출하는 URL 정의입니다.

만일 /blog/99/delete/라는 URL이 들어오면, 사전형 데이터 {'pk': 99}를 PostDeleteView.as_view() 메소드에 넘겨주고, PostDeleteView 뷰는 Post 테이블에서 기본 키가 99인 레코드를 찾아 삭제 처리합니다.

```
# Example: /blog/99/delete/
path('<int:pk>/delete/',
     views.PostDeleteView.as_view(), name="delete",
),
```

14.1.11 ArchiveIndexView

ArchiveIndexView 제네릭 뷰는 여러 개의 객체를 대상으로 하여 날짜를 기준으로 리스팅해주는 뷰입니다. 날짜 기반 제네릭 뷰의 최상위 뷰이며, 대상이 되는 모든 객체를 날짜 기준 내림차순으로 보여줍니다. 날짜와 관련된 필드들 중에서 어느 필드를 기준으로 정렬할지를 결정하는 date_field 속성이 가장 중요합니다.

다음 예제는 3장의 [예제 3-7]에서 작성한 클래스형 뷰인 PostAV입니다. 작업 대상 테이블을 model 속성으로 지정하고, 정렬 기준 필드를 modify_dt 컬럼으로 지정했습니다. 결과는 Post 테이블에 있는 모든 레코드를 modify_dt 컬럼 기준 내림차순으로, 즉 최신 날짜의 레코드를 먼저 보여줍니다.

```
class PostAV(ArchiveIndexView):
    model = Post
    date_field = 'modify_dt'
```

참고로 템플릿에 넘겨주는 컨텍스트 변수 중에서 object_list는 객체들의 리스트를 담고 있고 date_list는 대상 객체들의 연도를 담고 있습니다.

14.1.12 YearArchiveView

YearArchiveView 제네릭 뷰는 연도가 주어지면, 여러 개의 객체를 대상으로 가능한 월month을 알려주는 제네릭 뷰입니다. 디폴트 동작은 객체들을 출력하는 것이 아니라, 객체의 날짜 필드를 조사해 월을 추출한다는 점을 유의하기 바랍니다. 만일 주어진 연도에 해당하는 객체들을 알고 싶다면 make_object_list 속성을 True로 지정해야 합니다. model 속성이나 date_field 속성을 지정하는 것은 ArchiveIndexView 뷰와 동일합니다.

다음 예제는 3장의 [예제 3-7]에서 작성한 클래스형 뷰인 PostYAV입니다. 작업 대상 테이블을 model 속성으로 지정하고, 정렬 기준 필드를 modify_dt 컬럼으로 지정했습니다. make_object_list 속성이 True이므로, 결과는 Post 테이블에서 주어진 연도에 해당하는 레코드들을 내림차순으로 화면에 출력할 수 있도록 object_list와 date_list 컨텍스트 변수를 만듭니다.

```
class PostYAV(YearArchiveView):
    model = Post
    date_field = 'modify_dt'
    make_object_list = True
```

YearArchiveView 제네릭 뷰도 인자를 URLconf에서 추출합니다. 즉 YearArchiveView 뷰는 연도 인자가 필요한데, 연도 인자를 URLconf에서 지정합니다. 다음 코드는 [예제 3-6]에서 PostYAV 뷰를 호출하는 URL 정의입니다.

만일 /blog/archive/2019/라는 URL이 들어오면, 사전형 데이터 {'year': 2019}를 PostYAV.as_view() 메소드에 넘겨주고, PostYAV 뷰는 Post 테이블의 modify_dt 컬럼의 연도가 2019년인 레코드를 찾아 줍니다.

```
# Example: /blog/archive/2019/
path('archive/<int:year>/', views.PostYAV.as_view(), name='post_year_archive'),
```

참고로 템플릿에 넘겨주는 컨텍스트 변수 중에서, object_list는 인자로 주어진 연도에 해당하는 객체들의 리스트를 담고 있고 date_list는 그 객체들의 월을 담고 있습니다. 물론 make_object_list 속성이 False면 object_list는 None이 됩니다.

14.1.13 MonthArchiveView

MonthArchiveView 제네릭 뷰는 주어진 연/월에 해당하는 객체를 보여주는 제네릭 뷰입니다. 연/월 인자는 URLconf에서 지정합니다. model 속성이나 date_field 속성을 지정하는 것은 ArchiveIndexView 뷰와 동일하고, make_object_list 속성은 없습니다.

다음 예제는 3장의 [예제 3-7]에서 작성한 클래스형 뷰인 PostMAV입니다. 작업 대상 테이블을 model 속성으로 지정하고, 정렬 기준 필드를 modify_dt 컬럼으로 지정합니다. 결과는 Post 테이블에서 주어진 연/월에 해당하는 레코드들을 내림차순으로 화면에 출력합니다.

```
class PostMAV(MonthArchiveView) :
    model = Post
    date_field = 'modify_dt'
```

MonthArchiveView 제네릭 뷰는 연과 월 2개의 인자가 필요한데, 이들을 URLconf에서 추출합니다. 다음 코드는 [예제 3-6]에서 PostMAV 뷰를 호출하는 URL 정의입니다. 만일 /blog/archive/2019/nov/라는 URL이 들어오면, 사전형 데이터 {'year': 2019, 'month': 'nov'}를 PostMAV.as_view() 메소드에 넘겨주고, PostMAV 뷰는 Post 테이블의 modify_date 컬럼의 연도 및 월이 2012년 11월인 레코드를 찾아 줍니다.

```
# Example: /blog/archive/2019/nov/
path('archive/<int:year>/<str:month>/', views.PostMAV.as_view(), name='post_month_archive'),
```

참고로 템플릿에 넘겨주는 컨텍스트 변수 중에서 object_list는 인자로 주어진 연/월에 해당하는 객체들의 리스트를 담고 있고 date_list는 그 객체들의 일을 담고 있습니다.

14.1.14 WeekArchiveView

WeekArchiveView 제네릭 뷰는 연도와 주week가 주어지면 그에 해당하는 객체를 보여주는 제네릭 뷰입니다. 연/주 인자는 URLconf에서 지정합니다. 주 인자는 1년을 주차로 표현하므로, 1부터 53까지의 값을 가집니다. model 속성이나 date_field 속성을 지정하는 것은 ArchiveIndexView 뷰와 동일합니다.

본문 예제에서는 WeekArchiveView 뷰를 사용하지 않았는데, 다음 코드를 예시로 설명합니다. 다음 예제의 TestWeekArchiveView에서 작업 대상은 Post 테이블을, 정렬 기준은 modify_dt 컬럼으로 지정했습니다. 결과는 Post 테이블에서 주어진 연/주에 해당하는 레코드들을 내림차순으로 화면에 출력합니다.

```
class TestWeekArchiveView(WeekArchiveView) :
    model = Post
    date_field = 'modify_dt'
```

WeekArchiveView 제네릭 뷰는 연도와 주차 2개의 인자가 필요한데, 이들을 URLconf에서 추출합니다. 다음 코드는 TestWeekArchiveView 뷰를 호출하는 URL 정의를 보여주는 예시입니다. 만일 /blog/archive/2019/week/23/이라는 URL이 들어오면, 사전형 데이터 {'year': 2019, 'week': '23'}을 TestWeekArchiveView.as_view() 메소드에 넘겨주고, TestWeekArchiveView 뷰는 Post 테이블의 modify_dt 컬럼에서 2019년 23주차인 레코드를 찾습니다.

```
# Example: /blog/archive/2019/week/23/
path('archive/<int:year>/week/<int:week>/', views.TestWeekArchiveView.as_view(),
name='post_week_archive'),
```

참고로 템플릿에 넘겨주는 컨텍스트 변수 중에서 object_list는 인자로 주어진 연/주에 해당하는 객체들의 리스트를 담고 있고 date_list는 그 객체들의 연도를 담고 있습니다.

14.1.15 DayArchiveView

DayArchiveView 제네릭 뷰는 연/월/일이 주어지면 그에 해당하는 객체를 보여주는 제네릭 뷰입니다. 역시 연/월/일 인자는 URLconf에서 지정합니다. model 속성이나 date_field 속성을 지정하는 것은 ArchiveIndexView 뷰와 동일합니다.

다음 예제는 3장의 [예제 3-7]에서 작성한 클래스형 뷰인 PostDAV입니다. 작업 대상 테이블은 Post 테이블로, 정렬 기준은 modify_dt 컬럼으로 지정했습니다. 결과는 Post 테이블에서 주어진 연/월/일에 해당하는 레코드들을 내림차순으로 화면에 출력합니다.

```
class PostDAV(DayArchiveView) :
    model = Post
    date_field = 'modify_dt'
```

DayArchiveView 제네릭 뷰는 연, 월, 일 3개의 인자가 필요한데, 이들을 URLconf에서 추출합니다. 다음 코드는 [예제 3-6]에서 PostDAV 뷰를 호출하는 URL 정의입니다. 만일 /blog/archive/2019/nov/10/이라는 URL이 들어오면, 사전형 데이터 {'year': 2019, 'month': 'nov', 'day': 10}을 PostDAV.as_view() 메소드에 넘겨주고, PostDAV 뷰는 Post 테이블의 modify_dt 컬럼에서 연, 월, 일이 2019년 11월 10일인 레코드를 찾아줍니다.

```
# Example: /blog/archive/2019/nov/10/
path('archive/<int:year>/<str:month>/<int:day>/', views.PostDAV.as_view(), name='post_day_
archive'),
```

참고로 템플릿에 넘겨주는 컨텍스트 변수 중에서 object_list는 인자로 주어진 연/월/일에 해당하는 객체들의 리스트를 담고 있고 date_list는 그 객체들의 연도를 담고 있습니다.

14

14.1.16 TodayArchiveView

TodayArchiveView 제네릭 뷰는 오늘 날짜에 해당하는 객체를 보여주는 제네릭 뷰입니다. 오늘 날짜를 사용하므로 연/월/일 인자가 필요 없다는 점을 제외하고는, DayArchiveView와 동일한 제네릭 뷰입니다.

다음 예제는 3장의 [예제 3-7]에서 작성한 클래스형 뷰인 PostTAV입니다. 작업 대상 테이블은 Post 테이블로, 정렬 기준은 modify_dt 컬럼으로 지정했습니다. 결과는 Post 테이블에서 오늘 날짜에 해당하는 레코드들을 내림차순으로 화면에 출력합니다.

```
class PostTAV(TodayArchiveView) :
    model = Post
    date_field = 'modify_dt'
```

TodayArchiveView 제네릭 뷰는 연, 월, 일 등의 인자가 필요하지 않으므로, URL 정의가 간단합니다. 다음 코드는 [예제 3-6]에서 PostTAV 뷰를 호출하는 URL 정의입니다. 만일 /blog/archive/today/라는 URL이 들어오면, 뷰 내부에서 datetime.date.today() 함수로 오늘 날짜를 알아내 처리합니다.

```
# Example: /blog/archive/today/
path('archive/today/', views.PostTAV.as_view(), name='post_today_archive'),
```

참고로 템플릿에 넘겨주는 컨텍스트 변수 중에서 object_list는 오늘 날짜에 해당하는 객체들의 리스트를 담고 있고 date_list는 그 객체들의 연도를 담고 있습니다.

14.1.17 DateDetailView

DateDetailView 제네릭 뷰는 날짜 기준으로 특정 객체를 찾아서 그 객체의 상세 정보를 보여주는 뷰입니다. 특정 객체의 상세 정보를 보여준다는 점에서 DetailView와 동일하지만, 객체를 찾는 데 사용하는 인자로 연/월/일 정보를 추가적으로 사용하는 점이 다릅니다. 물론 기본 키 또는 slug 인자도 사용하므로 /연/월/일/pk/ 등 4개의 인자가 필요하며, 이들은 URLconf에서 추출합니다. model 속성이나 date_field 속성을 지정하는 것은 ArchiveIndexView 뷰와 동일합니다.

본문 예제에서는 DateDetailView 뷰를 사용하지 않았는데, 다음 코드를 예시로 설명합니다. 다음 예제의 TestDateDetailView에서 작업 대상은 Post 테이블로, 작업 기준은 modify_dt 컬럼으로 지정했습니다. 처리 과정은 Post 테이블의 modify_dt 컬럼에서 주어진 연/월/일에 해당하는 레코드를 찾고 그중에서 pk 또는 slug 인자로 특정 객체 하나를 찾습니다.

```
class TestDateDetailView(DateDetailView) :
    model = Post
    date_field = 'modify_dt'
```

DateDetailView 제네릭 뷰는 연, 월, 일 및 기본 키 또는 슬러그 등 4개의 인자가 필요한데, 이들은 URLconf에서 추출합니다. 다음 코드는 TestDateDetailView 뷰를 호출하는 URL 정의를 보여주는 예시입니다. 만일 /blog/archive/2019/nov/10/99/라는 URL이 들어오면, 사전형 데이터 {'year': 2019, 'month': 'nov', 'day': 10, 'pk': 99}를 TestDateDetailView.as_view() 메소드에 넘겨줍니다. TestDateDetailView 뷰는 Post 테이블의 modify_dt 컬럼에서 연, 월, 일이 2019년 11월 10일이고 기본 키가 99인 레코드 하나를 찾아줍니다.

```
# Example: /blog/archive/2019/nov/10/99/
path('archive/<int:year>/<str:month>/<int:day>/<int:pk>/', views.TestDateDetailView.as_
view(), name='post_archive_detail'),
```

참고로 날짜 기반의 다른 제네릭 뷰들은 복수의 객체들을 출력하는 데 비해, DateDetailView 뷰는 특정 객체 하나만 다룹니다. 따라서 템플릿에 넘겨주는 컨텍스트 변수는 object_list가 아니라 object 변수를 사용하고 date_list 변수는 사용하지 않습니다. object 변수에는 연/월/일/pk 인자로 찾은 객체 하나가 들어 있습니다.

NOTE_ 제네릭 뷰의 작업 대상 객체 지정

지금까지 제네릭 뷰를 설명하면서, 작업 대상은 주로 Post 테이블을 지정하는 것으로 설명했습니다. 그러나 작업 대상이 반드시 테이블이어야 하는 것은 아닙니다. 테이블의 레코드가 아니라도, 일반 객체들이 들어 있는 QuerySet 객체면 제네릭 뷰의 작업 대상이 됩니다. 따라서 대부분의 제네릭 뷰들은 작업 대상 객체들을 지정하기 위해, **model** 속성이나 **queryset** 속성 또는 **get_queryset()** 메소드를 제공합니다. 이에 대해서는 **14.2 제네릭 뷰 오버라이딩**에서 설명합니다.

참고로 View, TemplateView, RedirectView, FormView 등은 작업 대상을 지정할 필요가 없는 제네릭 뷰이므로, model이나 queryset 속성을 사용하지 않습니다.

14

14.2 제네릭 뷰 오버라이딩

적절한 제네릭 뷰를 선택했다면, 해당 제네릭 뷰에서 제공하는 속성과 메소드를 검사해서 무엇을 오버라이딩할지 결정해야 합니다. 각 제네릭 뷰에서 제공하는 속성과 메소드가 많으므로 모든 것을 설명하기는 어렵습니다. 또한 처음에는 오버라이딩에 자주 사용하는 속성과 메소드부터 익혀 나가면 됩니다.

> **NOTE_ 제네릭 뷰의 속성과 메소드 설명 페이지**
> 여기서 설명한 항목 외의 속성이나 메소드 또는 오버라이딩에 대한 자세한 설명을 원하는 독자는 다음 페이지를 참고하기 바랍니다.
>
> https://docs.djangoproject.com/en/2.2/ref/class-based-views/flattened-index/

14.2.1 속성 오버라이딩

제네릭 뷰에서 제공하는 속성들을 살펴보고 그대로 사용할지, 변경해서 사용할지 결정해야 합니다. 개발자가 속성을 변경해서 사용하는 경우를 속성 오버라이딩이라고 합니다. 지금부터 자주 오버라이딩하는 속성을 살펴봅니다.

model

기본 뷰(View, TemplateView, RedirectView) 3개와 FormView를 제외하고는 모든 제네릭 뷰에서 사용하는 속성입니다. 작업 대상 데이터가 들어 있는 모델을 지정합니다. model 대신 queryset 속성으로 지정할 수도 있습니다. 다음 두 가지 표현은 동일한 의미입니다.

- model = Bookmark
- queryset = Bookmark.objects.all()

queryset

기본 뷰(View, TemplateView, RedirectView) 3개와 FormView를 제외하고는 모든 제네릭 뷰에서 사용하는 속성입니다. 작업 대상이 되는 QuerySet 객체를 지정합니다.

queryset 속성을 지정하면 model 속성은 무시됩니다.

template_name

TemplateView를 포함해 모든 제네릭 뷰에서 사용하는 속성입니다. 템플릿 파일명을 문자열로 지정합니다.

context_object_name

기본 뷰(View, TemplateView, RedirectView) 3개를 제외하고는 모든 제네릭 뷰에서 사용하는 속성입니다. 템플릿 파일에서 사용할 컨텍스트 변수명을 지정합니다.

paginate_by

ListView와 날짜 기반 뷰에서 사용합니다. 페이징 기능이 활성화된 경우, 페이지당 몇 개 항목을 출력할지 정수로 지정합니다.

date_field

날짜 기반 뷰에서 기준이 되는 필드를 지정합니다. 이 필드를 기준으로 년/월/일을 검사합니다. 이 필드의 타입은 DateField 또는 DateTimeField여야 합니다.

make_object_list

YearArchiveView 사용 시 해당 년에 맞는 객체들의 리스트를 생성할지 여부를 지정합니다. True면 객체들의 리스트를 만들고 그 리스트를 템플릿에서 사용할 수 있습니다. False면 queryset 속성에 None이 할당됩니다.

form_class

FormView, CreateView, UpdateView에서 사용합니다. 폼을 만드는 데 사용할 클래스를 지정합니다.

14

initial

FormView, CreateView, UpdateView에서 사용합니다. 폼에 사용할 초기 데이터를 사전({})으로 지정합니다.

fields

CreateView, UpdateView에서 사용합니다. 폼에 사용할 필드를 지정합니다. ModelForm 클래스의 Meta.fields 속성과 동일한 의미입니다.

success_url

FormView, CreateView, UpdateView, DeleteView에서 사용합니다. 폼에 대한 처리가 성공한 후 리다이이렉트될 URL을 지정합니다.

14.2.2 메소드 오버라이딩

앞 절의 속성 오버라이딩과 동일하게, 제네릭 뷰에서 제공하는 메소드들을 살펴보고 어떤 메소드를 오버라이딩할지 결정하는 것이 중요합니다. 지금부터 자주 오버라이딩하는 메소드를 살펴봅니다.

get_queryset()

기본 뷰(View, TemplateView, RedirectView) 3개와 FormView를 제외하고는 모든 제네릭 뷰에서 사용하는 메소드입니다.

출력 객체를 검색하기 위한 대상 QuerySet 객체 또는 출력 대상인 객체 리스트를 반환합니다. 디폴트는 queryset 속성값을 반환합니다. queryset 속성이 지정되지 않은 경우는 모델 매니저 클래스의 all() 메소드를 호출해 QuerySet 객체를 생성하고 이를 반환합니다.

get_context_data(**kwargs)

TemplateView를 포함해 모든 제네릭 뷰에서 사용하는 메소드입니다. 템플릿에서 사용할 컨텍스트 데이터를 반환합니다.

form_valid(form)

FormView, CreateView, UpdateView에서 사용합니다. get_success_url() 메소드가 반환하는 URL로 리다이렉트를 수행합니다.

14.2.3 본문의 예제

본문에서 사용한 예제를 살펴보면서 오버라이딩 방법을 설명합니다. 예제는 **3.2.4 뷰 코딩하기**에서 설명한 PostLV 뷰를 사용합니다. PostLV 뷰는 Post 객체들의 리스트를 보여주기 위한 뷰이므로, ListView 제네릭 뷰를 상속받고 있습니다.

우선 오버라이딩 테스트를 위해서, 테스트용 URL 및 PostLV 뷰와 동일한 TestPostLV 뷰를 만듭니다.

예제 14-1 blog/urls.py

```
$ cd /home/shkim/pyDjango/ch16/blog/
$ vi urls.py

# 파일 끝에 아래 두 줄 추가
    # Example: /blog/test/
    path('test/', views.TestPostLV.as_view(), name="test_post"),
]
```

예제 14-2 blog/views.py

```
$ cd /home/shkim/pyDjango/ch16/blog/
$ vi views.py

# 파일 끝에 아래 클래스형 뷰 추가
class TestPostLV(ListView) :
    model = Post
    template_name = 'blog/post_all.html'
    context_object_name = 'posts'
    paginate_by = 2
```

14

현재 model, template_name, context_object_name 속성이 오버라이딩되어 있습니다. 일반적으로 오버라이딩하는 속성들입니다. 또한 페이징 기능을 활성화하기 위해 paginate_by 속성을 오버라이딩했습니다. 이들은 본문에서 설명한 내용이므로 추가적인 설명은 생략합니다.

queryset 속성

로직을 약간 변경해서 포스트 리스트를 모두 보여주는 것이 아니라 5개만 보여주고 싶다면 queryset 속성에 지정합니다. queryset 속성은 출력 대상을 지정해주는 속성이기 때문입니다.

예제 14-3 blog/views.py

```
class TestPostLV(ListView) :
    #model = Post          # 주석 처리
    queryset = Post.objects.all()[:5]    # 추가
    template_name = 'blog/post_all.html'
    context_object_name = 'posts'
    paginate_by = 2
```

파이썬의 슬라이싱 문법 [:5]는 리스트에서 앞 5개 객체를 꺼내는 연산자입니다. 그리고 queryset 속성을 지정하면 model 속성은 필요 없습니다. 내부적으로는 model 속성 지정도 queryset 속성으로 변환됩니다. 따라서 다음 2가지는 동일한 표현입니다.

```
model = Post  # queryset = Post.objects.all()과 동일한 표현임
```

get_queryset() 메소드

이번에는 get_queryset() 메소드 오버라이딩 방식으로 출력 대상을 변경해보겠습니다. 포스트 글에 특정 단어가 들어 있는 객체들만 보여주는 로직으로 변경하고자 합니다. 특정 단어는 URL에 지정하는 것으로 변경합니다. 이를 위해 urls.py 파일도 수정이 필요합니다.

예제 14-4 blog/urls.py

```
# 파일 끝에 두 줄 추가
# Example: /blog/test/
    #path('test/', views.TestPostLV.as_view(), name="test_post"),     # 주석 처리
    # Example: /blog/test/word/     # 추가
    path('test/<str:word>/', views.TestPostLV.as_view(), name="test_post"),     # 추가
]
```

예제 14-5 blog/views.py

```
# 파일 끝에 두 줄 추가
class TestPostLV(ListView) :
    #model = Post
    #queryset = Post.objects.all()[:5]    # 주석 처리
    template_name = 'blog/post_all.html'
    context_object_name = 'posts'
    paginate_by = 2

    # 아래 메소드 추가
    def get_queryset(self):
        return Post.objects.filter(Q(content__icontains=self.kwargs['word'])).
distinct()
```

이 예제에서도 본문의 [Search] 메뉴를 구현할 때 사용했던 Q 객체를 사용해 검색하고 있습니다. 이번 예제에서는 검색 단어를 URL에서 지정함으로써, 동적으로 출력 대상을 변경하고 있습니다. 이렇게 동적으로 출력 대상을 변경하는 기능은 queryset 속성 오버라이딩으로는 불가능하며, get_queryset() 메소드를 사용해야 합니다. 즉 get_queryset() 메소드 오버라이딩 방식이 좀 더 강력한 기능입니다.

출력 대상을 변경하고자 할 때 queryset 속성 오버라이딩과 get_queryset() 메소드 오버라이딩 둘 다 가능하다는 점과 그 차이점을 이해하는 것이 중요합니다. 또한 model 속성, queryset 속성, get_queryset() 메소드 3가지는 역할이 동일하므로, 이 중에서 한 가지만 지정하면 됩니다.

template_name 속성

템플릿 처리와 관련된 속성을 오버라이딩하는 예제를 보겠습니다. 우선 기존의 post_all.html 템플릿 파일을 복사해서 post_test.html 파일을 만들고 이 파일을 템플릿 파일로 지정하겠습니다.

예제 14-6 blog/views.py

```
class TestPostLV(ListView) :
    #model = Post
    #queryset = Post.objects.all()[:5]
    #template_name = 'blog/post_all.html'     # 주석 처리
    template_name = 'blog/post_test.html'     # 추가
```

```
    context_object_name = 'posts'
    paginate_by = 2

    def get_queryset(self):
        return Post.objects.filter(Q(content__icontains=self.kwargs['word'])).distinct()
```

template_name 속성으로 새로운 템플릿 파일을 지정했습니다.

새로운 템플릿 파일도 테스트를 위해 제목 부분만 약간 변경합니다.

예제 14-7 blog/templates/blog/post_test.html

```
$ cd /home/shkim/pyDjango/ch16/blog/templates/blog/
$ vi post_test.html

# 상단 내용 동일
{% block content %}

    <h1>Blog List - Test</h1>     # 수정
    <br>
# 하단 내용 동일
```

get_context_data() 메소드

뷰에서 템플릿 파일에 넘겨주는 컨텍스트 데이터를 추가하거나 변경할 수 있습니다. 제네릭 뷰는 디폴트로 사용하는 컨텍스트 변수가 있습니다. ListView 뷰에서 사용하는 object_list 및 DetailView 뷰에서 사용하는 object 변수가 그 예입니다. 이런 디폴트 컨텍스트 변수 이외에 추가로 지정하고 싶은 컨텍스트 변수가 있으면, get_context_data() 메소드를 오버라이딩합니다.

만일 URL에 지정된 검색 단어를 페이지에 출력하고자 한다면, 다음 코드처럼 검색 단어를 컨텍스트 객체에 담아서 템플릿 파일에 넘겨주면 됩니다. get_context_data() 메소드는 컨텍스트 데이터를 새로 구성하는 메소드입니다.

예제 14-8 blog/views.py

```
class TestPostLV(ListView) :
    #model = Post
```

```
    #queryset = Post.objects.all()[:5]
    #template_name = 'blog/post_all.html'
    template_name = 'blog/post_test.html'
    context_object_name = 'posts'
    paginate_by = 2

    def get_queryset(self):
        return Post.objects.filter(Q(content__icontains =
self.kwargs['word'])).distinct()

    # 메소드 추가
    def get_context_data(self, **kwargs):
        context = super().get_context_data(**kwargs)
        context['SearchWord'] = self.kwargs['word']
        return context
```

템플릿 파일에서 사용할 컨텍스트 변수는 SearchWord로 지정하고, 이 변수에 검색 단어를 대입했습니다. 기존 디폴트 컨텍스트 데이터는 변경 없이 사용하기 위해 super() 함수로 상위 클래스의 메소드를 호출한다는 점에 유의하기 바랍니다.

뷰에서 넘어온 데이터를 출력하기 위해 post_test.html 파일의 제목 줄을 다음과 같이 수정합니다. {{ SearchWord }} 컨텍스트 변수를 사용합니다.

```
<h1>Blog List - contains the word '{{ SearchWord }}'</h1>
```

14.3 제네릭 뷰의 처리 흐름

14

클래스 상속과 오버라이딩 기능이 가능한 제네릭 뷰는 하위 클래스에서 오버라이딩이 쉽고 여러 가지 애플리케이션에 다양하게 사용될 수 있도록 설계되었습니다. 그런 측면에서 특히 제네릭 뷰의 메소드들은 단위 기능으로 잘게 나누어 메소드의 응집도를 높이고, 템플릿 메소드 디자인 패턴을 적용해 개발자가 제네릭 뷰의 처리 흐름을 쉽게 예상할 수 있도록 했습니다.

만일 여러분이 제네릭 뷰를 상속받아 하위 클래스형 뷰를 개발하는 경우, 개발하고자 하는 로직에 맞는 제네릭 뷰를 선택하고 그 제네릭 뷰의 처리 흐름에 맞춰 설계하며, 그 과정에서 어느 메소드를 변경해야 할지, 즉 어느 메소드를 오버라이딩해야 할지 결정하게 됩니다.

따라서 이런 과정에서는 제네릭 뷰의 처리 흐름을 파악하는 것이 중요하므로, 이번 절에서는 대표적인 제네릭 뷰인 ListView와 DetailView 클래스의 처리 흐름을 살펴보겠습니다. 이를 계기로 다른 제네릭 뷰에 대한 처리 흐름에도 익숙해지기를 바랍니다. 제네릭 뷰의 처리 흐름은 서로 유사하고 직관적으로 설계되어서 스스로 코딩을 경험해보면 어렵지 않게 사용할 수 있을 것입니다.

> **NOTE_ 템플릿 메소드(Template Method) 디자인 패턴**
> 자바 언어에서 많이 사용되고 있는 디자인 패턴은 소프트웨어 설계 시 공통적으로 반복해서 발생하는 문제와 그에 대한 해법을 유형화해서 정리한 것입니다. Gang of Four(GoF)라고 불리는 네 사람에 의해 정리된 23개의 디자인 패턴이 가장 유명합니다.
> 그중 템플릿 메소드 패턴은 상위 클래스에서 처리 흐름의 뼈대를 결정하고 하위 클래스에서 그 구체적인 내용을 결정하는 디자인 패턴입니다. 따라서 상위 클래스의 프로그램만 보면 주요 메소드들의 호출 순서 및 처리 흐름을 짐작할 수 있는 특징이 있습니다.

14.3.1 ListView

ListView는 복수 개의 객체에 대한 목록을 보여주기 위한 뷰이며, 메인 처리 흐름은 다음과 같습니다.

- 클라이언트의 HTTP 요청 GET 메소드에 따라 get() 메인 메소드가 실행됩니다.
- 대상 테이블로부터 조건에 맞는 복수 개의 객체를 가져옵니다.
- 필요하다면 이 객체들에 추가 로직을 반영합니다.
- 최종 결과 객체 리스트를 object_list라는 컨텍스트 변수에 넣어 템플릿에 전달합니다.
- 템플릿 파일에 따라, 최종 HTML 응답을 만들고 이를 클라이언트에 응답합니다.

ListView의 처리 흐름에 따른 각 메소드의 기능은 표 14-2와 같습니다.

표 14-2 ListView 처리 흐름

순번	메소드명	메소드 설명
1	setup()	공통으로 사용할 속성들을 미리 정의하는 메소드입니다. 기본적으로 self.request, self.args, self.kwargs는 미리 정의되고 그 외에 추가할 것이 있으면 오버라이딩합니다.

2	dispatch()	클라이언트 요청의 HTTP 메소드를 검사해, 뷰 클래스에 정의된 적절한 처리 메소드를 호출합니다. GET 요청이면 get() 메소드, POST 요청이면 post() 메소드 등 HTTP 메소드 단어의 소문자에 해당하는 메소드를 호출합니다.
3	http_method_not_allowed()	dispatch() 메소드에 의해 호출되는 get(), post() 등의 메인 처리 메소드를 찾지 못하는 경우, http_method_not_allowed() 메소드를 호출합니다.
4	get()	메인 처리 메소드입니다.
5	get_queryset()	작업 대상 객체들의 리스트를 반환합니다. 리스트는 QuerySet 객체와 같은 순환 가능한(iterable) 객체여야 합니다.
6	get_context_data()	템플릿에서 사용할 컨텍스트 데이터를 반환하는 메소드입니다. get_context_object_name() 메소드를 호출합니다.
7	get_context_object_name()	템플릿에서 사용할 컨텍스트 변수명을 반환합니다. context_object_name 속성이 지정되지 않은 경우는 모델명소문자_list로 해서 컨텍스트 변수명으로 사용합니다. 모델명이 Bookmark인 경우 컨텍스트 변수명은 bookmark_list가 됩니다.
8	render_to_response()	최종 응답인 self.response_class 객체를 반환합니다. get_template_names() 메소드를 호출합니다.
9	get_template_names()	템플릿 파일명을 담은 리스트를 반환합니다. template_name 속성이 지정된 경우는 template_name을 리스트에 담아 반환합니다.

14.3.2 DetailView

DetailView는 객체 하나에 대한 상세한 정보를 보여주기 위한 뷰이며, 메인 처리 흐름은 다음과 같습니다.

- 클라이언트의 HTTP 요청 GET 메소드에 따라 get() 메인 메소드가 실행됩니다.
- 대상 테이블로부터 조건에 맞는 객체 하나를 가져옵니다.
- 필요하다면 이 객체에 추가 로직을 반영합니다.
- 최종 결과 객체를 object라는 컨텍스트 변수에 넣어 템플릿에 전달합니다.
- 템플릿 파일에 따라, 최종 HTML 응답을 만들고 이를 클라이언트에 응답합니다.
- DetailView의 처리 흐름에 따른 각 메소드의 기능은 표 14-3과 같습니다.

표 14-3 DetailView 처리 흐름

순번	메소드명	메소드 설명
1	setup()	공통으로 사용할 속성들을 미리 정의하는 메소드입니다. 기본적으로 self.request, self.args, self.kwargs는 미리 정의되고 그 외에 추가할 것이 있으면 오버라이딩합니다.

2	dispatch()	클라이언트 요청의 HTTP 메소드를 검사해, 뷰 클래스에 정의된 적절한 처리 메소드를 호출합니다. GET 요청이면 get() 메소드, POST 요청이면 post() 메소드 등 HTTP 메소드 단어의 소문자에 해당하는 메소드를 호출합니다.
3	http_method_not_allowed()	dispatch() 메소드에 의해 호출되는 get(), post() 등의 메인 처리 메소드를 찾지 못하는 경우, http_method_not_allowed() 메소드를 호출합니다.
4	get()	메인 처리 메소드입니다.
5	get_object()	작업 대상 객체 하나를 반환합니다. 이를 위해 먼저 get_queryset()을 호출해 검색 대상 객체 리스트를 얻습니다. 검색 시 pk로 먼저 검색을 시도하고 pk가 주어지지 않은 경우 slug로 검색을 수행합니다.
6	get_queryset()	특정 객체를 검색하기 위한 대상 QuerySet 객체를 반환합니다. 디폴트는 queryset 속성값을 리턴합니다. queryset 속성이 지정되지 않은 경우는 모델 매니저 클래스의 all() 메소드를 호출해 QuerySet 객체를 생성하고 이를 반환합니다.
7	get_context_data()	템플릿에서 사용할 컨텍스트 데이터를 반환하는 메소드입니다. get_context_object_name() 메소드를 호출합니다.
8	get_context_object_name()	템플릿에서 사용할 컨텍스트 변수명을 반환합니다. context_object_name 속성이 지정되지 않은 경우 모델명을 소문자로 해서 컨텍스트 변수명으로 사용합니다. 모델명이 Bookmark인 경우 컨텍스트 변수명은 bookmark가 됩니다.
9	render_to_response()	최종 응답인 self.response_class 객체를 반환합니다. get_template_names() 메소드를 호출합니다.
10	get_template_names()	템플릿 파일명을 담은 리스트를 반환합니다. template_name 속성이 지정된 경우는 template_name을 리스트에 담아 반환합니다.

대상 객체를 구하기 위해 ListView는 get_queryset() 메소드를 사용하는 반면 DetailView는 get_object() 메소드를 사용한다는 점, 그리고 DetailView는 get_object() 메소드 내에서 get_queryset() 메소드를 호출한다는 점 등이 가장 큰 차이입니다. 또한 이 두 제네릭 뷰에 사용하는 메소드들이 이름은 동일해도 내부 로직은 다른 별개의 메소드라는 점도 유의하기 바랍니다.

14.4 MRO

파이썬은 다중 상속이 가능한 언어이므로 장고의 제네릭 뷰에서도 다중 상속을 사용합니다. 다중 상속에서는 동일한 이름을 가진 메소드가 둘 이상의 부모 클래스에 존재할 경우 어느 메소드를 먼저 사용해야 할지 결정하는 알고리즘이 필요합니다. 이런 문제를 해결하기 위해 파이썬에서는 클래스마다 메소드를 찾는 순서를 정한 MRO[Method Resolution Order] 속성을 제공합니다.

장고의 제네릭 뷰를 사용하는 경우 MRO 문제로 어려움을 겪는 경우는 많지 않습니다. 제네릭 뷰 설계 시 각 클래스 간에 메소드 이름이 중복되지 않도록 설계되었기 때문입니다. 하지만 개발자가 직접 작성한 클래스를 상속받은 경우는 MRO에 따른 메소드 순서를 잘 따져봐야 합니다. 또한 클래스의 상속 계층도를 파악하기 위해 MRO 속성을 보는 경우도 있습니다.

그래서 초심자에게는 필수 사항이 아니지만 클래스형 뷰의 내부 동작이나 소스 코드를 읽고자 하는 중고급 독자라면 MRO에 대해 이해할 필요가 있습니다. 여기서는 ListView 제네릭 뷰의 예제로 간단히 MRO를 살펴보겠습니다. ListView의 상속 계층도는 다음과 같습니다.

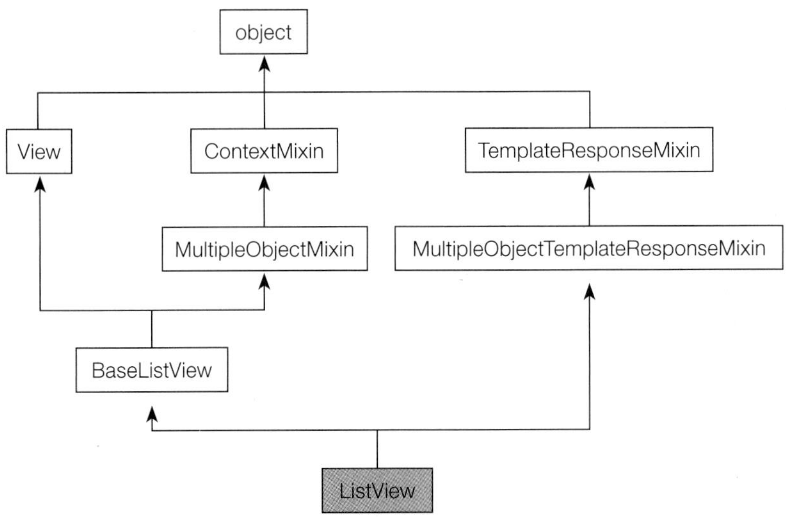

그림 14-1 ListView의 상속 계층도

ListView 클래스의 MRO는 자신에서부터 시작해 하위 클래스에서 상위 클래스 순서로 정해집니다. 그리고 class(A, B)처럼 다중 상속인 경우는 정의된 순서에 따라 A 클래스 다음에 B 클래스 순서로 MRO가 정해집니다. 또한 너비 우선 검색[breadth-first search]보다는 깊이 우선 검색[depth-first search]에 가깝습니다. 사실 MRO의 순서는 복잡한 과정을 거쳐서 결정되므로 계층도 그림만으로는 정확히 알 수 없습니다. 이런 점을 감안해 파이썬에서는 모든 클래스마다 MRO 순서를 보여주는 __mro__ 속성을 제공합니다.

14

ListView의 MRO 속성은 다음 명령으로 볼 수 있습니다.

```
>>> ListView.__mro__
```

```
(vDjBook) [shkim@localhost ch16]$
(vDjBook) [shkim@localhost ch16]$ cd /home/shkim/pyDjango/ch16/
(vDjBook) [shkim@localhost ch16]$ python manage.py shell
Python 3.7.3 (default, Jun 27 2019, 07:39:33)
[GCC 4.8.5 20150623 (Red Hat 4.8.5-36)] on linux
Type "help", "copyright", "credits" or "license" for more information.
(InteractiveConsole)
>>>
>>> from django.views.generic import ListView
>>>
>>> ListView.__mro__
(<class 'django.views.generic.list.ListView'>, <class 'django.views.generic.l
seMixin'>, <class 'django.views.generic.list.BaseListView'>, <class 'django.v
<class 'django.views.generic.base.View'>, <class 'object'>)
>>>
>>> for i in ListView.__mro__:
...     print(i)
...
<class 'django.views.generic.list.ListView'>
<class 'django.views.generic.list.MultipleObjectTemplateResponseMixin'>
<class 'django.views.generic.base.TemplateResponseMixin'>
<class 'django.views.generic.list.BaseListView'>
<class 'django.views.generic.list.MultipleObjectMixin'>
<class 'django.views.generic.base.ContextMixin'>
<class 'django.views.generic.base.View'>
<class 'object'>
>>>
```

그림 14-2 ListView의 MRO 속성

ListView 클래스의 상위 클래스들을 MRO 순서에 따라 [표 14-4]에 간단히 설명합니다.

표 14-4 ListView의 상위 클래스들

상위 클래스명	설명
MultipleObjectTemplateResponseMixin	템플릿 파일명을 지정합니다. 보통 ListView에서 사용되며, 템플릿명을 모델명소문자_list.html 형식으로 지정합니다.
TemplateResponseMixin	컨텍스트 데이터가 주어지면, 이 데이터를 렌더링해서 HTTP 응답으로 사용될 TemplateResponse 객체를 생성하는 믹스인 클래스입니다.
BaseListView	객체 리스트를 출력하는 용도의 Generic Display Views 뷰들에 대한 베이스 뷰입니다. ListView에서 템플릿 처리를 제외한 기능을 제공합니다.

MultipleObjectMixin	ListView의 핵심 믹스인 클래스로서, 복수개의 객체 리스트를 출력하기 위한 기능을 수행합니다.
ContextMixin	디폴트 컨텍스트 변수를 제공하는 믹스인 클래스입니다.
View	장고의 모든 클래스형 뷰에 대한 베이스 뷰입니다.
object	모든 파이썬 클래스에 대한 베이스 클래스입니다.

NOTE_ 믹스인(Mixin) 클래스

보통의 클래스와 달리, 믹스인 클래스는 자신의 인스턴스를 만드는 용도보다는 다른 클래스에게 부가 기능을 제공하기 위한 용도로 사용되는 클래스를 의미합니다. 장고에서는 파이썬의 다중 상속 기능을 활용해 꼭 필요한 단위 기능들을 믹스인 클래스로 만들고, 제네릭 뷰에서 이런 믹스인 클래스들을 상속받는 방식으로 제네릭 뷰들을 설계했습니다.

예를 들어 모든 제네릭 뷰에서 템플릿 처리는 필수 기능인데, 템플릿 처리도 객체 하나일 때와 여러 개의 객체일 때 처리하는 과정이 다르므로, 이를 별도의 믹스인 클래스로 만드는 방식입니다. 이렇게 설계하면 ListView와 DetailView에서 템플릿 처리를 위해 자신에게 필요한 믹스인 클래스만 상속받게 하여 코드 중복은 줄이고 재사용 효과는 커집니다.

NOTE_ 클래스형 뷰 참고 사이트

클래스형 뷰를 설명하는 사이트들은 많습니다. 그중에서 믹스인 클래스를 포함해 모든 제네릭 클래스형 뷰를 설명하고 있고, 소스 코드뿐만 아니라 MRO를 쉽게 이해할 수 있도록 클래스 다이어그램까지 보여주는 좋은 사이트가 있습니다. 클래스형 뷰에 대해 좀 더 공부하고 싶은 독자는 장고의 공식 도큐먼트와 함께 다음 사이트도 같이 참고하기를 권장합니다.

https://ccbv.co.uk/

14.5 제네릭 뷰의 페이징 처리

화면에 보여줄 데이터가 많은 경우 한 페이지 분량에 맞게 적절한 크기로 나눠서 페이지별로 보여주는 기능이 필요합니다. 이런 기능을 페이징 기능 또는 페이지네이션Pagination이라고 합니다. 여기서는 제네릭 뷰를 대상으로 페이징 기능을 설명하지만, 클래스형 뷰뿐만 아니라 함수형 뷰에서도 사용할 수 있는 기능입니다.

14.5.1 페이징 기능 활성화

ListView처럼 객체의 리스트를 처리하는 제네릭 뷰는 paginate_by 속성을 가집니다. 이런 제네릭 뷰에 paginate_by 속성이 지정되면, 장고의 페이징 기능이 활성화되고 객체 리스트는 페이지별로 구분되어 보입니다. paginate_by 속성은 페이지당 객체의 개수를 의미합니다.

> **NOTE_ MultipleObjectMixin**
> 좀 더 자세히 설명하면 paginate_by 속성은 MultipleObjectMixin에 정의되어 있습니다. 따라서 MultipleObjectMixin 클래스 또는 이 클래스를 상속받는 클래스들은 paginate_by 속성을 지정함으로써 페이징 기능을 활성화해 이 기능을 사용할 수 있습니다. ListView 클래스도 MultipleObjectMixin 클래스를 상속받고 있습니다.

페이징 기능이 활성화되면 객체 리스트는 몇 개의 페이지로 나뉘고, 페이지 번호를 지정함으로써 해당 페이지를 화면에 표시할 수 있게 됩니다. 몇 번째 페이지를 화면에 보여줄지는 웹 요청 URL에서부터 지정되고 이를 뷰에서 처리하는데, URL에 페이지를 지정하는 방법은 2가지입니다.

첫 번째는 URL 경로에 페이지 번호를 지정하며, URLconf에서 이를 추출해 뷰에 넘겨주는 방법입니다.

```
path('objects/page<int:page>/', PaginatedView.as_view()),
```

만일 URL이 /objects/page3/이라면 클래스형 뷰 PaginatedView에 페이지 번호 3을 page 파라미터로 넘겨줍니다.

두 번째 방법은 URL의 쿼리 문자열에 페이지 번호를 지정하는 방법입니다.

```
/objects/?page=3
```

이 경우는 쿼리 문자열의 page 파라미터에 페이지 번호를 지정하고, 뷰가 직접 request.GET.get('page')와 같은 구문으로 페이지 번호를 추출합니다.

두 경우 모두 파라미터 이름이 page라는 데 유의하기 바랍니다. page라는 파라미터 이름은 변경할 수 있는데, 이를 변경한 경우에는 뷰에 page_kwarg 속성으로 알려줘야 합니다.

이처럼 URL에 페이지 번호가 지정되면, 뷰는 페이징 처리를 하고 나서 HTML 처리에 필요한 컨텍스트 변수를 템플릿에 넘겨줍니다. 템플릿 파일에서 페이징 기능을 위해 사용되는 컨텍스트 변수는 다음과 같습니다.

- **object_list** 화면에 보여줄 객체의 리스트. context_object_name 속성으로 지정된 컨텍스트 변수도 object_list와 동일한 값을 갖습니다.
- **is_paginated** : 출력 결과가 페이징 처리되는지 여부를 알려주는 불린 변수. 만일 페이지 크기가 지정되지 않았거나 대상 객체 리스트가 페이지로 구분되지 않는 경우는 이 값이 False가 됩니다.
- **paginator** : django.core.paginator.Paginator 클래스의 객체. 페이징 처리가 안 되는 경우 이 값은 None으로 세팅됩니다.
- **page_obj** : django.core.paginator.Page 클래스의 객체. 페이징 처리가 안 되는 경우 이 값은 None으로 세팅됩니다.

이처럼 페이징 기능을 사용하기 위해서는 제네릭 뷰에서 paginate_by 속성을 지정하고 원하는 페이지를 URL에 지정하며, 템플릿 파일에서 컨텍스트 변수만 적절히 사용하면 됩니다. 여기까지만 학습해도 페이징 기능을 사용하는 데 충분하지만, 내부 동작에 관심이 있는 독자를 위해 페이징 처리를 담당하는 2개의 클래스를 다음 절에 설명합니다.

> **NOTE_** Paginator 및 Page 클래스는 장고 설치 디렉터리의 django/core/paginator.py 파일에 정의되어 있습니다. 소스가 어렵지 않으니 관심 있는 독자는 참고하기 바랍니다.

14.5.2 Paginator 클래스

페이징 기능의 메인 클래스이며, 주요 역할은 객체의 리스트와 페이지당 항목 수를 필수 인자로 받아서 각 페이지 객체를 생성하는 것입니다.

```
class Paginator(object_list, per_page, orphans=0, allow_empty_first_page=True)
```

14

인자(Argument)

앞에 2개는 필수 인자이고, 뒤의 2개는 선택 인자입니다.

- **object_list** : 페이징 대상이 되는 객체 리스트. 객체 리스트는 파이썬의 리스트 또는 튜플 타입이면 가능하며 장고의 QuerySet 객체도 가능합니다. 중요한 점은 count() 또는 __len__() 메소드를 갖고 있는 객체여야 한다는 점입니다.
- **per_page** : 페이지당 최대 항목 수
- **orphans** : 마지막 페이지에 넣을 수 있는 항목의 최소 개수. 디폴트는 0(zero). 즉 마지막 페이지의 항목 개수는 orphans보다 커야 합니다. 이 인자는 마지막 페이지의 항목 개수가 너무 적은 경우, 그 전 페이지에 포함되도록 하기 위해 사용합니다. 예를 들어 총 23개 항목이 있고 per_page=10, orphans=3이라면 첫 페이지는 10개 항목을, 두 번째 페이지는 13개 항목을 갖게 됩니다.
- **allow_empty_first_page** : 첫 페이지가 비어 있어도 되는지 결정하는 불린 타입 인자. 항목 개수가 0인 경우, 이 인자가 True면 정상 처리를 하지만 이 인자가 False면 EmptyPage 에러가 발생합니다.

메소드(Method)

다음에 설명하는 Page 객체를 Paginator를 통해 생성할 수 있도록 다음 메소드를 제공합니다.

- **Paginator.page(number)** : Page 객체를 반환합니다. number 인자는 1부터 시작합니다. 인자로 주어진 페이지가 존재하지 않으면 InvalidPage 익셉션이 발생합니다.
- **Paginator.get_page(number)** : Page 객체를 반환합니다. number 인자는 1부터 시작합니다. 인자가 숫자가 아니면 첫 페이지를 반환하고, 인자가 음수이거나 최대 페이지 숫자보다 크면 마지막 페이지를 반환합니다.

속성(Attribute)

- **Paginator.count** : 항목의 총 개수
- **Paginator.num_pages** : 페이지의 총 개수
- **Paginator.page_range** : 1부터 시작하는 페이지 범위(예: [1, 2, 3, 4])

14.5.3 Page 클래스

Paginator 객체에 의해 생성된 단위 페이지를 나타내는 객체로, Page 객체를 생성하는 방법은 생성자 메소드 호출보다 Paginator.page() 메소드를 호출하는 방법을 더 많이 사용합니다.

```
class Page(object_list, number, paginator)
```

인자(Argument)

- **object_list** : Paginator 클래스의 object_list 인자와 동일합니다.
- **number** : 몇 번째 페이지인지를 지정하는 페이지 인덱스
- **paginator** : 페이지를 생성해주는 Paginator 객체

메소드(Method)

- **Page.has_next()**: 다음 페이지가 있으면 True를 반환합니다.
- **Page.has_previous()**: 이전 페이지가 있으면 True를 반환합니다.
- **Page.has_other_pages()**: 다음 또는 이전 페이지가 있으면 True를 반환합니다.
- **Page.next_page_number()**: 다음 페이지 번호를 반환합니다. 없으면 InvalidPage 익셉션이 발생합니다.
- **Page.previous_page_number()**: 이전 페이지 번호를 반환합니다. 없으면 InvalidPage 익셉션이 발생합니다.
- **Page.start_index()** : 해당 페이지 첫 번째 항목의 인덱스를 반환합니다. 인덱스는 1부터 카운트합니다. 예를 들어 총 5개 항목이 있고 페이지당 2항목씩 포함된다면, 두 번째 페이지의 start_index()는 3이 됩니다.
- **Page.end_index()** : 해당 페이지 마지막 항목의 인덱스를 반환합니다. 인덱스는 1부터 카운트합니다. 예를 들어 총 5개 항목이 있고 페이지당 2항목씩 포함된다면, 두 번째 페이지의 end_index()는 4가 됩니다.

속성(Attribute)

- **Page.object_list** : 현재 페이지의 객체 리스트
- **Page.number** : 현재 페이지의 번호(1부터 카운트합니다)
- **Page.paginator** : 현재 페이지를 생성한 Paginator 객체

14.5.4 페이징 기능 실습

앞에서 설명한 Paginator 및 Page 클래스가 어떻게 페이징 기능을 제공하는지는 다음 실습을 통해 쉽게 이해할 수 있습니다.

14

예제 14-9 페이징 기능 실습

```
$ cd /home/shkim/pyDjango/ch16/
$ source /home/shkim/VENV/vDjBook/bin/activate
```

```
(vDjBook)$ python manage.py shell
Python 3.7.3 (default, Jun 27 2019, 07:39:33)
[GCC 4.8.5 20150623 (Red Hat 4.8.5-36)] on linux
Type "help", "copyright", "credits" or "license" for more information.
(InteractiveConsole)

# 메인 처리 클래스인 Paginator를 임포트합니다.
>>> from django.core.paginator import Paginator

# 페이징 대상인 objects 객체는 4개의 항목을 갖고 있습니다.
>>> objects = ['john', 'paul', 'george', 'ringo']

# objects 객체를 대상으로 한 페이지에 2항목을 갖는 Paginator 객체를 생성합니다.
>>> p = Paginator(objects, 2)

# Paginator 객체의 속성을 확인합니다.
>>> p.count
4
>>> p.num_pages
2

# 페이지 번호는 1부터 셉니다. 1, 2페이지가 있습니다.
>>> p.page_range
range(1, 3)

# 페이지별 처리를 위해 Page 객체를 생성합니다.
# 이렇게 Paginator 객체의 page() 메소드를 호출해서 생성하는 것이 일반적입니다.
>>> page1 = p.page(1)
>>> page1
<Page 1 of 2>
>>> page1.object_list
['john', 'paul']

# Page 객체 page2를 생성합니다.
# page2 객체의 속성과 메소드를 확인합니다.
>>> page2 = p.page(2)
>>> page2.object_list
['george', 'ringo']
>>> page2.has_next()
False
>>> page2.has_previous()
True
>>> page2.has_other_pages()
```

```
True
>>> page2.previous_page_number()
1

# 페이지에 들어 있는 항목의 인덱스는 1부터 셉니다.
>>> page2.start_index()
3
>>> page2.end_index()
4

# 요청한 페이지가 유효하지 않으면 익셉션이 발생합니다.
# EmptyPage 및 PageNotAnInteger 익셉션은 InvalidPage 익셉션의 자식 클래스들입니다.
>>> p.page(0)
Traceback (most recent call last):
(중략)
django.core.paginator.EmptyPage: That page number is less than 1
>>> p.page(3)
Traceback (most recent call last):
(중략)
django.core.paginator.EmptyPage: That page contains no results
>>> p.page('a')
Traceback (most recent call last):
(중략)
django.core.paginator.PageNotAnInteger: That page number is not an integer

>>> page1.previous_page_number()
Traceback (most recent call last):
(중략)
django.core.paginator.EmptyPage: That page number is less than 1
>>> page2.next_page_number()
Traceback (most recent call last):
(중략)
django.core.paginator.EmptyPage: That page contains no results
```

14.6 단축 함수

웹 프로그램 개발 시 자주 사용되는 기능들, 예를 들어 템플릿 파일을 로딩한 후에 컨텍스트 데이터를 적용하고, 그 결과를 HttpResponse 객체에 담아 반환하는 작업 등 공통적으로 사용되는 기능들을 장고에서는 이미 개발해 자체 함수로 제공하고 있습니다. 이런 함수들을 단축 함수shortcut라고 하는데, 클래스형 뷰보다는 함수형 뷰에서 자주 사용합니다. 제네릭 클래스형 뷰에서는 유사한 기능을 클래스 내의 메소드로 제공하기 때문입니다. 장고에서 제공하는 단축 함수를 정리했으니 반드시 이해하고 넘어가기 바랍니다.

14.6.1 render_to_response() 단축 함수

```
render_to_response(template_name, context=None, content_type=None, status=None,
using=None)
```

템플릿 파일과 컨텍스트 사전을 인자로 받아 렌더링 처리한 후, HttpResponse 객체를 반환하는 함수입니다. template_name을 제외한 인자는 모두 선택 인자들입니다.

버전 2.0부터 폐지 예고된 상태이므로, 이 함수 대신 render() 함수를 사용하기를 권장합니다.

template_name(필수 인자)

템플릿 파일명. 복수 개가 주어지면 가장 먼저 찾게 되는 파일이 사용됩니다.

context

템플릿 컨텍스트 데이터가 담긴 파이썬 사전형 객체

content_type

최종 결과에 사용될 MIME 타입. 디폴트는 DEFAULT_CONTENT_TYPE 설정 항목값을 따릅니다.

status

응답에 포함될 상태 코드이며, 디폴트는 200입니다.

using

템플릿 로딩에 사용되는 템플릿 엔진 이름

14.6.2 render() 단축 함수

```
render(request, template_name, context=None, content_type=None, status=None,
using=None)
```

템플릿 파일과 컨텍스트 사전을 인자로 받아 렌더링 처리한 후, HttpResponse 객체를 반환하는 함수입니다.

request 및 template_name을 제외한 인자는 모두 선택 인자들입니다.

request(필수 인자)

클라이언트로부터 보내온 요청 객체. 내부적으로는 요청 객체에 담겨 있는 파라미터들을 사용해 RequestContext 객체를 만들고, 이 데이터들을 컨텍스트 데이터에 추가합니다.

template_name(필수 인자)

템플릿 파일명. 복수 개가 주어지면 가장 먼저 찾게 되는 파일이 사용됩니다.

context

템플릿 컨텍스트 데이터가 담긴 파이썬 사전형 객체

content_type

최종 결과에 사용될 MIME 타입. 디폴트는 DEFAULT_CONTENT_TYPE 설정 항목값을 따릅니다.

status

응답에 포함될 상태 코드이며, 디폴트는 200입니다.

using

템플릿 로딩에 사용되는 템플릿 엔진 이름

예를 들어 설명하겠습니다. 다음의 render() 단축 함수는 myapp/index.html 템플릿 파일을 MIME 타입 application/xhtml+xml 형식으로 렌더링 처리합니다.

```
from django.shortcuts import render

def my_view(request):
    # View code here...
    return render(request, 'myapp/index.html', {'foo': 'bar'}, content_type='application/
xhtml+xml')
```

위 예제는 다음과 같은 문장들을 단축해서 표현한 것입니다.

```
from django.http import HttpResponse
from django.template import loader

def my_view(request):
    # View code here...
    t = loader.get_template('myapp/index.html')
    c = {'foo': 'bar'}
    return HttpResponse(t.render(c, request), content_type='application/xhtml+xml')
```

14.6.3 redirect() 단축 함수

```
redirect(to, *args, permanent=False, **kwargs)
```

to 인자로 주어진 URL로 이동하기 위한 HttpResponseRedirect 객체를 반환합니다. Permanent 인자가 True면 영구 리다이렉션(응답 코드 301)을 하고, False(디폴트)면 임시 리다이렉션(응답 코드 302 또는 307) 응답을 합니다.

to 인자는 다음과 같이 3가지 종류로 주어집니다.

- 이동하기 위한 URL을 직접 지정합니다. 절대 URL과 상대 URL 모두 가능합니다. 지정한 URL로 리다이렉트됩니다.
- 모델명을 지정하면, 그 모델의 get_absolute_url() 메소드에서 반환하는 URL로 리다이렉트됩니다.

- URL 패턴의 이름을 지정하면, reverse() 함수를 호출하면서 그 패턴명을 인자로 넘겨줍니다. 그리고 reverse() 함수의 결과로 반환되는 URL로 리다이렉트됩니다.

12장에서 코딩한 예제를 보면서 설명하겠습니다.

12장의 photo/views.py 파일을 보면, AlbumPhotoCV 뷰의 form_valid() 메소드에서 redirect() 단축 함수를 사용하고 있습니다.

```
class AlbumPhotoCV(LoginRequiredMixin, CreateView):

    def get_context_data(self, **kwargs):

# 상단 내용 생략
    def form_valid(self, form):
        form.instance.owner = self.request.user
        context = self.get_context_data()
        formset = context['formset']
        for photoform in formset:
            photoform.instance.owner = self.request.user
        if formset.is_valid():
            self.object = form.save()
            formset.instance = self.object
            formset.save()
            return redirect(self.get_success_url())  ---------- ❶
        else:
            return self.render_to_response(self.get_context_data(form=form))
# 하단 내용 생략
```

❶번 문장은 앨범과 사진을 생성한 후에, 생성한 앨범을 보여주는 화면으로 리다이렉트하기 위한 문장입니다. 이 문장은 다음과 같이 다른 형태의 문장으로 사용할 수 있으며 모두 동일한 기능을 수행합니다.

```
# get_absolute_url() 함수의 반환값이 URL이므로, URL을 직접 지정하는 경우입니다.
return redirect(self.object.get_absolute_url())

# 모델 객체를 지정해 그 모델의 get_absolute_url() 메소드를 호출하는 경우입니다.
return redirect(self.object)

# URL 패턴명을 지정해 reverse() 함수를 호출하는 경우입니다. (위치 인자 방식)
```

```
return redirect('photo:album_detail', self.object.id)

# URL 패턴명을 지정해 reverse() 함수를 호출하는 경우입니다. (키워드 인자 방식)
return redirect('photo:album_detail', pk=self.object.id)
```

14.6.4 get_object_or_404() 단축 함수

```
get_object_or_404(klass, *args, **kwargs)
```

klass 모델에 해당하는 테이블에서 args 또는 kargs 조건에 맞는 레코드를 검색합니다. 있으면 해당 레코드를 반환하고, 없으면 Http404 익셉션을 발생시킵니다. 조건에 맞는 레코드가 둘 이상이면 MultipleObjectsReturned 익셉션을 발생시킵니다. klass는 Model 또는 Manager 클래스일 수도 있고, QuerySet 객체일 수도 있습니다.

모델 매니저 클래스의 get() 메소드를 사용해 검색합니다.

예를 들어 아래의 get_object_or_404() 단축 함수는 MyModel 모델에서 기본 키가 1인 객체를 찾아 반환합니다.

```
from django.shortcuts import get_object_or_404

def my_view(request):
    my_object = get_object_or_404(MyModel, pk=1)
```

위 예제는 다음과 같은 문장들을 단축해서 표현한 것입니다.

```
from django.http import Http404

def my_view(request):
    try:
        my_object = MyModel.objects.get(pk=1)
    except MyModel.DoesNotExist:
        raise Http404("No MyModel matches the given query.")
```

14.6.5 get_list_or_404() 단축 함수

```
get_list_or_404(klass, *args, **kwargs)
```

klass 모델에 해당하는 테이블에서 args 또는 kargs 조건에 맞는 레코드들을 검색합니다. 있으면 해당 레코드들의 리스트를 반환하고, 결과가 빈 리스트이면 Http404 익셉션을 발생시킵니다. klass는 Model 또는 Manager 클래스일 수도 있고, QuerySet 객체일 수도 있습니다.

모델 매니저 클래스의 filter() 메소드를 사용해 검색합니다.

예를 들어 아래의 get_list_or_404() 단축 함수는 MyModel 모델에서 출판이 완료된 객체들을 찾아 리스트로 반환합니다.

```
from django.shortcuts import get_list_or_404

def my_view(request):
    my_objects = get_list_or_404(MyModel, published=True)
```

위 예제는 다음과 같은 문장들을 단축해서 표현한 것입니다.

```
from django.http import Http404

def my_view(request):
    my_objects = list(MyModel.objects.filter(published=True))
    if not my_objects:
        raise Http404("No MyModel matches the given qu
```

14

CHAPTER 15

장고 핵심 기능 - Template

템플릿 파일을 작성하는 것은 초보자도 금방 습득할 수 있습니다. 몇 가지의 템플릿 문법만 알면 템플릿 파일을 작성할 수 있는데, 그 이유는 템플릿 문법이 그리 어려운 편이 아니기 때문입니다. 오히려 개발자가 작성한 템플릿 파일을 처리하는 내부 과정이 복잡한 편입니다. 장고 내부에서는 템플릿 엔진이 이런 템플릿의 복잡한 과정을 처리하고 있습니다.

이번 장에서는 템플릿의 내부 처리 과정을 알아보고자 합니다. 당장 장고 프로그램을 개발하기 위해 처음부터 알고 있어야 하는 기술은 아니지만, 중급 개발자로 가기 위해서는 필요한 기술입니다. 특히 개발자가 스스로 정의하는 커스텀 템플릿 태그를 작성하고자 한다면 이런 템플릿의 내부 처리 과정을 이해할 필요가 있습니다.

그리고 템플릿 파일을 코딩할 때, 정적 파일을 다루는 경우가 많습니다. 템플릿 주제와는 다소 거리감이 있지만, 정적 파일을 처리하는 staticfiles 애플리케이션에 대해서도 추가적으로 설명합니다.

15.1 템플릿 설정 항목(1.8 버전 이상)

15

장고의 코어 템플릿 엔진을 DTL[Django Template Language]이라고 합니다. 그리고 장고는 DTL 이외에도 Jinja 템플릿 엔진을 기본적으로 지원하며, 다른 템플릿 엔진도 설치하면 사용이 가능합니다.

템플릿은 어떤 템플릿 엔진을 사용할 것인지 지정하는 것부터 시작합니다. 이는 설정 파일에서 이뤄지는데, 템플릿 엔진과 그 엔진에 적용할 옵션들을 지정합니다. 다음은 프로젝트 생성 시 startproject 명령에 의해 작성된 settings.py 파일 중 템플릿 설정 부분입니다.

```
$ cd /home/shkim/pyDjango/ch15/mysite/
$ vi settings.py

# 파일 중간 부분
TEMPLATES = [
    {
        'BACKEND': 'django.template.backends.django.DjangoTemplates',
        'DIRS': [],
        'APP_DIRS': True,
        'OPTIONS': {
            'context_processors': [
                'django.template.context_processors.debug',
                'django.template.context_processors.request',
                'django.contrib.auth.context_processors.auth',
                'django.contrib.messages.context_processors.messages',
            ],
        },
    },
]
```

BACKEND 항목은 사용할 템플릿 엔진을 지정합니다. 장고에서는 다음 2가지 템플릿 엔진을 기본적으로 지원하며, 필요하다면 장고의 템플릿 API를 이용해서 만든 서드 파티 엔진을 지정하는 것도 가능합니다.

- **django.template.backends.django.DjangoTemplates**: 장고의 자체 템플릿 엔진입니다.
- **django.template.backends.jinja2.Jinja2**: 파이썬 언어의 대표적인 템플릿 엔진입니다. 시스템에 Jinja2 라이브러리가 설치되어 있으면, 장고가 제공하는 설정이나 API 등을 사용할 수 있습니다.

DIRS 항목은 프로젝트 템플릿 파일이 위치한 디렉터리를 지정합니다. 다음에 나오는 APP_DIRS 항목과 관련된 애플리케이션 템플릿 디렉터리보다 우선해 파일을 찾습니다. 디폴트는 빈 리스트입니다. 1.7 버전까지는 별도의 설정 항목 TEMPLATE_DIRS로 존재하던 항목입니다.

본문 예제에서는 다음처럼 프로젝트 템플릿 디렉터리를 지정해서 사용했습니다.

```
'DIRS': [os.path.join(BASE_DIR, 'templates')],
```

APP_DIRS 항목은 템플릿 파일을 찾을 때, 애플리케이션 내의 템플릿 디렉터리에서도 찾을지 여부를 지정합니다. 디폴트는 False지만 startproject 명령에 의해 settings.py 파일이 만들어질 때는 True로 설정됩니다.

OPTIONS 항목은 템플릿 엔진에 따라 해당하는 옵션 항목들을 설정합니다. 장고 템플릿 엔진을 사용하는 경우는 다음과 같은 옵션 항목이 있습니다.

- **'context_processors'** : 웹 요청에 들어 있는 파라미터들(request)을 인자로 받아서 컨텍스트 데이터로 사용될 사전을 만드는 호출 가능한 객체(callable)를 지정합니다. 보통은 함수로 정의되는데, 이 함수들이 반환하는 사전은 최종 컨텍스트 데이터를 만들 때 추가됩니다. 디폴트는 빈 리스트입니다. 1.7 버전까지는 별도의 설정 항목 TEMPLATE_CONTEXT_PROCESSORS로 존재하던 항목입니다.
- **'debug'** : 템플릿 디버그 모드를 설정합니다. True로 설정하면, 템플릿 렌더링 과정에서 에러가 발생했을 때 템플릿 파일 내에서 에러가 발생한 줄을 다른 색으로 표시합니다. 디폴트는 다른 설정 항목인 DEBUG 항목의 값을 따릅니다. 1.7 버전까지는 별도의 설정 항목 TEMPLATE_DEBUG로 존재하던 항목입니다.
- **'loaders'** : 템플릿 로더 클래스를 지정합니다. 로더는 템플릿 파일을 찾아 메모리로 로딩하는 역할을 수행합니다. 1.7 버전까지는 별도의 설정 항목 TEMPLATE_LOADERS로 존재하던 항목입니다.
- **'string_if_invalid'** : 템플릿 변수가 잘못된 경우 대신 사용할 문자열을 지정합니다. 디폴트는 공백 문자열입니다. 1.7 버전까지는 별도의 설정 항목 TEMPLATE_STRING_IF_INVALID로 존재하던 항목입니다.
- **'file_charset'** : 템플릿 파일을 읽어 디코딩할 때 사용하는 문자셋을 지정합니다. 디폴트는 'utf-8' 입니다.

15.2 템플릿 내부 처리 과정

개발자는 적절한 위치에 파일을 만들고, 그 파일에 템플릿 문법에 따라 템플릿 코드만 작성하면 됩니다. 그 이후 웹 브라우저에 응답할 최종 HTML 텍스트 파일은 장고가 알아서 만들어줍니다.

장고 내부에서 동작하는 템플릿 처리 과정은 크게 3가지로 나눌 수 있습니다.

❶ 템플릿 설정에 따라 Engine 객체를 생성합니다.
❷ 템플릿 파일 로딩 및 Template 객체를 생성합니다.
❸ 렌더링을 실시해, 최종 HTML 텍스트 파일을 생성합니다.

15

각 순서에 따라 세부 사항을 살펴보겠습니다.

① 사용할 템플릿 엔진 및 관련 옵션들을 결정해 Engine 객체를 생성합니다

Engine 객체를 생성할 때 사용하는 인자들이 TEMPLATES 설정 항목에 지정된 값들입니다. 설정에 대한 자세한 설명은 **15.1 템플릿 설정 항목**을 참고하기 바랍니다.

이 중에서 loaders 옵션 항목은 다음 ②번에서 사용되고, context_processors 옵션 항목은 다음 ③번에서 사용됩니다.

이 단계에서 Engine 객체뿐 아니라 Engine 객체에 소속된 Loader 객체도 같이 생성됩니다. 그 다음 Loader 객체가 동작해 다음 단계에서 설명하는 템플릿 파일 검색 작업이 수행됩니다.

② Engine 객체에 지정된 템플릿 로더(loader)는 하나 또는 여러 개로 나뉜 템플릿 파일들을 찾고 그 내용, 즉 템플릿 코드들을 하나로 모아서 Template 객체를 생성합니다

설정 옵션 항목에 laoders가 지정되지 않은 경우, 디폴트 로더로 다음 2개의 클래스를 사용합니다. 그 밖에 캐시 로더 또는 개발자가 만든 커스텀 로더 등을 사용할 수도 있지만, 특별한 경우가 아니라면 디폴트 로더 2개를 변경 없이 사용하는 것이 일반적입니다.

- **django.template.loaders.filesystem.Loader** : 템플릿 파일을 찾기 위해 설정 항목 TEMPLATES의 DIRS 항목에 지정된 디렉터리를 검색합니다. DIRS 항목이 비어 있으면 로더는 검색을 수행하지 않습니다.
- **django.template.loaders.app_directories.Loader** : 템플릿 파일을 찾기 위해 각 애플리케이션 디렉터리 하위에 있는 templates/ 디렉터리를 검색합니다. 애플리케이션은 INSTALLED_APPS 설정 항목에 등록된 앱들이 대상입니다. 이 로더는 TEMPLATES 설정 항목의 APPS_DIR 항목이 True인 경우만 동작합니다.

한 가지 더 유의할 점은, 템플릿 파일을 찾는 순서입니다. loaders 디폴트 설정에 filesystem.Loader가 app_directories.Loader보다 먼저 나오므로, DIRS 항목에 지정된 디렉터리를 가장 먼저 찾게 됩니다. 그리고 INSTALLED_APPS 항목에 지정된 앱의 순서에 따라 각 앱의 templates/ 디렉터리를 검색합니다.

이 단계에서 Loader 객체는 템플릿 파일들을 찾은 후에 Template 객체를 생성합니다. 이때 찾은 템플릿 파일들의 템플릿 코드들을 하나로 모아서, Template 객체 생성자로 전달합니다. 템플릿 파일을 찾은 결과는 보통 하나의 파일이지만, {% extends %} 또는 {% include %} 태그가 있는 경우는 여러 개의 파일을 찾게 됩니다. 이 단계에서 생성된 Template 객체는 다음 단계에서 사용됩니다.

③ Template 객체의 render( ) 메소드를 호출해 컨텍스트 데이터와 요청(request) 데이터들을 템플릿 코드에 대입하고 렌더링 결과로 최종 텍스트 파일을 만듭니다

렌더링을 위해서는 템플릿 코드와 컨텍스트 데이터가 필요합니다. 템플릿 코드는 앞 단계에서 만들어지고, 컨텍스트 데이터는 뷰 함수에서 만들어져 템플릿 시스템으로 전달됩니다. 한 가지 더 있는데 웹 요청 객체인 HttpRequest 객체에 들어 있는 데이터도 컨텍스트 데이터로 사용됩니다.

뷰에서 전달된 데이터만으로 최종 컨텍스트 데이터를 만들 때는 Context 객체를 사용하고, HttpRequest 데이터를 포함해 최종 컨텍스트 데이터를 만들 때는 RequestContext 객체를 사용합니다.

HttpRequest 객체에는 다양한 데이터가 포함되어 있습니다. 이 중에서 어떤 데이터를 컨텍스트 데이터로 사용할지를 결정하는 것이, 템플릿 엔진 설정 항목의 context_processors 옵션 항목입니다. 처음 startproject 명령으로 프로젝트 생성 시 다음과 같은 4가지 컨텍스트 프로세서가 지정됩니다.

- **django.template.context_processors.debug** : 현재 실행 환경의 DEBUG 모드를 지칭하는 debug 변수 및 웹 요청 처리 과정에 사용된 SQL 쿼리 정보를 담은 sql_queries 변수, 2가지가 최종 컨텍스트 데이터에 추가됩니다.
- **django.template.context_processors.request** : 현 요청의 HttpRequest를 지칭하는 request 변수가 최종 컨텍스트 데이터에 추가됩니다.
- **django.contrib.auth.context_processors.auth** : 로그인 사용자를 지칭하는 user 변수 및 그 사용자의 권한을 지칭하는 perms 변수가 최종 컨텍스트 데이터에 추가됩니다.
- **django.contrib.messages.context_processors.messages** : 메시지 리스트를 지칭하는 messages 변수와 메시지 레벨을 지칭하는 DEFAULT_MESSAGE_LEVELS 변수가 최종 컨텍스트 데이터에 추가됩니다.

RequestContext 객체가 생성될 때는, 위 4개의 컨텍스트 프로세서 이외에도 CSRF[Cross Site Request Forgery] 보안 공격을 방지하기 위한 다음 프로세서가 자동으로 추가됩니다.

- **django.template.context_processors.csrf** : {% csrf_token %} 템플릿 태그 처리에 필요한 토큰이 최종 컨텍스트 데이터에 추가됩니다.

템플릿 코드에 컨텍스트 데이터를 대입해 처리하는 렌더링 과정을 다음 절에서 계속 살펴보겠습니다.

15.3 템플릿 렌더링 실습

렌더링이란 템플릿 코드가 담겨 있는 Template 객체가 생성된 후, 템플릿 코드에 포함된 변수들을 그에 맞는 데이터로 치환해 최종 텍스트를 만드는 과정입니다. 템플릿 렌더링 API들을 실습하면서 렌더링 과정을 살펴보겠습니다.

예제 15-1 템플릿 렌더링 실습

```
$ cd /home/shkim/pyDjango/ch15/
$ source /home/shkim/VENV/vDjBook/bin/activate
(vDjBook)$ python manage.py shell
Python 3.7.3 (default, Jun 27 2019, 07:39:33)
[GCC 4.8.5 20150623 (Red Hat 4.8.5-36)] on linux
Type "help", "copyright", "credits" or "license" for more information.
(InteractiveConsole)

# 렌더링에 필요한 클래스 2개를 임포트합니다.
>>> from django.template import Template, Context

# 템플릿 코드를 인자로 전달해서 Template 객체를 생성합니다.
>>> template = Template("My name is {{ my_name }}.")

# 사전 형식의 컨텍스트 데이터를 담은 Context 객체를 생성합니다.
>>> context = Context({"my_name": "John"})

# Template 객체의 render() 메소드를 호출해 렌더링 처리를 수행합니다.
>>> template.render(context)
'My name is John.'

# 컨텍스트 데이터를 변경해서 실습합니다.
>>> context = Context({"my_name": "Jane"})

# 템플릿 코드는 동일하고, 컨텍스트 데이터만 변경해 렌더링한 결과입니다.
>>> template.render(context)
'My name is Jane.

# 지금부터는 템플릿 문법 Dot(.)에 대한 실습입니다.

# foo.bar는 foo["bar"], foo.bar, foo[bar] 순서로 번역을 시도합니다.
>>> t = Template("My name is {{ person.first_name }}.")
```

```
# 사전 형식의 데이터이므로 person["first_name"]으로 번역합니다.
>>> d = {"person": {"first_name": "Joe", "last_name": "Johnson"}}
>>> t.render(Context(d))
'My name is Joe.'

# 속성을 가진 데이터이므로 person.first_name으로 번역합니다.
>>> class PersonClass: pass
...
>>> p = PersonClass()
>>> p.first_name = 'Ron'
>>> p.last_name = 'Nasty'
>>> t.render(Context({"person":p}))
'My name is Ron.'

# 리스트 형식의 데이터이므로 test_list[0]으로 번역합니다.
>>> tpl = Template("The first element in the list is {{ test_list.0 }}.")
>>> t_list = ["Larry", "Curly", "Moe"]
>>> tpl.render(Context({"test_list":t_list}))
'The first element in the list is Larry.'

# 컨텍스트 데이터에 호출 가능한 객체(callable)가 있다면 호출을 시도합니다.
>>> class PersonClass2:
...     def name(self):
...         return "Samantha"
...
>>> tt = Template("My name is {{ person.name }}.")
>>> tt.render(Context({"person":PersonClass2}))
'My name is Samantha.'
```

15.4 제네릭 뷰의 디폴트 템플릿

15

본문의 예제에서 제네릭 클래스형 뷰를 많이 사용했는데, 모델을 대상으로 로직을 처리하는 제네릭 뷰들 대부분은 디폴트 템플릿명을 가지고 있습니다. 디폴트 템플릿명이란, 제네릭 뷰에서 template_name 속성을 지정하지 않는 경우에 사용하는 템플릿 파일 이름을 말합니다.

디폴트 템플릿명은 다음과 같은 규칙에 따라 정해지는데, 다음 표는 각 제네릭 뷰마다 디폴트 템플릿명에 대한 예시를 나타내므로 이를 참고하면 이해하기 쉬울 것입니다.

- 〈app_label〉/〈model_name 소문자〉_〈template_name_suffix〉.html

표 15-1 제네릭 뷰에 따른 디폴트 템플릿

Generic View 이름	template_name_suffix	예시(블로그 앱의 Post 모델인 경우)
ListView	_list	blog/post_list.html
DetailView	_detail	blog/post_detail.html
ArchiveIndexView	_archive	blog/post_archive.html
YearArchiveView	_archive_year	blog/post_archive_year.html
MonthArchiveView	_archive_month	blog/post_archive_month.html
WeekArchiveView	_archive_week	blog/post_archive_week.html
DayArchiveView	_archive_day	blog/post_archive_day.html
TodayArchiveView	_archive_today	blog/post_archive_today.html
DateDetailView	_detail	blog/post_detail.html
CreateView	_form	blog/post_form.html
UpdateView	_form	blog/post_form.html
DeleteView	_confirm_delete	blog/post_confirm_delete.html

참고로 TemplateView, RedirectView 등은 모델을 지정할 필요가 없는 제네릭 뷰이므로, 디폴트 템플릿명을 갖지 않습니다.

15.5 {% include %} 태그

장고에서는 DRY Don't Repeat Yourself 원칙에 따라, 코드의 중복을 줄일 수 있는 여러 가지 기능을 제공합니다. 템플릿 분야에서는 {% extends %} 태그를 사용한 템플릿 상속 기능이 가장 대표적인 기능입니다. 또한 공통된 코드를 재활용하면서 코드 중복을 줄이기 위해, 그 다음으로 많이 쓰이는 태그가 {% include %} 태그라고 할 수 있습니다. 공통적으로 사용할 수 있는 템플릿 파일을 따로 만들어 둔 다음, {% include %} 태그로 공통 파일을 가져와 사용하는 방식입니다.

{% include %} 태그는 다른 템플릿 파일을 현재의 템플릿 파일에 포함시키는 기능을 합니다. 다른

템플릿 파일을 가져와서 렌더링할 때는 현재의 템플릿 컨텍스트로 렌더링합니다.

```
{% include "foo/bar.html" %}        # 템플릿 파일명을 따옴표로 묶습니다.

{% include template_name %}         # 템플릿 파일명이 들어 있는 변수를 사용해도 됩니다.
```

만일 foo/bar.html 파일의 내용이 아래와 같다면, 다음의 3가지 형식으로 {% include %} 태그를 사용할 수 있습니다.

```
{{ greeting }}, {{ person|default:"friend" }}
```

{% include "foo/bar.html" %}

이 경우는 foo/bar.html 템플릿을 사용하는 현재의 뷰에서 제공하는 컨텍스트 변수를 사용합니다. 만일 컨텍스트 변수가 greeting은 "Hello"로, person은 "John"으로 주어진다면, 위 문장을 렌더링한 결과는 "Hello, John"이 될 것입니다.

{% include "foo/bar.html" with person="Jane" greeting="Hello" %}

이처럼 {% include %} 태그에서 키워드 인자로 변수를 지정할 수도 있습니다. 위 문장을 렌더링한 결과는 "Hello, Jane"입니다.

{% include "foo/bar.html" with greeting="Hi" only %}

이와 같이 {% include %} 태그에서 변수를 고정할 수도 있습니다. 만일 컨텍스트 변수가 greeting은 "Hello"로, person은 "John"으로 주어진다면, 위 문장을 렌더링한 결과는 "Hello, John"이 아니라 "Hi, John"이 됩니다.

본문의 예제에 {% include %} 태그를 적용해보겠습니다.

본문의 **3.2.5 템플릿 코딩하기**에서 [Archive] 메뉴에 대한 처리를 위해, post_archive.html, post_archive_year.html, post_archive_month.html, post_archive_day.html 등 4개의 템플릿 파일을 코딩한 바 있습니다. 그런데 이 파일들에는 날짜와 포스트 제목을 보여주는 템플릿 문장이 공통으로 들어 있습니다. 다음 post_archive.html 파일에 공통 부분을 표시했습니다.

```
{% extends "base.html" %}

{% block title %}post_archive.html{% endblock %}

{% block content %}

    <h1>Post Archives until {% now "N d, Y" %}</h1>

    {% for date in date_list %}
    <a href="{% url 'blog:post_year_archive' date|date:'Y' %}"
       class="btn btn-outline-primary btn-sm mx-1">
        Year-{{ date|date:"Y" }}</a>
    {% endfor %}

    <br><br>

    <div>
# 여기서부터 공통 부분
        <ul>
            {% for post in object_list %}
            <li class="h5">
                {{ post.modify_dt|date:"Y-m-d" }} 
                <a href="{{ post.get_absolute_url }}"><strong>{{ post.title }}</strong></a>
            </li>
            {% endfor %}
        </ul>
# 여기까지 공통 부분
    </div>

{% endblock %}
```

위에서 표시한 공통 부분은 4개 파일에 동일하게 들어 있어서 중복됩니다. 중복 부분을 별도의 post_archive_snippet.html 파일에 저장합니다.

```
$ cd /home/shkim/pyDjango/ch15/blog/templates/blog/
$ vi post_archive_snippet.html

<ul>
    {% for post in object_list %}
    <li class="h5">
        {{ post.modify_dt|date:"Y-m-d" }} 
```

```
        <a href="{{ post.get_absolute_url }}"><strong>{{ post.title }}</strong></a>
    </li>
    {% endfor %}
</ul>
```

그러고 나서 기존의 4개 파일에서 {% include "blog/post_archive_snippet.html" %} 태그를 사용하면 됩니다. 다음 예시는 post_archive.html 템플릿 파일만 보여주지만, 나머지 3개도 동일하게 코딩하면 됩니다.

```
{% extends "base.html" %}

{% block title %}post_archive.html{% endblock %}

{% block content %}

    <h1>Post Archives until {% now "N d, Y" %}</h1>

    {% for date in date_list %}
    <a href="{% url 'blog:post_year_archive' date|date:'Y' %}"
       class="btn btn-outline-primary btn-sm mx-1">
        Year-{{ date|date:"Y" }}</a>
    {% endfor %}

    <br><br>

    <div>
    {% include "blog/post_archive_snippet.html" %}     # 변경된 부분
    </div>

{% endblock %}
```

이렇게 {% include %} 태그를 사용해 코드량을 줄이고 중복 코드도 제거했습니다. 이보다 더 중요한 점은 공통 부분에 변경이 발생하는 경우 4개 파일 모두를 수정할 필요 없이 post_archive_snippet.html 파일만 수정하면 된다는 것입니다.

15.6 {% static %} 템플릿 태그

장고에서는 Image, 자바스크립트, CSS 파일들을 정적static 파일이라고 합니다. 템플릿에서도 이런 정적 파일을 자주 사용하므로, 장고는 {% static %} 태그를 제공해 정적 파일을 쉽게 처리할 수 있도록 하고 있습니다.

템플릿 파일에서 정적 파일을 사용하는 경우는 정적 파일을 찾을 수 있는 URL을 구성하는 경우가 대부분입니다. 그래서 {% static arg %} 태그도 URL을 구성해 반환하는데, 구성 방법은 STATIC_URL 설정 항목과 arg로 주어진 정적 파일을 합쳐서 URL을 만듭니다.

예를 들어 다음 예시는 2개의 파일에 작성된 내용을 기준으로 {% static %} 태그를 처리한 결과입니다.

```
# settings.py 파일
STATIC_URL = '/static/'

# 템플릿 *.html 파일
{% load static %}
<img src="{% static "images/hi.jpg" %}" alt="Hi!" />

# 템플릿 *.html 파일에서 {% static %} 태그를 처리한 결과는 다음과 같습니다.
<img src="/static/images/hi.jpg" alt="Hi!" />
```

위 예시처럼 {% static arg %} 태그의 인자는 문자열로 줄 수도 있지만 다음과 같이 컨텍스트 변수를 사용할 수도 있습니다.

```
{% load static %}
<link rel="stylesheet" href="{% static user_stylesheet %}" type="text/css" />
```

URL을 템플릿 변수에 저장하려면 다음과 같이 사용합니다.

```
{% load static %}
{% static "images/hi.jpg" as myphoto %}
<img src="{{ myphoto }}"></img>
```

NOTE_ {% load static %} vs {% load staticfiles %}

장고는 {% static %} 템플릿 태그를 두 곳의 소스 파일에서 제공합니다.

(파이썬 설치 디렉터리)/site-packages/django/templatetags/static.py
(파이썬 설치 디렉터리)/site-packages/django/contrib/staticfiles/templatetags/staticfiles.py

위에 있는 파일은 장고의 기본 템플릿 태그로 {% static %} 태그를 정의하고, 아래 파일은 staticfiles 애플리케이션의 템플릿 태그로 {% static %} 태그를 정의합니다.

버전 1.10부터는 위의 두 기능이 구분이 없어지면서 {% load static %} 태그를 사용할 것을 권장하고 있으며, {% load staticfiles %} 태그는 장고 3.0 버전부터는 삭제되었습니다.

본문의 **[예제 4-7 home.html 완성]**에서도 {% static %} 태그를 사용한 바 있는데 아래 코드를 참고하기 바랍니다. {% static %} 태그를 사용해 lion.jpg 이미지 파일의 위치에 대한 URL을 지정하고 있는데, 그 결과는 /static/img/lion.jpg/입니다.

```
# /home/shkim/pyDjango/ch15/templates/home.html 파일 일부

{% extends 'base.html' %}

{% load static %}

{% block title %}home.html{% endblock %}

{% block extra-style %}
<style type="text/css">
.home-image {
    background-image: url("{% static 'img/lion.jpg' %}");
# 하단 내용 동일
```

15.7 staticfiles 애플리케이션 기능

정적 파일을 처리하기 위해 장고는 staticfiles 애플리케이션을 제공합니다. 물론 이 애플리케이션은 개발 환경에서 사용되는 애플리케이션입니다. 상용 환경에서는 정적 파일을 처리하기 위해 훨씬 더 처리 능력이 뛰어난 Apache, Nginx 등의 웹 서버를 사용하기 때문입니다.

장고의 개발 환경에서 사용하는 웹 서버가 바로 runserver입니다. runserver를 실행시키고 정적 파일 처리가 필요하면, runserver는 staticfiles 앱을 사용해서 정적 파일을 처리합니다. 단, DEBUG 모드가 True인 경우만 staticfiles 앱이 동작합니다. 지금부터 장고에서 정적 파일을 어떻게 처리하는지 설명하겠습니다.

개념적으로 장고의 runserver는 다음 순서로 정적 파일을 처리합니다.

❶ 웹 클라이언트(브라우저)는 URL을 포함한 웹 요청을 서버에 보냅니다.

❷ 장고는 웹 요청 URL이 STATIC_URL로 시작하는지 검사합니다.

❸ URL이 STATIC_URL로 시작하면, 장고는 staticfiles 앱을 사용해 처리를 시작합니다.

❹ staticfiles 앱은 STATICFILES_FINDERS에 지정된 파인더로 정적 파일을 검색합니다.

❺ 파인더에 따라 검색하는 디렉터리가 달라집니다.

❻ 정적 파일을 찾으면 해당 파일을 웹 클라이언트에 응답합니다.

각 순서에 따라 세부 사항을 살펴보겠습니다. 설명을 위해 settings.py 설정 파일에 관련 항목이 다음처럼 설정되었다고 가정하고 진행합니다.

```
# startproject 명령 실행 시 등록된 내용
INSTALLED_APPS = (
    (중간 생략)
    'django.contrib.staticfiles',
    (중간 생략)
)

# startproject 명령 실행 시 지정된 내용
STATIC_URL = '/static/'

# 디폴트 설정
STATICFILES_FINDERS = (
    "django.contrib.staticfiles.finders.FileSystemFinder",
    "django.contrib.staticfiles.finders.AppDirectoriesFinder",
)

# 수동으로 추가
STATICFILES_DIRS = [os.path.join(BASE_DIR, 'static')]
```

① 웹 클라이언트(브라우저)는 URL을 포함한 웹 요청을 서버에 보냅니다

웹 요청을 보내는 한 가지 예시가 바로 템플릿 파일에서 {% static %} 태그를 사용하는 것입니다. 만일 템플릿 파일에서 〈img src="{% static 'images/hi.jpg' %}" /〉 문장을 사용한다면, {% static %} 태그 기능에 의해 〈img src="/static/images/hi.jpg" /〉 문장으로 변경되어 브라우저에 보내지고, 브라우저는 /static/images/hi.jpg URL을 포함해 웹 서버에 요청을 보냅니다.

이 설명에서 STATIC_URL 설정 항목이 반영되었다는 점에 유의하기 바랍니다.

② 장고는 웹 요청 URL이 STATIC_URL로 시작하는지 검사합니다

장고의 runserver는 웹 요청 URL을 검사합니다. 웹 요청 URL이 /static/images/hi.jpg이므로, STATIC_URL인 /static/으로 시작하고 있습니다.

③ URL이 STATIC_URL로 시작하면 장고는 staticfiles 앱을 사용해 처리를 시작합니다

장고의 runserver는 /static/images/hi.jpg URL을 처리하기 위해 staticfiles 앱의 views.serve() 뷰 함수를 호출합니다. 이때 뷰 함수에 "images/hi.jpg" 문자열을 인자로 전달합니다.

staticfiles 앱을 사용하기 위해서는 설정 파일의 INSTALLED_APPS 항목에 staticfiles 앱이 등록되어야 한다는 점을 유의하기 바랍니다.

④ staticfiles 앱은 STATICFILES_FINDERS에 지정된 파인더로 정적 파일을 검색합니다

뷰 함수 serve()는 파인더를 지정된 순서대로 사용하여 정적 파일을 찾습니다. 그래서 FileSystemFinder 파인더를 먼저 사용하고, 그 후에 AppDirectoriesFinder 파인더를 사용합니다.

⑤ 파인더에 따라 검색하는 디렉터리가 달라집니다

FileSystemFinder 파인더는 STATICFILES_DIRS 설정 항목에 지정된 디렉터리를 검색합니다. 그리고 AppDirectoriesFinder 파인더는 INSTALLED_APPS 설정 항목에 등록된 앱을 등록된 순서대로 순회하면서, 각 앱 디렉터리 하위의 static/ 디렉터리를 검색합니다.

STATICFILES_FINDERS 설정 항목에 FileSystemFinder 파인더가 먼저 지정되어 있으므로, 정적 파일을 검색 시 STATICFILES_DIRS 항목에 지정된 디렉터리가 각 앱의 static/ 디렉터리보다 먼저 찾게 됩니다.

⑥ 정적 파일을 찾으면 해당 파일을 웹 클라이언트에게 응답합니다

파인더에 의해 원하는 정적 파일을 찾으면, 장고의 runserver는 찾은 파일을 브라우저에 응답으로 보냅니다. 정적 파일을 못 찾으면 404 Not Found 에러 응답을 브라우저로 보냅니다.

> **NOTE_ 미디어 파일의 뷰 함수**
>
> ③번에서 설명한 staticfiles 앱의 **views.serve()** 뷰 함수는 정적 파일 처리뿐만 아니라 미디어 파일을 서비스해주는 데에도 사용합니다. 미디어 파일이란 사용자에 의해 업로드된 파일을 의미하는데, 이런 미디어 파일을 사용자에게 보여주는 과정이 정적 파일 처리 과정과 동일하므로, views.serve() 뷰 함수가 처리합니다.

지금까지 설명한 것처럼 staticfiles 앱은 정적 파일을 처리하기 위해 미리 설정된 항목을 사용하므로, settings 설정 파일에 이런 항목이 정확하게 지정되어 있어야 합니다. 정적 파일을 처리하기 위해 staticfiles 앱은 5가지 설정 항목을 사용하는데, 항목별로 설명했으니 참고하기 바랍니다.

STATIC_ROOT(Default: None)

배포 과정에서 collectstatic 명령을 실행하는데, collectstatic 명령이 정적 파일을 모아주는 목적지 디렉터리를 지정합니다. 즉 collectstatic 명령을 실행하면 이 명령은 정적 파일들을 찾아서 STATIC_ROOT 디렉터리에 복사합니다. 아파치와 같은 상용 웹 서버는 정적 파일들을 서비스하기 위해 이 디렉터리를 찾지만, 개발용 웹 서버인 runserver는 정적 파일을 STATIC_ROOT 디렉터리가 아니라 다른 곳에서 찾습니다. 위 ⑤번 설명을 참고하기 바랍니다.

STATIC_URL(Default: None)

정적 파일로 간주해 처리하라고 알려주는 URL을 지정합니다. 예를 들어 /static/이라고 지정되어 있다면, 장고는 웹 요청의 URL을 검사해 URL이 /static/으로 시작할 경우 정적 파일 처리를 위해 staticfiles 앱을 사용합니다. 프로젝트 생성 시 startproject 명령에 의해 STATIC_URL = '/static/'으로 설정되고, 그대로 변경 없이 사용하는 것이 일반적입니다.

STATICFILES_DIRS(Default: [])

정적 파일 처리를 위해 staticfiles 앱이 검색하는 디렉터리들을 리스트 또는 튜플로 지정합니다. 단 FileSystemFinder 파인더가 활성화된 경우에만 이 설정 항목을 사용합니다. 일반적으로 이 디렉터리는 프로젝트에 공통인 정적 파일들을 모아두는 용도로 사용합니다. 프로젝트 UI의 룩앤필을 결정하는 base.css 파일이 이 디렉터리에 저장되는 대표적인 정적 파일입니다.

STATICFILES_STORAGE(Default: 'django.contrib.staticfiles.storage.StaticFilesStorage')

collectstatic 명령으로 정적 파일을 모을 때 사용하는 파일 저장소 엔진용 클래스를 지정합니다. 개발 모드에서는 디폴트 설정을 그대로 사용하는 경우가 많지만, 상용 모드라면 별도의 저장소를 사용하는 경우를 고려해야 합니다. 이미지, 동영상 등의 정적 파일은 용량이 커서, 아마존 S3 등 별도의 저장소 서버를 사용하는 경우가 많기 때문입니다. 디폴트 설정인 StaticFilesStorage 클래스는 STATIC_ROOT 항목으로 지정된 로컬 디렉터리에 정적 파일을 모아줍니다.

STATICFILES_FINDERS(Default: ("django.contrib.staticfiles.finders.FileSystemFinder" "django.contrib.staticfiles.finders.AppDirectoriesFinder")

정적 파일을 찾아주는 파인더 클래스를 튜플로 지정합니다. 보통은 별도의 설정 없이 디폴트 설정을 주로 사용합니다. 디폴트로 지정된 FileSystemFinder 파인더는 STATICFILES_DIRS 설정 항목으로 지정된 디렉터리를 검색하고, AppDirectoriesFinder 파인더는 각 앱 디렉터리 하위의 static 디렉터리에서 정적 파일을 검색합니다. 정적 파일 검색 시 동일한 이름의 파일이 여러 개 발견되면, 처음으로 찾은 파일을 사용합니다.

참고로 django.contrib.staticfiles.finders.DefaultStorageFinder라는 파인더가 한 가지 더 있는데, 이 파인더는 DEFAULT_FILE_STORAGE 설정 항목으로 지정된 디렉터리를 검색합니다.

> **NOTE_ STATIC_ROOT vs MEDIA_ROOT**
>
> 장고에서는 위의 두 항목이 같으면 안 됩니다. MEDIA_ROOT 디렉터리에는 사용자가 업로드한 파일들이 있어서 보안에 취약하기 때문입니다. 따라서 runserver 실행 시 위의 두 항목이 같으면 익셉션이 발생합니다.
>
> 또한 파일 저장소로 로컬 시스템을 사용하는 경우 MEDIA_ROOT 디렉터리는 업로드한 파일이 저장되는 영구 저장소를 의미하지만, STATIC_ROOT 디렉터리는 정적 파일의 배포 및 서비스를 위한 임시 저장소를 의미한다는 점을 유의하기 바랍니다. 정적 파일에 대한 영구 저장소는 각 앱의 static 디렉터리 또는 STATICFILES_DIRS 항목에 지정한 디렉터리입니다.

CHAPTER 16

장고 핵심 기능 - Form

장고의 폼 동작은 Form 클래스로 폼을 정의하고 정의된 폼을 뷰에서 사용하며, 최종적으로 템플릿 엔진에 의해 HTML 텍스트로 렌더링되는 절차를 거쳐 사용자에게 보여집니다.

이번 장에서는 폼의 기능을 이해하고 폼 종류에 따라 다양하게 폼을 정의하는 방법에 대해 살펴봅니다.

장고에서 폼은 기본적으로 Form 클래스를 상속받아 정의합니다. 그 외에도 다음과 같은 폼 종류를 구분하고 만드는 방법을 알아야 합니다.

- **일반 폼** : Form 클래스를 상속받아 정의합니다.
- **모델 폼** : ModelForm 클래스를 상속받아 정의합니다. 폼 필드의 구성을 데이터베이스 모델 정의 기반으로 폼을 정의하는 경우에 사용합니다. modelform_factory() 함수를 사용해 모델 폼을 정의할 수도 있습니다.
- **폼셋** : 일반 폼을 여러 개 묶어서 한 번에 보여주는 폼입니다. formset_factory() 함수를 사용해 폼셋을 정의합니다.
- **모델 폼셋** : 데이터베이스 모델에 기초해서 만든 모델 폼을 여러 개 묶은 폼셋입니다. modelformset_factory() 함수를 사용해 모델 폼셋을 정의합니다.
- **인라인 폼셋** : 두 모델 간의 관계가 1:N인 경우, N 모델에 기초해서 만든 모델 폼을 여러 개 묶은 폼셋입니다. inlineformset_factory() 함수를 사용해 인라인 폼셋을 정의합니다.

16.1 장고 Form 클래스 이해

장고의 폼 기능을 이해하기 위해서는 폼에서 사용하는 바운드/언바운드, 유효성 검사 등의 용어와 HTML 텍스트로 렌더링하는 과정을 알아야 합니다. 이를 위해 장고 Form 클래스에서 제공하는 API들을 실습하면서 용어의 의미와 폼 기능을 살펴보겠습니다. 실습은 8장의 블로그 앱 검색 기능에서 사용한 폼을 예제로 삼았습니다. 주석 처리 설명에 유의하면서, Form 클래스의 속성과 메소드의 의미를 이해하기 바랍니다.

폼 정의는 **8.2.4 뷰 코딩하기**를 참고하기 바랍니다.

예제 16-1 Form 클래스 실습

```
$ cd /home/shkim/pyDjango/ch16/
$ source /home/shkim/VENV/vDjBook/bin/activate
(vDjBook)$ python manage.py shell
Python 3.7.3 (default, Jun 27 2019, 07:39:33)
[GCC 4.8.5 20150623 (Red Hat 4.8.5-36)] on linux
Type "help", "copyright", "credits" or "license" for more information.
(InteractiveConsole)

# 본문 8장에서 사용한 폼 클래스를 임포트합니다.
>>> from blog.forms import PostSearchForm

# 실습에 사용할 데이터를 사전형으로 지정합니다.
>>> good_data = {'search_word': 'test'}
>>> error_data = {'search_word': ''}
>>> initial_data = {'search_word': 'django'}

# 인자 없이 폼 객체를 만들면 언바운드폼이 됩니다.
>>> f = PostSearchForm()
>>> f.is_bound
False

# 데이터를 넣고 폼 객체를 만들면 바운드 폼이 됩니다.
>>> f = PostSearchForm(good_data)
>>> f.is_bound
True

# 빈 데이터를 넣어도 바운드 폼입니다.
```

```
>>> f = PostSearchForm({})
>>> f.is_bound
True

# 빈 데이터를 넣으면 유효성 검사는 False입니다.
>>> f.is_valid()
False

# 맞는 데이터를 넣으면 유효성 검사는 True입니다.
>>> f = PostSearchForm(good_data)
>>> f.is_valid()
True

# 틀린 데이터를 넣으면 유효성 검사는 False입니다.
# PostSearchForm 정의에서 search_word 필드가 필수라는 점에 유의하기 바랍니다.
>>> f = PostSearchForm(error_data)
>>> f.is_valid()
False

# 유효성 검사 오류 내역을 볼 수 있습니다.
>>> f.errors
{'search_word': ['This field is required.']}

# 오류 내역을 다른 데이터 형식으로 변환할 수 있습니다.
>>> f.errors.as_data()
{'search_word': [ValidationError(['This field is required.'])]}

# 오류 내역을 JSON 형식으로 봅니다.
>>> f.errors.as_json()
'{"search_word": [{"message": "This field is required.", "code": "required"}]}'

# 언바운드 폼인 경우, 유효성 검사는 False이지만 오류는 아닙니다.
>>> f = PostSearchForm()
>>> f.is_bound
False
>>> f.is_valid()
False
>>> f.errors
{}

# 폼에 초기 데이터를 지정할 수 있습니다. 그래도 언바운드 폼입니다.
>>> f = PostSearchForm(initial=initial_data)
>>> f.is_bound
```

16

```
False

# 폼의 내용을 보면 초기 데이터가 입력된 것을 확인할 수 있습니다.
>>> print(f)
<tr><th><label for="id_search_word">Search Word:</label></th><td><input type="text"
name="search_word" value="django" required id="id_search_word"></td></tr>

# has_changed() 메소드는 현재의 데이터가 초기 데이터와 다른지 검사합니다.
>>> f.has_changed()
True

# 현재의 데이터와 초기 데이터가 동일합니다.
>>> f = PostSearchForm(initial_data, initial=initial_data)
>>> f.has_changed()
False

# 현재의 데이터와 초기 데이터가 다릅니다.
>>> f = PostSearchForm(good_data, initial=initial_data)
>>> f.has_changed()
True

# 달라진 필드명의 리스트를 보여줍니다.
>>> f.changed_data
['search_word']

# 유효성 검사 전에 cleaned_data를 액세스하면 익셉션이 발생합니다.
>>> f.cleaned_data
Traceback (most recent call last):
  File "<console>", line 1, in <module>
AttributeError: 'PostSearchForm' object has no attribute 'cleaned_data'

# 유효성 검사를 수행합니다.
>>> f.is_valid()
True

# cleaned_data 속성에는 유효성 검사를 통과한 필드만 들어 있습니다.
>>> f.cleaned_data
{'search_word': 'test'}

# 폼 객체의 주요 기능은 유효성 검사와 HTML 텍스트로 렌더링하는 것입니다.

# 폼을 렌더링하고 그 결과를 <p> 태그 형식으로 보여줍니다.
>>> print(f.as_p())
```

```
<p><label for="id_search_word">Search Word:</label> <input type="text" name="search_word" value="test" required id="id_search_word"></p>

# 폼을 렌더링하고 그 결과를 <ul> 태그 형식으로 보여줍니다.
>>> print(f.as_ul())
<li><label for="id_search_word">Search Word:</label> <input type="text" name="search_word" value="test" required id="id_search_word"></li>

# 폼을 렌더링하고 그 결과를 <table> 태그 형식으로 보여줍니다.
>>> print(f.as_table())
<tr><th><label for="id_search_word">Search Word:</label></th><td><input type="text" name="search_word" value="test" required id="id_search_word"></td></tr>

# 형식을 지정하지 않으면 디폴트는 <table> 태그 형식으로 보여줍니다.
>>> print(f)
<tr><th><label for="id_search_word">Search Word:</label></th><td><input type="text" name="search_word" value="test" required id="id_search_word"></td></tr>

# auto_id=False로 지정하면 <label> 태그와 id 속성이 생성되지 않습니다.
>>> f = PostSearchForm(good_data, initial=initial_data, auto_id=False)
>>> print(f)
<tr><th>Search Word:</th><td><input type="text" name="search_word" value="test" required></td></tr>

# auto_id 값을 임의의 문자열로 지정할 수도 있습니다.
# 디폴트는 auto_id='id_%s' 입니다.
>>> f = PostSearchForm(good_data, initial=initial_data, auto_id='id_for_%s')
>>> print(f)
<tr><th><label for="id_for_search_word">Search Word:</label></th><td><input type="text" name="search_word" value="test" required id="id_for_search_word"></td></tr>

# auto_id=True로 지정할 수도 있는데, 위 결과와 비교해보기 바랍니다.

# 폼의 각 필드를 액세스할 수 있습니다.
# 장고 용어로 BoundField라고 하며, 폼의 각 필드에 대한 HTML 출력을 제어합니다.
>>> print(f['search_word'])
<input type="text" name="search_word" value="test" required id="id_for_search_word">

# 필드에 대한 <label> 태그 부분을 보여줍니다.
>>> print(f['search_word'].label_tag())
<label for="id_for_search_word">Search Word:</label>

# <label> 태그의 레이블을 보여줍니다.
```

```
>>> print(f['search_word'].label)
Search Word

# <input> 태그의 value 속성을 보여줍니다.
>>> print(f['search_word'].value())
test

# 초기값이 설정된 언바운드 폼에서 <input> 태그의 value 속성을 보여줍니다.
>>> f = PostSearchForm(initial=initial_data)
>>> print(f['search_word'].value())
django

# BoundField 클래스에는 많은 속성과 메소드가 있습니다.
# 장고 도큐먼트를 참고하기 바랍니다. (https://docs.djangoproject.com/en/2.2/ref/forms/api/)
```

16.2 일반 폼 정의

일반 폼을 이해하기 위해 9장에서 작성한 PhotoForm 클래스를 예제로 설명합니다. 본문에서는 일반 폼이 아니라 모델 폼 방식으로 작성했습니다. 여기서는 일반 폼으로 작성합니다. 이번 절과 다음 절을 통해 일반 폼과 모델 폼 작성 방법을 비교해보면서 모델 폼의 편리한 점에 대해 알게 될 것입니다.

참고로 **9.2.2 모델 코딩하기**에서 정의한 Album과 Photo 모델 클래스 정의는 다음과 같습니다.

```
class Album(models.Model):
    name = models.CharField('NAME', max_length=30)
    description = models.CharField('One Line Description', max_length=100, blank=True)

class Photo(models.Model):
    album = models.ForeignKey(Album, on_delete=models.CASCADE)
    title = models.CharField('TITLE', max_length=30)
    description = models.TextField('Photo Description', blank=True)
    image = ThumbnailImageField('IMAGE', upload_to='photo/%Y/%m')
    upload_dt = models.DateTimeField('UPLOAD DATE', auto_now_add=True)
```

Photo 모델을 참고해서 Photo 모델의 각 필드가 표시되도록, PhotoForm 일반 폼을 작성하면 다음과 같습니다. 일반 폼 방식으로 작성하기 위해 ModelForm이 아니라 Form 클래스를 상속받고 있습니다.

```
from django import forms

class PhotoForm(forms.Form):
    album = forms.ModelChoiceField(queryset=Album.objects.all())
    title = forms.CharField(label='TITLE', max_length=30)
    description = forms.CharField(label='Photo Description', widget=forms.Textarea,
required=False)
    image = ImageField(label='IMAGE')
    upload_dt = forms.DateTimeField(label='UPLOAD DATE') #auto_now_add
```

일반 폼으로 작성하기 위해서는 직접 폼 필드를 지정해야 하므로, 모델의 필드와 폼의 필드 간 매핑 룰을 알아야 합니다. 위의 예제에서는 다음과 같은 매핑 룰이 적용되었습니다.

- 모델의 ForeignKey 필드는 폼의 ModelChoiceField 필드로 매핑됩니다. 선택 항목들은 queryset 속성으로 지정합니다.
- 모델의 CharField 필드는 폼의 CharField 필드로 매핑됩니다. 모델의 verbose_name 속성은 폼의 label 속성으로 매핑됩니다. max_length 속성도 그대로 매핑됩니다.
- 모델의 TextField 필드는 폼의 CharField 필드로 매핑하면서 widget 속성을 forms.Textarea로 지정합니다. 또한 모델 정의에서 blank=True면 폼 필드는 required=False가 됩니다.
- 모델의 ImageField 필드는 폼의 ImageField 필드로 매핑됩니다.
- 모델의 upload_dt 필드는 자동으로 채워지는 속성(auto_now_add)이므로, 폼에는 정의하지 않아도 됩니다.

NOTE_ 모델 필드와 폼 필드 간 매핑 룰

위에서 설명한 항목 외 각 필드 간 매핑 룰 및 폼 필드에 대한 자세한 사항은 다음 사이트를 참고하기 바랍니다.

https://docs.djangoproject.com/en/2.2/topics/forms/modelforms/

16.3 모델 폼 정의

모든 폼이 모델과 관련되는 것은 아닙니다. 단순하게 이름을 입력하는 폼이나 8장에서 정의한 PostSearchForm 폼 등은 모델과 무관합니다. 이런 경우는 일반 폼을 만듭니다. 그런데 앞 절에서 정의한 PhotoForm은 Photo 모델 정의를 기초로 만듭니다. Photo 모델, 즉 Photo 테이블에서 새로운 레코드를 생성하거나 기존 레코드를 변경하기 위해 폼을 사용하는 것입니다.

이렇게 모델 정의를 기초로 해서 만드는 폼을 모델 폼이라 하고, 모델 폼을 정의할 때는 폼 필드를 정의하지 않아도 장고가 알아서 정의해줍니다. 이런 모델 폼을 만드는 방법을 세 가지로 나누어 설명하겠습니다. 방법은 다르지만 모델을 기초로 해서 폼을 만든다는 원리는 동일합니다.

16.3.1 ModelForm 클래스 방식

장고에서 기본으로 제공하는 ModelForm 클래스는 모델에 정의한 필드를 참조해서 모델 폼을 만드는 역할을 합니다. 개발자는 ModelForm 클래스를 상속받아 모델 폼을 정의하면 되므로, 작업이 매우 간단해집니다.

앞 절에서 정의한 PhotoForm을 ModelForm 클래스 방식으로 정의하면 다음과 같습니다.

```
from django import forms

class PhotoForm(forms.ModelForm):
    class Meta:
        model = Photo
        fields = ['title', 'image', 'description']
        # fields = '__all__'
        # exclude = ['description']
```

모델 폼을 만들 때는 위와 같이 기초가 되는 model과 폼에 표시될 fields만 Meta 클래스에 정의하면 됩니다. 다만 다음처럼 약간 변형된 방법으로도 정의할 수 있습니다.

- fileds 속성에 '__all__'이라고 하면, 모델에 정의된 모든 필드를 폼에 포함합니다.
- fields 속성 대신 exclude 속성으로 필드를 지정하면, 지정된 필드만 제외하고 모든 필드를 폼에 포함합니다.

16.3.2 modelform_factory 함수 방식

모델 폼을 만드는 또 다른 방법은 modelform_factory 함수를 사용하는 것입니다. 앞에서 정의한 PhotoForm과 동일한 모델 폼을, 함수를 사용해 정의하면 다음과 같습니다. 실제 코딩 시 이 내용은 폼에 대한 정의이므로 forms.py 파일에 넣는 것이 일반적입니다.

```
from django.forms.models import modelform_factory
from photo.models import Photo

PhotoForm = modelform_factory(Photo, fields='__all__')
```

이 방식으로 모델 폼을 만들려면 modelform_factory() 함수에 대해 잘 알아야 합니다. 아래 modelform_factory() 함수에 대한 설명을 참고하기 바랍니다.

```
modelform_factory(model, form=ModelForm, fields=None, exclude=None, formfield_
callback=None, widgets=None, localized_fields=None, labels=None, help_texts=None,
error_messages=None, field_classes=None)
```

이 함수는 model을 베이스로 ModelForm 클래스를 만들어 리턴합니다. form 인자가 주어지면 그 폼으로 시작해 모델 폼을 만듭니다. 그리고 모델 폼의 Meta 클래스로 지정하는 항목인 fields 또는 exclude 항목 중 하나를 반드시 지정해서 모델 폼에 포함될 필드를 명시적으로 표시해야 합니다.

- **fields** : 리턴하는 ModelForm에 포함될 필드를 지정합니다.
- **exclude** : 리턴하는 ModelForm에 제외될 필드를 지정합니다. fields에 지정된 필드라 해도 exclude로 지정되면 제외됩니다.
- **formfield_callback** : 모델의 필드를 받아서 폼 필드를 리턴하는 콜백 함수를 지정합니다.
- **widgets** : 모델 필드와 위젯을 매핑한 사전입니다.
- **localized_fields** : 로컬 지역값이 필요한 필드를 리스트로 지정합니다.
- **labels** : 모델 필드와 레이블을 매핑한 사전입니다.
- **help_texts** : 모델 필드와 설명 문구를 매핑한 사전입니다.
- **error_messages** : 모델 필드와 에러 메시지를 매핑한 사전입니다.
- **field_classes** : 모델 필드와 폼의 필드 클래스를 매핑한 사전입니다.

16.3.3 제네릭 뷰에서 폼 정의

제네릭 뷰 중 CreateView와 UpdateView 뷰는 테이블의 레코드를 생성하거나 변경하는 역할을 합니다. 이 뷰를 사용하려면 뷰와 관련된 모델이 있어야 하고 레코드에 담을 데이터를 입력받을 폼이 필요합니다. 즉 모델과 폼의 특징을 동시에 갖는다는 점에서 CreateView와 UpdateView 뷰는 ModelForm의 기능을 내부에 포함하고 있는 제네릭 뷰입니다.

CreateView와 UpdateView 제네릭 뷰를 사용해 Photo 레코드를 처리하는 뷰를 작성하면 다음과 같습니다.

```
class PhotoCreateView(CreateView):
    model = Photo
    fields = '__all__'

class PhotoUpdateView(UpdateView):
    model = Photo
    fields = '__all__'
```

ModelForm에서 사용하는 Meta 클래스를 사용하지 않고, 간단하게 model과 fields 속성을 정의해주면 됩니다. 명시적으로 모델 폼을 정의하지 않아도 제네릭 뷰 내부적으로 적절한 모델 폼을 만들고 관련 뷰 처리를 합니다.

16.4 폼셋 정의

폼셋이란 폼의 집합입니다. 즉 일반 폼을 여러 개 묶어서 하나의 폼으로 취급하기 위한 것입니다. 폼셋을 정의할 때는 BaseFormSet 클래스를 상속받아 작성할 수도 있지만, 보통은 formset_factory() 함수를 사용합니다.

16.4.1 formset_factory 함수

8장에서 정의한 PostSearchForm 일반 폼을 여러 개 묶는 폼셋을 정의하면 다음과 비슷한 모습이 될 것입니다.

```
from django.forms.formsets import formset_factory
from blog.forms import PostSearchForm

PostSearchFormSet = formset_factory(PostSearchForm)
```

이러한 폼셋을 화면에 출력하면 다음처럼 동일한 폼이 여러 번 반복되는 모습이 될 것입니다.

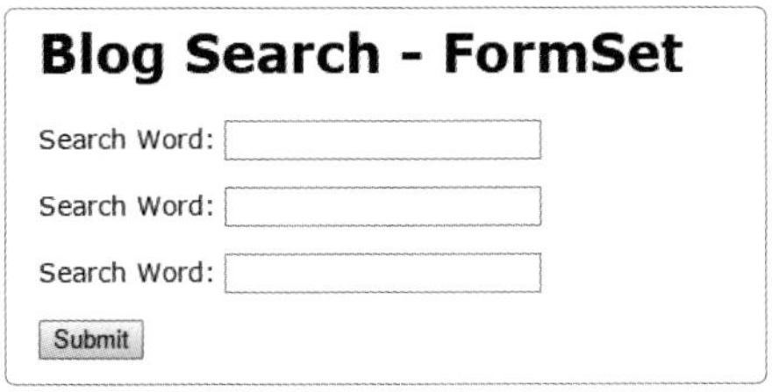

Blog Search - FormSet

Search Word: [ ]

Search Word: [ ]

Search Word: [ ]

[Submit]

그림 16-1 폼셋 예시 화면

이처럼 폼셋을 만들려면 formset_factory() 함수를 잘 사용해야 합니다. 이 함수는 주어진 form 클래스를 베이스로 FormSet 클래스를 만들어 리턴합니다. 다음 함수에 대한 정의를 참고해서, 다음 절의 폼셋 실습을 직접 해보기 바랍니다. 폼셋을 이해하기 쉬워질 것입니다.

```
formset_factory(form, formset=BaseFormSet, extra=1, can_order=False, can_delete=False,
max_num=None, validate_max=False, min_num=None, validate_min=False)
```

- **form** : 폼셋을 만들 때 베이스가 되는 폼을 지정합니다.
- **formset** : 폼셋을 만들 때 상속받기 위한 부모 클래스를 지정합니다. 보통은 BaseFormSet 클래스를 변경 없이 사용하는데, 변경이 필요하면 BaseFormSet 클래스를 오버라이딩해 기능을 변경한 후 사용할 수 있습니다.
- **extra** : 폼셋을 보여줄 때 빈 폼을 몇 개 포함할지 지정합니다. 디폴트는 한 개입니다.
- **can_order** : 폼셋에 포함된 폼들의 순서를 변경할 수 있는지 여부를 불린으로 지정합니다.
- **can_delete** : 폼셋에 포함된 폼들의 일부를 삭제할 수 있는지 여부를 불린으로 지정합니다.
- **max_num** : 폼셋을 보여줄 때 포함될 폼의 최대 개수를 지정합니다. 디폴트는 None으로 지정되는데 1,000개를 의미합니다.
- **validate_max** : True면 폼셋에 대한 유효성 검사를 수행할 때 max_num에 대한 검사도 실시합니다. 즉 삭제 표시가 된 폼을 제외한 폼의 개수가 max_num보다 작거나 같아야 유효성 검사를 통과합니다.
- **min_num** : 폼셋을 보여줄 때 포함될 폼의 최소 개수를 지정합니다.

- **validate_min** : True면 폼셋에 대한 유효성 검사를 수행할 때 min_num에 대한 검사도 실시합니다. 즉 삭제 표시가 된 폼을 제외한 폼의 개수가 min_num보다 크거나 같아야 유효성 검사를 통과합니다.

16.4.2 폼셋 실습

폼의 initial 파라미터처럼 폼셋에서도 initial 파라미터를 사용해, 폼셋에 초기 데이터를 지정할 수 있습니다. 그리고 폼셋에는 관리폼ManagementForm이 추가로 들어 있어서 관리폼을 통해 폼의 개수 등을 관리합니다. 관리폼에서 관리하는 항목은 다음과 같습니다.

- **form-TOTAL_FORMS** : 폼의 총 개수를 지정합니다.
- **form-INITIAL_FORMS** : 폼의 초기 데이터가 들어 있는 폼의 개수를 지정합니다.
- **form-MAX_NUM_FORMS** : 폼셋의 max_num 값을 지정합니다.
- **form-MIN_NUM_FORMS** : 폼셋의 min_num 값을 지정합니다.

이와 같은 사항을 폼셋 실습을 통해 알아보겠습니다.

예제 16-2 폼셋 실습

```
$ cd /home/shkim/pyDjango/ch16/
$ source /home/shkim/VENV/vDjBook/bin/activate
(vDjBook)$ python manage.py shell
Python 3.7.3 (default, Jun 27 2019, 07:39:33)
[GCC 4.8.5 20150623 (Red Hat 4.8.5-36)] on linux
Type "help", "copyright", "credits" or "license" for more information.
(InteractiveConsole)

# 폼셋 함수와 실습용 폼 클래스를 임포트합니다.
>>> from django.forms import formset_factory
>>> from blog.forms import PostSearchForm

# 빈 폼 3개를 포함하는 폼셋을 정의합니다.
>>> PostSearchFormSet = formset_factory(PostSearchForm, extra=3)

# 초기 데이터 2개를 지정해 폼셋 객체 fs를 생성성합니다.
>>> fs = PostSearchFormSet (initial=[{'search_word': 'django'}, {'search_word':
'python'}])

# 폼셋의 내용을 확인합니다. 관리폼과 초기값이 지정된 폼 2개, 빈폼 3개가 들어 있습니다.
```

```
>>> print(fs)
<input type="hidden" name="form-TOTAL_FORMS" value="5" id="id_form-TOTAL_FORMS"><input
type="hidden" name="form-INITIAL_FORMS" value="2" id="id_form-INITIAL_FORMS"><input
type="hidden" name="form-MIN_NUM_FORMS" value="0" id="id_form-MIN_NUM_FORMS"><input
type="hidden" name="form-MAX_NUM_FORMS" value="1000" id="id_form-MAX_NUM_FORMS">
<tr><th><label for="id_form-0-search_word">Search Word:</label></th><td><input
type="text" name="form-0-search_word" value="django" id="id_form-0-search_word"></
td></tr> <tr><th><label for="id_form-1-search_word">Search Word:</label></th><td><input
type="text" name="form-1-search_word" value="python" id="id_form-1-search_word"></
td></tr> <tr><th><label for="id_form-2-search_word">Search Word:</label></th><td><input
type="text" name="form-2-search_word" id="id_form-2-search_word"></td></tr> <tr><th><label
for="id_form-3-search_word">Search Word:</label></th><td><input type="text" name="form-
3-search_word" id="id_form-3-search_word"></td></tr> <tr><th><label for="id_form-4-search_
word">Search Word:</label></th><td><input type="text" name="form-4-search_word" id="id_
form-4-search_word"></td></tr>

# for 문법으로, 폼셋에 들어 있는 개별 폼들을 확인합니다. 관리폼은 안 보입니다.
# 초기 데이터가 들어 있는 폼 2개와 빈 폼 3개가 들어 있습니다.
# 초기 데이터는, 우리가 지정한 대로 'django'와 'python'이 지정되어 있습니다.
>>> for f in fs :
...     print(f)
...
<tr><th><label for="id_form-0-search_word">Search Word:</label></th><td><input type="text"
name="form-0-search_word" value="django" id="id_form-0-search_word"></td></tr>
<tr><th><label for="id_form-1-search_word">Search Word:</label></th><td><input type="text"
name="form-1-search_word" value="python" id="id_form-1-search_word"></td></tr>
<tr><th><label for="id_form-2-search_word">Search Word:</label></th><td><input type="text"
name="form-2-search_word" id="id_form-2-search_word"></td></tr>
<tr><th><label for="id_form-3-search_word">Search Word:</label></th><td><input type="text"
name="form-3-search_word" id="id_form-3-search_word"></td></tr>
<tr><th><label for="id_form-4-search_word">Search Word:</label></th><td><input type="text"
name="form-4-search_word" id="id_form-4-search_word"></td></tr>

# 폼셋의 관리폼 내용을 확인합니다.
# 관리폼 각 항목의 값도 확인해 보세요. (순서대로 5, 2, 0, 1000)
>>> print(fs.management_form)
<input type="hidden" name="form-TOTAL_FORMS" value="5" id="id_form-TOTAL_FORMS"><input
type="hidden" name="form-INITIAL_FORMS" value="2" id="id_form-INITIAL_FORMS"><input
type="hidden" name="form-MIN_NUM_FORMS" value="0" id="id_form-MIN_NUM_FORMS"><input
type="hidden" name="form-MAX_NUM_FORMS" value="1000" id="id_form-MAX_NUM_FORMS">

# 폼셋에 들어 있는 폼의 총 개수를 확인합니다.
>>> fs.total_form_count()
```

```
# 폼셋에 들어 있는 폼의 총 개수를 확인합니다.
>>> fs.total_form_count()
5

# 초기 데이터가 들어 있는 폼의 개수를 확인합니다.
>>> fs.initial_form_count()
2

# 폼셋의 속성들을 확인합니다. (폼셋 정의 시 지정된 속성들임)
>>> fs.min_num
0
>>> fs.max_num
1000
>>> fs.extra
3
```

16.5 모델 폼셋 정의

모델 폼셋은 모델 폼과 폼셋의 특징을 둘 다 갖고 있는 폼입니다. 즉 데이터베이스 모델에 기초해 모델 폼을 만들고, 그 모델 폼을 여러 개 묶은 것이 모델 폼셋입니다. 폼셋을 정의할 때 사용하는 modelformset_factory() 함수도 모델 폼의 modelform_factory() 함수와 formset_factory() 함수를 합쳐 놓은 모습입니다. 모델 폼셋을 만들 때는 BaseModelFormSet 클래스를 상속받아 작성할 수도 있지만, 보통은 modelformset_factory() 함수를 사용합니다.

다음은 **16.3 모델 폼 정의**에서 정의한 PhotoForm 모델 폼을 여러 개 묶는 모델 폼셋 PhotoFormSet을 만드는 예시입니다.

```
from django.forms import modelformset_factory
from photo.models import Photo

PhotoFormSet = modelformset_factory(Photo, fields='__all__')
```

다음 modelform_factory() 함수에 대한 설명을 참고하기 바랍니다. 이 함수는 model을 베이스로 FormSet 클래스를 만들어 리턴합니다.

```
modelformset_factory(model, form=ModelForm, formfield_callback=None,
formset=BaseModelFormSet, extra=1, can_delete=False, can_order=False, max_num=None,
fields=None, exclude=None, widgets=None, validate_max=False, localized_fields=None,
labels=None, help_texts=None, error_messages=None, min_num=None, validate_min=False,
field_classes=None)
```

modelformset_factory() 함수는 내부적으로 modelform_factory()와 formset_factory()를 호출합니다. 그래서 다음 인자들은 modelform_factory()로 전달됩니다.

- model, form, fields, exclude, formfield_callback, widgets, localized_fields, labels, help_texts, error_messages, field_classes

다음 인자들은 formset_factory()로 전달됩니다.

- formset, extra, max_num, can_order, can_delete, validate_max

16.6 인라인 폼셋 정의

인라인이라는 단어에서 유추할 수 있듯이 이것은 메인 폼에 종속된 폼셋이란 의미입니다. 주종 관계는 테이블의 관계가 1:N 관계에서 외래 키Foreign Key로 연결된 경우로부터 비롯된 것입니다. 이런 1:N 관계의 테이블을 기초로 폼을 만드는 경우, 1 테이블에 대한 폼을 메인 폼이라고 하고 N 테이블에 대한 폼을 인라인 폼셋이라고 합니다.

인라인 폼셋을 정의할 때는 BaseInlineFormSet 클래스를 상속받아 작성할 수도 있지만, 보통은 inlineformset_factory() 함수를 사용합니다.

우리는 본문의 **12.2.4 뷰 코딩하기**에서 Album과 Photo 모델 정의를 기초로, Album에 대한 메인 폼과 Photo에 대한 인라인 폼셋을 다음과 같이 정의한 바 있습니다.

```
# views.py 파일에 정의했음
class AlbumPhotoCV(LoginRequiredMixin, CreateView):
    model = Album
    fields = ['name', 'description']
```

16

```
# forms.py 파일에 정의했음
PhotoInlineFormSet = inlineformset_factory(Album, Photo,
    fields = ['image', 'title', 'description'],
    extra = 2)
```

Album 테이블용 메인 폼은 CreateView에 의해 모델 폼으로 만들어진 것이고, Photo 테이블용 인라인 폼셋은 Album과 Photo 테이블 관계가 1:N이기 때문에 가능한 것입니다.

다음 inlineformset_factory() 함수에 대한 설명을 참고하기 바랍니다. 이 함수는 모델 폼셋을 아래 조건으로 호출해서 InlineFormSet 클래스를 만들어 리턴합니다.

- modelformset_factory(formset=BaseInlineFormSet, can_delete=True, extra=3)

```
inlineformset_factory(parent_model, model, form=ModelForm, formset=BaseInlineFormSet,
fk_name=None, fields=None, exclude=None, extra=3, can_order=False, can_delete=True,
max_num=None, formfield_callback=None, widgets=None, validate_max=False, localized_
fields=None, labels=None, help_texts=None, error_messages=None, min_num=None,
validate_min=False, field_classes=None)
```

fk_name 인자는 부모 모델에 대한 외래 키가 둘 이상일 때 지정합니다.

16.7 파일 업로드 폼

폼을 정의할 때 FileField 또는 ImageField 필드가 들어 있으면 주의가 필요합니다. 이 필드들을 통해 파일 업로드가 이뤄지기 때문입니다. 파일 업로드 폼을 다룰 때는 다음 두 가지를 유의해야 합니다.

첫 번째는 〈form〉 요소의 인코딩 속성을 멀티파트로 지정해야 합니다.

```
<form enctype="multipart/form-data" method="post" action="/foo/">
```

두 번째는 폼에 데이터를 바인딩할 때 폼 데이터뿐만 아니라 파일 데이터도 같이 바인딩해야 합니다.

```
# 웹 요청에 들어 있는 데이터로 폼을 바인딩하는 경우입니다.
>>> f = ContactFormWithMugshot(request.POST, request.FILES)
```

추가로 한 가지 더 알아둘 사항이 있습니다. 다음 메소드를 사용해 멀티파트 폼인지 아닌지 확인할 수 있습니다.

```
>>> f = ContactFormWithMugshot()
>>> f.is_multipart()
True
```

이 메소드를 사용해 파일을 업로드하는 폼을, 템플릿 파일에 다음과 같이 작성할 수 있습니다. HTML enctype 속성에 대한 설명은 [예제 12-6]을 참고하기 바랍니다.

```
{% if form.is_multipart %}
<form enctype="multipart/form-data" method="post" action= "/foo/">
{% else %}
<form method="post" action= "/foo/">
{% endif %}
{% csrf_token %}
    {{ form }}
</form>
```

12장에서도 사진 파일을 업로드하는 기능을 코딩한 바 있습니다. 이번 절에서 설명한 파일 업로드 폼용 템플릿 파일에 대한 코딩 예시는 **12.2.5 템플릿 코딩하기**에서 album_form.html 및 photo_form.html 설명 부분을 참고하기 바랍니다.

16

APPENDIX **A**

PyCharm 무료 버전 사용하기

파이썬 언어의 장점 중 하나가 운영체제와 무관하게 어디든 실행할 수 있다는 것입니다. 본문에서는 리눅스/윈도우/맥 모두 사용 가능한 커맨드 방식으로 설명했지만, 부록에서는 그래픽 환경의 통합 개발 툴IDE, Integrated Development Environment을 설치하고, 본문의 예제를 실행하는 방법을 설명하고자 합니다.

PyCharm은 파이썬용 통합 개발 툴로서, 다양한 분야의 파이썬 개발자들이 많이 애용하는 툴입니다. PyCharm은 체코의 JetBrains 회사에서 개발한 툴인데, 유료 Professional 버전과 무료 Community 버전이 따로 있습니다. PyCharm의 유료 버전에서는 기본적으로 장고의 기능을 지원하므로 장고의 프로젝트 생성이나 장고의 커맨드를 쉽게 사용할 수 있습니다. 그렇다고 무료 버전에서 장고를 사용할 수 없는 것은 아닙니다. 약간의 설정만 해주면 무료 버전에서도 충분히 장고 개발이 가능합니다. 무료 버전을 먼저 사용해보면 유료 버전은 좀 더 쉽게 사용할 수 있으므로, 무료 버전을 기준으로 설명합니다. 참고로 유료 버전이 있는 상태에서 무료 버전을 설치하는 것도 가능합니다. 또한 파이썬은 이미 설치된 것으로 가정해 진행합니다. 필자는 파이썬 3.7.1버전을 사용했습니다.

A.1 PyCharm Community Edition 설치하기

파이썬 개발 툴인 PyCharm을 설치하기 위해 다음 사이트에 접속해 [DOWNLOAD NOW] 버튼을 클릭합니다.

- https://www.jetbrains.com/pycharm/

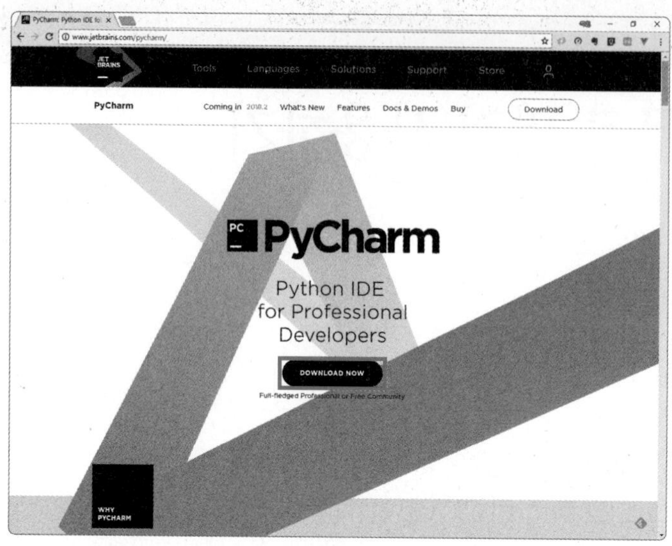

다음 화면이 나타나면 [Windows]가 선택된 것을 확인하고 Community 버전의 [DOWNLOAD] 버튼을 클릭해 설치 파일을 다운로드합니다.

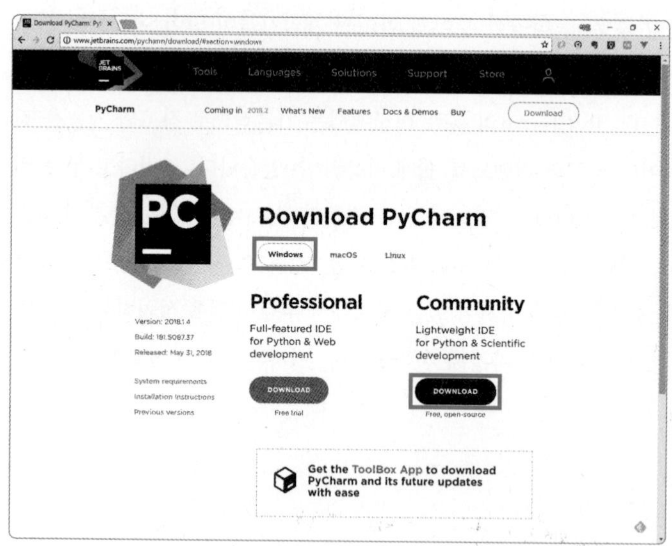

다운로드가 완료되면 설치 파일을 찾아 설치를 시작합니다. 다음과 같은 화면이 나타나면 화면의 지시에 따라 설치를 진행합니다. 설치 과정은 간단하므로, 몇 번의 클릭으로 간단하게 설치할 수 있습니다.

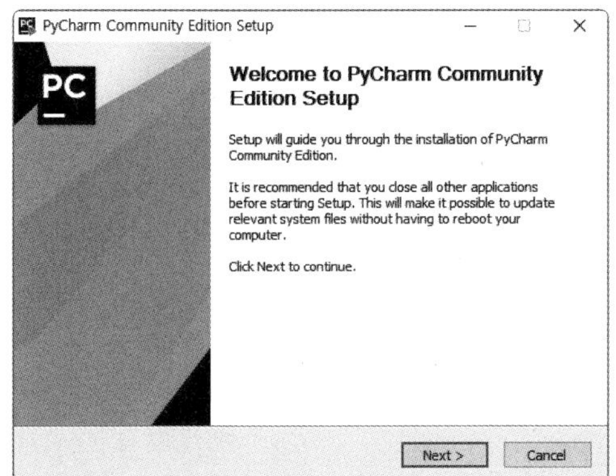

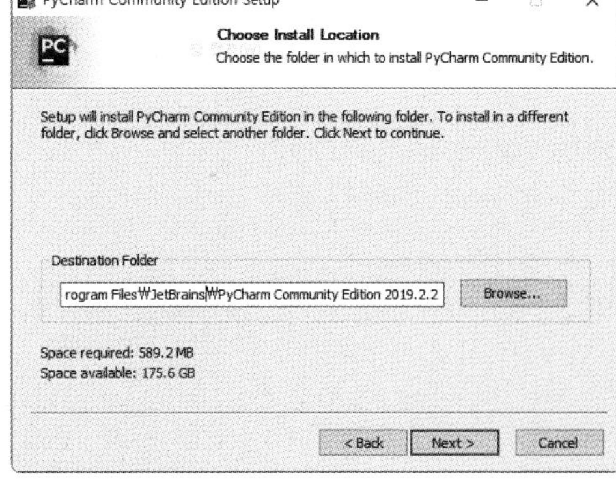

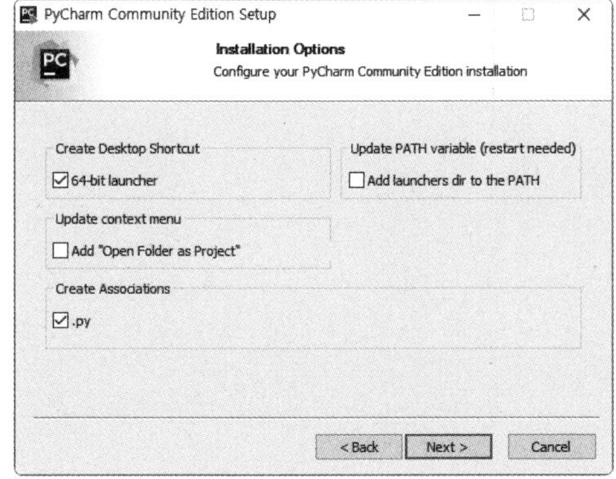

NOTE_ CPU 비트 정보 선택

CPU 비트 정보는 다음 중 편한 방법을 선택한 후 시스템 종류를 확인하면 됩니다.

- 윈도우 시작 버튼(바탕화면 좌하단)을 마우스 오른쪽 버튼으로 클릭 후 [시스템]
- [내 PC] 아이콘을 마우스 오른쪽 버튼으로 클릭 후 [속성]

필자는 64비트 운영체제라서 64-bit launcher를 선택했습니다.

A.2 PyCharm 초기 설정하기

PyCharm 설치가 완료된 후에 처음 실행하면, 몇 가지 초기 설정 화면들이 나옵니다.

부록

다음 그림은 이전에 사용했던 PyCharm 툴의 환경 설정을 다시 사용할지 물어보는 것입니다. 우리는 PyCharm 툴을 처음 사용하므로 두 번째 옵션을 선택하고 [OK] 버튼을 클릭합니다.

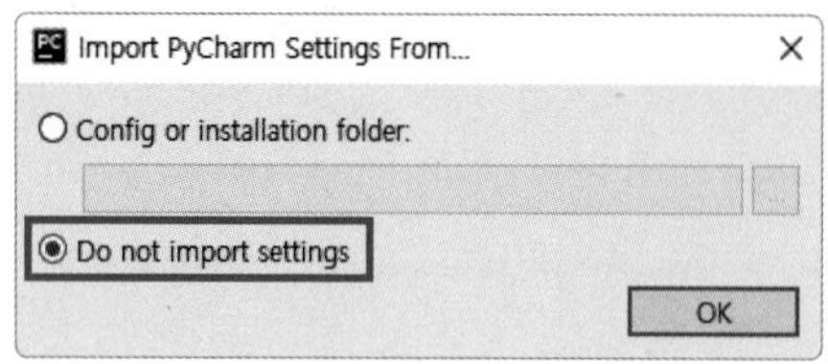

이후 라이선스에 동의하고 UI 테마 선택, 플러그인 설치 등은 나중에 변경할 수 있으므로 디폴트로 선택해서 진행합니다(UI 테마는 Light 선택).

초기 설정이 완료되면 다음과 같은 화면(웰컴 창)이 나타납니다. [Create New Project] 버튼을 클릭합니다.

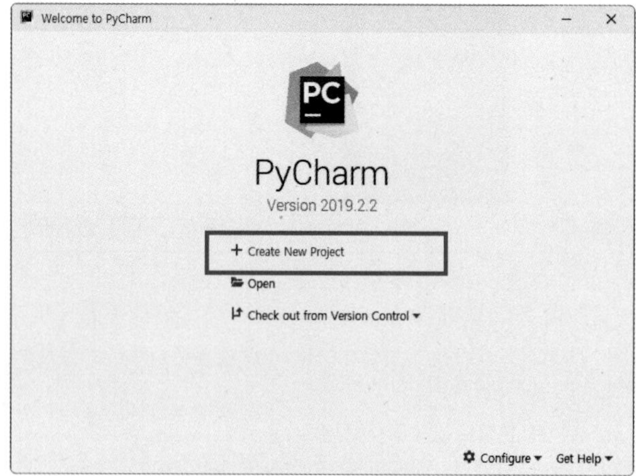

웰컴 창에 있는 메뉴의 기능은 다음과 같습니다.

- **Create New Project** : 새로운 프로젝트를 만들 때 선택합니다. PyCharm 툴을 처음 사용하는 독자라면 이 방법을 선택합니다.
- **Open** : 이미 존재하는 프로젝트를 사용할 때 선택합니다. 이 책의 소스를 다운로드해서 사용하는 경우도 여기에 해당됩니다.
- **Check out from Version Control** : 소스 관리 서버로부터 프로젝트를 다운로드하는 경우 선택합니다.

어느 방법이든 선택 가능하며 큰 차이가 없으므로 크게 고민할 필요는 없습니다. Open을 사용하는 경우가 가장 간단한 편인데, **A.7 외부 프로젝트를 임포트해 사용하기**를 참고해서 진행하면 됩니다.

PyCharm 툴에 익숙하지 않은 독자를 고려해 새로운 장고 프로젝트를 만드는 과정을 실습합니다. [Create New Project] 버튼을 선택하면 프로젝트 생성 화면으로 넘어갑니다.

NOTE_ 웰컴 창 vs 메인 창

웰컴 창과 메인 창이라는 용어는 필자가 설명의 편의를 위해 사용한 것입니다. PyCharm 툴을 실행하면 상황에 따라 2가지 화면 중 하나가 나타납니다.

- **웰컴 창** : 작업 대상 프로젝트가 없거나 지정이 안 된 경우 보이는 화면입니다([그림 A-8] 참조).
- **메인 창** : 작업 대상 프로젝트가 지정된 경우에 보이는 화면입니다([그림 A-11] 참조). 메인 창에서 작업 대상 프로젝트를 모두 닫은 경우에는 웰컴 창으로 이동합니다.

다음과 같은 프로젝트 생성 화면이 나타나면, 가장 먼저 할 일은 파이썬 가상 환경을 만드는 것입니다. 물론 가상 환경 없이도 프로젝트를 진행할 수는 있지만, 프로젝트를 만들기 전에 가상 환경을 먼저 만드는 것을 추천합니다. 다음 절에서 가상 환경을 구성합니다.

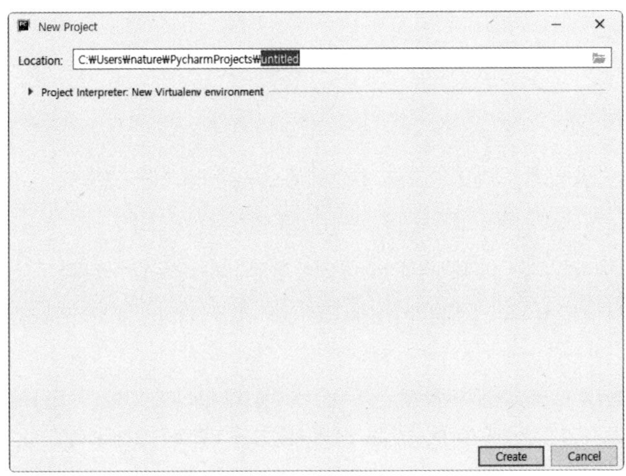

A.3 파이썬 가상 환경 구성하기

장고를 비롯한 파이썬의 실제 프로젝트를 개발하는 경우, 가상 환경VirtualEnv 사용은 필수라고 할 수 있습니다. 따라서 먼저 가상 환경을 구성하고 그 가상 환경 내에서 장고 프로젝트를 진행하는 것을 추천합니다.

앞 절에서 설명한 프로젝트 생성 화면을 다시 보겠습니다. 다음 화면에서처럼 프로젝트의 위치와 [Project Interpreter: New Virtualenv environment] 라인을 클릭해서 가상 환경에 필요한 항목들을 설정합니다.

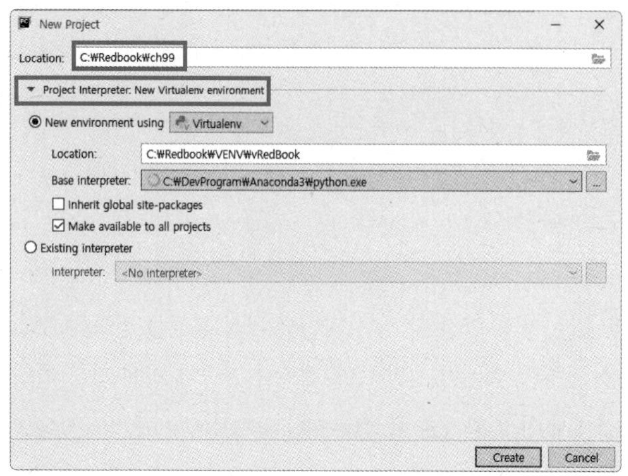

위의 화면은 프로젝트와 가상 환경을 동시에 생성하는 화면입니다. 필요한 정보를 입력하고 [Create] 버튼을 클릭합니다.

- **Location** : 프로젝트가 생성될 디렉터리를 입력합니다. 장고 프로젝트의 베이스(루트) 디렉터리가 됩니다.
- **New environment using** : Virtualenv를 선택합니다. 새로운 가상 환경을 만드는 경우입니다.
  - **Location** : 가상 환경이 생성될 디렉터리입니다. 이 디렉터리 이름이 가상 환경의 이름으로 간주됩니다.
  - **Base interpreter** : 가상 환경에서 사용할 파이썬 실행 파일을 지정합니다. 여기서 파이썬 2, 파이썬 3 등의 버전을 선택할 수 있습니다.
  - **Inherit global site-packages** : 시스템 레벨의 파이썬 환경 사용 여부를 지정합니다. 우리는 시스템 레벨의 파이썬 환경은 사용하지 않고, 오로지 가상 환경에 설치된 라이브러리만 사용할 것이므로 체크하지 않습니다.
  - **Make available to all projects** : 다른 프로젝트에서도 이 가상 환경을 사용할 수 있도록 하려면 체크합니다.
- **Existing interpreter** : 이미 존재하는 가상 환경을 선택하는 경우입니다.

프로젝트와 가상 환경이 만들어지면 다음과 같은 메인 창이 나타납니다. Tip of the Day 팝업 창을 닫습니다.

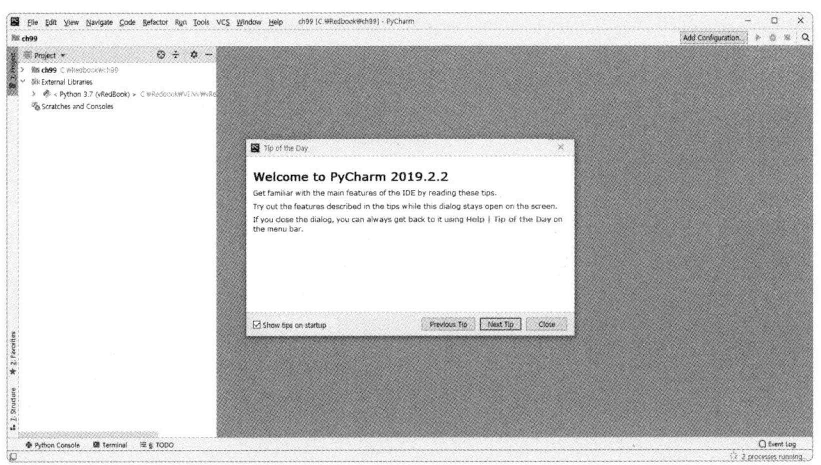

여기까지 파이썬 프로젝트 ch99와 가상 환경 vRedbook을 만들었습니다. 엄밀하게 얘기하면 파이썬 프로젝트를 만든 것이며 장고 프로젝트는 아닙니다.

이제 가상 환경이 만들어졌으므로 이 가상 환경에 장고를 포함하여 우리가 필요한 패키지들을 설치하고, 프로젝트 개발을 진행하면 됩니다. 프로젝트 개발은 장고의 뼈대를 만드는 것부터 시작합니다. 다음 절에서는 장고 설치부터 진행하겠습니다.

NOTE_ PyCharm에서 가상 환경 만들기 메뉴

PyCharm 툴을 설치하면 파이썬의 가상 환경 툴인 virtualenv가 같이 설치되므로, 별도로 가상 환경 툴을 설치할 필요가 없습니다. 즉 PyCharm 툴에 virtualenv 기능이 통합되어 있어 PyCharm에서 제공하는 메뉴로 가상 환경을 구성할 수 있습니다.

이번 절에서 설명한 것처럼 PyCharm을 설치하고 바로 가상 환경을 구성할 수도 있고, 이미 PyCharm을 설치한 사용자라면 다음과 같은 메뉴를 활용하여 가상 환경을 만드는 창으로 이동할 수 있으므로 참고하기 바랍니다.

- 메인 창 〉 [File] 〉 [New Project] 〉 [Project Interpreter]
- 메인 창 〉 [File] 〉 [Settings] 〉 [Project: 000] 〉 [Project Interpreter] 〉 설정 아이콘
- 웰컴 창 〉 [Configure] 〉 [Settings] 〉 [Project Interpreter] 〉 설정 아이콘

A.4 Django 패키지 설치하기

PyCharm 무료 버전은 장고 패키지를 설치해주지 않으므로, 가장 먼저 할 일은 vRedbook 가상

환경에 장고 최신 버전을 설치하는 것입니다. 메인 창에서 [File] 〉 [Settings] 메뉴를 선택한 후 아래와 같은 Settings 창이 열리면 [Project: 000] 〉 [Project Interpreter]로 이동합니다.

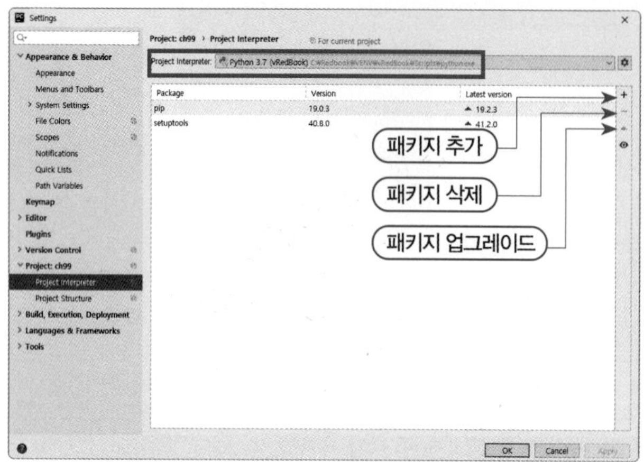

위 화면에서 Project Interpreter 항목에 원하는 가상 환경이 선택된 것을 확인한 후에, 오른쪽의 패키지 추가 ➕ 아이콘을 클릭합니다.

다음 그림과 같은 패키지 설치 창이 나오면 검색란에 설치할 패키지명을 입력해서 찾습니다. 검색 결과에서 설치할 패키지를 선택한 후 패키지 버전을 확인하고 하단의 [Install Package] 버튼을 클릭하면 해당 패키지가 설치됩니다.

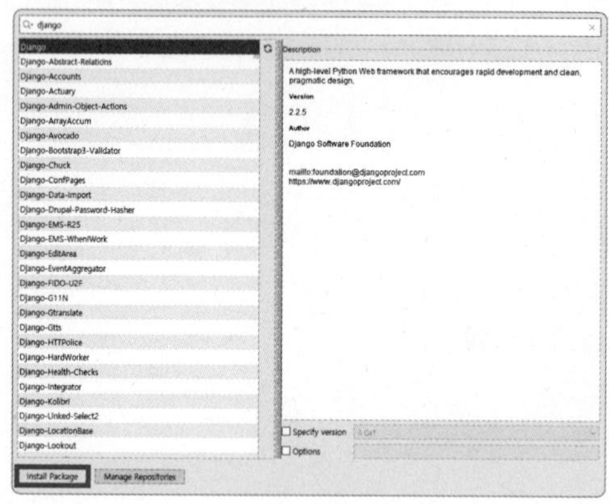

패키지 설치 중에 PyCharm 메인 창의 하단 상태 줄을 보면, 패키지 설치 진행 상태를 알 수 있습니다. 장고 설치가 완료되었다는 메시지가 나오면 패키지 설치 창을 닫고, Settings 창에서 [OK] 버튼을 클릭하여 메인 창으로 돌아옵니다.

A.5 터미널 창에서 Django 프로젝트 뼈대 만들기

장고 패키지가 설치되었으므로 장고의 manage.py 커맨드를 사용할 수 있습니다. 그런데 무료 버전에서는 manage.py 콘솔 창을 제공하지 않으므로 터미널 창에서 작업합니다. 마치 리눅스의 터미널 창에서 manage.py 명령을 하나씩 실행하면서 작업했던 과정과 동일한 방식이라고 보면 됩니다.

다음 그림처럼 PyCharm 메인 창의 좌측 하단에 있는 아이콘 위에 마우스를 올리면 여러 가지 툴 창을 선택할 수 있습니다. 여기서 [Terminal] 창을 선택합니다. 다음 메뉴를 클릭해도 터미널 창을 열 수 있습니다.

- 메인 창 〉[View] 〉[Tool Windows] 〉[Terminal]

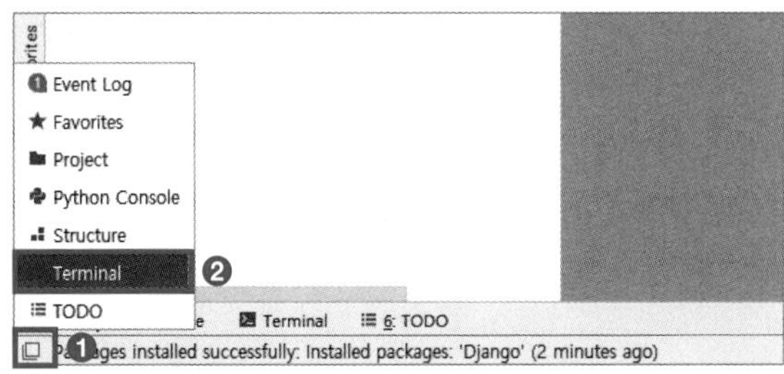

다음 그림처럼 터미널 창이 열리면 장고 명령어를 실행할 수 있는데, 우선 터미널 창의 제목 줄을 더블 클릭하거나 위쪽으로 드래그해서 창을 최대 크기로 확대하면 작업이 편리합니다. 참고로 터미널 창을 줄일 때는 다시 제목 줄을 더블 클릭하거나 아래로 드래그하면 됩니다.

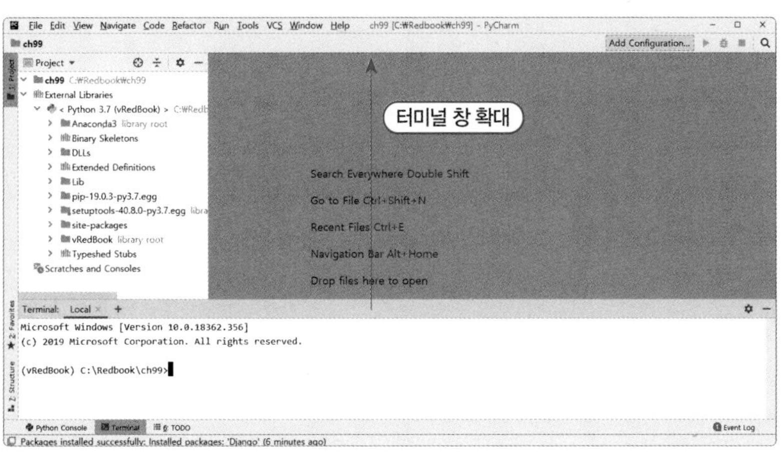

지금부터는 터미널 창에서 다음처럼 명령을 실행하면서 장고 프로젝트의 뼈대를 만듭니다.

```
Microsoft Windows [Version 10.0.17134.48]
(c) 2018 Microsoft Corporation. All rights reserved.

# 터미널 창을 열면 자동으로 가상 환경으로 진입합니다.
(vRedbook) C:\RedBook\ch99>

# mysite 장고 프로젝트를 생성합니다. (mysite 이름은 임의로 정하면 됨)
# 베이스(루트) 디렉터리의 위치는 현재 디렉터리(.)입니다.
(vRedbook) C:\RedBook\ch99>django-admin startproject mysite .

# mysite 디렉터리가 생성된 것을 확인합니다.
(vRedbook) C:\RedBook\ch99>dir

# 초기 마이그레이션을 실행합니다. (데이터베이스 및 User, Group 테이블 생성)
(vRedbook) C:\RedBook\ch99>python manage.py migrate

# 데이터베이스 db.sqlite3 파일이 생성된 것을 확인합니다.
(vRedbook) C:\RedBook\ch99>dir

# 관리자(슈퍼유저)의 계정을 생성합니다.
# Username, Email address, Password(2번)을 임의로 입력합니다.
(vRedbook) C:\RedBook\ch99>python manage.py createsuperuser

# polls 앱을 생성합니다.
(vRedbook) C:\RedBook\ch99>python manage.py startapp polls

# polls 디렉터리에 생성된 파일들을 확인합니다.
(vRedbook) C:\RedBook\ch99>dir polls
```

다음 그림은 터미널 창에서 장고 프로젝트 뼈대를 만든 과정을 캡처한 화면입니다.

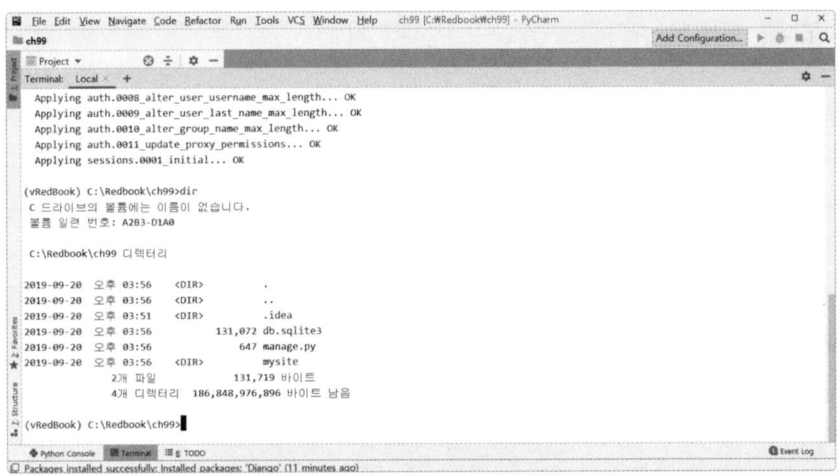

여기까지 정상적으로 진행되었다면, 장고 ch99 프로젝트와 polls 앱 뼈대가 만들어진 것입니다. 아래 그림의 왼쪽 프로젝트 창을 보면 ch99 베이스 디렉터리 구조와 [External Libraries] 하위에 vRedbook 가상 환경이 생성된 것을 확인할 수 있습니다. 이제부터 이 메인 창에서 settings.py 파일을 포함해 소스 코딩 작업을 하면 됩니다.

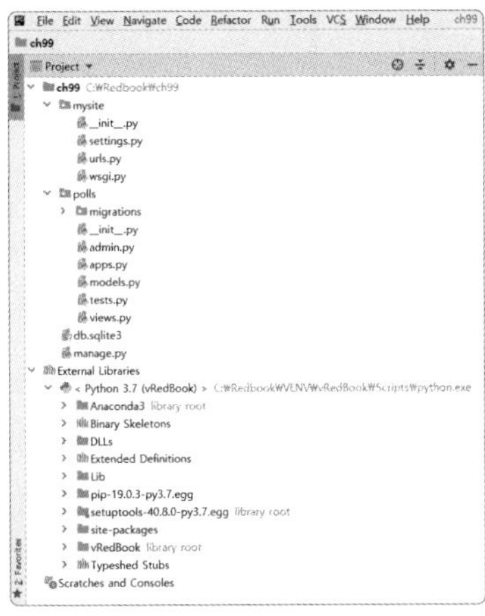

다음 단계는 메인 창에서 모델, 뷰, 템플릿 등의 소스 작업을 한 후, runserver 개발용 서버를 실행해 테스트하는 것입니다. 현재 소스 작업이 완료되지 않은 상태지만, runserver 실행은 가능합니다. 다음 절에서 설명합니다

부록

A.6 테스트를 위한 runserver 실행하기

유료 버전에서 장고 프로젝트를 생성하면, PyCharm 툴이 자동으로 실행 환경을 구성한 후 상단 툴 바에 runserver 실행 아이콘을 제공합니다. 그러나 무료 버전에서는 직접 실행 환경을 구성해야 합니다. 간단합니다.

다음 그림처럼 [Run] 〉 [Edit Configurations] 메뉴를 클릭해서 나오는 Run/Debug Configurations 창에서 추가 + 아이콘을 클릭하고 [Python] 메뉴를 클릭합니다.

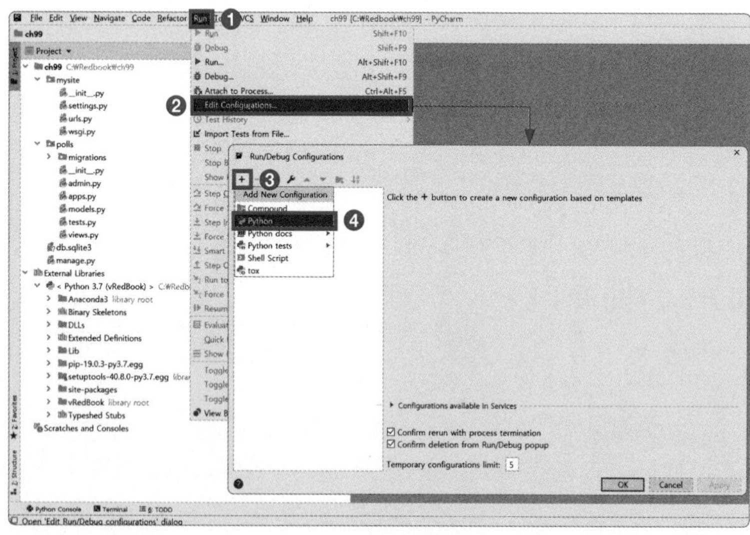

다음 그림처럼 실행 환경 설정 창이 나오면 다음과 같이 입력하고, 입력 후 하단의 [OK] 버튼을 클릭하면 됩니다.

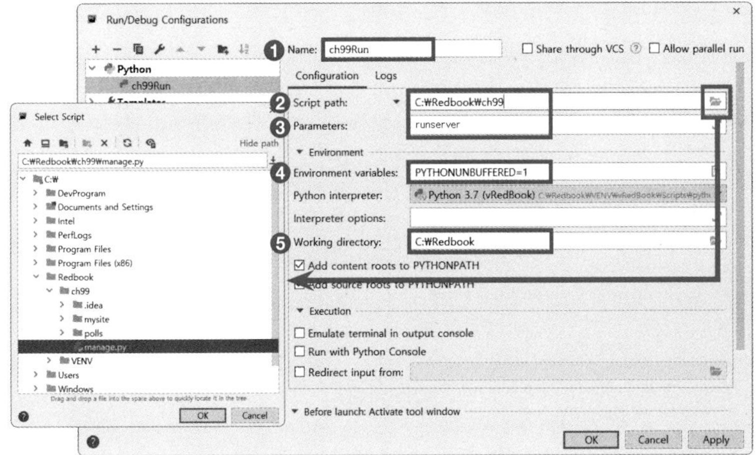

❶ **Name** : ch99Run(임의로 입력하면 됨)

❷ **Script path** : ch99 디렉터리에 있는 manage.py 파일 지정. 오른쪽 끝의 ■ 아이콘을 클릭하면 파일 선택 창이 열리고, 여기서 manage.py 파일을 선택하면 됩니다.

❸ **Parameters** : runserver

❹ **Python interpreter** : 가상 환경이 자동으로 선택되는데, 정확하게 선택되었는지 확인합니다.

❺ **Working directory** : 장고 프로젝트의 베이스(루트) 디렉터리가 자동으로 선택되는데, 정확하게 선택되었는지 확인합니다.

실행 환경 설정이 완료되면, 다음 그림처럼 상단 실행 툴바의 이름이 ch99Run으로 변경됩니다. 그 오른쪽에 있는 Play(▶) 아이콘을 클릭하면 하단에 실행 창이 열리면서 runserver가 실행됩니다. runserver가 정상적으로 실행된 후 브라우저를 열고 주소창에 다음과 같이 입력합니다.

```
http://127.0.0.1:8000/ 또는 http://localhost:8000/
```

부록

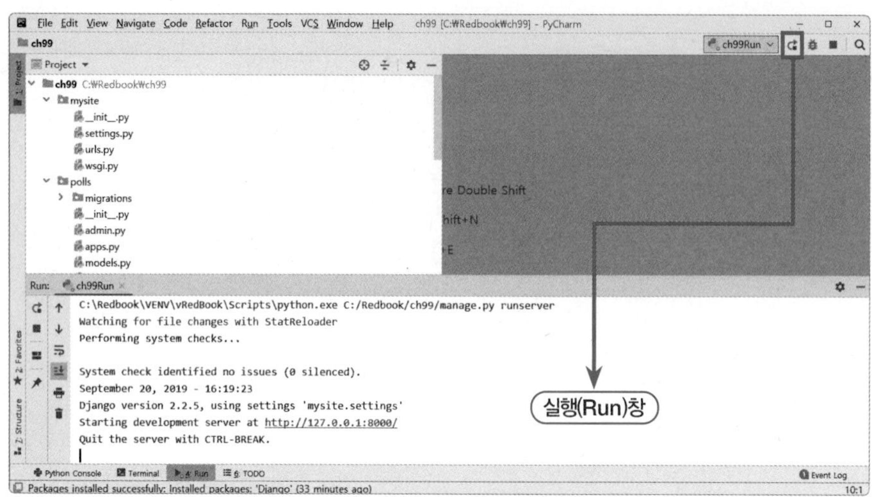

다음 화면처럼 장고의 환영 메시지가 나타나면 지금까지의 작업이 성공한 것입니다. 축하합니다!

다음 절을 실습하기 위해 runserver를 중지하겠습니다. 다음 그림처럼 실행 창의 좌측에 있는 중지 ■ 아이콘과 닫기 × 아이콘을 차례대로 클릭합니다.

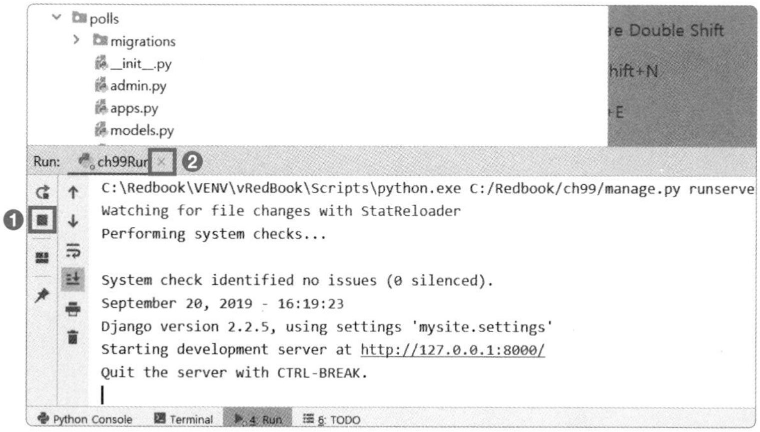

A.7 외부 프로젝트를 임포트해 사용하기

지금까지는 PyCharm 툴을 설치하고, 이어서 새로운 프로젝트를 생성하는 과정을 살펴보았습니다. 이번에는 이미 존재하는 장고 프로젝트를 PyCharm 툴로 가져와서 사용하는 방법을 설명합니다.

PyCharm 툴 외부에서 생성된 프로젝트를 PyCharm 툴로 가져오는 것을 임포트import라고 합니다. 예를 들어 이 책의 소스를 다운로드하면, 장별로 프로젝트가 구성된 것을 알 수 있습니다. 이 중에서 ch3 프로젝트를 임포트하는 과정을 살펴봅니다. PyCharm에서 프로젝트를 임포트하는 기능은 [Open] 메뉴에서 제공합니다. [Open] 메뉴는 다음과 같이 두 군데에 있습니다

- 웰컴 창 〉 [Open]
- 메인 창 〉 [File] 〉 [Open]

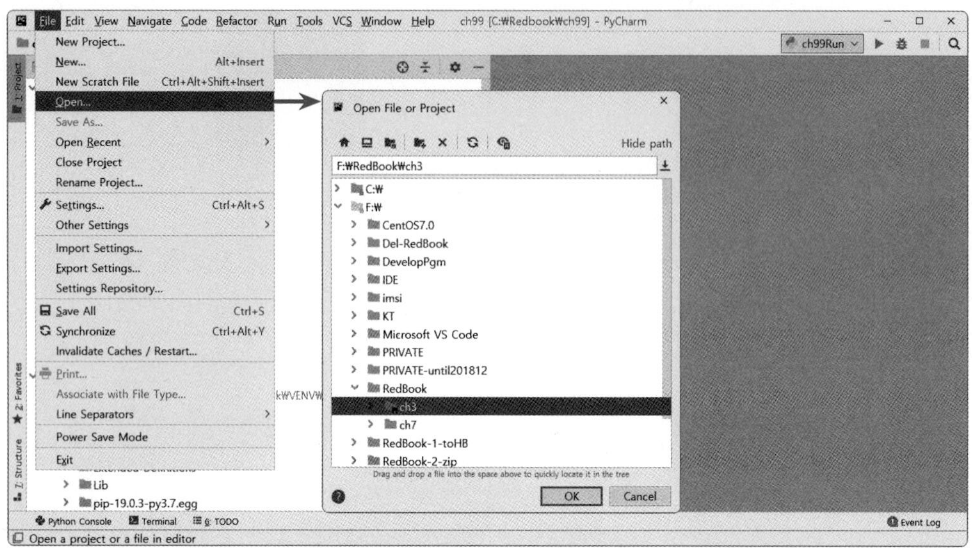

위와 같이 작업 대상 프로젝트 디렉터리를 선택하는 화면이 나옵니다. 이 화면에서 다운로드한 ch3 프로젝트 디렉터리를 선택하고 [OK] 버튼을 클릭합니다.

다음 화면이 나타나면 **New window**를 선택하고 [OK] 버튼을 클릭합니다. 그러면 또 하나의 메인 창이 열리고 그 창에서 ch3 프로젝트를 볼 수 있습니다.

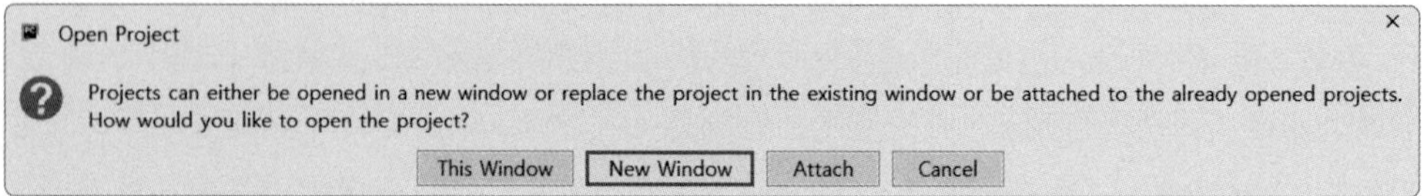

이와 같이 프로젝트를 임포트한 경우 항상 가상 환경을 확인해야 한다는 점에 유의하기 바랍니다. 다음 화면처럼 가상 환경이 지정되지 않거나 시스템 환경으로 지정될 수 있기 때문입니다.

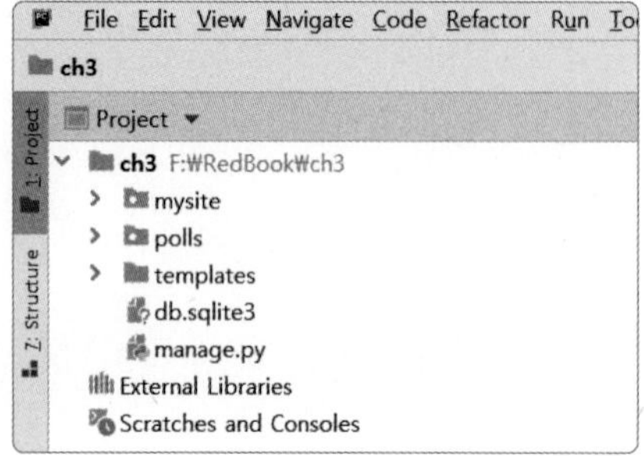

여기서는 앞 절에서 만든 vRedbook 가상 환경을 사용하는 방식으로 실습을 진행하겠습니다. **[File]〉[settings]** 메뉴를 선택해 가상 환경을 지정하는 화면으로 이동합니다.

아래 그림처럼 설정 화면이 나오면 [Project interpreter] 항목에서 vRedbook 가상 환경을 선택하고 [OK] 버튼을 클릭합니다.

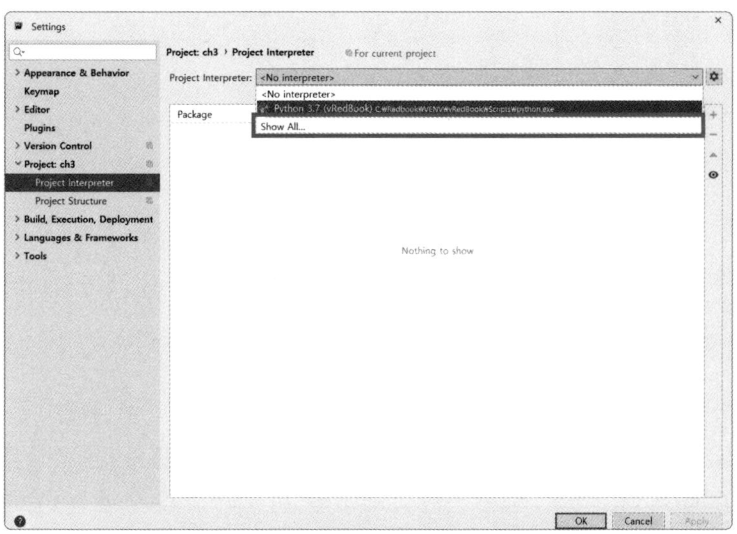

다음 그림처럼 메인 창으로 복귀하면 가상 환경이 vRedbook으로 지정된 것을 확인할 수 있습니다. 여기까지 외부의 ch3 프로젝트 임포트를 완료한 상태입니다. 이제부터 필요한 소스 코딩 작업을 하고 runserver를 실행해 테스트하면 됩니다. 다음 절에서 진행합니다.

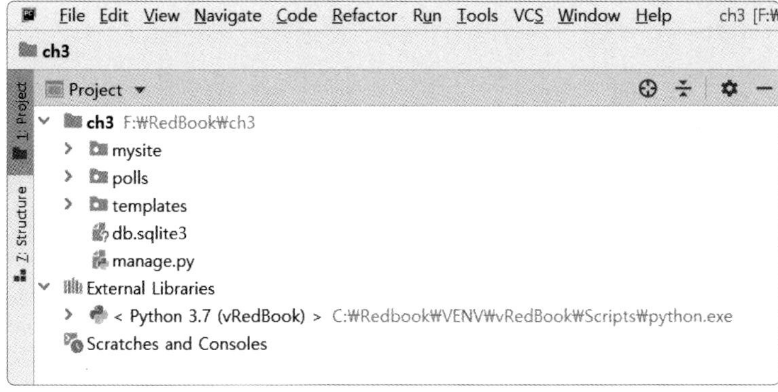

A.8 임포트한 프로젝트 runserver 실행하기

프로젝트를 임포트하는 것은 프로젝트를 새로 만드는 것과 유사한 환경이므로, 아래 3가지를 항상 확인해야 합니다.

- 가상 환경이 정확히 설정되었는지 확인
- 터미널 창에서 makemigrations/migrate 명령 실행
- Run 실행 환경이 정확히 설정되었는지 확인

가상 환경은 앞 절에서 확인했으므로, 터미널 창을 열고 다음 명령을 실행합니다.

```
(vRedbook) C:₩RedBook₩ch99>python manage.py makemigrations
(vRedbook) C:₩RedBook₩ch99>python manage.py migrate
```

Run 실행 환경을 설정하는 방법은, **A.6 테스트를 위한 runserver 실행하기**에서 이미 설명했으므로 이를 참고해서 진행하기 바랍니다. 실행 환경을 설정한 후에는 PyCharm 우상단의 Play▶ 아이콘을 클릭하여 runserver를 실행합니다.

runserver가 정상적으로 실행된 후에는 브라우저를 열고 아래 주소로 접속합니다.

```
http://127.0.0.1:8000/polls/
```

다음 화면처럼 polls 앱의 첫 화면이 나타나면 지금까지의 작업이 성공한 것입니다.

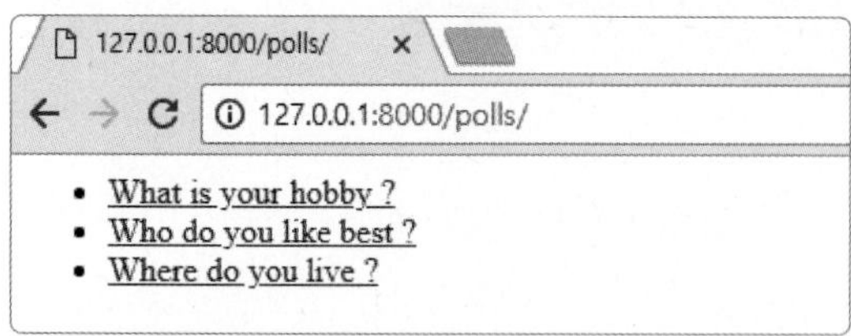

> **NOTE_ 기본편 ch3 프로젝트**
>
> 부록 A.7부터 언급한 ch3 프로젝트는 필자의 저서 『파이썬 웹프로그래밍(기본편)』에 나오는 ch3입니다. 참고하시기 바랍니다.

APPENDIX B

클라우드 서비스 활용(AWS, Heroku)

클라우드 서비스가 활성화되면서 IT 환경을 많이 바꾸고 있습니다. 특히 SW 개발 측면에서는 배포 환경이 쉽고 간단해졌습니다. 예전에는 배포하는 데 서버 엔지니어가 반드시 필요했지만 요즘에는 클라우드 서비스에서 미리 준비된 가상 서버를 제공하므로, 우리는 빌려서 쓰고 쓴 만큼 비용을 지불하면 됩니다.

장고 프로젝트 개발을 완료하고 이를 외부에 공개publish 또는 open할 때는 개발 서버와 달리 운영 서버의 보안과 성능을 고려해야 합니다. 클라우드 서비스는 보안과 성능 면에서 만족스럽고, 개발자들을 괴롭혔던 운영 서버, 서버 간 연동, 네트워크, 보안 등의 설정을 처리해준다는 점에서 환영받고 있습니다.

클라우드 서비스 중에서 웹 개발 분야는 AWSAmazon Web Service와 Heroku 서비스를 많이 사용하는데, 부록에서는 이들 서비스를 활용하는 방법에 대해 설명합니다. AWS 사이트, Heroku 사이트에 가입하는 것은 간단하므로 설명은 생략하겠습니다. 인터넷 자료를 참고해서 미리 가입한 후 실습을 진행하기 바랍니다.

- 가입 사이트: www.aws.com 〉 콘솔에 로그인 / www.heroku.com

B.1 썸네일 처리 기능 수정하기

본문 9장에서 photo 앱을 개발할 때 ThumbnailImageField 클래스를 직접 만들어 이미지 및 썸네일을 처리하는 필드로 사용한 바 있습니다. 그러나 이 필드는 로컬 저장소를 사용하고, 원격에 있는 저장소에 이미지를 저장하는 기능은 없으므로 AWS S3 서비스에 사용할 수 없습니다.

이에 대한 해결 방법으로 다음과 같은 썸네일용 패키지를 고려할 수 있는데, 이 중 S3 서비스에 가장 적합한 패키지는 sorl-thumbnail입니다.

- **sorl-thumbnail** : S3 서비스와 연동 가능하며 원격 저장소에 대한 쿼리 성능도 좋습니다.
- **django-imagekit** : S3 서비스와 연동을 위해 일부 SW 변경이 필요합니다.
- **easy-thumbnails** : S3 서비스와 연동되지 않습니다.

뒤에 나오는 **B.3 S3 서비스 활용(Storage 서버 연동)**에서는 정적 파일과 미디어 파일을 AWS S3 저장소에 저장하는 방법에 대해 살펴볼 예정입니다. 그래서 이번 절에서는 S3 저장소와 연동 가능하도록 미리 썸네일 관련 소스를 변경합니다. 즉 9장에서 사용한 ThumbnailImageField 대신 sorl-thumbnail 패키지를 사용하여 이미지 썸네일을 다루는 방법을 알아보겠습니다.

B.1.1 settings.py 파일 수정하기

먼저 가상 환경에 sorl-thumbnail 패키지를 설치합니다.

```
$ source /home/shkim/VENV/vDjBook/bin/activate
(vDjBook)$ pip install sorl-thumbnail
```

sorl-thumbnail 패키지를 mysite/settings.py 파일의 INSTALLED_APPS 항목에 등록합니다.

```
INSTALLED_APPS = [
    . . .
    'sorl.thumbnail',     # 추가

    'bookmark.apps.BookmarkConfig',
    'blog.apps.BlogConfig',
    'photo.apps.PhotoConfig',
]
```

B.1.2 models.py 파일 수정하기

photo 앱의 photo/models.py 파일에서 썸네일 처리용 필드로 ThumbnailImageField 대신 장고의 ImageField를 사용합니다.

```
. . .
# from photo.fields import ThumbnailImageField     # 삭제
. . .
class Photo(models.Model):
    album = models.ForeignKey(Album, on_delete=models.CASCADE)
    title = models.CharField('TITLE', max_length=30)
    description = models.TextField('Photo Description', blank=True)
    # image = ThumbnailImageField('IMAGE', upload_to='photo/%Y/%m')     # 삭제
    image = models.ImageField('IMAGE', upload_to='SorlPhoto/%Y')       # 추가
    . . .
```

장고의 ImageField는 썸네일을 만드는 기능이 없으므로 원본 이미지만 처리합니다. 썸네일 이미지 처리는 {% thumbnail %} 템플릿 태그에서 수행하는데, 이는 템플릿 코딩 시 설명합니다.

참고로 sorl-thumbnail 패키지에서 제공하는 ImageField에는 썸네일 기능이 있으므로, admin 사이트에 썸네일을 보여주고 싶은 경우 sorl.thumbnail.ImageField 클래스를 사용하면 됩니다.

모델 정의가 변경되었으므로 DB에 이를 반영합니다.

```
$ source /home/shkim/VENV/vDjBook/bin/activate
(vDjBook)$ cd /home/shkim/pyDjango/chB1/
(vDjBook)$ python manage.py makemigrations photo
(vDjBook)$ python manage.py migrate
```

B.1.3 urls.py

URL은 변경사항이 없습니다.

B.1.4 views.py

sorl-thumbnail 패키지의 특징 중 하나가 썸네일 처리를 뷰와 무관하게 템플릿에서만 할

수 있다는 점입니다. 그래서 views.py 변경 사항은 없습니다. 다만 sorl.thumbnail.get_thumbnail() 함수를 사용하면 썸네일 처리를 뷰에서도 할 수 있으므로 참고하기 바랍니다.

B.1.5 템플릿 파일 변경하기

화면에 썸네일 이미지를 보여주기 위한 템플릿 코딩 부분을 변경합니다. 기존에 ThumbnailImageField 필드를 사용했을 때는 {{ photo.image.thumb_url }} 문구를 사용했지만, 이를 변경하여 sorl-thumbnail 패키지의 {% thumbnail %} 템플릿 태그를 사용한다는 점이 주요 변경 사항입니다.

썸네일을 보여주는 화면은 album_list.html과 album_detail.html 파일 두 개입니다.

album_list.html 변경하기

phtoto 앱의 photo/templates/photo/album_list.html 파일을 다음과 같이 변경합니다.

```
{% extends "base.html" %}
{% load sorl_thumbnail %}     # 추가 ❶
. . .
    <div class="row">
        {% for photo in item.photo_set.all|slice:":5" %}
        <div class="ml-5">
            <div class="thumbnail">
                <a href="{{ photo.get_absolute_url }}">
                <img src="{{ photo.image.thumb_url }}" style="width:100%;">
                {% thumbnail photo.image "128x128" crop="center" as im %}
                <img src="{{ im.url }}" style="width: 100%;">          ❷
                {% endthumbnail %}
                </a>
            </div>
        </div>
        {% endfor %}
    </div>
. . .
```

❶ {% load thumbnail %} 문장으로 해도 동일합니다. 다른 라이브러리와 이름이 충돌하는 것을 방지하기 위해 두 가지 문장을 제공합니다.

❷ photo.image에는 원본 이미지가 들어 있고, {% thumbnail %} 태그 기능에 의해 이미지 중심을 기준으로

128x128 크기의 썸네일 이미지를 만들어서 이를 im 템플릿 변수에 대입합니다.

album_detail.html 변경하기

phtoto 앱의 photo/templates/photo/album_detail.html 파일을 다음과 같이 변경합니다.

```
{% extends "base.html" %}
{% load sorl_thumbnail %}     # 추가 ------------------------------------ ❶
. . .
            <div class="thumbnail">
                <a href="{{ photo.get_absolute_url }}">
                    <img src="{{ photo.image.thumb_url }}" style="width:100%;">
                    {% thumbnail photo.image "128x128" crop="center" as im %} ---
                    <img src="{{ im.url }}" style="width:100%;">              ❷
                    {% endthumbnail %} -------------------------------------------
                </a>
            </div>
. . .
```

❶, ❷ 변경 내용은 album_list.html과 동일합니다.

B.1.6 동작 확인하기

runserver를 실행하고 브라우저로 접속한 후 다음 메뉴를 실행해봅니다.

- 상단 메뉴 〉 Add 〉 Album, 상단 메뉴 〉 Add 〉 Photo

화면에 썸네일이 잘 표시되면 정상입니다. 또한 이미지 및 썸네일 디렉터리가 추가로 생성되었는지도 확인합니다.

- **이미지 디렉터리 :** /home/shkim/pyDjango/chB1/media/SorlPhoto/
- **썸네일 디렉터리 :** /home/shkim/pyDjango/chB1/media/cache/

B.2 RDS 서비스 활용(MySQL DB 연동)

본문 예제에서는 SQLite3 데이터베이스를 사용했지만, 만일 여러분이 서비스를 공개한다면 좀 더 성능이 좋은 데이터베이스를 고려해야 합니다. 장고에서는 PostgreSQL(Postgres라고도 함)

DB를 사용할 것을 권장하고 있으며, 장고의 기능과 가장 잘 호환되는 데이터베이스입니다. 무료면서도 유료 수준의 고급 기능을 갖추고 있고 대용량의 트래픽을 처리할 수 있어서, 여러분이 웹 사이트를 본격적으로 운영할 예정이라면 Postgres DB는 좋은 선택이 될 것입니다.

반면에 여러분이 데이터베이스를 사용해본 경험이 많지 않다면 MySQL DB를 추천합니다. MySQL DB 역시 준대용량의 트래픽을 처리할 수 있으면서도 Postgres DB보다 사용이 쉬운 편입니다. 또한 사용자가 많고 인터넷에 자료가 풍부해서 문제 발생 시 대응이 쉽다는 장점도 있습니다. 그래서 필자는 초심자라면 MySQL로 시작하고, 어느 정도 데이터베이스에 대한 경험을 쌓은 후에 Postgres DB를 사용할 것을 권장합니다.

AWS RDS[Relational Database Service] 서비스는 여러 종류의 관계형 데이터베이스를 제공하고 있고, 어떤 것을 선택하더라도 설치 및 준비 과정이 어렵지 않으므로 여러분이 원하는 DB를 선택하면 됩니다. 필자는 위에서 설명한 이유로 MySQL DB를 선택했습니다.

B.2.1 RDS MySQL 인스턴스 생성하기

AWS 사이트에서 MySQL DB를 생성한 후, 장고 프로그램에서 이를 사용하는 순서로 작업하겠습니다. 먼저 AWS RDS 사이트에서 MySQL 인스턴스를 생성하는 과정입니다. 인스턴스는 가상 머신, 즉 가상으로 만든 서버 H/W 박스 하나를 의미합니다.

AWS 사이트에 로그인하면 다음과 같은 화면이 나옵니다.

- https://aws.amazon.com/ko/ 〉 콘솔에 로그인 〉 (계정과 비밀번호 입력하여 로그인)
- 상단의 [서비스] 메뉴 클릭

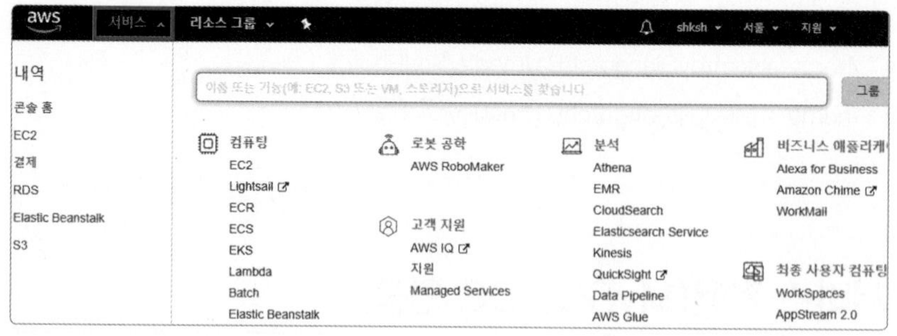

위의 화면에서 다음과 같은 순서로 메뉴를 선택하면 RDS 화면이 나옵니다.

- 상단 우측의 Region 부분에 서울이 선택된 것을 확인한 후,
- [데이터베이스 〉 RDS] 메뉴를 선택합니다.

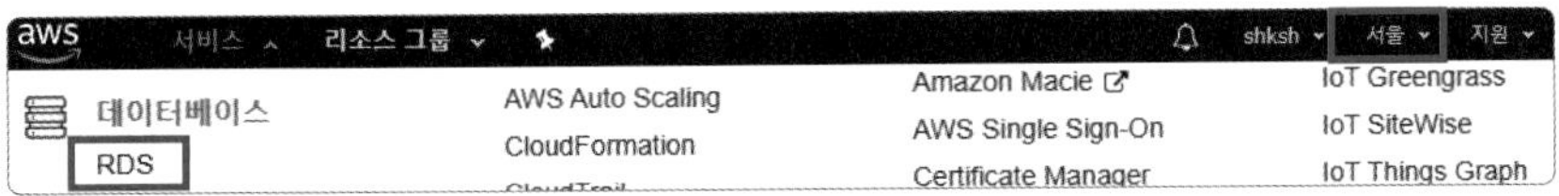

다음과 같은 RDS 화면의 좌측 메뉴에서 [Dashborad 〉 데이터베이스 생성] 버튼을 클릭합니다. 페이지 상단 Amazon Aurora 부분의 [데이터베이스 생성] 버튼이 아니라 페이지 중간에 있는 [데이터베이스 생성] 버튼입니다.

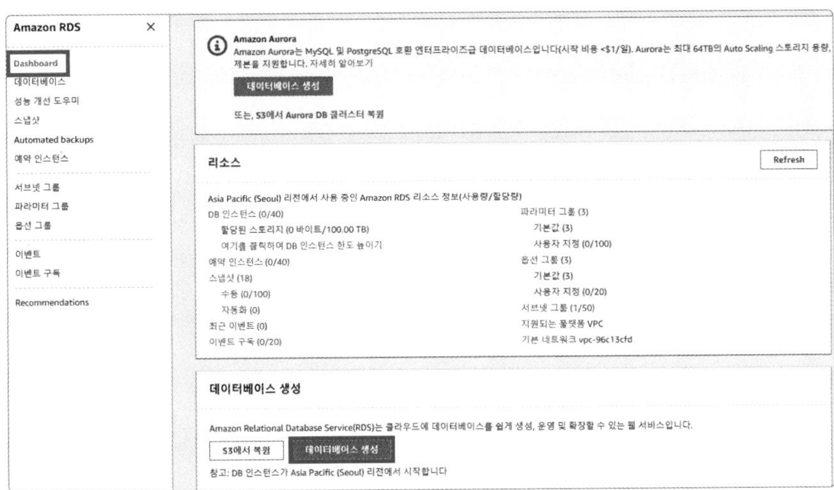

다음 그림처럼 [데이터베이스 생성] 창이 나오면, 여기서 언급하는 몇 가지 사항을 제외하고는 AWS에서 제공하는 옵션을 그대로 선택하면서 진행하면 됩니다.

- 엔진 옵션: MySQL
- 버전: MySQL 8.0.16(2019.10월 현재 최신 버전임)

부록

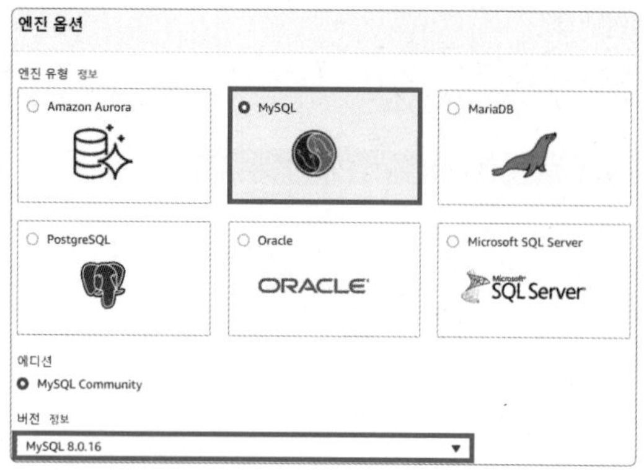

다음 그림처럼 무료로 사용할 수 있는 프리 티어(월 750시간 무료)를 선택합니다.

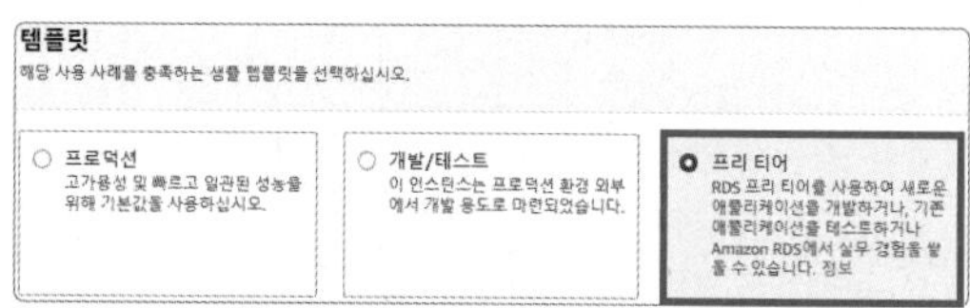

필자는 설정 부분에서 다음과 같이 선택했습니다. MySQL 데이터베이스에 접속하기 위한 id/pwd를 지정하는 것입니다.

- DB 인스턴스 식별자: Django-MySQL-8016(대문자를 써도 모두 소문자로 인식됨)
- 마스터 사용자 이름: admin(settings.py 파일에 사용함)
- 마스터 암호: shkimadmin(settings.py 파일에 사용함)
- 암호 확인: shkimadmin

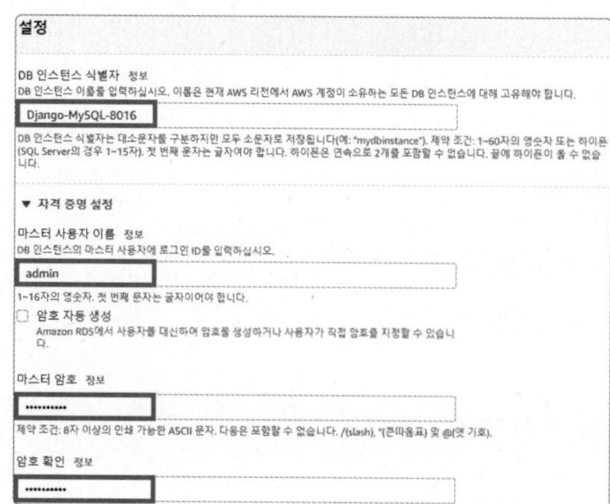

다음 그림과 같은 연결 부분에서 필자가 선택한 사항입니다.

- 추가 연결 구성 〉 퍼블릭 액세스 가능: 예(지금은 외부에서도 접속할 수 있도록 '예'를 선택하지만, 상용화 시점에는 보안 측면에서 '아니오'로 선택하는 것을 고려해야 합니다.)
- 추가 연결 구성 〉 데이터베이스 포트: 3306(디폴트로 선택된 사항을 확인합니다. 포트 번호는 settings.py 파일에 사용합니다.)

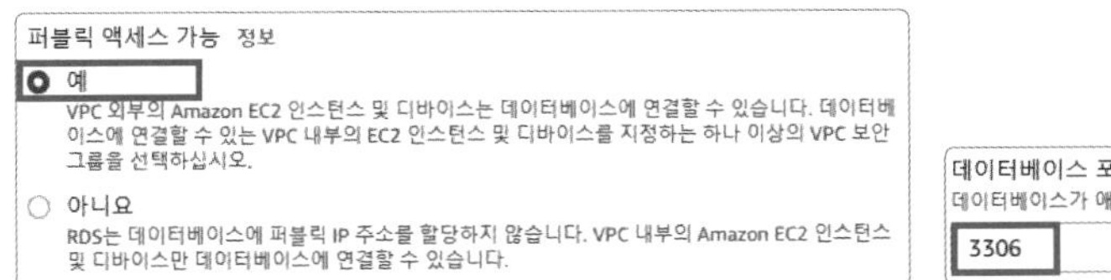

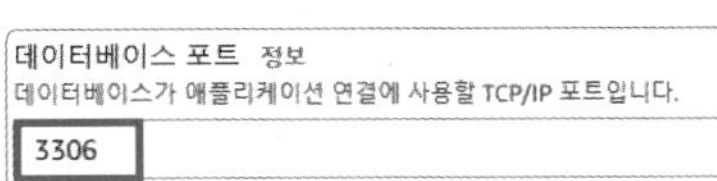

다음 그림과 같은 추가 구성 부분에서는 데이터베이스의 이름을 정할 수 있습니다. MySQL에서는 테이블 모음을 데이터베이스라고 합니다. 나중에 데이터베이스를 만들 수도 있지만 다음 그림처럼 MySQL 인스턴스를 생성할 때 만드는 것이 간편합니다. 여기서 만든 데이터베이스 이름(test)은 장고 프로젝트 설정 과정 중 settings.py 파일에서 사용합니다.

그리고 디폴트로 자동 백업이 활성화되어 있는데 무료 티어인 경우 월 20GB까지만 허용되므로, 데이터가 많은 경우는 백업을 비활성화하거나 백업 보존 기간을 줄입니다.

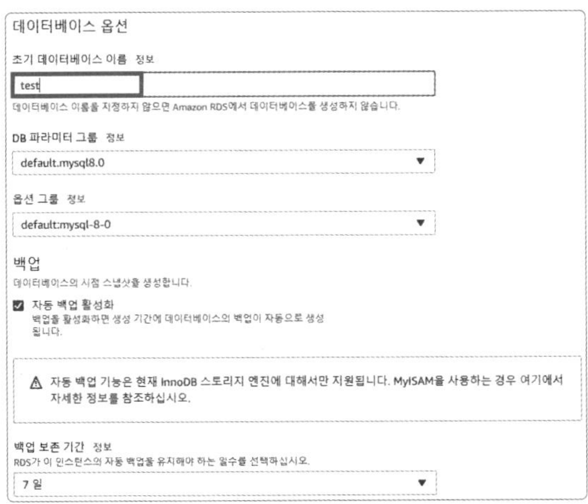

선택을 마친 후에는 프리 티어에 대한 설명을 읽어보고 [데이터베이스 생성] 버튼을 클릭합니다. 데이터베이스 생성에 몇 분 정도 소요되므로, 기다리는 동안 다른 메뉴에서 작업을 진행해도 됩니다.

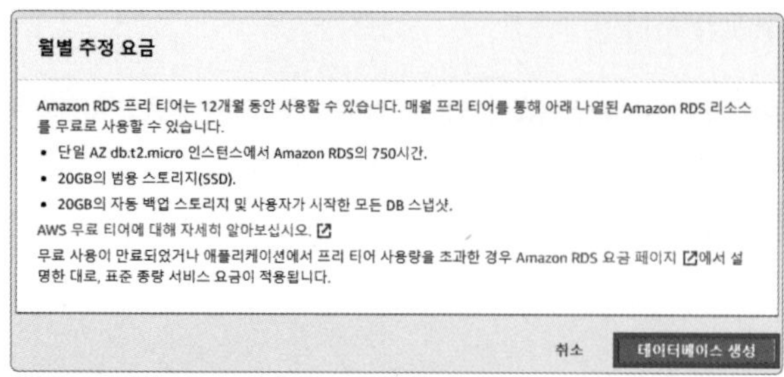

데이터베이스 생성이 완료되면 다음과 같은 화면이 나옵니다. 이 화면에서 DB 식별자(django-mysql-8016)를 클릭하면 데이터베이스 상세 화면으로 이동합니다.

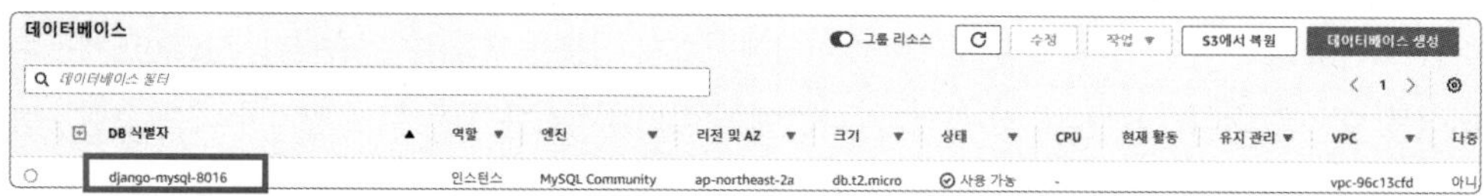

다음과 같은 데이터베이스 상세 화면에서 엔드포인트 항목을 확인해 둡니다. 이 항목은 데이터베이스 인스턴스의 호스트명인데, 장고의 settings.py 파일에서 사용할 것입니다.

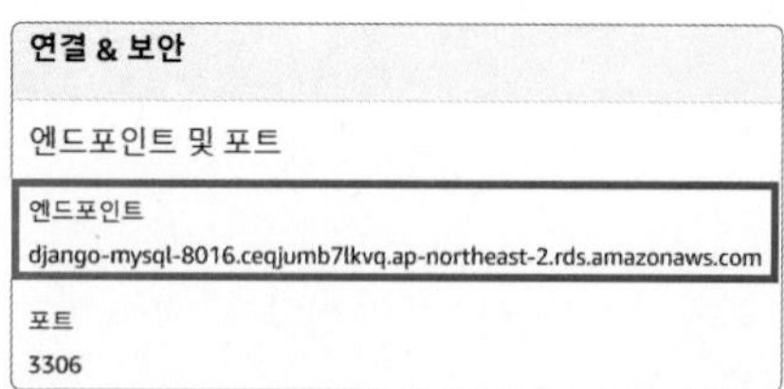

B.2.2 Django 연동 드라이버 설치하기

아마존의 클라우드에 MySQL 서버를 만들고 실행시킨 상태입니다. 이제 장고 프로젝트로 돌아와서 MySQL 서버와 연동하기 위한 작업을 진행합니다. 파이썬에서 MySQL 데이터베이스 연동을 위한 연동 드라이버 패키지는 여러 가지인데, 그중 장고에서 추천하는 mysqlclient 패키지를 장고가 실행될 서버의 가상 환경에 설치합니다.

```
$ source /home/shkim/VENV/vDjBook/bin/activate
(vDjBook)$ pip install mysqlclient
```

NOTE_ mysqlclient 설치에 실패하는 경우

필자는 윈도우에서 mysqlclient 패키지를 설치할 때 컴파일 에러를 경험했습니다. Visual C++ 빌드 과정에서 에러가 난 것인데, 이 경우 미리 컴파일된 *.whl 패키지를 아래 사이트에서 다운로드한 후 설치하면 됩니다.

- https://www.lfd.uci.edu/~gohlke/pythonlibs/#mysql-python에서
- 일례로 mysqlclient-1.4.4-cp38-cp38-win_amd64.whl 패키지를 선택해 다운로드한 경우,
- (vDj22Book) >pip install mysqlclient-1.4.4-cp38-cp38-win_amd64.whl 명령으로 설치합니다.

또 한 가지 방법은 mysqlclient 대신 pymysql 패키지를 사용하는 것입니다. 이 패키지는 순수 파이썬 패키지이므로 빌드 에러가 발생하지 않습니다. 인터넷에 자료가 많으니 참고하기 바랍니다.

B.2.3 Django 프로젝트 설정하기

본문 예제에는 SQLite3 데이터베이스를 사용했는데 이를 MySQL로 변경하겠습니다. 장고의 장점 중 하나가 ORM 방식을 사용하기 때문에 데이터베이스를 쉽게 변경할 수 있다는 것입니다. 즉 settings.py 파일에서 데이터베이스 설정만 바꾸면 되고 소스 변경 사항은 없습니다.

다음 예제처럼 settings.py 파일을 수정합니다. ENGINE 및 OPTIONS 이외의 항목들은 모두 RDS 서비스에서 MySQL 인스턴스를 생성할 때 지정한 값들입니다.

```
...
DATABASES = {
    'default': {
        'ENGINE': 'django.db.backends.mysql',
        'NAME': 'test',
        'USER': 'admin',
        'PASSWORD': 'shkimadmin',
        'HOST': 'django-mysql-8016.ceqjumb7lkvq.ap-northeast-2.rds.amazonaws.com',
        'PORT': '3306',
        'OPTIONS': {
            'init_command': "SET sql_mode='STRICT_TRANS_TABLES'",
        },
    }
}
...
```

부록

MySQL 옵션 중 하나인 STRICT_TRANS_TABLES 항목은 레코드 생성, 변경 시 컬럼 타입이나 데이터 길이 등을 정확하게 체크하여 데이터 일부가 잘리는 것을 방지하는 기능을 합니다.

B.2.4 데이터베이스 변경사항 반영하기

데이터베이스와 관련해 변경사항이 발생하면 다음과 같은 명령으로 데이터베이스에 반영해줘야 합니다. 지금은 SQLite3에서 MySQL 데이터베이스로 전환하는 과정이고 테이블들이 초기화되므로, SQLite3 DB에 있던 예전 데이터는 모두 삭제됩니다.

```
$ source /home/shkim/VENV/vDjBook/bin/activate
(vDjBook)$ cd /home/shkim/pyDjango/chB2/

# RDS MySQL 데이터베이스에 테이블들 생성
(vDjBook)$ python manage.py migrate

# 관리자 계정 생성
(vDjBook)$ python manage.py createsuperuser
```

NOTE_ 데이터 이전 작업

만일 기존의 SQLite3 DB에 있던 데이터가 중요한 데이터라서 유지해야 한다면, MySQL DB로 이전 작업을 해야 합니다. 이를 위해 데이터베이스 import/export 명령을 공부해두는 것이 좋습니다. 장고에서도 데이터 이전을 위한 명령을 제공하는데 manage.py dumpdata 및 loaddata 명령을 참고하기 바랍니다.

B.2.5 동작 확인하기

runserver를 실행하고 브라우저로 어드민 사이트에 접속합니다.

- http://192.168.56.101:8000/admin/

Bookmark, Post, Album, Photo 등의 테이블들이 보이면 정상입니다.

B.3 S3 서비스 활용(Storage 서버 연동)

장고와 같은 대부분의 웹 프로젝트에는 정적 파일과 미디어 파일이 존재합니다. 이런 파일들은 웹 처리 과정에서 단순히 파일 내용을 그대로 응답하는 용도로만 작용하지만, 대부분 용량이 크기 때문에 처리 부하가 큰 편입니다. 또한 웹 트래픽이 높아져서 웹 서버 대수를 늘릴 경우, 웹 서버마다 이런 정적, 미디어 파일들까지 포함되면 서버의 스토리지 비용이 증가합니다.

이런 점을 고려해 운용환경에서는 웹 서버와는 다른 스토리지 서버를 별도로 두어 정적 파일 및 미디어 파일을 서비스하는 것이 일반적입니다. 즉 스토리지 서버를 별도로 두면 웹 서버 처리 능력이 높아지고 서버 확장도 쉬워집니다.

이번 절에서는 AWS S3(Simple Storage Service) 서비스를 스토리지 서버로 활용하는 방법에 대해 살펴봅니다. 현재는 웹 서버가 개발 모드이고 개발 모드에서 S3 서비스가 정상 동작하는 것을 확인한 후 B.4절에서 웹 서버를 운영 모드로 변경하겠습니다.

B.3.1 S3 버킷 생성하기

S3 서비스에서는 각각의 저장소를 구분하는 용어로 버킷bucket을 사용합니다. 이는 양동이라는 의미로, 파일을 저장하는 가상의 디스크라고 생각하면 됩니다. 장고 프로젝트를 위한 버킷을 하나 만들어서 여기에 정적 파일과 미디어 파일을 저장할 것입니다.

AWS 사이트에 로그인하면 다음과 같은 화면이 나옵니다.

- https://aws.amazon.com/ko/ 〉 콘솔에 로그인 〉 (계정과 비밀번호 입력하여 로그인)
- 상단의 [서비스] 메뉴 클릭

앞의 화면에서 [스토리지 > S3] 메뉴를 선택하면 다음과 같은 S3 화면이 나옵니다.

S3 화면이 나오면 [버킷 만들기] 버튼을 클릭합니다.

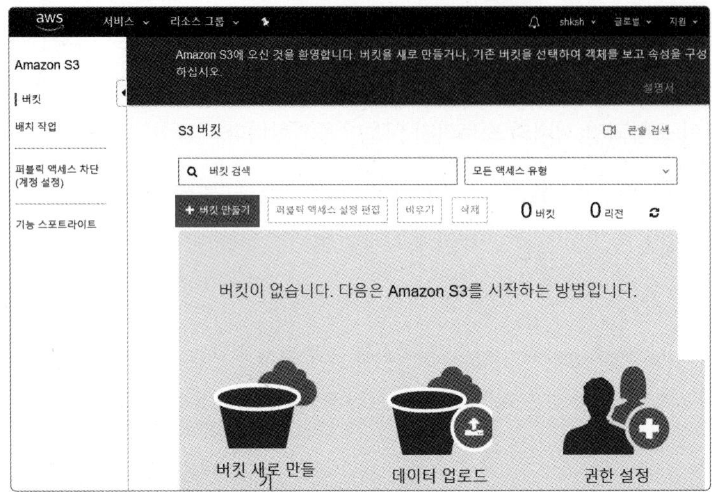

아래 그림처럼 버킷 만들기 화면이 나오면, 버킷 이름과 리전을 선택한 후 [다음] 버튼을 클릭합니다.

- 버킷 이름은 소문자만 가능하고 AWS S3 전체에서 중복되면 안 됩니다.
- 리전은 아시아 태평양(서울)로 선택합니다. 웹 서버와 지리적으로 가까워야 응답 속도가 빨라집니다.

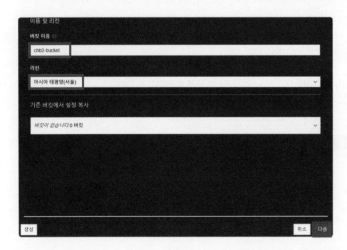

다음 그림의 옵션 구성 화면에서는 변경 없이 [다음] 버튼을 클릭합니다.

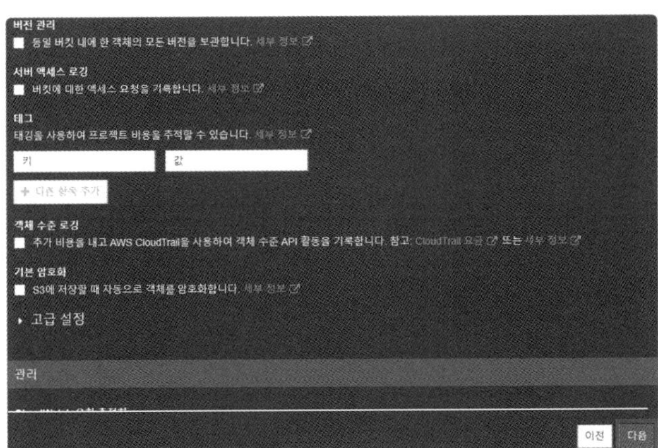

아래 그림의 권한 설정 화면에서 모든 퍼블릭 액세스 차단 항목을 체크 해제, 즉 비활성화한 후 [다음] 버튼을 클릭합니다.

- 모든 퍼블릭 액세스 차단 기능을 비활성시키면 다른 사용자도 이 버킷에 액세스할 수 있게 됩니다. 이는 보안 측면에서 위험합니다. 현재는 테스트 용도이므로 이렇게 하지만, 상용화 시점에서는 이 차단 기능을 활성화하기를 권장합니다.

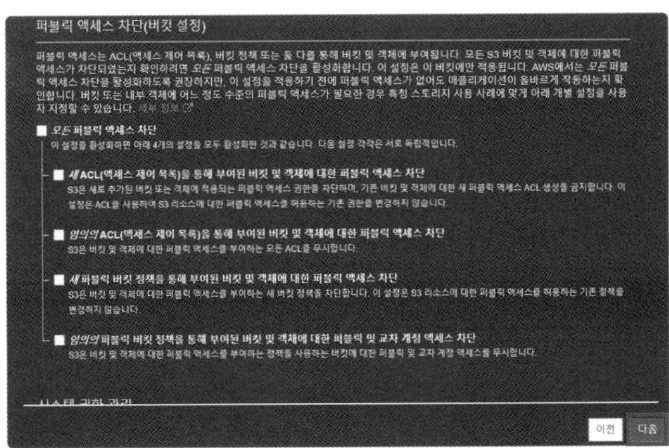

다음 그림의 검토 화면에서는 내용 확인 후 [버킷 만들기] 버튼을 클릭합니다.

부록

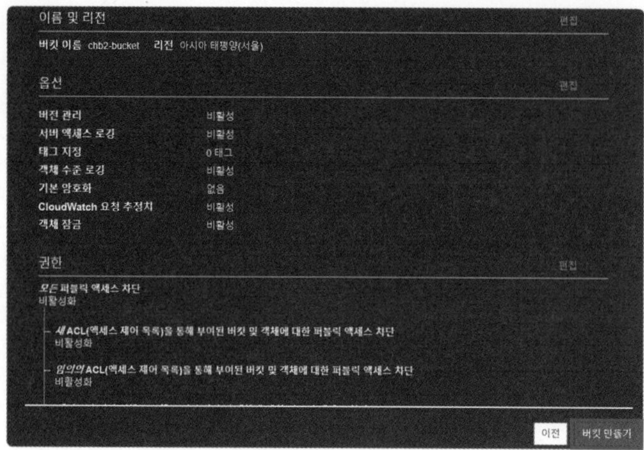

버킷이 정상적으로 만들어지면 다음과 같은 화면을 볼 수 있습니다. 버킷 목록에 우리가 만든 chb2-bucket 버킷이 보입니다.

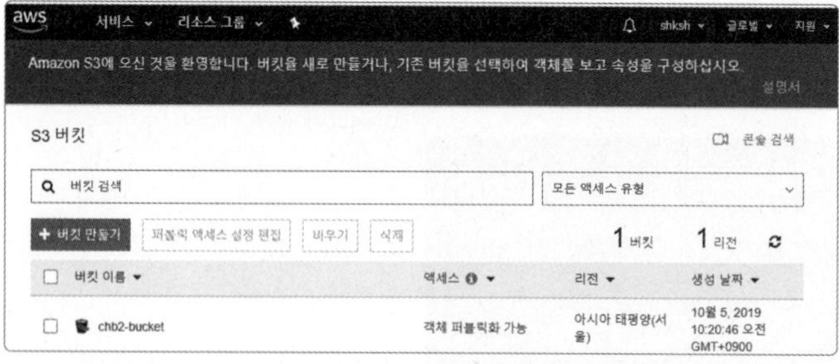

B.3.2 IAM 사용자 생성하기

이번에는 S3 서비스용 사용자를 만들겠습니다. AWS 서비스에서는 보안을 강화하기 위해 하위 개념의 사용자를 생성할 수 있고, 각 사용자별로 권한을 따로 줄 수 있습니다. 여러분이 aws.com 사이트에 가입했을 때 생성한 계정은 최상위 권한을 가진 루트 사용자이므로, AWS 서비스를 사용하는 대부분의 경우 루트 사용자 대신 개별 사용자를 만들고, 그 사용자에게 필요한 권한만 부여하는 방식을 권장합니다.

사용자 생성 및 권한 부여는 IAM^Identity and Access Management^ 서비스를 통해 이뤄집니다. 다음 순서와 같이 [IAM] 메뉴를 클릭합니다.

- https://aws.amazon.com/ko/ 〉 콘솔에 로그인 〉 (계정과 비밀번호 입력하여 로그인)
- 상단의 [서비스] 메뉴 클릭
- [보안, 자격 증명 및 규정 준수 〉 IAM] 메뉴 클릭

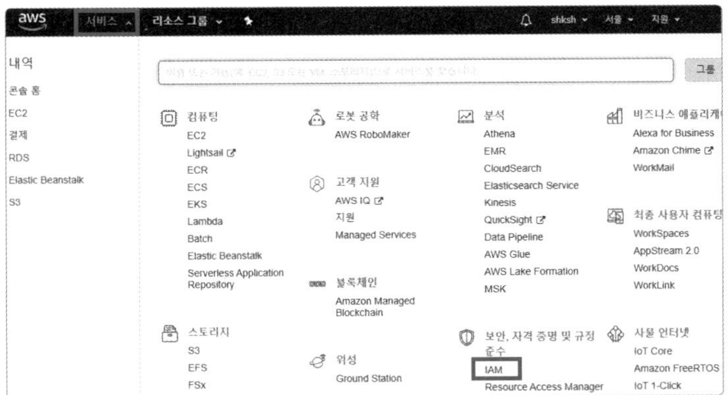

다음 그림처럼 IAM 대시보드 화면이 나오면 좌측 메뉴에서 [사용자]를 클릭합니다.

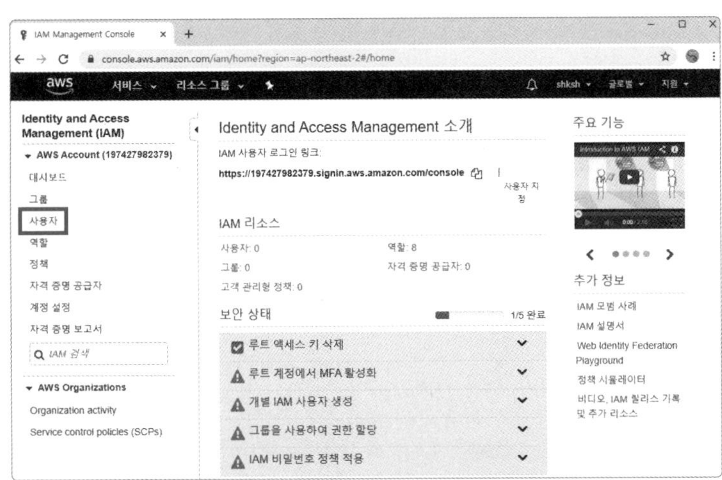

다음과 같은 화면이 나오면 [사용자 추가] 버튼을 클릭합니다.

부록

다음과 같은 사용자 추가 화면이 나오면 사용자 이름을 입력하고, 프로그래밍 방식 액세스에 체크한 후 [다음: 권한] 버튼을 클릭합니다.

- **프로그래밍 방식 액세스:** 지금 생성하는 iam-s3-program 사용자는 boto3 패키지를 활용하여 프로그래밍 방식으로 S3 자원에 액세스합니다. 이 방식에는 사용자의 액세스 키와 비밀 액세스 키가 필요한데, 사용자 생성 마지막 단계에서 볼 수 있습니다.

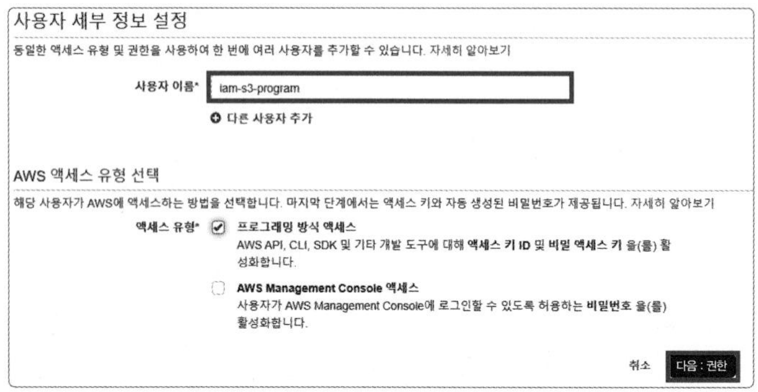

다음과 같은 권한 설정 화면이 나오면, [그룹에 사용자 추가] 버튼 대신 [기존 정책 직접 연결] 버튼을 클릭합니다.

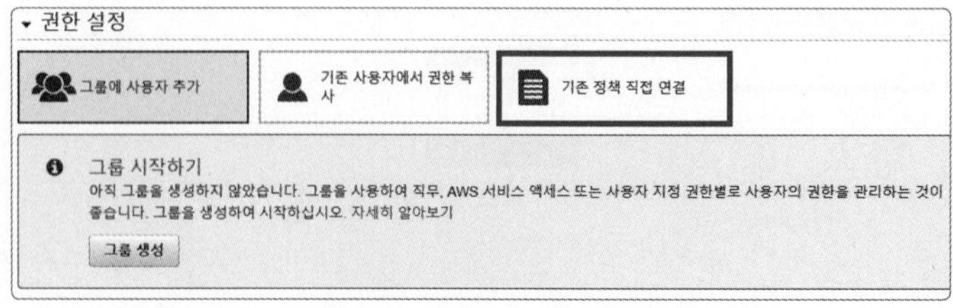

다음의 기존 정책 직접 연결 화면에서는 아래와 같이 선택합니다.

- 정책 필터에 s3라고 입력하면, S3 관련 정책들만 나옵니다.
- 정책 목록에서 AmazonS3FullAccess 정책을 체크한 후 우측 아래 [다음: 태그] 버튼을 클릭합니다.

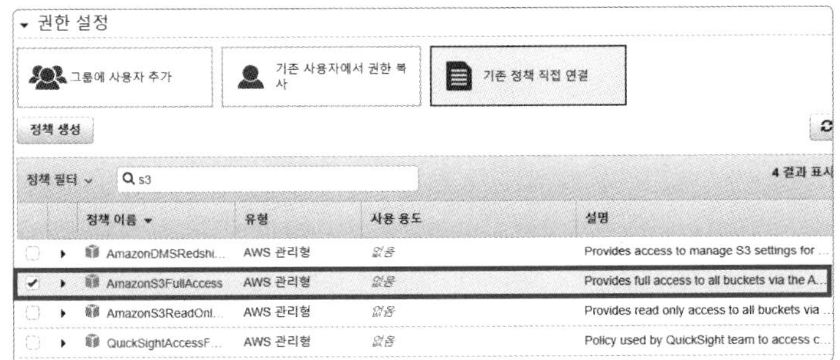

위의 권한 설정 과정은 그룹을 만들고 그 그룹에 정책을 부여할 수도 있지만, 지금은 그룹을 만들지 않고 사용자에게 직접 정책을 부여합니다.

다음의 태그 추가 화면에서는 입력 없이 우측 아래 [다음: 검토] 버튼을 클릭합니다.

태그 추가(선택 사항)

IAM 태그는 사용자 사용자에 추가할 수 있는 키-값 페어입니다. 태그는 이메일 주소와 같은 사용자 정보를 포함하거나 직책과 같은 내용일 수 있습니다. 를 사용하여 이 사용자에 대한 액세스를 구성, 추적 또는 제어할 수 있습니다. 자세히 알아보기

키	값(선택 사항)
새 키 추가	

50 태그를 더 추가할 수 있습니다.

다음의 검토 화면에서는 내용을 확인한 후 [사용자 만들기] 버튼을 클릭합니다.

다음은 사용자 생성에 성공한 화면입니다. 이 화면에 표시되는 사용자 자격 증명(액세스 키와 비밀 액세스 키를 의미함)의 경우 다시는 표시되지 않으므로, csv 다운로드 버튼을 클릭하여 파일로 보관합니다. 이 자격 증명은 장고 settings.py 파일에서도 사용합니다.

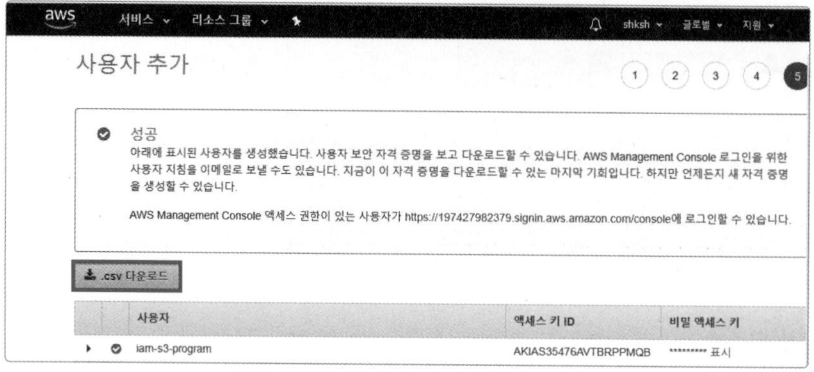

B.3.3 관련 패키지 설치하기

장고 프로젝트에서 S3 저장소와 연동하려면 S3 서버에서 제공하는 API를 사용해야 합니다. 이를 도와주는 패키지가 두 개 있는데 모두 설치합니다.

```
$ source /home/shkim/VENV/vDjBook/bin/activate
(vDjBook)$ pip install boto3
(vDjBook)$ pip install django-storages
```

boto3 패키지는 S3 API를 쉽게 사용하도록 도와주는 파이썬 SDK입니다. boto3에서 제공하는 클래스, 함수 등을 이용하면 S3 자원들을 쉽게 제어할 수 있습니다. 참고로 boto3는 S3 서비스 이외에 EC2, DynamoDB 등 여러 가지 AWS 서비스들을 제어하는 기능도 제공합니다.

django-storages 패키지는 장고의 저장소 엔진 기능을 제공합니다. 즉 django-storages 패키지에서 boto3의 SDK를 활용해 S3 저장소를 제어하는 것입니다. 이 패키지를 사용하면 AWS S3 이외에 Google Cloud Storage, Dropbox 등의 원격 저장소를 활용할 수도 있습니다.

B.3.4 장고 소스 변경하기

mysite 폴더에 있는 settings.py 파일과 urls.py 파일을 수정하고 storage.py 파일을 새로 추가합니다. storage.py 파일은 다른 폴더에 둬도 됩니다. 먼저 settings.py 파일을 수정합니다. 새로 설치된 앱을 등록하고 S3 버킷에 액세스하기 위한 정보를 등록합니다.

```
. . .
INSTALLED_APPS = [
    . . .
    'sorl.thumbnail',    # 기존
    'storages',    # 추가 ❶
    . . .
]
. . .
LOGIN_REDIRECT_URL = '/'    # 기존

# 파일의 끝에 아래 내용을 추가합니다.
STATICFILES_STORAGE = 'mysite.storage.S3StaticStorage' ❷
DEFAULT_FILE_STORAGE = 'mysite.storage.S3MediaStorage' ❸

AWS_ACCESS_KEY_ID = 'AKIAS35476AVQB7NRC76' ❹
AWS_SECRET_ACCESS_KEY = 'VYAtJlFE3SoJWGyzLSCWS9QfBe0HWTL/0RlTV82z'
AWS_S3_REGION_NAME = 'ap-northeast-2' ❺
AWS_STORAGE_BUCKET_NAME = 'chb2-bucket'
AWS_S3_CUSTOM_DOMAIN = f"{AWS_STORAGE_BUCKET_NAME}.s3.{AWS_S3_REGION_NAME}.amazonaws.com" ❻
AWS_DEFAULT_ACL = 'public-read' ❼
```

❶ 새로 설치한 django-storages 앱을 등록합니다. boto3 패키지는 django-storages 앱에서 활용하는 라이브러리이고 앱으로 등록하지는 않습니다.

❷ 정적 파일에 대한 저장소 클래스를 지정합니다. STATICFILES_STORAGE 항목의 디폴트 값은 StaticFilesStorage 클래스이며 이 클래스는 로컬에 있는 정적 파일에 대한 저장소 역할을 합니다. 반면 새로 지정한 S3StaticStorage 클래스는 원격에 있는 S3 버킷을 저장소로 사용합니다.

❸ 미디어 파일에 대한 저장소 클래스를 지정합니다. DEFAULT_FILE_STORAGE 항목의 디폴트 값은 FileSystemStorage 클래스이며 이 클래스는 로컬에 있는 파일(미디어 파일 포함)에 대한 저장소 역할을 합니다. 반면 새로 지정한 S3MediaStorage 클래스는 원격에 있는 S3 버킷을 저장소로 사용합니다.

❹ IAM 사용자 생성 시 발급된 iam-s3-program 사용자의 자격 증명입니다.

❺ S3 버킷 생성 시 지정한 내용입니다.

❻ 버킷(chb2-bucket)에 대한 URL 도메인입니다.

❼ 버킷에 대한 액세스 권한입니다. public-read는 버킷과 객체에 대해 소유자는 모든 권한을 가지며 그 외 사용자는 읽기만 가능한 권한입니다.

다음에는 mysite/storage.py 파일을 새로 만들어 정적 파일 및 미디어 파일 저장소 클래스를 정의합니다.

```
from storages.backends.s3boto3 import S3Boto3Storage

# 정적 파일용
class S3StaticStorage(S3Boto3Storage):
    location = 'static'

# 미디어 파일용
class S3MediaStorage(S3Boto3Storage):
    location = 'media'
```

두 클래스 모두 S3Boto3Storage 클래스를 상속받아 정의합니다. 즉 장고에 필요한 저장소 엔진 기능은 S3Boto3Storage 클래스에 이미 정의되어 있습니다. location 항목에는 S3 버킷 하위의 폴더명을 정의합니다.

마지막으로 mysite/urls.py 파일에서 미디어 파일에 대한 URL 부분을 삭제합니다.

```
# from django.conf import settings
# from django.conf.urls.static import static
. . .
# urlpatterns += static(settings.MEDIA_URL, document_root=settings.MEDIA_ROOT)  ----❶
```

❶ 이 부분은 미디어 파일을 로컬 저장소에 저장하는 경우 사용하는 문장입니다. 이제는 S3 저장소, 즉 원격 저장소에서 미디어 파일을 서비스하므로 삭제합니다. mysite.storage.S3MediaStorage 클래스에는 미디어 파일에 대한 원격 저장소 처리 기능이 들어 있는데, 위의 settings.py 파일 설명을 참고 바랍니다.

B.3.5 정적 파일 모으기(collectstatic 명령)

장고에서 정적 파일들을 한곳에 모아주는 명령이 collectstatic입니다. 이 명령을 실행하면 프로젝트 내에 있는 모든 정적 파일들을 찾아서 원격 저장소에 업로드합니다. S3 연동에 필요한 소스 변경을 완료했으므로, 다음 명령으로 정적 파일들을 S3 버킷에 업로드합니다.

```
$ source /home/shkim/VENV/vDjBook/bin/activate
(vDjBook)$ python manage.py collectstatic
```

명령 결과 S3 버킷에 정적 파일들이 업로드되는지 확인합니다. 정상적으로 처리된 모습은 다음 절의 그림을 참고하기 바랍니다.

B.3.6 동작 확인하기

정적 파일에 대한 원격 저장소 기능을 확인하기 위해, collectstatic 명령 후 S3 사이트에서 버킷에 들어 있는 내용을 확인합니다. 버킷 하위의 static 폴더에 정적 파일들이 있으면 정상입니다. 앞 절에서 설명한 내용입니다.

다음으로 미디어 파일에 대한 원격 저장소 기능을 확인하기 위해 [Add 〉 Album] 메뉴로 앨범을 만들고 사진 파일을 업로드해봅니다. 버킷 하위의 media 폴더에 업로드한 사진과 썸네일 사진이 존재하면 정상입니다.

- runserver 실행 〉 http://192.168.56.101:8000/ 접속 〉 Add 〉 Album 기능 확인

정상 처리되면 다음 그림처럼 버킷 하위에 아래와 같은 폴더가 생성됩니다.

- chb2-bucket/static/: 정적 파일이 들어 있음
- chb2-bucket/media/SorlPhoto/: 업로드한 원본 사진 파일이 들어 있음
- chb2-bucket/media/cache/: 업로드한 파일의 썸네일 사진 파일이 들어 있음

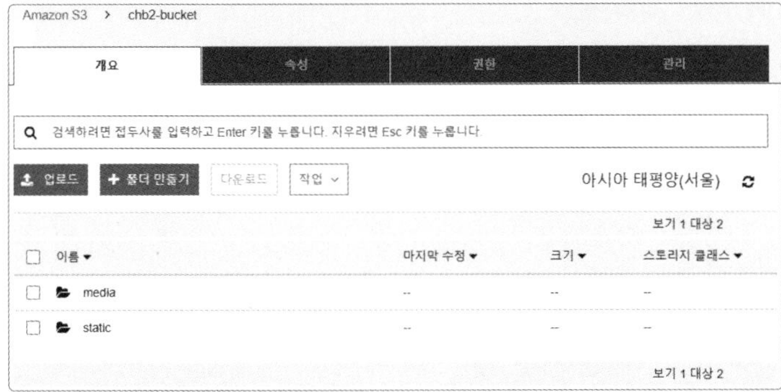

B.4 Elastic Beanstalk 서비스 활용(웹 서버 활용)

지금까지는 개발 모드에서 진행했습니다. 즉 외부에 있는 데이터베이스 서버와 스토리지 서버를 사용했지만, 장고 웹 프로그램은 개발 서버에서 실행된 것입니다. 이번 절부터는 운영 모드로 전환하는 과정을 실습합니다. 즉 우리가 개발한 장고 프로그램을 운영 서버에 배포하고 일반인에게 공개할 것입니다.

운영 서버, 즉 운영에 필요한 웹 서버로는 클라우드 서버 중에서 AWS의 Elastic Beanstalk(이후 EB로 표기함)와 Heroku 서비스를 활용할 것입니다. 이번 절에서는 EB 서비스를, 다음 절에서는 Heroku 서비스를 활용합니다.

그리고 개발 모드에서 운영 모드로 옮겨가기 위해서는 개발 시 지정했던 설정 사항을 보안 측면에서 몇 가지 변경해야 합니다. 이에 대해서도 살펴봅니다.

> **NOTE_ Elastic Beanstalk UI vs CLI 작업**
> EB 애플리케이션에 배포하는 작업은 브라우저 UI로도 할 수 있고, EB CLI 명령으로도 할 수 있습니다. 여기서는 브라우저에서 작업하는 것이 좀 더 쉬운 편이라서 UI 방식(콘솔 방식이라고도 함)으로 설명하지만, EB CLI 방식도 어렵지 않으니 공부해보기 바랍니다.
> 참고로 **B.5 Heroku 서비스 활용(웹 서버 활용)**에서는 Heroku CLI 방식으로 실습하는데 EB CLI와 비슷한 과정입니다. 그래서 Heroku CLI 실습 후 EB CLI 방식을 시도하면 좀 더 쉽게 성공할 것입니다.

B.4.1 EB 애플리케이션 및 환경 생성하기

EB에서 사용되는 애플리케이션이라는 용어는 실행될 프로그램, 프로그램을 실행시키는 가상 머신, 관련된 파라미터를 포함하고 있습니다. 논리적인 개념이라 이해가 쉽지 않을 수도 있는데, 지금은 우리가 업로드하는 장고 프로그램(프로젝트)이라고 간주해도 무방합니다.

그리고 애플리케이션 환경Environment이라는 용어는 애플리케이션을 실행시키는 가상 머신(인스턴스)을 의미하며, EB에서 환경을 하나 생성하면 EC2Elastic Compute Cloud 인스턴스가 하나 생성되는 것입니다. 그리고 애플리케이션 하나에 개발용 환경, 배포용 환경 등 여러 개의 환경을 만들 수 있습니다.

처음 시작할 때는 EB 애플리케이션과 애플리케이션 환경을 같이 생성합니다.

AWS 사이트에 로그인하면 다음과 같은 화면이 나옵니다.

- https://aws.amazon.com/ko/ 〉 콘솔에 로그인 〉 (계정과 비밀번호 입력하여 로그인)
- 상단의 [서비스] 메뉴 클릭

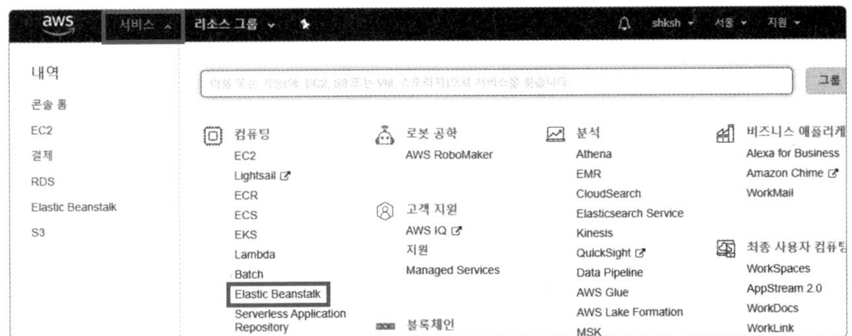

위의 화면에서 [컴퓨팅 〉 Elastic Beanstalk] 메뉴를 선택합니다.

다음과 같은 Elastic Beanstalk 화면이 나오면 [시작하기] 버튼을 클릭합니다.

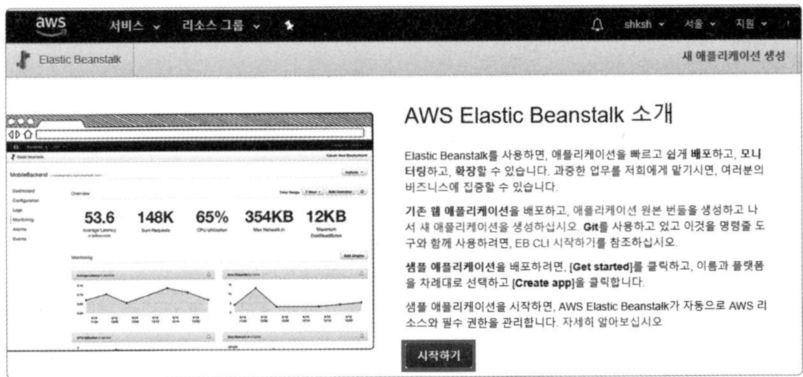

다음에 나오는 웹 앱 생성 화면에서는 다음과 같이 선택하고, 바로 [애플리케이션 생성] 버튼을 클릭합니다.

- **애플리케이션 이름 :** 임의로 기록합니다(필자는 chB4EB).
- **플랫폼 :** 사전 구성됨 〉 파이썬(도커의 파이썬이 아님)
- **애플리케이션 코드 :** 샘플 애플리케이션(코드 업로드를 선택할 수 있음)

이 시점에서 샘플 애플리케이션이 아니라 코드 업로드를 선택해 장고 프로젝트를 업로드할 수도 있습니다. 샘플 애플리케이션은 AWS에서 제공하는 간단한 파이썬 웹 프로그램입니다. 처음 EB를 사용하는 독자를 고려하여 샘플 애플리케이션을 선택한 것이고, 이미 EB 생성에 익숙한 독자라면 코드 업로드를 선택해서 진행해도 무방합니다.

여기서는 샘플 애플리케이션으로 EB 서비스가 동작하는 것을 먼저 확인한 후, 부록 **B.4.3 EB 콘솔 UI로 장고 프로젝트 배포하기**에서 장고 애플리케이션을 업로드할 것입니다.

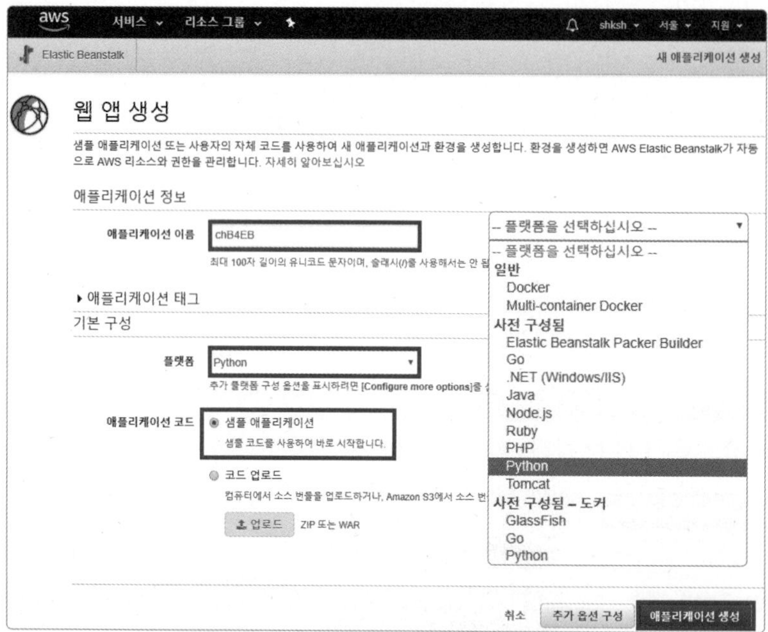

다음 그림처럼 애플리케이션을 생성하는 데는 몇 분이 걸립니다. 애플리케이션이 실행될 환경Environment 인스턴스도 같이 만들어지기 때문입니다. 환경 이름은 AWS에서 자동으로 부여합니다.

- **Chb4eb-env** : 애플리케이션명 chB4EB에서 첫 글자만 대문자로 하고 -env 접미사 붙임

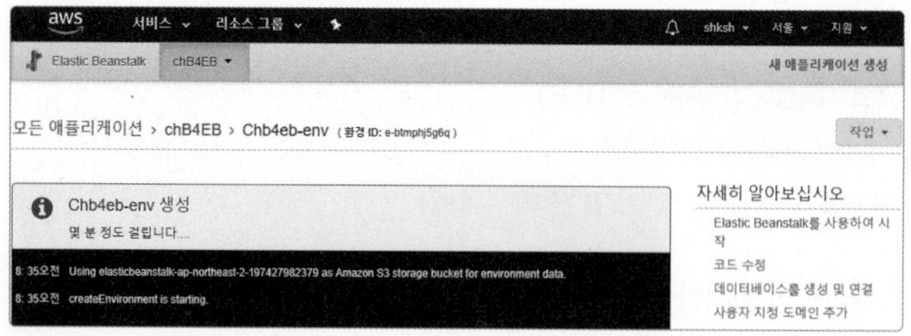

애플리케이션 및 환경 생성이 완료되면 다음 그림처럼 화면이 바뀝니다.

이벤트 내용을 보면 Chb4eb-env 환경이 성공적으로 기동되었고 환경에 대한 헬스체크 결과 OK이며 생성에 약 2분이 소요된 것을 알 수 있습니다.

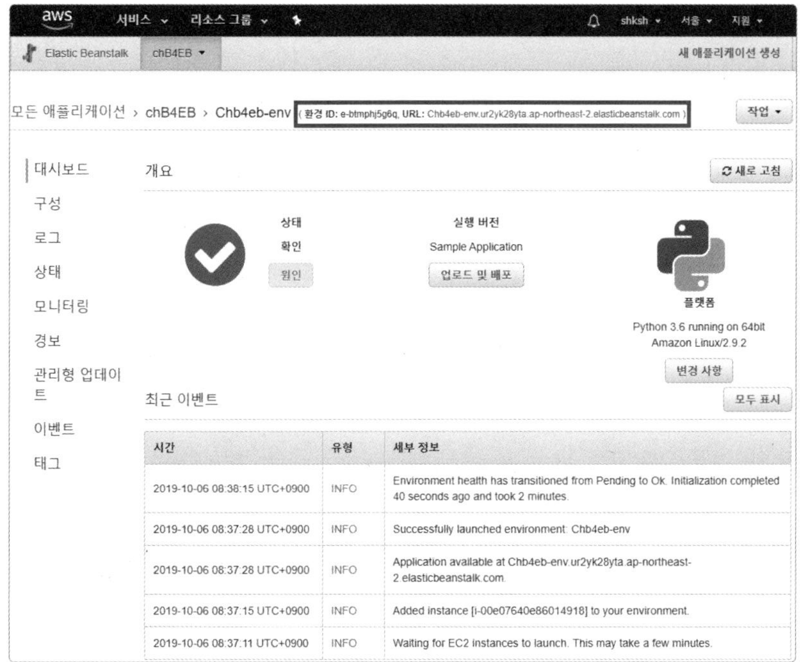

위의 화면에서 환경 이름 옆에 있는 환경 URL을 클릭하면 다음 화면처럼 브라우저가 열리고 샘플 애플리케이션에 대한 첫 페이지를 볼 수 있습니다.

방금 클릭한 URL이 지금 생성한 EB 애플리케이션 사이트에 대한 URL입니다. 그리고 위의 그림은 애플리케이션 하위 개념인 환경을 보여주는 화면입니다. 애플리케이션 화면과 환경 화면은 모습이 다르고 제공하는 메뉴도 다르므로 구별해서 살펴보기 바랍니다. 상단의 위치 경로breadcrumb 라인에서 chB4EB 단어를 클릭하면 애플리케이션 화면으로 이동할 수 있습니다.

이제 Elastic Beanstalk 서비스의 애플리케이션 및 환경 구축에 성공했습니다. 다음 절에서는 이 환경에 새로운 애플리케이션, 즉 우리의 장고 프로젝트를 업로드하고 환경을 기동할 것입니다.

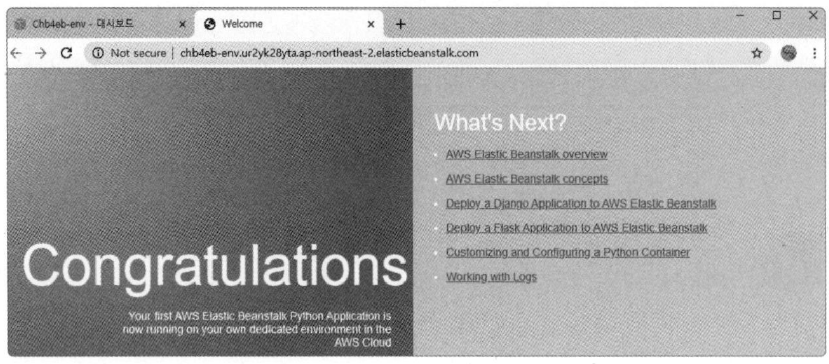

B.4.2 장고 프로젝트 배포 준비하기

프로젝트를 배포하고 운영 모드로 전환한다는 것은 모든 사람에게 사이트를 공개publish, open하는 것이므로 보안 측면을 고려해야 합니다. 우리가 개발한 장고 프로젝트에는 패스워드처럼 외부에 노출돼서는 안되는 비밀 데이터가 존재합니다. 이런 데이터들은 settings.py 파일이 아닌 환경 변수에 저장하거나 또는 프로젝트 외부의 다른 파일에 저장해야 합니다. 그 외에도 EB 환경에 맞추는 작업을 진행하겠습니다.

가상 환경 맞추기

개발 과정에서 가상환경을 만들고 필요한 패키지들을 설치했습니다. 이 패키지들은 EB 환경에 있는 가상환경에도 동일하게 설치되어야 하므로, 패키지 리스트를 만들고 이를 EB 환경에 알려줘야 합니다. 다음과 같은 명령으로 requirements.txt를 만들고 이 파일도 같이 업로드합니다.

```
$ source /home/shkim/VENV/vDjBook/bin/activate
(vDjBook)$ cd /home/shkim/pyDjango/chB4/
(vDjBook)$ pip freeze > requirements.txt
```

파일명은 반드시 requirements.txt라야 하며, 이 파일이 업로드 되면 EB 서비스가 자동으로 가상환경을 만들고 패키지들을 설치합니다.

.ebextensions 폴더 만들기

mysite/settings.py 파일에 있는 비밀 데이터를 환경 변수에 저장하고, 이들 환경 변수를 사용하도록 수정합니다. 먼저 비밀 데이터를 EB 환경, 즉 EB 가상 머신의 환경 변수에 저장하려면 EB에서 제공하는 방식으로 파일을 만들고 이를 업로드해야 합니다.

다음과 같이 폴더 및 파일을 만들고 EB 환경에 필요한 설정을 입력합니다. .ebextensions라는 폴더는 이름을 변경할 수 없고 위치도 항상 프로젝트 루트 디렉터리 하위에 있어야 합니다. 즉 EB 환경의 설정을 바꾸거나 새로 정의할 때는 항상 .ebextensions 폴더에 파일을 만들어 배포해야 합니다. 파일 이름 django.config는 다른 이름이라도 괜찮습니다. 파일 이름의 알파벳 순서로 적용됩니다.

```
$ cd /home/shkim/pyDjango/chB4/
$ mkdir .ebextensions
$ cd .ebextensions
$ vi django.config

option_settings:                                                    ❶
  aws:elasticbeanstalk:application:environment:
    "DJANGO_SECRET_KEY": "m4j)b#g(bl49qua67bi=vvq^xkwl_3*ey_2_90h7k8!0n(ztwx"
    "DATABASE_NAME": "test"
    "DATABASE_USER": "admin"
    "DATABASE_PASSWORD": "shkimadmin"                               ❷
    "AWS_ACCESS_KEY_ID": "AKIAS35476AVTBRPPMQB"
    "AWS_SECRET_ACCESS_KEY": "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"
  aws:elasticbeanstalk:container:python:                            ❸
    WSGIPath: mysite/wsgi.py

container_commands:                                                 ❹
  01_collectstatic:
    command: "source /opt/python/run/venv/bin/activate && python manage.py collectstatic
--noinput"                                                          ❺
  02_migrate:
     command: "source /opt/python/run/venv/bin/activate && python manage.py migrate
--noinput"                                                          ❻
```

위의 파일은 YAML[YAML Ain't Markup Language] 형식으로, JSON 용도와 유사하게 텍스트 직렬화에 사용됩니다. 키: 값 형식으로 표현하며 중첩 수준을 들여쓰기로 구분합니다.

❶ EB 환경의 환경 변수를 정의할 때 사용하는 key입니다.

❷ **key: value** 형식으로 원하는 환경 변수를 정의합니다. 주로 비밀 데이터를 환경 변수로 정의합니다. DJANGO_SECRET_KEY와 같은 key 이름은 원하는 대로 정하면 됩니다.

부록

❸ Python 컨테이너(가상 웹 서버)의 실행 시작점을 지정합니다.

❹ 웹 서버가 기동되기 전에 수행해야 할 명령들을 순서대로 정의합니다. 알파벳 순서대로 실행됩니다.

❺ 업로드가 완료되면 collectstatic 명령이 실행되도록 합니다. noinput 옵션은 사용자로부터 입력을 받지 않고 실행한다는 의미입니다.

❻ 두 번째로 migrate 명령이 실행됩니다. noinput 옵션은 위와 동일합니다.

NOTE_ Git을 사용하는 경우

Git은 소스 관리를 위한 분산형 버전 관리 시스템입니다. 만일 여러분이 .gitignore 파일을 사용하고 있다면, 비밀 데이터가 들어있는 .ebextensions 폴더를 .gitignore 파일에 등록하기 바랍니다. 참고로 이 책의 B.4절에서는 git 명령을 사용하지 않고 B.5절에서는 git 명령을 사용해서 실습을 진행하고 있습니다.

settings.py 파일 수정하기

비밀 데이터를 환경 변수에 저장했으므로 mysite/settings.py 파일에서 이들 환경 변수를 사용하도록 수정합니다. 그 외 보안과 관련된 설정 항목을 추가로 변경합니다.

```
. . .
# SECURITY WARNING: keep the secret key used in production secret!
SECRET_KEY = os.environ['DJANGO_SECRET_KEY']  ------------------------ ❶

# SECURITY WARNING: don't run with debug turned on in production!
DEBUG = False  ------------------------------------------------------- ❷

ALLOWED_HOSTS = ['.elasticbeanstalk.com', '192.168.56.101', '127.0.0.1']  ------- ❸

# Application definition
. . .
DATABASES = {
    'default': {
        'ENGINE': 'django.db.backends.mysql',
        'NAME': os.environ['DATABASE_NAME'],  ---------------------
        'USER': os.environ['DATABASE_USER'],                        ❹
        'PASSWORD': os.environ['DATABASE_PASSWORD'],  -------------
        'HOST': 'django-mysql-8016.ceqjumb7lkvq.ap-northeast-2.rds.amazonaws.com',
        'PORT': '3306',
        'OPTIONS': {
            'init_command': "SET sql_mode='STRICT_TRANS_TABLES'",
        },
    }
```

```
}
. . .
# DISQUS_MY_DOMAIN = 'http://192.168.56.101:8000'
DISQUS_MY_DOMAIN = 'http://chb4eb-env.ur2yk28yta.ap-northeast-2.elasticbeanstalk.com/'  ❺
. . .
AWS_ACCESS_KEY_ID = os.environ['AWS_ACCESS_KEY_ID']
AWS_SECRET_ACCESS_KEY = os.environ['AWS_SECRET_ACCESS_KEY']  ❻
AWS_S3_REGION_NAME = 'ap-northeast-2'
AWS_STORAGE_BUCKET_NAME = 'chb2-bucket'
AWS_S3_CUSTOM_DOMAIN = f"{AWS_STORAGE_BUCKET_NAME}.s3.{AWS_S3_REGION_NAME}.amazonaws.com"
AWS_DEFAULT_ACL = 'public-read'
```

❶ 환경 변수에서 값을 읽고 있습니다.

❷ Debug=True면 디버그를 위해 프로젝트 관련 중요 정보를 브라우저에 출력하므로, 운영 모드에서는 False로 합니다.

❸ Debug=False인 경우 웹 서버가 실행되는 서버의 IP 또는 도메인을 등록해야 합니다.

❹ 환경 변수에서 값을 읽고 있습니다.

❺ 댓글용 Disqus 시스템에서도 우리 사이트의 URL이 필요합니다. 이를 변경합니다. URL은 B.4.1절에서 환경 생성을 완료하면 알 수 있습니다.

❻ 환경 변수에서 값을 읽고 있습니다.

장고 프로젝트 압축하기

소스 작업이 완료되었습니다. EB 애플리케이션에 업로드하기 위해서는 장고 프로젝트 소스를 압축해야 합니다. 압축된 파일을 EB 용어로 번들bundle이라고 하는데, EB에서는 zip이나 war 파일만 허용합니다. 또한 번들 크기는 512MB를 초과해서는 안 되며 프로젝트의 루트 폴더를 포함해도 안 됩니다.

필자는 리눅스 개발 머신에 있는 소스를 노트북으로 FTP 다운로드 받은 후, 이 소스를 chB4.zip이라는 파일명으로 압축했습니다. FTP 및 압축 과정은 간단하므로 화면 설명은 생략합니다.

프로젝트 소스 압축까지 마쳤으므로 배포 준비 작업이 완료되었습니다. 다음 절에서는 AWS EB 사이트에 브라우저로 접속하여 배포 작업을 시작합니다.

B.4.3 EB 콘솔 UI로 배포하기

AWS 사이트의 Elastic Beanstalk 첫 화면으로 이동하면 다음과 같은 화면이 나옵니다. 여기서 애플리케이션 이름(chB4EB)을 클릭하면 애플리케이션 화면으로 이동합니다.

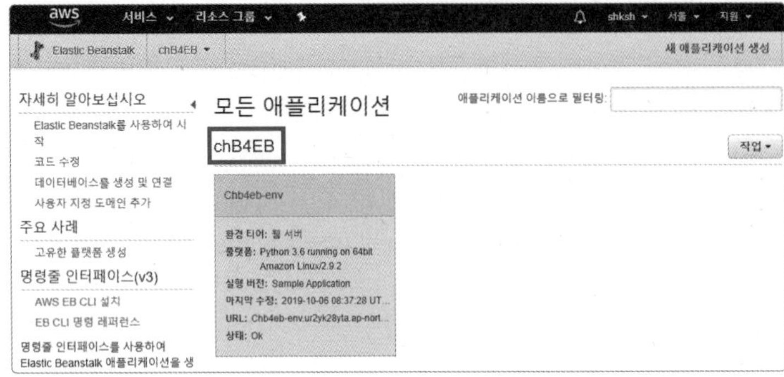

다음과 같이 chB4EB 애플리케이션 화면이 나오면, 좌측 메뉴에서 [애플리케이션 버전]을 클릭합니다.

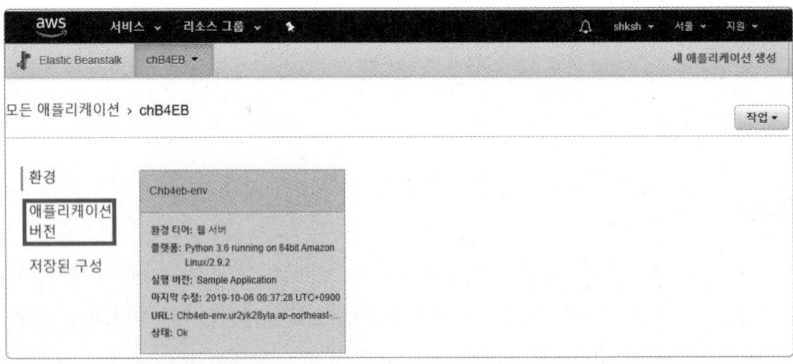

다음 그림의 애플리케이션 버전 목록을 보면 처음 업로드했던 샘플 애플리케이션을 볼 수 있습니다. 이제 두 번째 버전으로 우리의 장고 프로젝트를 업로드합니다. [업로드] 버튼을 클릭합니다.

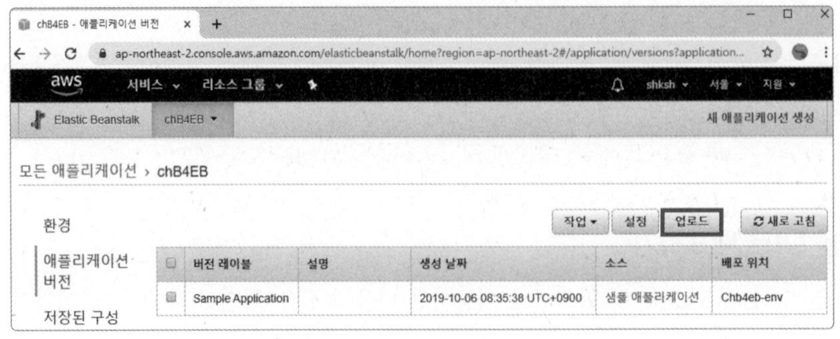

다음 그림처럼 업로드 창이 열리면 버전 레이블을 입력하고, 장고 프로젝트 zip 파일을 선택한 후 [업로드] 버튼을 클릭합니다.

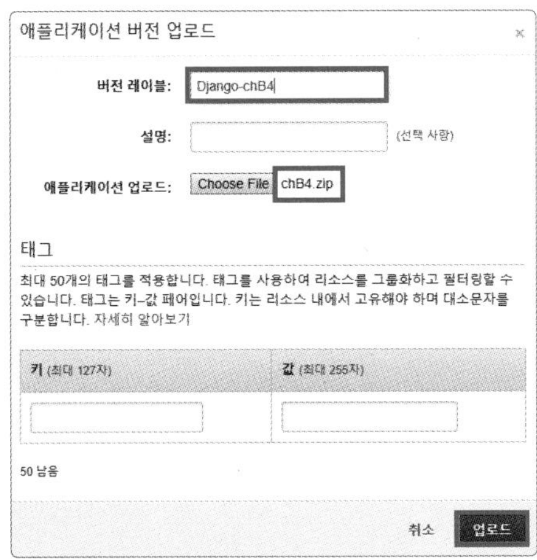

다음 화면에서 업로드가 완료된 것을 확인하고 업로드한 버전을 선택한 후 [작업 〉 배포]를 클릭합니다.

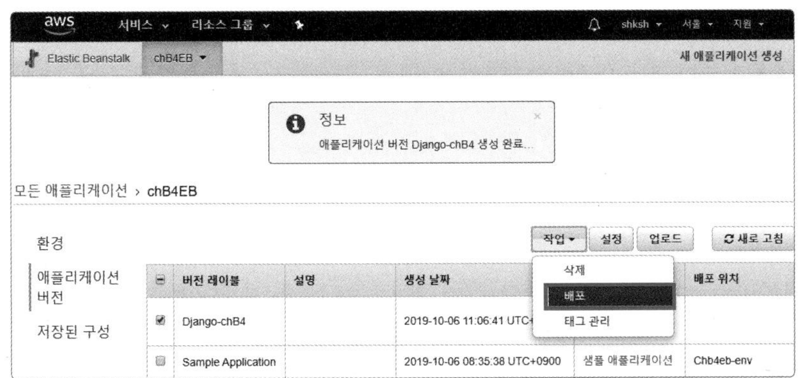

그러면 다음 그림과 같은 팝업창이 나옵니다. 이는 방금 업로드한 프로그램(Django-chB4)을 어느 환경에서 실행할지 선택하는 화면입니다. Chb4eb-env 환경에서 실행하는 것으로 선택한 상태에서 [배포] 버튼을 클릭하면 배포가 시작됩니다.

부록

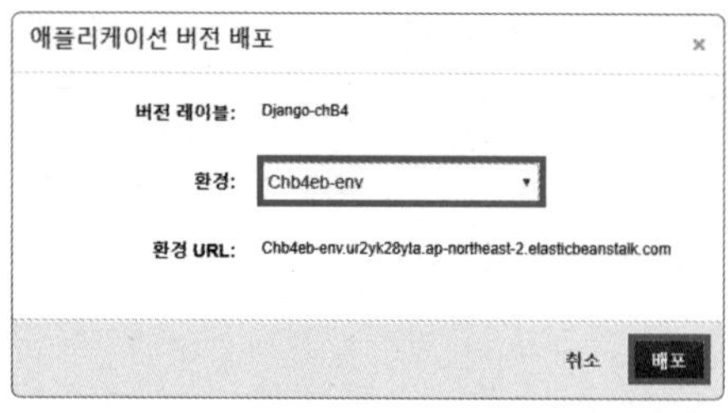

배포가 시작되면서 다음과 같은 화면이 나옵니다. 배포는 몇 분이 걸리므로 배포 진행 상황을 보기 위해 화면 중간에 있는 [이벤트 페이지]를 클릭합니다.

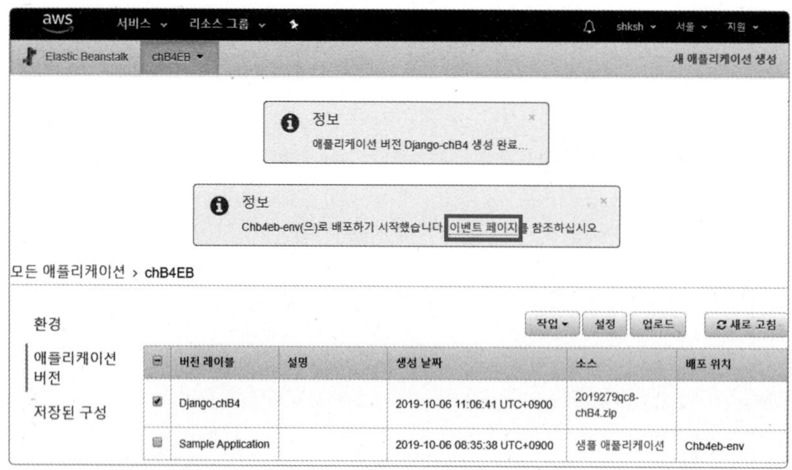

그러면 다음 그림과 같은 이벤트 목록 화면이 나옵니다.

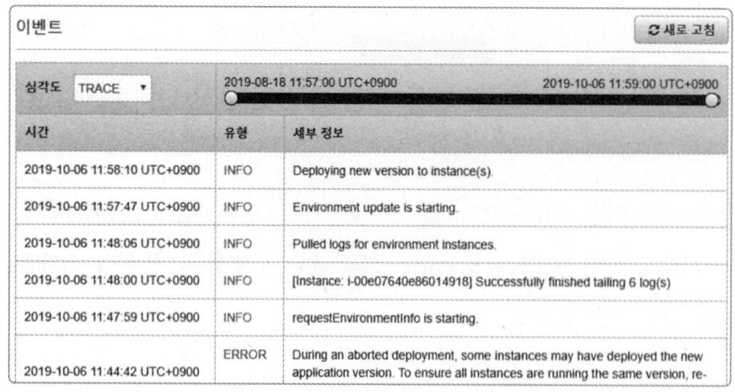

필자의 경우 처음에는 .ebextensions/django.config 파일에 YAML 문법 에러가 있어 실패했습

니다. 그래서 에러를 수정하고 프로젝트 압축 및 업로드, 배포 과정을 다시 반복한 후 성공했습니다. 만일 여러분도 에러가 발생한다면 다음과 같은 메뉴를 통해 로그를 확인할 수 있습니다.

- 환경명 [Chb4eb-env] 클릭 〉 좌측 [로그] 메뉴 〉 [로그 요청] 버튼 〉 [마지막 100줄] 클릭

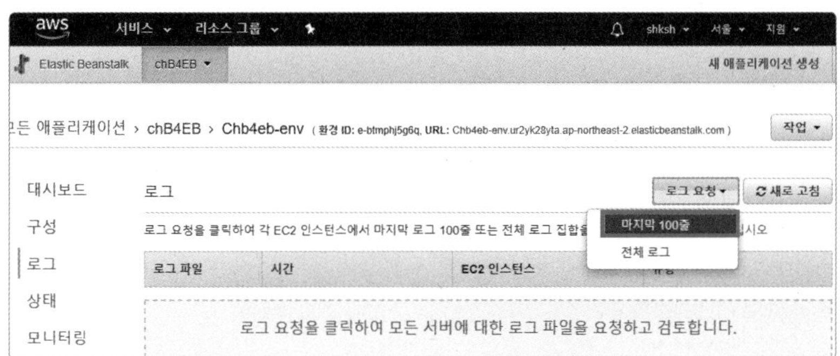

다음 그림은 배포가 성공했을 때의 이벤트 화면입니다. 우측에 있는 [새로 고침] 버튼을 클릭한 후 이벤트 목록을 확인합니다. 이벤트 유형이 INFO이고 세부 정보에서 헬스 체크가 정상이면 배포에 성공한 것입니다. 이제 상단의 환경 URL을 클릭하여 사이트에 접속합니다.

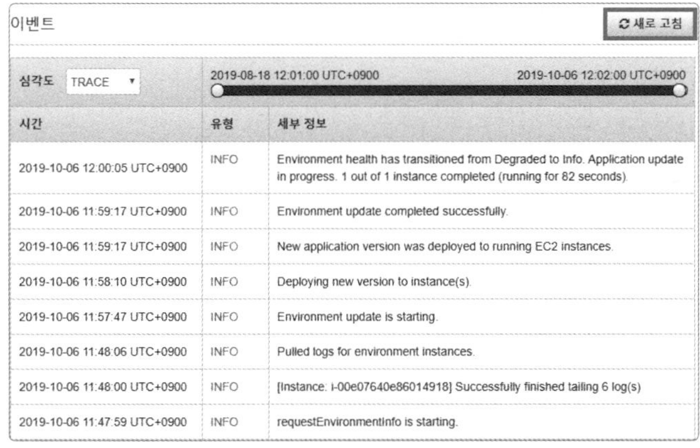

B.4.4 동작 확인하기

EB에서 정해준 도메인 URL로 접속합니다(첫 글자는 소문자입니다).

- chb4eb-env.ur2yk28yta.ap-northeast-2.elasticbeanstalk.com

부록

다음 그림처럼 우리가 개발한 장고 프로젝트가 보이면 성공입니다. AWS Elastic Beanstalk 사이트에서 우리가 배포한 장고 프로젝트가 실행되고 있는 것입니다. 축하합니다!

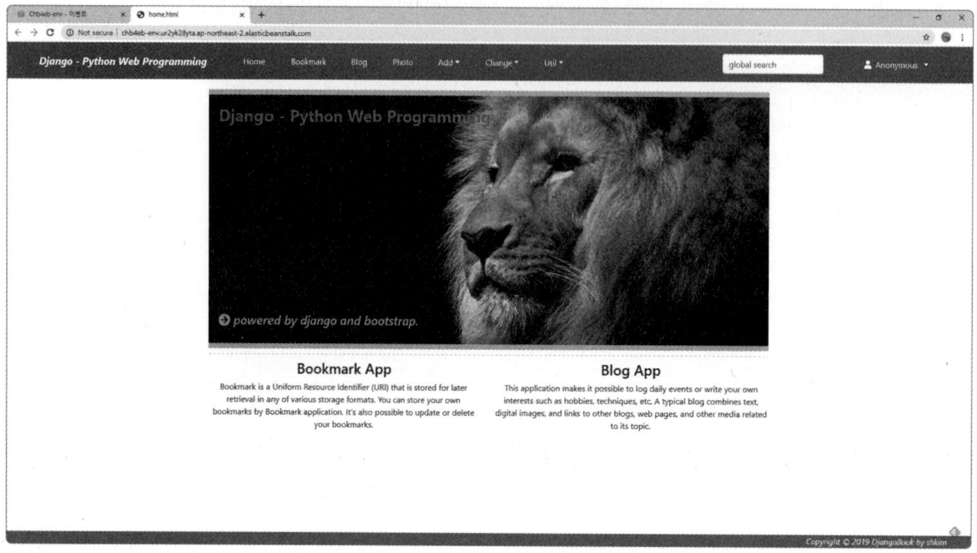

B.5 Heroku 서비스 활용(웹 서버 활용)

앞 절에서 실습한 EB 서비스 대신 Heroku 서비스를 선택할 수 있습니다. 즉 운영을 위한 웹 서버로 Heroku 서비스를 선택하는 것입니다. 작업 과정은 비슷하면서도 각각 특징이 있는데, 이번 실습이 서로의 장단점을 이해하는 데 도움이 되기를 바랍니다.

그리고 데이터베이스와 스토리지 서버는 앞과 동일하게 AWS RDS(MySQL)와 S3 서비스를 사용한다는 점을 유의하기 바랍니다. 웹 서버만 EB 대신 Heroku 서비스를 선택해서 실습하는 것입니다. 이미 헤로쿠 사이트에 가입했다고 가정하고 실습을 진행합니다.

B.5.1 프로그램 설치

헤로쿠 서비스를 사용하기 위해서는 헤로쿠 CLI 툴 및 Git 툴을 설치해야 합니다. 다음 사이트에서 툴을 다운로드 받아 설치합니다. 설치 과정에 대한 설명은 생략하므로 인터넷 자료를 참고하기 바랍니다.

```
Git 툴: https://git-scm.com/downloads
헤로쿠 CLI 툴: https://devcenter.heroku.com/ > 좌측 하단의 The Heroku CLI 클릭
```

Git 툴을 설치했다면 다음과 같이 이름과 이메일을 등록하여 Git 초기 설정을 합니다.

```
$ git config --global user.name "Kim Seokhun"
$ git config --global user.email shkim@naver.com
# 아래 명령으로 설정 내용을 확인할 수 있습니다.
$ git config --list
```

B.5.2 장고 프로젝트 배포 준비하기

관련 패키지 설치하기

여러 웹 서버 프로그램 중 헤로쿠는 gunicorn 웹 서버를 추천하고 있습니다. 운영 모드에 사용할 정도의 성능을 내면서도, 다른 웹 서버에 비해 가볍고 설정이 간단하다는 장점이 있습니다. 이 패키지를 가상 환경에 설치합니다.

```
$ source /home/shkim/VENV/vDjBook/bin/activate
(vDjBook)$ pip install gunicorn
```

가상 환경 맞추기

Elastic Beanstalk 서비스의 가상 환경 맞추기와 동일한 과정입니다. 자세한 설명은 **B.4.1 EB 애플리케이션 생성하기**를 참고하기 바랍니다.

다음과 같은 명령으로 requirements.txt 파일을 만듭니다.

```
$ source /home/shkim/VENV/vDjBook/bin/activate
```

```
(vDjBook)$ cd /home/shkim/pyDjango/chB5/
(vDjBook)$ pip freeze > requirements.txt
```

Procfile 파일 등 만들기

헤로쿠에서는 웹 서버를 실행하기 위한 정보를 파일에 정의하고, 다음 단계에서 이들 파일을 다이노dyno에 업로드합니다. 헤로쿠의 용어로 다이노는 가상 머신, 정확하게는 가상의 리눅스 컨테이너를 의미하며 웹 애플리케이션이 실행되는 독립된 환경입니다.

첫 번째는 Procfile 파일에 웹 서버의 프로세스 정보, 즉 프로세스 타입과 프로세스 실행 명령을 정의합니다. gunicorn 명령의 인자로 mysite/wsgi.py 모듈을 지정했고 로그는 표준출력(stderr)으로 보냅니다.

```
$ cd /home/shkim/pyDjango/chB5/
$ vi Procfile

web: gunicorn mysite.wsgi --log-file -
```

두 번째는 runtime.txt 파일에 사용할 파이썬의 버전을 지정합니다.

```
$ cd /home/shkim/pyDjango/chB5/
$ vi runtime.txt

python-3.7.3
```

다음으로 Git 원격 저장소에 올리면 안 되는 파일을 원하는 만큼 등록합니다.

```
$ cd /home/shkim/pyDjango/chB5/
$ vi .gitignore

.ebextensions
.env
venv
*.pyc
__pycache__
db.sqlite3
```

settings.py 파일 수정하기

mysite/settings.py 파일에 있는 비밀 데이터를 환경 변수에 저장하고, 이들 환경 변수를 사용하도록 수정할 것입니다. 비밀 데이터를 다이노 환경 변수에 저장하는 것은 다음 절에서 CLI 명령으로 수행할 것입니다.

비밀 데이터를 환경 변수에 저장했으므로, mysite/settings.py 파일에서 비밀 데이터를 환경 변수로부터 읽도록 수정합니다. 그 외 보안과 관련된 설정 항목을 추가로 변경합니다.

```
...
# SECURITY WARNING: keep the secret key used in production secret!
SECRET_KEY = os.environ['DJANGO_SECRET_KEY']  ❶

# SECURITY WARNING: don't run with debug turned on in production!
DEBUG = False  ❷

ALLOWED_HOSTS = ['.herokuapp.com', '192.168.56.101', '127.0.0.1']  ❸

# Application definition
...
DATABASES = {
    'default': {
        'ENGINE': 'django.db.backends.mysql',
        'NAME': os.environ['DATABASE_NAME'],
        'USER': os.environ['DATABASE_USER'],  ❹
        'PASSWORD': os.environ['DATABASE_PASSWORD'],
        'HOST': 'django-mysql-8016.ceqjumb7lkvq.ap-northeast-2.rds.amazonaws.com',
        'PORT': '3306',
        'OPTIONS': {
            'init_command': "SET sql_mode='STRICT_TRANS_TABLES'",
        },
    }
}
...
# DISQUS_MY_DOMAIN = 'http://192.168.56.101:8000'
DISQUS_MY_DOMAIN = 'https://chb5heroku.herokuapp.com/'  ❺
...
AWS_ACCESS_KEY_ID = os.environ['AWS_ACCESS_KEY_ID']
AWS_SECRET_ACCESS_KEY = os.environ['AWS_SECRET_ACCESS_KEY']  ❻
AWS_S3_REGION_NAME = 'ap-northeast-2'
AWS_STORAGE_BUCKET_NAME = 'chb2-bucket'
AWS_S3_CUSTOM_DOMAIN = f"{AWS_STORAGE_BUCKET_NAME}.s3.{AWS_S3_REGION_NAME}.amazonaws.com"
```

```
AWS_DEFAULT_ACL = 'public-read'
```

파일 변경 사항은 ❸, ❺번의 헤로쿠 앱 도메인 지정 부분 외에는 **B.4.2 settings.py 파일 수정하기**와 동일합니다. 도메인 URL은 **B.5.3 Heroku CLI 명령으로 배포하기**에서 배포를 완료하면 알 수 있습니다.

B.5.3 Heroku CLI 명령으로 배포하기

EB 서비스에서는 UI 및 CLI 명령의 두 가지 방법으로 배포할 수 있지만, Heroku 서비스에서는 CLI 명령으로만 가능합니다. 또한 Heroku CLI는 Git CLI 명령을 기반으로 헤로쿠 서비스에 맞게 변경하거나 추가한 명령들이기 때문에, 배포 시에도 Heroku CLI 및 Git CLI 명령을 같이 사용합니다.

다음과 같은 CLI 명령을 사용해 장고 프로젝트를 헤로쿠 다이노에 배포합니다.

```
# 장고 프로젝트 루트 디렉터리에서 명령을 실행합니다.
$ cd /home/shkim/pyDjango/chB5/

# 현재 디렉터리를 git 저장소로 초기화합니다. 해당 디렉터리에서 최초 한 번만 실행합니다.
# 실행 결과 .git 디렉터리가 생성됩니다.
$ git init
                                                                    ❶
# 브라우저를 통해 헤로쿠 사이트에 로그인합니다. 로그인이 성공하면 CLI 터미널로 돌아옵니다.
$ heroku login

# 헤로쿠 사이트에 chb5heroku라는 앱을 만듭니다.
# 앱 소스를 저장할 원격 저장소를 만들고, 그 포인터를 heroku라고 지정합니다.
$ heroku create chb5heroku
                                                                    ❷
# 비밀 데이터들을 앱의 환경 변수로 등록합니다.
# Linux에서는 홑따옴표, Windows에서는 쌍따옴표를 사용합니다.
$ heroku config:set DJANGO_SECRET_KEY='m4j)b#g(bl49qua67bi=vvq^xkwl_3*ey_2_90h7k8!0n(ztwx'
$ heroku config:set DATABASE_NAME='test'
$ heroku config:set DATABASE_USER='admin'
$ heroku config:set DATABASE_PASSWORD='shkimadmin'
$ heroku config:set AWS_ACCESS_KEY_ID='AKIAS35476AVTBRPPMQB'
$ heroku config:set AWS_SECRET_ACCESS_KEY='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'
```

```
# 현재 프로젝트에서 변경된 파일을 등록합니다.
$ git add -A

# 변경 파일 내역을 로컬 저장소에 등록합니다. -m 옵션으로 커밋 메시지를 기록합니다.
$ git commit -m "initial upload"

# 원격 저장소 heroku에 변경된 파일들을 업로드합니다.
# 정상적으로 업로드되면 앱이 자동으로 실행됩니다. ---------------- ❸
$ git push heroku master

# 앱이 실행된 후 migrate 명령을 실행합니다. ---------------- ❹
$ heroku run python manage.py migrate

# 앱이 실행된 후 createsuperuser 명령을 실행합니다. ---------------- ❺
$ heroku run python manage.py createsuperuser

# 브라우저를 띄우면서 헤로쿠 사이트에 접속합니다. ---------------- ❻
$ heroku open
```

❶ 필자처럼 VirtualBox에서 Linux를 사용하고 있어 브라우저를 띄우는 환경이 아니라면, $ heroku login -i 명령을 사용합니다.

❷ 브라우저의 아래 메뉴에서도 환경 변수를 등록할 수 있습니다.

- www.heroku.com 〉 로그인 〉 Dashboard 화면으로 이동한 후
- 앱 이름 [chb5heroku] 클릭 〉 [Settings] 〉 [Reveal Config Vars] 버튼 클릭

❸ 앱이 자동으로 실행되는 과정에서 requirements.txt 파일을 참고하여 패키지를 설치하고 collectstatic 명령도 자동으로 실행합니다. 그 외에도 앱 실행에 필요한 설정을 자동으로 수행합니다.

❹ 보통은 필요한 명령이지만, 여기서는 RDS에서 실습한 MySQL 데이터베이스를 그대로 사용하므로 migrate 명령은 필요 없습니다. **B.4.1 EB 애플리케이션 생성하기** 실습 시 이미 migrate 명령을 실행했기 때문입니다.

❺ 보통은 필요한 명령이지만, 여기서는 RDS에서 실습한 MySQL 데이터베이스를 그대로 사용하므로 createsuperuser 명령은 필요 없습니다. **B.2 RDS 서비스 활용(MySQL DB 연동)** RDS 실습 시 이미 관리자 계정을 만들었기 때문입니다.

❻ 필자처럼 VirtualBox에서 Linux를 사용하는 경우는 브라우저를 띄울 수 없어 이 명령이 실패합니다. 이때는 브라우저에서 아래 주소에 직접 접속합니다.

- https://chb5heroku.herokuapp.com/

부록

B.5.4 동작 확인하기

Heroku에서 정해준 도메인 URL로 접속합니다.

- chb5heroku.herokuapp.com

B.4.4 동작 확인하기처럼 우리가 개발한 장고 프로젝트가 보이면 성공입니다. Heroku 사이트에 배포가 성공한 것입니다. 축하합니다!

> **NOTE_ 헤로쿠 서비스와 S3 서비스의 리전(Region)**
> S3 서비스에서 물리적인 저장소 위치는 리전에 의해 결정됩니다. 그리고 웹 서버와 스토리지 서버는 물리적으로 가까울수록 응답 속도가 빠릅니다. 그래서 헤로쿠 서비스를 선택하는 경우, 헤로쿠의 웹 서버 위치는 미국으로 고정되므로 S3 서비스의 리전을 미국으로 맞추는 것이 좋습니다.
> 즉 S3 버킷을 생성하는 단계에서 리전을 미국 동부(버지니아 북부)로 지정하면 됩니다.

B.6 EC2 서비스 참고 사항

EC2 서비스는 아마존의 대표적인 클라우드 서비스로서, 인터넷에 있는 가상 서버를 빌려서 사용하고 사용한 만큼만 비용을 내는 서비스입니다. 가상 서버를 구성할 때는 CPU, 메모리, 스토리지, 네트워크 용량 등을 자유롭게 선택할 수 있는 장점이 있습니다.

몇 년 전만 해도 웹 애플리케이션 공개를 위해 클라우드 서비스를 선택할 때, AWS EC2Elastic Compute Cloud 서비스와 Heroku 서비스를 대상으로 비교했습니다. 두 서비스 모두 장점과 단점이 있고 그 특징이 뚜렷해서 선택에 크게 어려움이 없었습니다. 간단하게 비교하면 다음과 같습니다.

	장점	단점
EC2 서비스	구성 자유도 높음, 비용 낮음	작업 난이도 높음
Heroku 서비스	작업 난이도 낮음	구성 자유도 낮음, 비용 높음

최근 AWS Elastic Beanstalk 서비스가 발전하면서 비교 대상이 EB 서비스와 Heroku 서비스로 바뀌었습니다. 클라우드 용어로 EC2 서비스는 인프라를 제공하는 IaaSInfra as a Service 서비스이고, EB 서비스와 Heroku 서비스는 플랫폼을 제공하는 PaaSPlatform as a Service 서비스입니다. 일반적으로 처

처음에는 작업이 쉬운 PaaS 서비스를 선택하고, 경험을 쌓은 후 IaaS 서비스를 선택합니다. 그래서 PaaS 서비스로 분류되는 EB와 Heroku 서비스를 비교해서 좀 더 나은 선택을 하는 것입니다.

만일 여러분이 서비스 운영을 위해 PaaS 서비스를 선택하기로 했다면 **B.4 Elastic Beanstalk 서비스 활용(웹 서버 활용)**과 **B.5 Heroku 서비스 활용(웹 서버 활용)**의 실습 경험이 자신에게 맞는 플랫폼을 선택하는 데 도움이 될 것입니다. 그런데 만일 IaaS 서비스를 선택한다면, 즉 작업이 어렵지만 비용이 낮고 웹/WAS/DB/스토리지 등의 서버 구성을 자유롭게 하고 싶다면 EC2 서비스를 선택하면 됩니다.

EC2 서비스를 선택한다면 클라우드 용어는 익숙한 상태이므로, 이보다는 서버의 조합이나 서버 프로그램 설치 및 구성 파일 설정 등의 작업에 공을 들이게 됩니다. EC2 서비스를 공부할 생각이라면 필자의 저서인 『파이썬 웹 프로그래밍(기초편)』의 배포하기 설명 부분을 참고 바랍니다. 여러가지 하드웨어와 리눅스 배포판 중에서 하나를 선택한 후에, Apache 또는 NGINX, Gunicorn 또는 uWSGI 프로그램을 설치 및 설정하는 작업에 도움이 될 것입니다.

기호

A~C

D

E~K

ㅊ~ㅋ